Sendlerowa

SERIA BIOGRAFIE

Już w księgarniach:

Beata Chomątowska *Lachert i Szanajca. Architekci awangardy*
Aleksander Kaczorowski *Havel. Zemsta bezsilnych*
Małgorzata Czyńska *Kobro. Skok w przestrzeń*
Angelika Kuźniak *Stryjeńska. Diabli nadali*
Aleksander Kaczorowski *Hrabal. Słodka apokalipsa*
Stanisław Bereś *Gajcy. W pierścieniu śmierci*
Olga Szmidt *Kownacka. Ta od Plastusia*
Mariusz Urbanek *Makuszyński. O jednym takim, któremu ukradziono słońce*
Wojciech Orliński *Lem. Życie nie z tej ziemi*
Klementyna Suchanow *Gombrowicz. Ja, geniusz*

Anna Bikont

Sendlerowa

W ukryciu

wydawnictwo czarne

Wołowiec 2017

Projekt okładki Agnieszka Pasierska / Pracownia Papierówka
Projekt typograficzny Robert Oleś / d2d.pl
Fotografia na okładce Irena Sendlerowa, 1943 rok; Archiwum Janiny Zgrzembskiej / East News
Wybór zdjęć Katarzyna Bułtowicz

Redakcja Magdalena Budzińska
Dokumentacja Wanda Lacrampe
Korekta Agata Czerwińska / d2d.pl, Gabriela Niemiec / d2d.pl
Redakcja techniczna i skład pismami Secca i Charter ITC Robert Oleś / d2d.pl

Książkę wydrukowano na papierze Alto 80 g/m², vol. 1,5, dystrybuowanym przez firmę Panta Sp. z o.o., www.panta.com.pl

ISBN 978-83-8049-567-8

Mur dzielił ludzi i po to był postawiony.

Bogdan Wojdowski, *Chleb rzucony umarłym* [1]

Kto miał szczęście ją poznać, mógł liczyć, że przeżyje.

Wanda Rotenberg o Irenie Sendlerowej [2]

[1] B. Wojdowski, *Chleb rzucony umarłym*, Warszawa 1971, s. 5. Bogdan Wojdowski był jednym z dzieci, które Irena Sendlerowa pomogła uratować.

[2] W. Rotenberg, Wystąpienie na konferencji drugiego pokolenia ofiar Holocaustu w Jerozolimie, grudzień 1988, cyt. za: H. Grubowska, *Ta, która ratowała Żydów. Rzecz o Irenie Sendlerowej*, Warszawa 2014, s. 107. Wanda Rotenberg (przed wojną Bela Elster) ukrywała się po aryjskiej stronie i była łączniczką podziemia żydowskiego.

Spis treści

Rozdział 1

Wyprowadzę na ulice i niech się dzieje wola Boża

Szanowni Państwo!

Zapytujecie się Marysi czy jest zdrowa czy nie kaszle? Otóż jest zdrowa i nie kaszle, i tak się na zdrowiu czuje jak ryba i Daj Boże żeby jej to zdrowie sprzyjało tak do końca wojny. Teraz zapytujecie się jak spędziła dzień urodzin, że pewnie niewesoło. Nikt ją tu nie bije, nie maltretuje, i chociaż ma dach nad głową, ma co jeść i może się ciepło wyspać, ale to już jest u obcych. A teraz powinniście się zwrócić do mnie czy za nią płacą, jak jest u mnie od 20/VIII miesiąca to dopiero doszło za nią 2100 zł a ja sobie liczę po 60 zł dziennie więc kupa pieniędzy mi się należy. Właściwie kto jest jej opiekunem? P. Sendlerowa [pisana: Sejdlerowa], a ona była raz, później przesłała przez inne osoby pieniądze, więc jak do tej pory dali 2100 zł. A ja, z jakiej racji mam ją trzymać darmo? Wyprowadzę na ulicę i niech się dzieje wola Boża.

Proszę się namyśleć nad jej losem bo moje warunki są takie: 60 zł dziennie i z góry za 1 rok i pół zapłacone, a jeśli nie to proszę mi zapłacić za ten czas dokąd jest i proszę ją zabrać, bo w przeciwnym razie postąpię, jak mówiłam, bo nie chcę rezykować i nic z tego nie mieć.

Opiekunka Marysi[1]

[1] S. Borcińska, List do D. Blumenfeld i J. Turkowa, niedatowany [1942], AKLH, Kolekcja A. Bermana, sygn. 4585. List podaję ze skrótami, pisownia oryginalna. Pełne nazwy archiwów i instytucji znajdują się na s. 447–452.

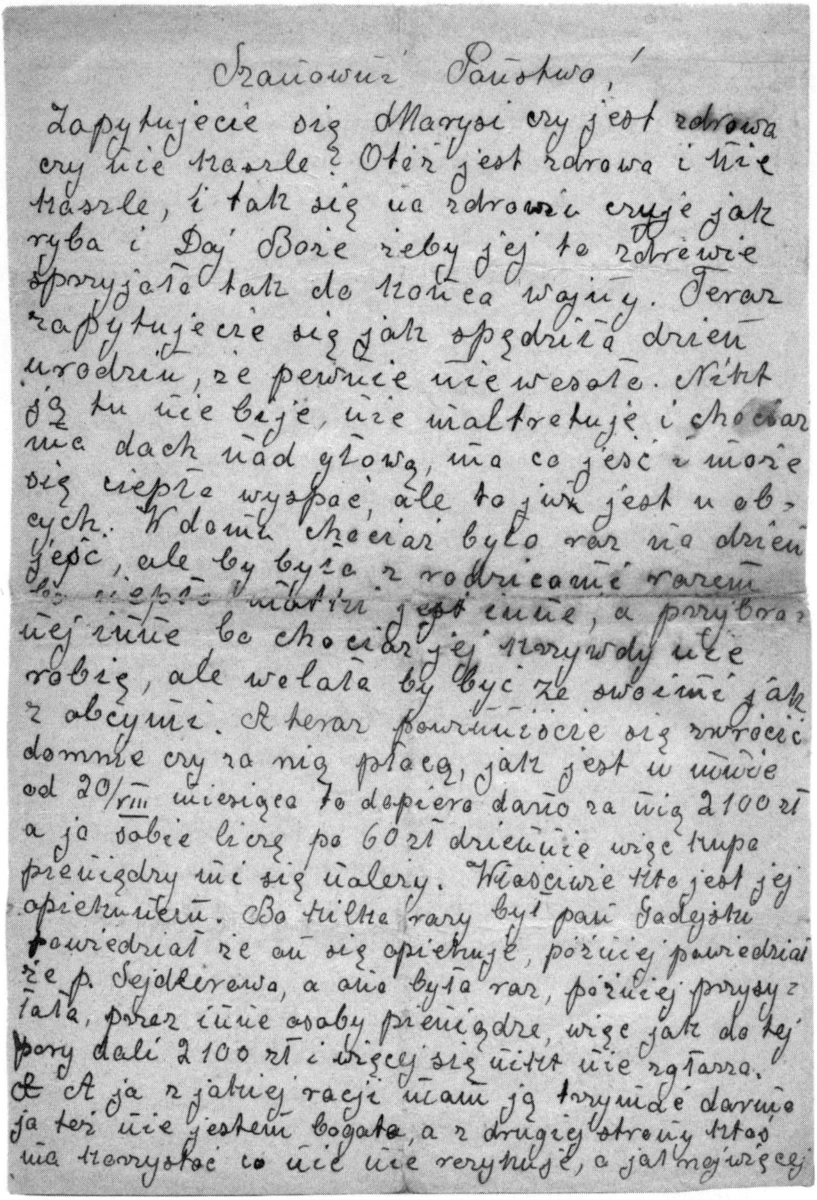
Szanowni Państwo,
Zapytujecie się Maryni czy jest zdrowa czy nie kaszle? Otóż jest zdrowa i nie kaszle, i tak się na zdrowiu czuje jak ryba i Daj Boże żeby jej to zdrowie sprzyjało tak do końca wojny. Teraz zapytujecie się jak spędziła dzień urodzin, że pewnie niewesoło. Nikt jej tu nie bije, nie maltretuje i chociaż ma dach nad głową, ma co jeść i może się ciepło wyspać, ale to już jest u obcych. W domu chociaż było raz na dzień jeść, ale by być z rodzicami razem bo ciepło matki jest inne, a przybranej inne bo chociaż jej krzywdy nie robię, ale wolała by być ze swoimi jak z obcymi. A teraz powrócicie się zwrócić do mnie czy za nią płacą, jak jest u mnie od 20/VIII miesiąca to dopiero dano za nią 2100 zł a ja sobie liczę po 60 zł dziennie więc kupę pieniędzy mi się należy. Właściwie kto jest jej opiekunem. Bo tylko razy był pan Gadejski powiedział że on się opiekuje, później powiedział że p. Sejdkerowa, a ona była raz, później przysyłała, przez inne osoby pieniądze, więc jak do tej pory dali 2100 zł i więcej się nikt nie zgłasza. A ja z jakiej racji mam ją trzymać darmo ja też nie jestem bogata, a z drugiej strony ktoś ma korzyści co nie nie rozumie, a jak najwięcej

List Stanisławy Borcińskiej do Jonasa Turkowa i Diany Blumenfeld

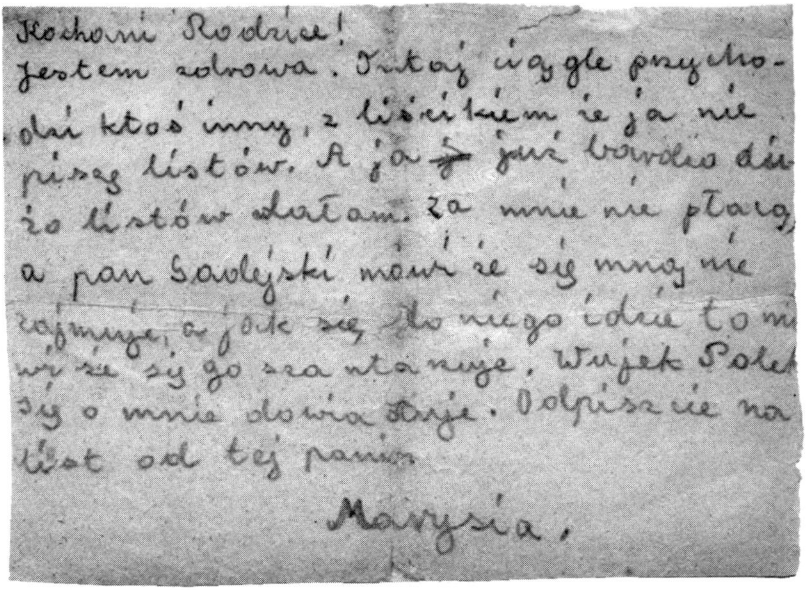

Kochani Rodzice!
Jestem zdrowa. Ciągle przycho-
dzi ktoś inny, z liścikiem, że ja nie
piszę listów. A ja już bardzo dużo
listów dałam. Za mnie nie płacą,
a pan Sadlejski mówi że się mną nie
zajmuje, a jak się do niego idzie to mó-
wi że się go szantażuje. Wujek Polek
się o mnie dowiaduje. Odpiszcie na
list od tej pani.
Marysia.

Dołączony do listu Borcińskiej list Margarity

List musiał zostać napisany niedługo po dniu urodzin Margarity, która była Marysią, gdy się ukrywała, a 26 listopada 1942 roku skończyła dziewięć lat. Adresatami są jej rodzice Diana Blumenfeld i Jonas Turkow.

Przeczytałam go najpierw w jednej z książek Jonasa Turkowa[2]. Wydawał się przytoczony *in extenso*, nie z pamięci. Ale czy na pewno? Na dodatek przeczytałam go po francusku w książce, która była tłumaczeniem z jidysz. Turkow musiał zatem list przetłumaczyć z polskiego na jidysz[3], z jidysz przełożył go francuski tłumacz, a ja z powrotem spolszczyłam. Na ile tekst był więc zgodny z oryginałem? Turkow opisywał, że przed powstaniem w getcie warszawskim zakopał skrzynię ze swoimi

[2] I. Turkov, *C'était ainsi: 1939–1943, la vie dans le ghetto de Varsovie*, trad. par M. Pfeffer, Paris 1995.
[3] J. Turkow, *Azoj iz es gewen… Churban Warsze*, Buenos Aires 1948.

dokumentami na terenie getta, przy ulicy Mylnej. Odkopał ją po wojnie. Czy udało mu się wywieźć dokumenty, gdy po zakończeniu wojny nielegalnie opuszczał Polskę?

Kilka lat po przeczytaniu tego listu nieoczekiwanie natrafiłam na jego oryginał. Niewielka kartka zapisana starannym pismem, dwustronnie, gęsto, bez marginesów. Znalazłam ją w archiwum kibucu Lohamei Hagetaot, gdzie przeglądałam zbiory Adolfa Bermana, sekretarza Żegoty, polsko-żydowskiej organizacji powołanej do pomocy Żydom. Do listu dołączona była zapisana ołówkiem karteczka. Dziecinne pismo, a zdania tak dorosłe, że musiały zostać podyktowane. „Kochani Rodzice! Za mnie nie płacą, a pan Gadejski mówi że się mną nie zajmuje, a jak się do niego idzie to mówi że się go szantażuje. Odpiszcie na list od tej pani"[4]. W archiwum brak informacji, skąd list się tam wziął[5].

Margarita przeżyła wojnę. Jej ojciec zapłacił. Doszło do niego później, że Stanisława Borcińska, autorka listu, dostawała pieniądze i od Ireny Sendlerowej, i od żydowskich posłańców. Chciała tylko podwójnie zarobić[6].

[4] Dopisek do listu S. Borcińskiej, dz. cyt. Jak opisuje Turkow, Gerhard Gadejski, jego kolega sprzed wojny, na prośbę Turkowa odwiedził Margaritę u Borcińskich i zostawił im adres swojego miejsca pracy. Turkow pisze, że Borcińska przychodziła tam z Margaritą, aż w końcu zażądała od Gadejskiego pieniędzy. On się przestraszył i powiedział, żeby do niego więcej nie przychodzili (I. Turkov, *C'était ainsi...*, dz. cyt.). Gerhard Gadejski, występujący w zapiskach Emanuela Ringelbluma jako Ryszard G., był współwłaścicielem tak zwanego szopu szczotkarzy. Ringelblum pisze, że wśród polskich kierowników niemieckich szopów na terenie getta, którzy z reguły byli bezdusznymi gangsterami, wyróżniały się dwie szlachetne postacie, nastawione na ratowanie Żydów – jedną z nich był Gadejski (E. Ringelblum, *Stosunki polsko-żydowskie w czasie drugiej wojny światowej. Uwagi i spostrzeżenia*, Warszawa 1988).

[5] Może Turkow, który kontaktował się z Bermanem w getcie i w czasie swego ukrywania się, jeszcze w Polsce, przed wyjazdem przekazał mu część swoich papierów.

[6] Historia Margarity jest opisana tak dobrze, jak rzadko która historia czasu Holocaustu. Z perspektywy ojca: pisze o córce w kilku swoich książkach. Z perspektywy matki: Turkow przechował i ocalił listy, które żona przesyłała mu z aryjskiej strony, gdy on był jeszcze w getcie; znajdują się w archiwach Yad Vashem w Jerozolimie. Z perspektywy Margarity: jej listy do ojca

Diana Blumenfeld i Jonas Turkow z córką, półtoraroczną Margaritą, 1935

Dzięki staraniom Jonasa Turkowa Irena Sendlerowa jest wśród pierwszych Polaków odznaczonych medalem Sprawiedliwych wśród Narodów Świata[7].

przechowywane są w archiwach Yad Vashem i kibucu Lohamei Hagetaot, istnieje jej wielogodzinne nagranie dla Visual History Archive USC Shoah Foundation, jest także spisana przez nią historia ukrywania się (dziękuję Annie Mieszkowskiej za udostępnienie mi angielskiego maszynopisu; tekst wydrukowano później po polsku w zbiorze *Dzieci Holocaustu mówią...*, t. 5, Warszawa 2013). Rozmawiałam z nią również przez telefon.

[7] Irena Sendlerowa wspomina o tym w korespondencji z Wandą Rotenberg (I. Sendlerowa, List do W. Rotenberg z 20 stycznia 1989, AKLH, Kolekcja B. Elster, sygn. 29620). Turkow zorganizował kampanię w sprawie przyznania jej medalu. Zgłosił się do wychodzącego w Izraelu po polsku pisma „Nowiny Kurier", żeby opowiedzieć o Sendlerowej: „Ta szlachetna kobieta, z którą straciłem kontakt i dopiero teraz, po wielu poszukiwaniach nawiązałem, pracowała w Żegocie i ocaliła setki dzieci żydowskich, umieszczając je w sierocińcach, w klasztorach i innych miejscach. Rzecz w tym, żeby odpowiednie instytucje w Izraelu zajęły się tą szlachetną Polką, zainteresowały jej losem, dotarły do tych, którzy zostali przez nią uratowani" (H. Joffe, *Niespłacony dług wdzięczności*, „Nowiny Kurier", 31 maja 1965). Sendlerowa przechowywała ten

Z początku Margarita niezbyt martwiła się wojną. Przeciwnie, mogła teraz wieczorami mieć mamę dla siebie. Do siódmego roku życia spędzała czas z gosposią, nianią albo guwernantką, bo rodziców ciągle nie było w domu. Diana Blumenfeld i Jonas Turkow to znane postacie przedwojennej żydowskiej Warszawy. On – dyrektor teatru i aktor (podobnie jak jego brat Zygmunt, mąż Idy Kamińskiej, wielkiej aktorki i reżyserki teatru jidysz), ona – diwa sceny żydowskiej, występująca w trupie objazdowej swojego męża. Przebojem lata 1939 roku była *Freuda teoria snów*, w której oboje grali[8].

Margarita słuchała nerwowych rozmów dorosłych, ale nie mogła się zorientować, kto ma pójść do getta: Żydzi czy Polacy. Zrozumiała, dopiero gdy już się przeprowadzali. Zabrali ze sobą walizki z materiałami teatralnymi Turkowa, szpule filmowe, książki, encyklopedie, obrazy i łóżko Margarity z jej haftowaną pościelą. Ich nowe mieszkanie na Nowolipkach 53 zapełniło się, gdy część rodziny uciekła tu z łódzkiego getta. Wkrótce jej mamy znów nie było wieczorami – Diana Blumenfeld grała w komediach i śpiewała w kawiarni przy ulicy Leszno 2, znanym lokalu artystycznym getta, gdzie akompaniował jej duet Władysław Szpilman – Artur Goldfeder. Ale to już Margaricie mniej przeszkadzało, odkąd mieszkał z nimi Jurek, jej kuzyn z Łodzi. „Nie byłam głodna, miałam koleżanki, chodziłam do szkoły, lubiłam rosół w stołówce na Karmelickiej, miałam swoje lalki i misia" – opowiada o czasie spędzonym w getcie w nagraniu dla Archiwum Fundacji Shoah[9]. Turkow

artykuł ze swoją adnotacją na odwrocie: „Artykuł Turkowa z 1965 r., na mocy którego otrzymałam Medal Sprawiedliwych" (I. Sendlerowa, *Materiały zebrane w latach 1995–2003*, AŻIH, sygn. S/353/2). Ten artykuł, jak wiele innych materiałów, przekazała do archiwum Żydowskiego Instytutu Historycznego, gdy w 2000 roku przeprowadzała się ze swojego mieszkania do domu opieki. Materiały odebrała od niej i uporządkowała Halina Grubowska z ŻIH-u.

[8] Sztuka Antoniego Cwojdzińskiego.

[9] M. Turkov, Nagranie z 28 grudnia 1996, VHA, Interview Code: 24385. Dziękuję Domowi Spotkań z Historią i Ośrodkowi Karta, gdzie słuchałam taśm z kalifornijskiego archiwum USC Shoah Foundation.

Margarita Turkow i Jurek Blumenfeld,
z którym mieszkała w getcie

był w kierownictwie Centosu, organizacji zajmującej się dziećmi w getcie[10], mogli więc jeść w stołówce, a od rodziny ze Związku Radzieckiego dostawał paczki. Poza tym przed wojną dobrze im się powodziło, mieli jakieś zapasy. Ich sytuacja była więc stosunkowo znośna. Jednak gdy tylko zamknęły się bramy getta, Turkow zaczął się szykować do wysłania córki na aryjską stronę. Ona za nic nie chciała.

Tutaj mogła chodzić do domu obok, do Halinki Pokorny, swojej pierwszej przyjaciółki. Halinka też przeżyła. Po wojnie Margarita usłyszała, jak mama Halinki mówiła jej mamie, że „Halinka nigdy nie kłamie". Zastanawiała się wtedy, jak w takim razie Halince udało się przeżyć wojnę.

Diana Blumenfeld przygotowywała się do zagrania głównej roli w sztuce *Droga do szczęścia*. W getcie komedie, wodewile, kabarety, programy satyryczne i rewie – wszystko, co błahe i wesołe – były w cenie, bo na chwilę odrywały od rozpaczy. Premiera w Nowym Teatrze Kameralnym przy Nowolipkach 52, zapowiedziana na 22 lipca 1942 roku, nigdy się nie odbyła[11].

Tego dnia o świcie getto zostało otoczone szczelnym kordonem Ukraińców, Litwinów, Łotyszy i polskich granatowych policjantów. Dzień wcześniej Niemcy zażądali od Judenratu dostarczania codziennie sześciu tysięcy Żydów „nieużytecznych społecznie" na plac przeładunkowy – Umschlagplatz – skąd

[10] Centos, Centrala Towarzystw Opieki nad Sierotami, działał w Polsce od 1924 roku i zrzeszał społeczne organizacje opiekuńcze. W getcie zapewnił dach nad głową czterem tysiącom sierot w trzydziestu domach opieki i internatach oraz prowadził przeszło dwadzieścia półinternatów i domów dziennych (B. Engelking, J. Leociak, *Getto warszawskie. Przewodnik po nieistniejącym mieście*, Warszawa 2001).

[11] Sztuka miała być wystawiona w jidysz pod tytułem *Der weg cum glik*. Ocalały z getta warszawskiego Szymon Gliksman pisze we wspomnieniach, że premierę planowano na 20 lipca (a nie na 22 lipca, jak zapisał Turkow), ale sytuacja w getcie była już tak napięta, że ją odwołano. Była to komedia Władysława Fedora *Mysz kościelna*, której tytuł zmieniono, utajniając w ten sposób autora: nie wolno było w getcie grać „aryjskich" sztuk (S. Gliksman, Nieopublikowane wspomnienia, archiwum prywatne B. Engelking; dziękuję za udostępnienie mi tego fragmentu).

mieli być „przesiedlani na Wschód". Był to początek wielkiej akcji, w czasie której do 23 września 1942 roku wywieziono do Treblinki lub zamordowano na miejscu trzysta tysięcy osób.

Wtedy przestało istnieć getto w swojej pierwotnej funkcji: zamkniętej murem przestrzeni, w której mieli się gnieździć Żydzi z Warszawy i okolic. Od czasu wielkiej akcji getto stało się koncentracyjnym obozem pracy. Odtąd mogli w nim przebywać tylko ludzie mający „pozwolenie na życie", czyli pracownicy funkcjonujących w getcie warsztatów, tak zwanych szopów, i ich rodziny. Innych zapędzano na Umschlagplatz, a na ulicach i po strychach trwało polowanie na dzieci, kobiety, ludzi starych i tych wszystkich, którym nie udało się dostać stosownych papierów. Widok kojarzony najczęściej z warszawskim gettem – przestrzeni zatłoczonej do granic możliwości, dzieci żebrzących i zmarłych przykrytych gazetami – to widok sprzed akcji. Później na ulicach nie było już dzieci. Zostały zamordowane w Treblince.

Turkow załatwił dla siebie i żony pracę w warsztacie na ulicy Mylnej. Musieli się tam przenieść, zostawiając cały swój dobytek. Jak bardzo można było łudzić się nadzieją w świecie bez nadziei, dowodzą karteczki, które przyczepili do każdego przedmiotu: „Prosimy dbać o te rzeczy, dopóki po nie nie wrócimy. Mają dla nas dużą wartość. Diana Blumenfeld i Jonas Turkow". Córkę przeszmuglowali ze sobą na Mylną. Margarita już nigdy nie zobaczyła kuzyna Jurka; z ich łódzkiej rodziny nie ocalał nikt.

Ulica Mylna z dziesiątkami warsztatów stanowiła centrum produkcji lalek i przedmiotów drewnianych, robiono tu też papier, zeszyty, bieliznę, guziki, części do fonografów i radioodbiorników, sztućce. Liczne warsztaty należały do firmy Karl Heinz Müller. Pracownicy czuli się względnie bezpiecznie, właścicielem był syn generała SS. Pod numerem 11, gdzie Turkowowie pracowali i mieszkali, znajdowało się sześć warsztatów, ich specjalizował się w obróbce metali. W potwornym hałasie Turkow ciął cynkowe blachy, jego żona polerowała łyżki.

Margarita, nielegalnik w getcie, spędzała dnie z rodzicami w warsztacie. Miała przykazane kryć się za wieszakiem z płaszczami, gdy tylko ktoś wchodził. Rodzice woleli zabierać ją ze sobą, niż trzymać schowaną w mieszkaniu. Krążyło coraz więcej opowieści o pozostawieniu dzieci czy wiekowych rodziców w skrytkach i powrotach wieczorem do opustoszałego mieszkania. Niemcy i Ukraińcy przeszukiwali kwartał po kwartale, znalezionych wygarniali na Umschlagplatz albo rozstrzeliwali na miejscu. Ciotki Margarity, bliźniaczki Sara i Rachela, same zgłosiły się na wywózkę. „Nie boimy się ciężkiej pracy – mówiły – lepsze to niż wieczny strach i głód w getcie, a najważniejsze, że będziemy razem". „Mogę pracować, wyjedźmy razem na wschód" – przekonywała rodziców Margarita. Oni nalegali, żeby dała się wysłać na aryjską stronę. Płakała, błagała, powtarzała, że nie chce się z nimi rozstawać.

14 sierpnia 1942 roku usłyszała wrzaski. Schowała się, jak trzeba, za paltami. Do warsztatu wkroczył esesman w asyście czterech Ukraińców. Margarita widziała przez dziurkę od guzika wycelowane lufy karabinów. Słyszała, jak wszyscy wychodzą. Cisza, aż z podwórza zaczęły dochodzić krzyki i płacze. Potem znów krzyk, tuż koło niej: „Kto tu się jeszcze ukrywa?". Znów cisza i głos siostrzenicy dyrektora warsztatu, dziewczynki dwuipółletniej: „Wujku, czy mogę już wyjść?". Odpowiedziały jej głośne śmiechy Niemców. Margarita pomyślała: „Strzału nie słyszałam, spróbuję wyjść". Wydostała się na dwór, zaczęła biec. Przeciskała się między nogami dorosłych, aż znalazła ojca. Przepychali się dalej, szukając matki. Odnaleźli się tuż przed miejscem selekcji.

Niemiecki oficer pokazał ręką: ojciec na prawo, ona z matką na lewo. Wszyscy wiedzieli, co to oznacza: ojciec jeszcze przyda się do pracy, ona z matką mają wsiąść do podstawionych już na placu wagonów. Turkow zapytał dobrym niemieckim, czy mógłby towarzyszyć żonie i córce. Niemiec mu pozwolił. Koło nich ledwo szedł jakiś stary człowiek. Kazali Turkowowi go popchnąć. Margarita usłyszała syk matki: „Udawaj chociaż, że go popychasz”. Bili, ale jej się nie dostało, ojciec zasłaniał ją swoim ciałem. Gdy Turkow zauważył znajomego żydowskiego policjanta, rzucił w jego objęcia córkę, krzycząc: „Ratuj ją!”.

Policjant zaprowadził Margaritę bocznymi ulicami na plac, gdzie królował Mieczysław Szmerling, znienawidzony komendant Umschlagplatzu, żydowski policjant, który zasłynął z bezwzględności, okrucieństwa i łapówkarstwa[12]. Wokół niego tłum, całowali go po rękach, obejmowali za nogi, błagając o ocalenie. „To jest córka Turkowa – powiedział do Szmerlinga jej konwojent – zrób coś”. „Biegnij tam. – Szmerling wskazał Margaricie grupkę ludzi. – Wrócisz z nimi do getta”. Nigdzie nie chciała biec bez rodziców. Stała i się rozglądała. Dalej pamięta niewiele, ktoś ją chwycił, przykrył jakimś kocem i już nie była na Umschlagplatzu, tylko w mieszkaniu z rodzicami.

Turkowa z żoną rozpoznał w tłumie i wyprowadził do szpitala szef dzielnicowej policji żydowskiej. Dwa pomieszczenia szpitalne zorganizowała przy Umschlagplatzu przełożona pielęgniarek w getcie Ala Gołąb-Grynbergowa; służyły też jako przechowalnia dla tych, których udało się wyratować z tłumu. Wieczorem po zakończonej akcji uratowani wkładali lekarskie lub pielęgniarskie fartuchy i wracali do getta. Do następnego razu. To z okna szpitalika Diana Blumenfeld wypatrzyła błąkającą się Margaritę i wymusiła na żydowskim policjancie, by pobiegł po dziewczynkę.

Kiedy udało im się w ostatniej chwili uciec z transportu, decyzja o wysłaniu Margarity na aryjską stronę zapadła nieodwracalnie. „Ja mogę umrzeć, byle tylko umierać razem” – prosiła. „Ja nie przeżyję razem z tobą, a chcę żyć” – odpowiadała jej matka.

[12] B. Engelking, J. Leociak, *Getto warszawskie*, dz. cyt.

Turkow, szukając sposobu przerzucenia Margarity, poprzez cały łańcuch osób natrafił na Wandę Wyrobkową, a przez nią na Irenę Sendlerową; obie pracowały w miejskim Wydziale Opieki Społecznej i Zdrowia Publicznego. Ustalili, że Margarita będzie przechowywana w klasztorze. Turkow wybrał jej nazwisko do sfałszowanej kenkarty: Maria Kondrat[13].

Matka wbijała córce do głowy: „Nigdy, nigdy nie mów nikomu, że jesteś Żydówką. Zobaczysz nas, powiedz, że nas nie znasz. Zaśpiewają w jidysz, ty nie rozumiesz. Będziesz Marysia, to jest jedyne imię, które masz, ktoś powie »Margarita«, nie reagujesz". Uczyła ją modlitw: „Masz udawać, że wierzysz w Boga". Margarita nie przyznała się matce, że naprawdę w Niego wierzy. W getcie wymyśliła sobie, że istnieje żydowski Bóg, choć rodzice tak chyba nie myśleli, i polski – znała Go, bo niania zabierała ją czasem w tajemnicy do kościoła – i że lepiej będzie modlić się do polskiego Boga.

Dostali wreszcie wiadomość, że mogą przesłać dziecko. Świtem 20 sierpnia 1942 roku Turkow przyprowadził córkę na skrzyżowanie Leszna i Żelaznej. Tamtędy wychodzili placówkarze – brygady pracy, w których Żydzi pod konwojem pracowali po aryjskiej stronie, a na noc wracali do getta. Reguły każdy znał. Gdy uzbiera się komplet, szef placówki melduje, że brygada jest gotowa, i pokazuje dokumenty. Pieniądze za każdą dodatkową głowę płaci się żydowskiemu policjantowi, zwanemu grajkiem (od „szafa gra"), który musi całą sumę przekazać niemieckiemu strażnikowi. Po przejściu placówki niemiecki żandarm liczy, ile było dodatkowych głów, ile dostał pieniędzy i czy się zgadza. Następnie rozdziela pieniądze między niemieckich żandarmów, polskich policjantów po aryjskiej stronie i żydowskiego policjanta. Wszyscy coś przemycają, i to też jest rozliczane. Proceder udaje się, tylko gdy przejścia pilnują „dobrzy", czyli przekupni Niemcy. Wachy zmieniają się co

[13] H. Joffe, *Niespłacony dług*..., dz. cyt.

kilka godzin, nie wiadomo, na jaką się trafi. Za każdym razem wychodzącym na placówkę grozi rewizja, publiczne rozbieranie się, konfiskata przemycanych rzeczy połączona z biciem, a osobom bez papierów – zastrzelenie na miejscu[14].

Szef placówki, który organizował przerzut, ostrzegł, że jest zła wacha i nie da się przeprowadzić dziecka. Wtedy podeszła jego polska wspólniczka. Zlustrowała Margaritę: „Dobry wygląd, przejdzie ze mną". Usłyszeli strzał. Margarita błagała: „Tatusiu, tylko nie dzisiaj". Turkow patrzył, jak Polka, trzymając Margaritę za rękę, przeszła pewnym krokiem, żartując ze strażą.

Margarita wspomina, że gdy tylko znalazła się poza gettem, wyrzuciła kanapkę, którą dostała na drogę. W getcie jadła ten ciężki, gliniasty, ohydny chleb, a tu zaraz poczuła, że nawet pies by tego nie tknął. Czekająca po drugiej stronie muru Wanda Wyrobkowa zaprowadziła ją do domu młodej kobiety o imieniu Basia[15]. Wszyscy byli dla niej mili, jedzenie pyszne, ziemniaki z jagodami, bułka z szynką. Dowiedziała się, że nie przygotowano jeszcze dla niej miejsca w klasztorze, więc zostanie na razie z polską rodziną. Kobieta zawiozła ją dokądś dwoma tramwajami. Gdy wysiadły, zobaczyła przechadzającą się panią o surowym wyglądzie, za nią na smyczy szedł czarny piesek. Margarita miała do niej podejść.

Stanisława Borcińska zaprowadziła ją na Wspólną 73. Mieszkała tam z mężem Józefem, piętnastoletnim synem Bogdanem

[14] Opisy przechodzenia przez wachę można znaleźć w licznych wspomnieniach z warszawskiego getta, m.in. w: M. Pachter, *Umierać też trzeba umieć...*, Warszawa 2015.

[15] To musiał być jej pseudonim. Turkow pisze, że nazywała się Zofia Wiśniewska (I. Turkov, *C'était ainsi*, dz. cyt.), należała do lewicowego ugrupowania syndykalistów i jeszcze kilkakrotnie razem z Wandą Wyrobkową odwiedziła Margaritę. Opowiedziała mu, że zobaczyła raz na ulicy Bagno, jak dzieci ciągną Żydówkę na niemiecki posterunek. Wystąpiła w jej obronie, wtedy ją samą pobito i zaprowadzono na posterunek. Udało jej się przekonać Niemców, że jest katoliczką, nie Żydówką, wypuścili ją (I. Turkov, *La lutte pour la vie*, trad. par M. Pfeffer, Paris 2005).

i dwiema córkami, Bożenką w wieku Margarity i dorosłą Danusią, z którymi Margarita miała dzielić łóżko w kuchni.

Tej pierwszej nocy, z 20 na 21 sierpnia, obudził ją dźwięk syren. Samoloty sowieckie bombardowały Warszawę. Turkow też się obudził. W getcie ludzie wychodzili na dachy, żeby popatrzeć. Nie myśleli, że bezpieczniej byłoby się schować. Ogarnęła ich euforia – nie są osamotnieni, ktoś walczy z Niemcami.

Margarita poczuła szarpnięcie gospodyni. Zeszli do piwnicy, gdzie schronili się też inni mieszkańcy domu. Margarita słyszała ich rozmowy: „Może te bomby są na getto i wreszcie będzie z Żydami koniec?". Zaczęła płakać, że chce do mamy. „Zatkaj pysk" – syknęła jej do ucha Borcińska. Wtedy, tej pierwszej nocy, jeszcze jej nie uderzyła, ale wkrótce bicie stanie się codziennością.

Czekała tylko, aż zabiorą ją do klasztoru, jak jej obiecano. Któregoś dnia przyszedł wysłannik rodziców Józef Zysman-Ziemian, który ukrywał się po aryjskiej stronie i przekazywał pieniądze z Żydowskiego Komitetu Narodowego na jej utrzymanie [16]. Zapytał, czy chce tu zostać. Borcińska nie spuszczała z niej oka. Margarita pomyślała, że jeśli powie „nie", a ten pan nie będzie mógł jej zabrać, to Borcińska zbije ją do nieprzytomności. „Powiedziałam »Tak, dobrze mnie traktują« i oczyma błagałam go, żeby mnie zabrał. I tak zostałam" [17].

Jonas Turkow po otrzymaniu listu Stanisławy Borcińskiej, że albo pieniądze, albo ona wystawi dziecko na ulicę, nie wpadł w panikę. Odczytał list racjonalnie: Borcińskiej chodzi o pieniądze, nie o wydanie jego córki [18]. Zresztą wcześniej dowiedział się

[16] Pieniądze z ŻKN-u, organizacji żydowskiej powstałej w 1942 roku, przynosiła też Borcińskiej Bela Elster. A. Berman („Michał") pisał w liście do J. Turkowa („Janka") w lipcu 1944 roku, że najpierw za utrzymanie Margarity i jej rodziców płacił „Mikołaj", czyli Leon Feiner z Bundu, a teraz ich utrzymywanie i opiekę nad nimi przejął ŻKN (A. Berman, List do J. Turkowa z 22 lipca 1944, AKLH, Kolekcja A. Bermana, sygn. 5801).

[17] M. Turkov, Nagranie..., dz. cyt.

[18] Świadczył o tym fragment listu, w którym Borcińska namawiała rodziców na pozostawienie u niej Marysi, przestrzegając przed oddawaniem dziecka

od Sendlerowej, że kilkutygodniowy pobyt, który miał służyć, jak to nazwała, „duchowej kwarantannie i oswojeniu ze zwyczajami chrześcijańskimi", przedłuża się zgodnie z wolą rodziny, u której jest Margarita[19]. Zaczął z żoną obliczać, na co ich stać. Wymknął się z getta na pertraktacje z Borcińską. Przedstawił się jako wujek Margarity, żeby uzyskać lepszą pozycję negocjacyjną. Z sześćdziesięciu złotych dziennie płatnych za półtora roku z góry Borcińska zeszła do czterdziestu złotych w miesięcznych ratach; nadal nie przyznała, że dostaje już pieniądze[20].

Podczas kolejnej łapanki w trakcie wielkiej akcji mieszkańcy ulicy Mylnej, wszyscy z odpowiednimi papierami, użyteczni w warsztatach, zostali pognani na Umschlagplatz. Lutek Rotblat, znajomy Turkowa, uratował jego i Dianę, proponując im kryjówkę u siebie. Podał adres: Mylna 18, trzecie piętro, i instrukcję, jak znaleźć wewnętrzne schody i jak pukać. Dotarli do miejsca, gdzie – według relacji Turkowa – schowane było ponad sto osób. Maria Rotblat, matka Lutka, przed wojną w Wydziale Opieki, w getcie prowadziła bursę dla dziewcząt na Twardej 7. Swoje osiemdziesiąt podopiecznych – opisywał Turkow – przeprowadziła na czas wielkiej akcji do zbudowanej w tym celu kryjówki na Mylnej[21]. Były tam tajna stołówka,

do zakładu prowadzonego przez siostry: „Zakład na lato dzieci w jej wieku rozsyła po chłopach na wieś, więc co z niej będzie, zmarnuje się i więcej nic" (S. Borcińska, List do D. Blumenfeld i J. Turkowa, niedatowany [1942], dz. cyt.).

[19] Turkow, nie wiedząc, co się z dzieckiem dzieje, połączył się telefonicznie z getta ze swoim znajomym po aryjskiej stronie i podał mu nazwiska Sendlerowej i Wyrobkowej, prosząc, żeby odszukał je w Wydziale Opieki Społecznej na Złotej. Było to dość przerażające złamanie zasad konspiracji.

[20] Odtąd Turkow przesyłał regularnie pieniądze przez pośredników, co Borcińska kwitowała: „Dziś, to jest d. 3/III otrzymałam pieniądze, to jest 1000 zł przez jedną panią, dnia 19/I otrzymałam przez jednego pana 1000 zł, a 500 zł żadnych nie otrzymałam, oprócz marca należy mi się 200 zł i za miesiąc marzec. Na razie jesteśmy w porządku" (S. Borcińska, List do J. Turkowa z 3 marca 1943, AKLH, Kolekcja A. Bermana, sygn. 4585).

[21] To musiało być już po tym, jak młodzież z bursy Marii Rotblat zabrano na Umschlagplatz, ale – jak pisał Berman – „dzięki szybkiej i energicznej interwencji pracowników »Centosu« udało się uratować dziewczęta i personel". Dziewczęta później się ukrywały, a część pracowała w szopach, co na jakiś

wychowawczynie, był pediatra, który ratował mdlejących z gorąca i sam mdlał – był już wrzesień, ale upał nie słabł.

„Mama zna ofiarność pani Wyrobkowej i pani Sendlerowej, ale możliwość znalezienia ratunku dla kilkorga dzieci niczego nie rozwiązuje – tłumaczył Lutek Rotblat Turkowowi. – Nie możemy na nie liczyć. Musimy sami wywalczyć od Niemców, z bronią w ręku, wolność dla nas i dla naszych dzieci"[22].

Tymczasem Borcińska biła Margaritę za wszystko. Za to, że się modli: z pewnością udaje, żeby naśmiewać się z ich wiary. Za kłamstwa: opowiada o matce, że jest aktorką – „Co ty sobie wyobrażasz, że jesteś kimś?". Za to, że nie płacze, kiedy jest bita. A Margarita zawzięła się, że nie da Borcińskiej satysfakcji. Za lekkie przewinienie gospodyni ją policzkuje albo wykręca ucho czy nos. Za poważniejsze chwyta za szyję i bije, gdzie trafi, po głowie, po rękach, po całym ciele. Za jeszcze poważniejsze (według własnych bliżej nieokreślonych kryteriów) uderza ją gorącą szczapką wyjętą z pieca. „Bardziej bolały mnie jej słowa – opisuje Margarita. – »Ty głupia imbecylko, zastanawiam się, jacy są twoi rodzice, że stworzyli takie gówno«"[23]. Raz śniło jej się, że Borcińska ją pocałowała, opowiedziała to Bożence, a ta powtórzyła matce. Kobieta naigrywała się z niej później: „Ciebie bym całowała, ty podróbko ludzkiego dziecka?". Margarita miała lalkę, powiernicę swoich łez; gdy sąsiadka uszyła lalce ubranie, gospodyni uznała, że lalka będzie świetną ozdobą na wezgłowie jej łóżka, i ją sobie wzięła.

– To nie miało nic wspólnego z antysemityzmem – odpowiada na moje pytanie Margarita. – Z tym się nigdy nie spotkałam w ich domu. Ona mówiła tak jak wszyscy Polacy „Żydki", ale to nie było antysemickie. Biła mnie tak samo jak własne dzieci, tylko one były do bicia przyzwyczajone. Bardzo dobry był dla

czas je chroniło (A. Berman, *O losie dzieci żydowskich w zakładach opiekuńczych w getcie warszawskim. Wspomnienia*, „Biulety ŻIH" 1958, nr 28).

[22] I. Turkov, *C'était ainsi*, dz. cyt., s. 329.

[23] M. Turkow, *Dziewczynka, która nie umiała płakać* [w:] *Dzieci Holocaustu mówią...*, dz. cyt., s. 96.

mnie jej mąż. Bawił się ze mną w chowanego. Nie miał odwagi stanąć w mojej obronie, dopiero kiedy się upił po wypłacie. Nasłuchiwałam w nocy ich kłótni na mój temat. Ona go tłukła, była od niego silniejsza.

Jak na ironię, to dzięki Borcińskiej Margarita trafiła do ich domu i przeżyła wojnę. Szlachetny pan Borciński był gotów pomagać Żydom, ale nie aż tak, żeby przyjmować ich pod swój dach. Uwielbiał swoją córkę Bożenkę i nie chciał jej narażać. W sprawie Margarity przeważyło, jak we wszystkich sprawach domowych, zdanie żony, która była zmotywowana – chciała zarobić.

Jest jeszcze problem z Bogdanem, synem Borcińskich, który dziewczynce dokucza. Kiedy ona używa mydła, mówi, że jest zrobione z Żydów. I molestuje Margaritę. „Był problem z seksem, ja nic nie wiedziałam. Jak Bożenka mi opowiadała, pomyślałam, że to tylko Polacy tak robią dzieci, ale nie Żydzi. On się bawił ze swoją siostrą. Jak mu się znudziła siostra, to się bawił ze mną”[24].

W listach, które Margarita wysyła rodzicom – dla konspiracji nazywając ich Danusią i Jasieczkiem – prawie wszystko jest pisane pod dyktando gospodyni. Przebija składnia Borcińskiej: „Mnie tu jest bardzo dobrze i nie potrzeba, żeby było mnie lepiej do końca wojny”[25]; „Jak wyglądałam pierw, tak teraz wyglądam lepiej. Zresztą mogą wam powiedzieć ci, którzy mnie widzieli pierw i teraz. Zapytujecie się mnie, czy trzymam się czysto? Tu, gdzie jestem, jest czysto, dbają o mój wygląd, myję się co dzień jak zwykle, a co tydzień z gruntu”[26]. Czasem gospodyni pewnie każe pilnować córce, co Margarita pisze, a Bożenka dyktuje jej co bądź: „Jak się zaczniemy wygłupiać, to aż ludziom tynk na głowę leci”[27]; „Bawimy się z Bożenką i czas mi przyjemnie schodzi.

[24] M. Turkov, Nagranie…, dz. cyt.

[25] M. Turkow, List do rodziców z 3 marca 1943, AYV, 0.6/134, sygn. 3698077. Dziękuję za pomoc Eli Linde z Yad Vashem, która znalazła te listy w nieopracowanych jeszcze wówczas zbiorach archiwalnych.

[26] M. Turkow, List do rodziców z lutego 1943, tamże.

[27] M. Turkow, List do rodziców, niedatowany [1942], tamże.

Hahaha, hihihi, kukuryku! Na patyku! Hejjho!!! Tralala, trumba, bumba, aaaha!!! Iiii, lula, lola!!!!!!”[28]. Żadnej szansy, żeby Margaricie udało się przemycić między jednym a drugim zdaniem tęsknotę i samotność dziesięcioletniej bitej dziewczynki.

Wiedziała, że nikomu nie może mówić, kim jest. Tylko jednej Wiesi wyznała, że ma tajemnicę, którą wyjawi jej po wojnie. „Ale po wojnie też jej nie powiedziałam. Po wojnie miałam kłopoty z powiedzeniem, że jestem Żydówką”[29].

– Dlaczego nie uciekłam? Myślałam o sobie: „Jestem tchórzliwa, nienawidzę siebie, bo nie mam odwagi uciec, muszę uciec, ale jestem tak bardzo nikim, że nie mam dokąd” – opowiadała mi.

Rodzice nadal byli w getcie. Matka Margarity panicznie bała się życia po aryjskiej stronie, w jej wyobrażeniu – dżungli, w której będzie zwierzyną łowną. Mężowi udało się namówić ją do wyjścia dopiero w kwietniu 1943 roku, tuż przed powstaniem. Zostawiła list, który w razie jej śmierci miał oddać córce.

> Płaczę piekącymi krwawymi łzami, które mi zasłaniają pismo moje, nie chciałam zginąć, walczę i będę walczyć do ostatniego tchnienia! Chcę żyć!! Mam prawo do życia! Mam Ciebie i sztukę. Dla was chciałam żyć! Córuś moja najdroższa, najukochańsza, wybacz mi, że Cię urodziłam na taką mękę!! Wybacz mi, jeśli będziesz musiała cierpieć!!
>
> Twoja matka Diana Blumenfeld-Turkow[30]

Diana Blumenfeld odpowiada stereotypowemu wyobrażeniu o diwie: egocentryczna i egzaltowana, przyzwyczajona do bycia adorowaną i obsługiwaną. Miała tak zwany niedobry

[28] M. Turkow, List do rodziców z 19 stycznia 1944, tamże.
[29] M. Turkov, Nagranie…, dz. cyt.
[30] D. Blumenfeld, List do J. Turkowa z marca 1943 (ze skrótami), jak wszystkie dalej cytowane listy Diany Blumenfeld, został przemycony do męża w getcie (AYV, Turkov Jonas, sygn. 03/3698077).

wygląd. Wszystko razem było kiepskim wyposażeniem na czas Zagłady. A jednak przeżyje, i to nie tylko dzięki pieniądzom i znajomościom, ale też dzięki przypadkowo spotkanym szlachetnym ludziom.

Turkow uzgodnił przez jeden z nielicznych telefonów, które jeszcze działały w getcie, że będzie na nią czekać Basia Temkin-Bermanowa, dobry duch ukrywających się Żydów. Diana Blumenfeld przeszła na aryjską stronę przez przekupioną wachę. Zapukała pod zapamiętany adres: Polna 40 m. 34. Gospodarze nie wiedzieli, o co chodzi. Stała bezradnie w bramie z nadzieją, że Basia się pojawi. Nie było na to szans, pomyliła adres. Zbliżała się godzina policyjna, gdy podszedł do niej gospodarz mieszkania 34. Zobaczyli z żoną, że wciąż czeka, więc zaprosili ją do siebie na nocleg. Rano pan domu odprowadził ją do Borcińskich na Wspólną, pod jedyny adres, jaki jeszcze znała.

W listach przekazywanych mężowi do getta Diana Blumenfeld opisuje, co zastała: wymizerowane brudne dziecko, zawszone i zagnidzone tak, że musiała zapanować nad obrzydzeniem. Kupiła sabadylę, ścięła obu dziewczynkom, Bożence też, włosy do zera i zaczęła szorować im skórę. „W ciągu 2 dni śladu nie było"[31]. Wprowadziła zasady higieny, kazała im się myć, co przedtem zdarzało się tylko od święta. Wyobrażam sobie, jak musiało iskrzyć między nią a Borcińską, kiedy tak zaprowadzała własne porządki. Ale trafiła kosa na kamień. O Borcińskiej pisze: „Ona jest psychopatka i zły demon. Powietrza też się czepia"[32]. „Mimo to Marysia musi tu zostać, bo nie ma innej rady. Słowo powiem, to ona dziecko wyrzuci na ulicę. Ona do tego zdolna jest"[33].

Diana Blumenfeld na razie też została u Borcińskich. W listach wyliczyła wydatki. Za tydzień miała płacić trzysta pięćdziesiąt złotych. Borcińska mówiła jej, że to tanio, bo normalnie bierze

[31] D. Blumenfeld, List do J. Turkowa, niedatowany [1943], tamże.
[32] D. Blumenfeld, List do J. Turkowa z marca 1943, tamże.
[33] D. Blumenfeld, List do J. Turkowa, niedatowany [1943], tamże.

sto złotych za noc. Za samo spanie. Lura z kuchni ludowej i wieczorem zupa – pięćdziesiąt złotych dziennie. Było jasne, że Diany Blumenfeld na to nie stać[34].

Odwiedziła ją u Borcińskich Basia Temkin-Bermanowa. Namawiała, żeby wynajęła mieszkanie jako Polka, ona wyrobi jej dobre dokumenty i będzie jej wypłacać pięćset złotych miesięcznie, co wystarczy, bo tylko mieszkania dla Żydów są tak upiornie drogie. Do nowych dokumentów potrzebowała aktualnej fotografii. „Jak mi radziła, to dziś poszłam w Aleje Jerozolimskie do fotografii w jasny dzień – pisała do męża do getta. – Zresztą może by było lepiej wpaść na ulicy, bo samej odebrać sobie życia nie mam sił, a nie ma wyjścia. Niestety, nikt mnie nie zaczepił, nikt mnie nie zagadnął"[35]. Próbowała przekonać męża, żeby sprowadził ją z powrotem do getta. „Może wrócić i uda nam się ujść z życiem na Mylnej ulicy? Błagam Cię, zastanów się nad tym. Zrobię, jak Ty postanowisz, ale Ty żyjesz w błędzie, a ja mam otwarte oczy"[36].

Turkow nie zawierzył otwartym oczom żony i nie sprowadził jej z powrotem. Ale jest wiele świadectw o ukrywających się Żydach, którzy nie wytrzymali po aryjskiej stronie i zdecydowali się na powrót do getta. Diana Blumenfeld wynajęła pokój jako Polka przy pomocy Poli Ziemiańskiej, tej, do której drzwi przypadkowo zapukała na Polnej. Współlokator, student, pytał Dianę: „Dlaczego pani ma takie smutne oczy?". Ziemiańskiej zaproponował, by wspólnie tę Żydówkę zaszantażowali. Ziemiańska ją ostrzegła. Diana musiała zmienić mieszkanie. Jeszcze raz i jeszcze raz, i jeszcze raz.

Turkow odnotowywał żniwa szmalcowników. Matka z dwojgiem dzieci, która spała przez kilka nocy z jego żoną w łóżku u Borcińskich. Sprowadziła ją z Krakowa do Warszawy działaczka Żegoty Janina Dunin-Wąsowicz. „Ta kobieta wielkiego

[34] Tamże. Gdy Diana Blumenfeld znalazła już inne mieszkanie, cena spadła: „Na odchodnym klępa się poprawiła. Liczy mi po 20 [złotych] dziennie, tak że jeszcze będę miała na trochę życia" (tamże).

[35] Tamże. [36] Tamże.

serca poruszyła ziemię i niebo, by znaleźć im lokum – opisywał Turkow. – Znalazła Polaka, który zgodził się za dużą sumę wziąć z nią ślub w kościele. Był pijaczyną i nierobem. Jak już wyłudził od niej wszystkie pieniądze, wyrzucił ją z dziećmi na bruk"[37]. Józef Makowski, lekarz, któremu Gadejski załatwił pracę w szpitalu na fałszywych papierach. Szmalcownicy cały dzień obserwowali każdy jego krok. Nie wiedział, co robić, zażył cyjanek. Żona Makowskiego i jego córka zostały później wydane Niemcom. Helena Ostrowska z Łodzi, śpiewaczka operowa i żona doktora Cukierwara, zadenuncjowana ze swoją małą córką. Lekarz internista dr Vol (pewnie Wohl) z żoną i córką. Pianista Artur Goldfeder, który miał żonę katoliczkę. Kuzyn Turkowa Szymon Witenberg, który pracował przed wojną w fabryce chemicznej na Pradze i gdy tam poszedł, doniósł na niego strażnik. Jego siostra Fela Winer i jej mąż Grisza podzielili jego los. Lista Turkowa ciągnie się i ciągnie.

„Pali się getto, w nocy jest czerwone niebo, sąsiedzi zachwyceni, »uwolnią nas od tych karaluchów«" – opisywała Margarita[38]. Radość, że getto się pali, powraca w dziesiątkach wspomnień[39]. Tuż przed powstaniem w getcie, 13 kwietnia, Niemcy ogłosili, że odkryli masowe groby w Katyniu. W Warszawie porozlepiano afisze: Żyd w papilotach przedstawiony jako diabeł, ma szal modlitewny i rogi, a nad nim napis „Katyń". Propaganda niemiecka, że Katyń to dzieło żydobolszewickie, była skuteczna – stwierdza Turkow.

Gdy 19 kwietnia 1943 roku Niemcy wkroczyli do getta, oddziały, które szły ulicą Nalewki, zostały u zbiegu z Gęsią zaatakowane butelkami zapalającymi i granatami. To było pierwsze starcie z Żydowską Organizacją Bojową, początek powstania.

[37] I. Turkov, *La lutte pour la vie*, dz. cyt., s. 144.

[38] M. Turkov, Nagranie..., dz. cyt.

[39] Alina Margolis-Edelman, żona Marka Edelmana, opowiadała mi, że kiedy ukrywała się u pary znanych architektów warszawskich, słuchała, jak wzdychają: „Szkoda, że nie ma tam Tuwimera". Ona sama ukrywała się jako córka polskiego oficera. Gdy po wojnie z matką przyszły podziękować gospodyni, kobieta spoliczkowała matkę i zatrzasnęła przed nimi drzwi.

Niemcy się wycofali, zostawili zabitych i rannych. Jednym z walczących oddziałów był stacjonujący w domu przy rogu Nalewek i Gęsiej oddział Lutka Rotblata. Dziewczynki z sierocińca jego mamy już dawno wywieziono z Umschlagplatzu. Lutek i jego matka wraz z Mordechajem Anielewiczem i innymi przywódcami ŻOB-u znaleźli się w bunkrze przy Miłej 18. Gdy Niemcy odkryli bunkier 8 maja 1943 roku, większość powstańców, poza jedną grupą, której udało się znaleźć wyjście z bunkra, popełniła samobójstwo, Rotblat zastrzelił matkę, a potem siebie[40].

Mieszkanie Borcińskiej służy w tym czasie za kosztowną noclegownię dla uciekinierów z getta. Trzy dni nocuje matka z dwojgiem dzieci, Diana dzieli z nimi swoje łóżko, płacą sto osiemdziesiąt złotych za noc. Pojawia się młoda para, dziewczyna szesnastoletnia, chłopiec – osiemnaście lat, walczyli w getcie, wyszli kanałami. Od razu natknęli się na szmalcowników, z trudem udało im się wyrwać. Ktoś im w getcie powiedział, że będą mogli zatrzymać się na kilka dni pod tym adresem. Borcińska wpuszcza ich na jedną noc, rano wyrzuca z domu. Chodzą przez cały dzień po ulicach Warszawy, bezskutecznie próbując odnaleźć znajomych. Szmalcownicy przyczepiają się do dziewczyny, chłopiec z oburzeniem ręczy za jej polskość i znów udaje im się wywinąć. Przed godziną policyjną wracają do Borcińskiej, dostają jeszcze jeden nocleg, świtem muszą wyjść. Dzień później Borcińska opowiada, że znów mieli czelność przyjść przed samą nocą i że ich wyrzuciła. Mówili Dianie, że za pierwszą noc zapłacili sto pięćdziesiąt złotych, za drugą oddali złote obrączki schowane na czarną godzinę. Turkow szukał potem ich śladu. Nikt ich nie widział. Pewnie nie mieli już nic, więc zginęli.

Turkow po powstaniu w getcie trafił do obozu w Poniatowej, skąd żydowskie podziemie zorganizowało mu ucieczkę.

[40] M. Edelman, *Getto walczy*, Warszawa 1945. Patrz też: A. Grupińska, *Ciągle po kole. Rozmowy z żołnierzami getta warszawskiego*, Warszawa 2000.

Ukrywał się odtąd razem z żoną i przychodził odwiedzać Margaritę. Miał strój i papiery kominiarza i kogokolwiek odwiedzał, siadywał blisko wyjścia, na zydlu, jakby przyszedł tylko na chwilę. Zaprzyjaźnił się z Borcińskim, robotnikiem, który przed wojną należał do milicji PPS-u. Był poruszony współczuciem, z jakim ten mówił o losie Żydów, i pewnie nie chciał wiedzieć o interesach żony. Borciński pokazał mu list, który dostał od partyzantów z grupy Armii Ludowej przebywającej na Kielecczyźnie; byli to robotnicy kolejowi ze Skarżyska-Kamiennej. Prosili o przesłanie ludzi, którzy przeprowadziliby dla nich ćwiczenia wojskowe i objęli dowództwo. Mają dawnego oficera sowieckiego, który uciekł z obozu i przyjął do oddziału kilku Żydów. Jeśli dostaną kogoś przeszkolonego, będą mogli Żydów i oficera zlikwidować. „Tacy się staliśmy. To jest stan ducha naszego narodu" – mówił Borciński z goryczą[41].

Margarita podsłuchała, jak jej tata zdradził Borcińskiemu, gdzie się ukrywa. Dotarła na stację kolejową, wsiadła do pociągu, pojechała do Zielonki pod Warszawą i znalazła rodziców. W piwnicy gnieździło się trzynaście osób. Z matką prowadziła taką samą rozmowę jak w getcie. „Chcę być z wami, mogę z wami umrzeć". „Masz być tam, gdzie jesteś. Chodzi o to, żeby przeżyć". „Mnie nie obchodzi, że nas zabiją, tylko niech nas zabiją razem". Odesłali ją do Borcińskich.

Margarita chodziła z Bożenką do świetlicy. Zostały wybrane do pierwszej pary w zespole tańców ludowych. Pokazała Bożence, jak się plecie torby ze sznurków – sama nauczyła się tego w getcie w klasie rękodzieła – i sprzedawały te torby na targu. Uczestniczyła w konspiracji, w którą wciągnięta była cała rodzina. W mieszkaniu Borcińskich odbywały się zebrania, towarzysze nocowali, przychodzili po gazetki, przechowywane były broń i materiały do sabotażu. Margarita też przenosiła broń – w ramach innej konspiracji, w którą była zaangażowana

[41] I. Turkov, *La lutte pour la vie*, dz. cyt., s. 146.

Margarita Turkow, 1945

starsza córka Danusia. Walizkę z bronią dawała do niesienia Margaricie, a sama szła kilka kroków za nią.

Któregoś dnia rozległo się pukanie do drzwi. Weszła policja Kripo, kazali się położyć na ziemi, przeszukali mieszkanie, znaleźli pisma podziemne i amunicję. Margarita akurat bawiła się na dworze. Kiedy wróciła, było już po wszystkim. Zabrali Józefa Borcińskiego i jego syna.

W czasie powstania warszawskiego Borcińska, jej córki i Margarita przemieszkiwały razem po piwnicach. Borcińska przyłączyła się do grupy kobiet produkujących granaty. Po upadku powstania, ewakuowane z ludnością cywilną do obozu w Pruszkowie, wylądowały na wsi pod Warszawą. W lutym 1945 roku Bożenka postanowiła wyprawić się do miasta w poszukiwaniu ojca. Wierzyła, że wróci. Wyruszyły pieszo we dwie z Margaritą. Na ruinach domów wszyscy naklejali kartki z nazwiskami poszukiwanych i szukających. Przyczepiły swoje.

Bożenka nigdy nie zobaczyła ojca – zginął w Auschwitz[42]. Turkow trafił na przyczepioną przez Margaritę karteczkę. Odnalazł córkę. Trochę czasu zajęło mu tylko zdobycie dziesięciu tysięcy złotych, których Borcińska żądała za oddanie dziewczynki.

– Ojciec mnie wykupił – opowiadała mi Margarita. – Ona do nas nie miała na tyle zaufania, żeby mnie puścić, zanim dostanie pieniądze.

„Margarita biegała dwa razy dziennie do kościoła, a na szyi dalej nosiła łańcuszek z Matką Boską" – opisuje Turkow[43]. To było bardzo częste wśród ukrywanych dzieci. Zwykle ustępowało z czasem, tak było też w jej przypadku. „Jak usłyszałam, że ci, co nie wierzą, to pójdą do piekła, pomyślałam, że wolę być w piekle z rodzicami niż w niebie z Borcińską. Już byłam mniej chrześcijanką"[44]. Żeby jej całkiem przeszło, Turkowowie wysłali ją na jakiś czas do żydowskiego domu dziecka w Otwocku.

Nie potrafiła zacząć żyć „normalnie". „W ukryciu miałam swój świat wyobraźni, że jestem z rodzicami – opisywała. – Teraz mówiłam sobie: »Stop, starczy, już jesteś z rodzicami«, ale dalej w nim żyłam"[45].

Wyjechali z Polski, nielegalnie przekraczając granicę z Czechosłowacją pod koniec 1945 roku, zamieszkali w USA. Turkow przeniósł się z czasem do Izraela, Margarita została w Stanach, mieszka na Zachodnim Wybrzeżu.

„Jeśli nie byłoby wojny, byłabym normalnie neurotyczna, jak wszyscy. Wyszłam za mąż, mój mąż dostał pracę w Ohio, ukrywając, że jest Żydem, bo jego korporacja wtedy nie przyjmowała Żydów. Kiedy było przyjęcie w domu, kazał ukryć książkę napisaną przez mojego ojca, bo była w jidysz. To moje życie to już było bardziej przeżycie"[46].

[42] Obóz przeżył syn Bogdan.

[43] I. Turkov, *En Pologne, après la Libération. L'impossible survie des rescapés juifs*, trad. par M. Pfeffer, Paris 2008, s. 214.

[44] M. Turkov, Nagranie…, dz. cyt. [45] Tamże. [46] Tamże.

Nigdy sobie nie poradziła z tym, przez co przeszła. Po tylu latach życia i tylu latach terapii wciąż uważa, że czas ukrywania się bezpowrotnie ją zniszczył.

– Coś we mnie pękło na zawsze, kiedy mieszkałam u Borcińskiej – mówi mi. – Ja wtedy w Zielonce błagałam rodziców, żebym mogła zostać z nimi. Wiedziałam, że jak przeżyję, będę w środku martwa. Odesłali mnie. Dlaczego nie kochali mnie tak, żeby chcieć ze mną umrzeć?

Na nagraniach archiwalnych widzę ładną kobietę z siwymi włosami podkreślającymi jej urodę. Mówi po angielsku z intonacją przypominającą tembr przedwojennych aktorów teatru jidysz, uśmiechy są przesadne, smutek wygląda na zagrany. „Nauczyłam się nic nie czuć, to mi zostało" – opowiada[47].

Przyjechała do Polski w 2004 roku.

– Poznałam Irenę Sendlerową i innych wspaniałych ludzi. Miałam wiele nienawiści do Polaków, a teraz już nie mam. Chyba nawet nie czuję jej do Borcińskiej, została mi tylko pamięć strachu. Irena nie chciała słuchać o moim ukrywaniu. Nie chciała też słuchać o moim ojcu niczego, co mogłoby przedstawić go w złym świetle. Idealizowała go do tego stopnia, że aż się śmiałam, bo mój ojciec nie był przecież święty. Ale dla niej musiał być integralnie dobrym człowiekiem.

Margarita przywiozła spisane na maszynie wspomnienia. Prosiła Sendlerową, by wykorzystała je w swojej książce biograficznej.

– Irena nie chciała. Powtarzała mi: „Przeżyłaś i to jest ważne".

[47] Tamże.

Rozdział 2

Co ty byś zrobił, jakbyś Żyda u siebie znalazł?

– Nie wymieniaj nazwy miasta. Chcę, żeby było przeklęte i zapomniane. Napisz: „W miejscowości S., gdzie się urodziłam, rzucali za mną kamieniami, gdy szłam za ojca trumną"[1].

Moja rozmówczyni, mieszkająca w Montrealu Renata Skotnicka-Zajdman, była przyjaciółką Ireny Sendlerowej i jej ambasadorką na drugiej półkuli. Reprezentowała ją na uroczystościach, zjazdach, ceremoniach przyznawania nagród. Udzielała się w Kanadyjskiej Fundacji Dziedzictwa Polsko-Żydowskiego, nietypowej organizacji, która ma łączyć emigrantów z Polski, Żydów i Polaków. Z właściwą sobie energią jeździła do dziesiątek szkół opowiadać, jak Sendlerowa uratowała jej życie.

Przeglądając jej archiwum, trafiam na wywiad dla kanadyjskiego pisma z okazji premiery filmu opartego na historii Sendlerowej. Czytam: „Sendlerowa ratowała mnie z rąk innych Polaków. Ona sama była przerażona Polakami"[2].

– To takie rzeczy mówiłaś?

[1] Historię Renaty Skotnickiej-Zajdman opowiadam na podstawie rozmów z nią, jej nagrania dla Shoah Foundation (R. Skotnicka-Zajdman, Nagranie z 23 października 1997, VHA, Interview Code: 37068) oraz spisanych przez nią wspomnień (archiwum prywatne R. Skotnickiej-Zajdman; jestem wdzięczna za jego udostępnienie). Skotnicka opowiada też swoją historię w filmie *Chłopak i dziewczyna* (reż. S. Koehler, 2005).

[2] *Warsaw Ghetto Survivor Remembers Polish Catholic Woman who Saved Her*, „Catholic Review", 12 kwietnia 2009.

– Raz mi się wyrwało. Żadnych strasznych rzeczy nie opowiadałam, Boże broń. Myśmy się w fundacji zajmowali dialogiem i pojednaniem.

– Musisz się śpieszyć – usłyszałam, gdy pierwszy raz do niej zadzwoniłam.

– Wsiądź w autobus i natychmiast przyjeżdżaj – gdy zadzwoniłam po raz drugi, już z lotniska w Montrealu.

Był wieczór, ale według europejskiego czasu środek nocy. Słuchałam jej przez wiele godzin tego pierwszego dnia i tak samo przez kolejne dni. Dwie noce spałam na łóżku polowym w salonie („Zostajesz. Bez dyskusji. Rano mam najwięcej sił do mówienia, więc muszę cię mieć przy sobie, kiedy się obudzę"). Renata, przypięta do łóżka licznymi rurkami, z podłączonym aparatem tlenowym, była taka, jak mi o niej opowiadano: pełna pogody ducha, zdecydowana, entuzjastycznie nawiązująca przyjaźnie. Ostatniego dnia ciągle zapadała w sen, a po kilkunastu minutach budziła się, by raz jeszcze mi powtórzyć, że mam zacząć od kamieni rzucanych na trumnę jej ojca.

Zmarła 28 listopada 2013 roku, kilkanaście dni po moim wyjeździe. Zostały mi dziesiątki zapisanych stron z historią jej życia.

– Nikogo już nigdy nie kochałam tak jak mojego ojca. Tak mnie rozpieszczał, że otworzył mi kredyt w ciastkarni i mogłam stawiać koleżankom. Moją przyszłą mamę Natalię poznał przed pierwszą wojną światową, kiedy był studentem. On dawał lekcje, ona się przygotowywała do matury, zakochali się. Dziadek, jak się dowiedział, wyrzucił ojca z domu. Mamę wydali siłą za mąż za kuzyna. Płakała pod baldachimem. Ale podobno była w tym małżeństwie bardzo szczęśliwa. Jej mąż zmarł nagle, na atak serca[3]. Mój przyszły ojciec był wtedy po

[3] Pierwszy mąż jej matki, ojciec jej przyrodniego rodzeństwa Hani i Arona (Alka), nazywał się Lipa (Leopold) Młynek (*Pinkas S*[...], ed. by A. S. Stein, G. Weisman, Jerusalem 1962).

studiach prawniczych i pracował dla międzynarodowej agencji ubezpieczeniowej z siedzibą w Trieście. Wkrótce się pobrali. Dysfunkcyjne małżeństwo, minęło kilka lat i zaczęli żyć w separacji. Na sprawie sądowej powiedziałam, że chcę być z tatą, ale byłam tydzień tu, tydzień tam, rodzice mną rzucali jak piłką. Raz w roku widywałam ich razem, na moje urodziny. W jednej rodzinie nigdy dobrego słowa nie usłyszałam o drugiej.

Nasz dom był niereligijny. Rodzina ojca, Skotniccy, była zasymilowana. Miałam kilku ochrzczonych stryjków. Jeden z nich zginął w Katyniu. Rodzina Młynków, od strony mamy, była bardziej tradycyjna; mama by nigdy nie przeszła tej linii, żeby wyjść za goja. Moim światem była Polska i byłam bardziej Polką niż Żydówką. Janka, moja niania, zabierała mnie do kościoła, co wzbudzało protesty w rodzinie mamy, a ojciec mówił, że od przybytku głowa nie boli. Gdy ukradłam cukierek, chowałam się pod tapczan, żeby Bozia, ta chrześcijańska, mnie nie zobaczyła.

Dziadek był w S. szanowaną osobą. Gdy umarł, Polacy i Żydzi szli za trumną, burmistrz i radni przemawiali[4]. Potem było tylko coraz gorzej. Ojciec musiał wziąć młodego adwokata z Warszawy i prowadzić kancelarię pod jego szyldem, bo jako Żyd był wypychany z zawodu. Pewnego razu burmistrz grał z moim ojcem w karty. Ojciec dużo wygrał, na co burmistrz: „Udowodnij, że jesteś patriotą, i daj to na moją partię". A burmistrz należał do endecji. Ojciec się uniósł: „Jestem lepszym patriotą niż ty, skurwysynu". Za obrazę władzy miał zostać zesłany do obozu w Berezie Kartuskiej. W dniu, kiedy otrzymał wezwanie, dostał zawału serca.

Zmarł na moich rękach. Był wieczór, wyleciałam na balkon, narobiłam krzyku. Sąsiedzi przykryli go prześcieradłem,

[4] Skotnicka-Zajdman podała mi, że jej dziadek był radnym i umarł w 1936 roku, ale w rzeczywistości Mauritz (Maurycy) Skotnicki zmarł 3 kwietnia 1931 roku. W radzie miejskiej wybranej w 1921 roku figuruje Josef Lejb Skotnicki, czyli Lucjan Skotnicki, zwany Lutkiem. To ojciec Renaty, a nie jej dziadek.

zapalili świece, modlili się. Rano przyjechali z Warszawy mama i moje rodzeństwo przyrodnie z jej pierwszego małżeństwa, oboje już dorośli. Siedzieliśmy przy ojcu: dwie kobiety, które ze sobą nie rozmawiały, czyli mama i nasza sąsiadka z góry – kochanka ojca, moja siostra Hania i mój brat Alek. Siostra powiedziała do mnie: „Dobrze, że zdechł". Nienawidziła mojego ojca. Nienawidziła mnie. Nie mogła znieść, że jej własny ojciec nie żyje, a jej matka wyszła ponownie za mąż i ja się urodziłam.

Kochanką taty była matka mojej najbliższej przyjaciółki Jadzi Königstein. Obie zginęły potem w Treblince. Mama chciała wyjechać do Palestyny, ale ojciec nie zgodził się mnie oddać, więc została. Nie przeżyła wojny. Siostra i brat przeżyli. Siostra w czasie wojny uratowała mi życie, narażając swoje. Przedtem i potem była dla mnie okropna.

Tata umarł 27 kwietnia 1939 roku. Następnego dnia był pogrzeb. Szliśmy główną ulicą miasta na cmentarz. Było pusto. Żydzi bali się iść za konduktem. Polacy rzucali w nas kamieniami, w trumnę, we mnie, w mamę. Mój brat Alek zaczął się bić z jednym, który rzucił kamieniem w matkę. Rozpoznawałam twarze sąsiadów, koleżanek, z którymi się bawiłam, a teraz się z nas naśmiewały.

Tak Renata zapamiętała lata dzieciństwa przed wybuchem wojny. Jednak nie wydaje się możliwe, by burmistrz S. mógł zamknąć w Berezie obywatela swojego miasteczka za karcianą kłótnię. To prawda, zdarzały się przypadki uwięzienia z powodów rasistowskich: Henryk Brandys, ojciec przyszłych pisarzy Kazimierza i Mariana, trafił do Berezy w wyniku nieuzasadnionego, a w istocie czysto antysemickiego zarzutu wywoływania paniki walutowej na giełdzie[5]. Zdarzało się też w końcówce lat trzydziestych, że bojówki narodowców zakłócały pogrzeby żydowskich współobywateli, wznosząc obraźliwe okrzyki

[5] A. Bikont, J. Szczęsna, *Lawina i kamienie*, Warszawa 2006. Patrz też: A. Garlicki, *Piękne lata trzydzieste*, Warszawa 2008.

i obrzucając kamieniami kondukt żałobny. Ale mało prawdopodobne, by kondukt rodziny Skotnickich szedł przez miasto, w którym Żydzi stanowili jedną trzecią ludności, całkowicie osamotniony. Opowieść Renaty sprawia na mnie wrażenie utrwalonej rodzinnej legendy. Może jej ojciec dostał wezwanie do sądu za obrazę funkcjonariusza państwowego, a w kondukcie szło stosunkowo niewielu ludzi?

– Ja bym jednego dnia wojny nie przeżyła w S. – opowiadała mi dalej. – Dwóch Żydów wróciło, a kiedy wojna się skończyła, to ich zamordowali. Uratowało się niemowlę, którego matka zapłaciła rodzinie za przechowanie. Po wojnie ta dziewczynka miała trzy latka i sąsiedzi wołali na nią „Żydowica". Jej przybrany ojciec mówił: „Wolałbym, żeby była złodziejką niż Żydówką". Jak tylko dorosła i mogła wyjechać, wyemigrowała do Izraela. Ja byłam w Polsce trzydzieści siedem razy i ani razu do S. nie pojechałam.

25 września 1939 roku na Warszawę spadły setki bomb, płonęły Zamek Królewski, Marszałkowska, Nowy Świat. Spaliło się mieszkanie w domu przy Królewskiej, gdzie Renata mieszkała z mamą po śmierci ojca. Płakała po lalce, która tam została, a matka ją strofowała: „Nie płacze się za rzeczami, płacze się za ludźmi". Komplet mebli stołowych i zastawę, które udało się uratować, wywiozła do majątku Czerniakowskich.

– On był hrabią, ona wnuczką rosyjskiego pisarza Michaiła Arcybaszewa. Mama szyła im pościel, tak się poznały i zaprzyjaźniły.

Gdy w grudniu 1940 roku Niemcy kazali Żydom nosić opaski, matka oznajmiła, że to wykluczone. Spróbują się przedostać do Białegostoku zajętego przez Sowietów. Nie miała komunistycznych ciągot – była działaczką syjonistyczną w Haszomer Hacair, wykupiła ziemię w Palestynie, ale uznała, że pod Sowietami będzie bezpieczniej. Renata pojechała z siostrą.

– Chłopi nas okradli z wszystkiego, co miałyśmy, ale nie wydali, puścili nas wolno.

Wkrótce miała dołączyć do nich matka.

– Moja siostra Hania miała obsesję na punkcie mamy, nie mogła się jej doczekać. Pojechała po nią do Warszawy i tak się minęły. Już nigdy się nie zobaczyły. Mama umarła na tyfus w rosyjskim szpitalu w Białymstoku, jedna z pierwszych ofiar epidemii. Ja nie kochałam mamy, ojciec był dla mnie wszystkim. Mamę pokochałam dopiero, gdy już nie żyła.

Aron Młynek, jej przyrodni brat, postanowił, że powinni trzymać się we trójkę, więc muszą wrócić do Warszawy, bo tam jest Hania. Przeprawili się z opłaconym przewodnikiem na niemiecką stronę. Renata uciekła tuż przed przekroczeniem granicy.

– Mniej się bałam Niemców niż siostry. Krzyczała na mnie, dostawała ataków furii, za nic nie chciałam z nią być.

Wróciła do Białegostoku, odnalazła znajomych mamy. Był styczeń 1941 roku. Wysłali ją do szkoły z internatem. Dzięki temu nie została wywieziona na Sybir, gdy przyszli ich aresztować. Kiedy w czerwcu 1941 roku wkroczyli Niemcy, podpalili internat i strzelali do uciekających dzieci. Jej udało się wymknąć. W końcu trafiła do getta. Zgłosiła się do Judenratu, dodała sobie trzy lata, by ją wysłali do pracy – z trzynastolatki zmieniła się w szesnastolatkę. Gdy wychodzili z brygadą do pracy na aryjską stronę, grupy Polaków wołały: „Parchy, dobrze wam tak!".

Raz, wracając, przy bramie usłyszała: „Renusia". To była Janka, jej niania. Przyjechała z Warszawy, żeby ją odszukać. Była taka malutka, że weszła do getta niezauważona, wciśnięta między Renatę i inną dziewczynę. Przywiozła dokumenty, dolary, jedzenie i medalik z Matką Boską. Następnego dnia uciekły. Spały po polach, kradły marchew i doiły krowy wczesnym rankiem, nim gospodarze wstali, aż w końcu dotarły pieszo do Warszawy.

Wielu Żydów uciekało z jednego getta, by przedrzeć się do drugiego w nadziei, że może tam będzie bezpieczniej albo znajdzie się ktoś z rodziny. Zdarzało się to chyba częściej niż

Renata Skotnicka, wrzesień 1942

ucieczki na aryjską stronę. Tak było też z nimi. Niania miała za zadanie odstawić ją do getta w Warszawie. Renata zamieszkała z bratem i siostrą na Karmelickiej u krewnego, Abraszy Rutenberga. Miał żonę i troje dzieci, ale przyjmował wszystkich potrzebujących z bliższej i dalszej rodziny, tak że w jednym pokoju mieszkało trzydzieści kilka osób. Renata była w getcie bibliotekarką, przenosiła książki za grosz wynagrodzenia. W niedzielę w tajemnicy przed rodzeństwem chodziła żebrać pod kościół dla konwertytów; umiała się ładnie przeżegnać, żeby podziękować.

Niania wzięła na siebie ratowanie całej trójki. Kursowała między gettem a podwarszawskimi wsiami. W getcie kupowała ciuchy i sprzedawała je na wsi, a tam zaopatrywała się w kaszę, mąkę i masło, które szmuglowała do getta. Miała wypróbowany sposób. Wsiadała do tramwaju przejeżdżającego przez getto, wyskakiwała na Franciszkańskiej (chyba że motorniczy dawał jej znać: uwaga, agent!) i błyskawicznie wkładała schowaną w kieszeni opaskę.

– Uciekałam z getta i do niego wracałam, bo nie miałam dokąd pójść – opowiadała mi Renata. – Pierwszy raz jak wyszłam, miałam złotą bransoletkę od siostry, żebym się okupiła w razie czego. Paru szczeniaków od razu mnie otoczyło przy tramwaju, krzycząc „*Jude!*". Obok mnie stała kobieta. Patrzyłam na nią błagalnie. Byłam dziewczynką, oni też smarkacze. Mogła ich przepędzić, ale patrzyła na mnie z absolutną obojętnością. Jak dorosła kobieta mogła nie zareagować na krzywdę dziecka? Tramwaj zwolnił, rzuciłam na bruk bransoletkę, wyskoczyli za nią.

Pewnego razu polski policjant złapał ją, gdy chciała wskoczyć na Franciszkańskiej do tramwaju, żeby się przedostać na aryjską stronę. Schowała już opaskę, ale nie zdążyła włożyć medalika od niani, znaleźli go w jej kieszeni. Zawieźli do aresztu na Daniłowiczowskiej, tłukli prawie tydzień.

Z kolei gdy jej siostra zdecydowała się na ucieczkę z getta w kwietniu 1942 roku, Renata nie chciała wyjść razem z nią, choć niania ją o to błagała. Postanowiła zostać z bratem. W czasie wielkiej akcji, po tym jak zabrali na Umschlagplatz dzieci z sierocińca Korczaka, Aron zadecydował za nią.

Kiedy 12 sierpnia 1942 roku wychodziła do pracy ze swoją placówką, przyszedł po nią granatowy policjant Paweł Gołąbek, kolega Arona. Upozorował aresztowanie. Zabrał ją do siebie na Kaczą 21. Mieszkał przy rodzinie żony, która była krawcową. Mieli z Zofią dorosłego syna Andrzeja. W domu byli jeszcze dwaj bracia Zofii, Stefan Bartczak z żoną Stefanią i Janek

Bartczak, oraz ich matka Maria. Wszyscy byli zaangażowani w pomoc Żydom.

Gdy 1 września 1942 roku sowieckie lotnictwo bombardowało w Warszawie obiekty niemieckie, trafiając też w budynki zamieszkałe przez Polaków, wszyscy mieszkańcy kamienicy uciekli do piwnicy. Jej nie zabrali.

– Postanowiłam się zabić. Miałam żyletkę w ręku, kiedy znalazł mnie Janek. Coś go tknęło i wrócił na górę sprawdzić, co się ze mną dzieje. Przytulił mnie, zanucił coś wesołego w rodzaju *Aby do wiosny*, opowiadał, że nadejdzie pokój, śpiewał mi kołysanki i tak zasnęłam.

Janek Bartczak w nagraniu dla Fundacji Shoah opowiada, jak zastał zalaną łzami Renatę. Rozpaczała, że wzięli do schronu Rysię, a jej nie. Bali się denuncjacji sąsiadów. „Mogliby ją poznać, a Rysia to była u nas jak wnuczka mamy" – opowiada[6]. Rysia Trokenheim była córką kobiety, której Zofia, jego siostra, szyła przed wojną ubrania. Jej mąż Paweł Gołąbek, który jako granatowy policjant był na Umschlagplatzu w czasie wielkiej akcji, wyprowadził ją pod swoim płaszczem[7].

Renata była u Bartczaków miesiąc[8]. Ze względu na sąsiadów i na rozwiniętą działalność konspiracyjną całej rodziny nie dało

[6] J. Bartczak, Nagranie z 10 kwietnia 1997, VHA, Interview Code: 27971.

[7] Rodzina Bartczaków pomogła uratować z getta wiele osób. Paweł Gołąbek wyprowadził w maju 1942 roku przez budynek sądów na Lesznie Albinę Levi i jej jedenastoletnią córkę Izabelę (przed wojną jego szwagierka Stefania Bartczak pracowała w fabryce u Levich). Jan Bartczak zarabiał na życie, handlując z gettem (Polacy płacili za przejście między gettem a stroną aryjską znacznie mniej niż Żydzi. Jan dawał pięć złotych kobiecie, która miała budkę z papierosami naprzeciw bramy na rogu Leszna i Żelaznej. Była zblatowana z wachą, kiwała do nich, oni go przepuszczali). W getcie poznał Adę Kołodziańską, zakochał się w niej i wyprowadził ją na aryjską stronę. Nie udało mu się uratować jej siostry Ali ani ich ojca, chociaż jeździł za nimi do obozu w Trawnikach, dokąd zostali wywiezieni. Gdy był tam ostatni raz, widział ciała Żydów palone na rusztach (tamże).

[8] Renata mieszkała już gdzie indziej, a Izabela i Rysia ukrywały się dalej w mieszkaniu na Kaczej, gdy sąsiad doniósł, że Bartczakowie ukrywają Żydów. Zofia Gołąbek, jej syn Andrzej, jej matka Maria i Rysia zostali wywiezieni do Auschwitz. W styczniu 1945 roku udało im się uciec podczas marszu

Renata Skotnicka z ufarbowanymi na blond włosami, Manheim, 23 października 1943

się dłużej. Janka, niania, przewiozła ją do Czerniakowskich na Łochowską 53a[9]. Często tam zaglądała – wyprzedawała rzeczy Renaty i jej rodzeństwa, zostawione przez matkę, przechowywane przez Czerniakowskich, i za te pieniądze pomagała całej trójce utrzymać się po aryjskiej stronie. Renatę zabierała na spacery po Warszawie. Gdy byli jeszcze w getcie, Janka chodziła po kościołach słuchać kazań, żeby się zorientować, gdzie w razie czego szukać ratunku. Teraz wskazywała: „Od tego kościoła

śmierci (tamże). Gdy Paweł Gołąbek miał po wojnie jako granatowy policjant sprawę o współpracę z okupantem, Aleksander Skotnicki (okupacyjne nazwisko Arona Młynka, brata Renaty, które zachował po wojnie) zeznawał w jego obronie. Zabrał go do Gdańska i załatwił mu pracę woźnego w urzędzie morskim. Zofia i Paweł Gołąbkowie oraz Jan Bartczak otrzymali medale Sprawiedliwych wśród Narodów Świata. Jako że Gołąbek był granatowym policjantem, starania o przyznanie mu medalu zajęły Renacie wiele lat i wymagały wiele trudu (Rozmowa z R. Skotnicką-Zajdman, 2013).

[9] Piotr Czerniakowski, jego żona Zofia i ich córka Lechosława zostali odznaczeni medalami Sprawiedliwych wśród Narodów Świata.

trzymaj się z daleka" albo „W razie czego możesz tu pójść do wysokiego księdza". Na Łochowskiej dozorczyni pani Zielonka wkrótce powiedziała gospodarzom, że chyba Żydówkę sobie do domu wzięli. Brzmiało to jak groźba donosu. Szybko trzeba było Renatę zabrać.

Janka wywiozła ją na wieś do siostry i szwagra. To był ten sam szwagier, przez którego opuściła rodzinną wieś wiele lat temu. Miała wtedy tyle samo lat, ile teraz Renata, czternaście. Znalazła pracę w mieście, u mamy Renaty. Wkrótce miała już widoczny brzuch; uciekła ze wsi, bo zaszła w ciążę, zgwałcona przez szwagra. Matka Renaty troskliwie się nią zajmowała, pomogła oddać dziecko do adopcji. Teraz Janka na noc zamykała Renatę w chlewiku z obawy, że historia się powtórzy. Gdy szwagier po pijanemu zaczął wykrzykiwać, że odda Renatę Niemcom, uciekły obie. Spały na dworcach, w chlewach.

– Na targu kradłyśmy węgiel. Janka rzucała, ja łapałam. Biłam się z chłopakami o to, że ja chcę ukraść ten węgiel, a nie oni. Komu by wpadło do głowy, że Żydówka się z nimi bije? Miałam niewyparzoną gębę. Kiedyś dorożkarz zwrócił uwagę, że na Polkę to mu nie wyglądam: miałam piękne, falowane żydowskie włosy. Ja na to: „No nie wiem, z kim moja babcia się kurwiła". Dorożkarz aż zaniemówił i to mnie uratowało.

Chodziły z Janką od gospodarza do gospodarza po różnych przysiółkach, dwie biedne wiejskie dziewczyny, za pracą.

– Janka mnie nauczyła, jak gnój zbierać, jak kartofle wykopywać z pola. Gdy zobaczyła, że już umiem, i znalazł się gospodarz, który chciał mnie nająć do pracy, zostawiła mnie. Uznała, że jestem bezpieczna i że jej obowiązkiem jest teraz wyprowadzić z getta mojego brata.

Do gospodarza przychodzili wieczorem koledzy, mówiło się na nich „partyzanci", byli z AK.

– Ten mój był kuzynem gospodarzy i zachodził do nich często. Jak pierwszy raz poszedł za mną do stodoły, chciałam krzyczeć, a on: „Cicho siedź, Rebeka". W ciągu dnia się drażnił z gospodarzem, pytał: „Co ty byś zrobił, jakbyś Żyda u siebie znalazł?". Gospodarz: „A bym widłami zatłukł". To nie były tylko gadki. Wiedziałam, że mój gospodarz naprawdę by mnie zabił. To było między Wołominem a Radzyminem, on z innymi partyzantami urządzał polowania na Żydów, z widłami. Polowanie na Żydów to był wtedy narodowy sport. Noce wciąż były te same. Kuzyn gospodarza pił z gospodarzem, gwałcił mnie, szedł spać. Nie miałam dokąd pójść. Czekałam na Jankę.

Janka tymczasem próbowała przedrzeć się do Alka. Getto zajmowało już znacznie mniejszą powierzchnię, tak że nie przejeżdżał tamtędy żaden tramwaj, musiała podejść do bramy. Miała pieniądze na przekupienie wachy. Wywiązała się szarpanina. Zastrzelili ją. Ale o tym Renata dowiedziała się dopiero po wojnie.

Pewnego razu była w kościele ze swoimi gospodarzami i zobaczyła koleżankę z klasy z S. Ta też ją zauważyła.

– Chciałabym mieć w pamięci chociaż jedno przypadkowe spotkanie, żeby ktoś raz podał mi pomocną dłoń. Ani razu. Wiedziałam, że zginę i nikt nie będzie miał pojęcia, jak zginęłam. Nie wiem, dlaczego właśnie tego się najbardziej bałam, że zginę bez śladu. Koleżanka mrugnęła mi w kościele i się uśmiechnęła. To był ten jeden uśmiech, który dostałam w czasie wojny. Nazajutrz, w poniedziałek z samego rana przyszli po mnie. Musiała mnie zadenuncjować. Może nie doniosła, tylko wypaplała komuś i ten ktoś doniósł? Bez znaczenia. Wiedziała, że paplając, ryzykuje cudze życie. Przyjechał po mnie leśniczy, nawet nie polski policjant, żeby mnie wziąć na przesłuchanie. Wiózł jeszcze parę osób i wziął na podwodę tego AK-owca, co mówił na mnie „Rebeka". Nie powiem jego imienia i nazwiska, chociaż je znam. Siedziałam z frontu. Ci, co jechali ze mną na wozie, próbowali uciec. Pewnie to nie byli Żydzi, bo Żydzi, których łapali, byli wykończeni, zrezygnowani i nie mieli dokąd uciekać. Wywiązała się bójka, woźnica, mocując się z nimi, dźgnął mnie nożem. I wtedy ten mój gwałciciel powiedział: „Spierdalaj, Krysia".

Brat jej ciągle powtarzał: „Biegnij i kryj się". Uważał, że jak zginąć, to najlżej od kuli w plecy. Biegła przez las ranna (pokazywała mi szramę na szyi, wpisaną jako znak szczególny w jej dokumentach). Słyszała, że wiozą ją na posterunek policji na stacji w Wołominie, więc wiedziała, że musi biec gdzieś dalej. Wskoczyła do pociągu do Warszawy. W jej przedziale jechały dwie szmuglerki. Jedna mówiła: „Kupiłam Żyda, a ten skurwysyn nie miał nawet złotego zęba", a druga: „Następnym razem weź Żydowicę młodą, one w piździe mają złoto". I tak sobie rozmawiały, jak można zarabiać na żydowskich zwłokach, nie krępując się obecnością innych podróżnych.

Odnalazła po aryjskiej stronie siostrę. Nie była w stanie z nią wytrzymać, więc wróciła do getta. Trafiła do brata, który pracował w szopie. Wtedy już bez przydziału do pracy nie można było legalnie żyć w getcie.

– Chowałam się w ruinach. Brat wiedział, gdzie mnie szukać, przynosił mi jedzenie. Inni się ukrywali grupami, jak stada wilków, a ja całkiem sama.

Brat znowu załatwił z Gołąbkiem, żeby ten ją zabrał i doprowadził do siostry, na Barską 10. Wkrótce ktoś ją tam zadenuncjował. Trafiła na posterunek. Pobili ją, po czym wykopali za drzwi. Za drzwiami czekała siostra. Przyszła na posterunek, zaczepiła jednego z granatowych policjantów. „Ile chcesz za tę Żydówkę? Zabierzesz ją na gestapo, to nic nie dostaniesz". „A po co ci ona?" – spytał. „Bo dobrze sprząta". Chciał piętnaście tysięcy, ale siostra na to twardo: „Wiesz, ile ja Żydów mogę mieć za te pieniądze?". Wytargowała jedną dziesiątą sumy.

Siostra wynajmowała mieszkanie jako Polka. 19 kwietnia 1943 roku, w Niedzielę Wielkanocną, poszły razem z gospodynią do kościoła. Po mszy gospodyni zaproponowała: „Jeszcze zobaczymy, jak Żydów smażą". Poszły we trójkę na plac Krasińskich.

– Stał tłum. Ludzie brali na barki dzieci, żeby sobie popatrzyły. Jedna osoba klęczała i się modliła, inni patrzyli z ciekawością, komentowali: „O, ale Żydki się palą". Myślałam o tym, że pali się mój brat.

Niedługo Renatę schwytali w łapance. Czerniakowscy chcieli ją wykupić, ale uznała, że na robotach będzie bezpieczniej.

– Tylko żeby udawać Polaka, trzeba było mówić na Żydów.

– Mówiłaś?

– Mówiłam.

Jeszcze w Warszawie, w obozie przejściowym na Skaryszewskiej jedna z Polek rozpoznała w niej Żydówkę i na jej widok głośno miauczała. „Miau, miau" – to było rozpoznawcze polskie wołanie na Żyda w czasie okupacji, że niby każdy Żyd kiedyś tyle „miał i miał", a teraz nie ma nic. Renata zaczęła ją tłuc, krzycząc: „Zabiję jak psa. Żydówkę parszywą znalazłam!". Przy każdej okazji powtarzała, że „nienawidzi parchów", aż dostała ksywkę Kryśka Antysemitka.

– W obozie w Mannheim kobiety zaczęły szeptać między sobą o jednej Kseni, że wygląda na Żydówkę. Odnalazłam ją. „Ksenia, znikaj, ale natychmiast, bo cię wykończą. Znajdź bauera, powiedz, że zgubiłaś papiery i będziesz u niego pracować za jedzenie". Pewnie przeżyła wojnę i opowiada, że była taka jedna Polka, cholerna antysemitka, ale ją uratowała.

Po wojnie Renata trafiła do obozu dla dipisów. Wróciła do Polski, żeby odnaleźć rodzinę. Brata znalazła w Gdańsku. Z żoną – kobietą, która go ukryła podczas wojny.

– Moja nowa bratowa kazała mi założyć medalik. Bardzo się denerwowała, czy przeze mnie nie wyjdzie na jaw, że jej mąż jest Żydem. Przypomniałam sobie, jak mnie tłukli w areszcie za medalik: jak to, śmiem udawać chrześcijankę? Coś we mnie pękło. Postanowiłam: wyjeżdżam.

A wracała do Polski pod okupacyjnym nazwiskiem Krystyna Podbielska i z silnym postanowieniem, że już nigdy nie będzie Żydówką.

– Mój brat jeszcze długie lata udawał Polaka. Dzieciom

powiedział prawdę na kilka godzin przed wyjazdem do Australii, gdy zdecydował się z rodziną uciec z Polski i jechali do naszej żydowskiej rodziny w Melbourne.

Renata wyjechała do Kanady. Przed wyjazdem próbowała odszukać swoich opiekunów.

Znalazła Czerniakowskiego, odwiedzała go, ale był w stanie ciągłego zamroczenia alkoholowego, śmiertelnie przerażony wejściem Rosjan. Zostawiła w komitecie żydowskim list, że wraz z żoną uratowali jej życie. Czerniakowski został skazany za przynależność do AK. Renata miała nadzieję, że jej list w jakikolwiek sposób mu pomógł.

W Kanadzie wyszła za mąż, urodziła córkę i syna, zrobiła małą karierę w biznesie.

– Sprowadzałam kosze wiklinowe z Polski. Jeden z dyrektorów Cepelii: „A pani na Żydówkę wcale nie wygląda". Ja na to: „A pan na antysemitę też nie". Ale jak on by się zachował, gdybyśmy się spotkali w 1943 roku?

Nie znała nazwiska swojej niani. W czasie kolejnej wizyty w Polsce dotarła do przedwojennej listy lokatorów rodzinnej kamienicy. Tam niania była zameldowana jako pomoc domowa. Nie udało się jej wystarać o pośmiertne przyznanie medalu Yad Vashem dla Ewy Janiny Wójcickiej. Potrzeba dwóch świadków, a nie żyli już wtedy ani jej brat, ani siostra.

W 1993 roku na konferencji w pięćdziesiątą rocznicę powstania w getcie usłyszała przemawiającą Irenę Sendlerową. Podeszła do niej, powiedziała, że przyjechała do Polski, by odnaleźć ludzi, którzy jej pomagali. Od tego czasu stale ją odwiedzała, dzwoniła.

– Zaprzyjaźniłam się z Ireną Sendlerową i z Bietką Ficowską, którą Irena uratowała. Miałam wielu przyjaciół, ale te dwie przyjaźnie rozświetliły ostatnie lata mojego życia.

W czasie kilku dni naszych rozmów wielokrotnie zadawała mi to samo pytanie, chociaż za każdym razem odpowiadałam tak samo.

– A jakby się do mnie zgłosiły dzieci tego chłopa, który by mnie widłami zadźgał, gdyby wiedział, kim jestem? Albo dzieci tego mojego gwałciciela, że chcą dla ojca medal? Uratował mi życie. Powiedz mi, co ty myślisz? Że mam mu być wdzięczna?

– Nie. Jesteś wdzięczna Irenie Sendlerowej. Tyle razy opowiadałaś, że cię uratowała, chociaż w całej twojej opowieści wcale jej nie było.

– Moja siostra dostała od niej pieniądze na wykupienie mnie.

– Zanim poznałaś Sendlerową, złożyłaś wielogodzinne zeznanie dla archiwum Fundacji Shoah, w którym nie wymieniasz jej nazwiska. Mówisz, że pieniądze były od Czerniakowskich, którzy przechowywali wasze rodzinne dobra.

– Jak tylko zobaczyłam Irenę, zapragnęłam, by była częścią mojego życia.

Rozdział 3

Szła za mną złowroga opinia „komunistka-filosemitka"

Działo się to w mieście Otwocku dnia 2 lutego 1917 rano o godzinie 8 wieczór. Stawił się Stanisław Henryk Krzyżanowski, doktor, lat czterdzieści dwa mający. Okazał Nam dziecko płci żeńskiej, oświadczając, że takowe urodzone jest w Warszawie dnia 15 lutego 1910 roku o godzinie 7 rano z jego małżonki Janiny Karoliny Krzyżanowskiej z Grzybowskich, lat trzydzieści cztery mającej. Dziecku temu na chrzcie świętym w dniu dzisiejszym przez Nas odbytym nadane zostały imiona Irena-Stanisława.

Na końcu czytamy:

Meldunek aktu spóźnionego z winy rodziców[1].

Rodzice spóźnili się o siedem lat. Irena Sendlerowa mówiła swojej przyjaciółce, że ojciec był ateistą i na jej chrzest się nie zgadzał. Została więc ochrzczona dopiero po jego śmierci, matkę namówił miejscowy proboszcz[2]. Jednak według dokumentu to ojciec przyprowadził siedmioletnią Irenę do kościoła.

[1] Akt chrztu Ireny Krzyżanowskiej nr 8 z 1917 roku w parafii św. Wincentego à Paulo, Archiwum Diecezjalne Warszawsko-Praskie.

[2] H. Grubowska, *Ta, która ratowała Żydów. Rzecz o Irenie Sendlerowej*, Warszawa 2014.

Stanisław Krzyżanowski zmarł w czasie I wojny światowej, 10 lutego 1917 roku. Zmarł na tyfus, poważną chorobę zakaźną, osiem dni przed śmiercią musiał być już w ciężkim stanie. Trudno sobie wyobrazić, żeby mógł mieć kontakt z córką; dzieci były szczególnie podatne na zarażenie. I czy mógł się stawić w parafii tak chory? I czy nie jest to dziwna pora na przyprowadzanie dziecka do chrztu – ósma wieczór?[3]

I tak już będzie cały czas z tą opowieścią. Spędziłam setki godzin w archiwach, rozmawiałam z dziesiątkami osób, już, już wydawało mi się, że chwytam jakąś nitkę, że mogę powiedzieć coś pewnego o życiu Ireny Sendlerowej, po czym okazywało się, że znowu coś się nie zgadza.

Nigdy jej nie poznałam. Jej utrwalony obraz wiekowej pani z włosami w kolorze gołębiej bieli, o łagodnych, żywych oczach i dobrym uśmiechu utrudnia pracę wyobraźni. Blokuje też pamięć tych, którzy ją znali. Dużo i uważnie słuchała innych. Jej samej oddawano cześć, ale słuchano nieuważnie. Dobrze chociaż, że mogę ją sobie wyobrazić dopiero co wchodzącą w dorosłe życie. Zostawiła po sobie ówczesnej ślad: dwa teksty – *O dziecko nieślubne* i *Matka nieślubna w poradni prawniczej*, oba z 1934 roku[4].

Jej miejsce pracy to poradnia prawna Sekcji Pomocy Matce i Dziecku przy Obywatelskim Komitecie Pomocy Bezrobotnym. Poradnia zapewnia opiekę prawną matkom z nieślubnymi dziećmi, przyznaje bezpłatne obiady, mleko dla dzieci, wyprawki dla niemowląt, znajduje lekarzy gotowych leczyć za darmo. Irena częściej przemierza warszawskie dzielnice

[3] Możliwe, że Irenę przyprowadzili chrzestni, a zapis, iż stawił się ojciec, jest tylko zastosowaniem zwyczajowej formuły (Rozmowa z ks. M. Czajkowskim, 2016).

[4] I. Sendlerowa, *O dziecko nieślubne*, tekst opublikowany w broszurze *Praca zespołowa dla przyszłości*, wydanej nakładem Obywatelskiego Komitetu Pomocy Społecznej działającego przy ul. Grzybowskiej 45, Warszawa 1934. Dziękuję Anieli Uziembło za wskazanie mi tego tekstu. *Matka nieślubna w poradni prawniczej*, „Człowiek w Polsce”, 8 kwietnia 1934.

nędzy, niż siedzi za biurkiem. Przeprowadza wywiady środowiskowe, podejmuje interwencje. Jednak inaczej niż jej koleżanki, z którymi za kilka lat będzie ratować żydowskie dzieci, nie zajmuje się dziećmi. Jej podopieczni to głównie „służące, element o niskim poziomie intelektualnym, ginące z nędzy i bezbronności”[5]. Odwiedza je w piwnicach i nieogrzewanych mansardach, gdzie jedną izbę dzieli osiem–dziesięć osób. Patrzy bezradnie, jak „źle wypłacalna sublokatorka jest uważana za intruza i traktowana haniebnie”, jak nie wolno jej gotować częściej niż dwa razy dziennie, nie ma gdzie prać pieluch, a płacz jej dziecka wywołuje lawinę przekleństw. Nieliczne z jej podopiecznych umieją czytać i pisać, wiele nie zna daty urodzenia własnego dziecka ani nazwiska jego ojca. „Dla większości dziecko jest niepożądanym owocem dorywczych stosunków z przelotnymi znajomymi w bramie, w piwnicy, na schodach, w polu. Inne uległy chlebodawcom lub ich synom pod groźbą utraty pracy”.

Te z matek, które wiedzą, kto jest ojcem dziecka, udaje się jej (z jednym wyjątkiem, co sumiennie zaznacza) namówić na walkę sądową o alimenty i doprowadza do kolejnych wygranych spraw[6]. Nie jest to łatwe. Ojcowie przyprowadzają kumpli, którzy ochoczo poświadczają, że matka dziecka miała kilkunastu kochanków, kobiety „plączą daty poznania i pożycia”, a to wszystko przed sądem „składającym się z mężczyzn, którzy zawsze są wyrozumiali bardziej dla pozwanych, a do kobiety z nieślubnym dzieckiem ustosunkowują się niechętnie i podejrzliwie. Solidarność męska jest w tym wypadku zaiste zdumiewająca”. „Jak doniosłe znaczenie społeczne ma wygranie sprawy sądowej – pisze – świadczy fakt, że mieliśmy trzy wypadki zawarcia małżeństwa po wygranym procesie”.

[5] I. Sendlerowa, *O dziecko…*, dz. cyt. Dalsze cytaty z artykułu – tamże.

[6] To Zakład Wychowawczy im. Księdza Baudouina, znany jako Dom Boduena, zwrócił się w marcu 1933 roku do Sekcji o prowadzenie spraw alimentacyjnych swoich podopiecznych.

Głównym zadaniem Sekcji jest pomoc prawna, ale Sendlerowa odgrywa też dla swoich podopiecznych rolę pracownika socjalnego, psychoterapeuty i edukatora seksualnego. Jej celem jest, jak pisze, „podnieść matki na wyższy poziom moralny", wzbudzić w nich miłość macierzyńską, nakłonić do poniechania bicia dzieci, a także do zmiany „trybu życia seksualnego", co wymaga „poznania tej strony życia matki". „Wiadomą jest rzeczą, że dziedzina życia seksualnego jest najsubtelniejszą ze wszystkich, a jednocześnie najbardziej tajemną, a tem samem wdzieranie się do niej nie należy do rzeczy łatwych".

Próbuje zorganizować swoim podopiecznym choć trochę lepsze warunki. Opisuje jedną z interwencji u siostry samotnej matki. „Na wstępie oznajmiła, że nie chce nawet mówić o »tej łajdaczce i jej bachorze«. Mimo zakazu – mówiłam. Były krzyki, płacze, padały groźby. Nie ustąpiłam". Przekonała ją obietnicą, że siostra „będzie wykonywać wszelką pracę domową, tak że nie będą potrzebowali służącej".

Odnajduje ojców dzieci, często „na niskim szczeblu moralnym, którzy w najbardziej cyniczny sposób zapierają się ojcostwa", nieraz bywa przy tym „narażona na przykrości, ale i na niebezpieczeństwo". Dobiera taktykę. „Czasem dłuższa serdeczna rozmowa odniesie pożądany skutek. Czasem trzeba od razu zająć stanowisko nieugięte, stanowcze, zastraszyć procesem". Opisuje jedną z takich rozmów. Ojciec dziecka krzyczał: jakim prawem wtrąca się do jego spraw?! Nie przestraszyła się. Potem ubolewał nad własnym losem: jest biedny, szantażowany, narażony na pośmiewisko, a to nie jego dziecko. Nie ugięła się. Zorientowała się, „że jest to człowiek słaby, a przecież niepozbawiony pewnych cech dodatnich i trzeba będzie je wyzyskać". Wyraziła współczucie dla jego ciężkiego życia, zgodziła się, że matka nie opiekuje się dobrze dzieckiem, „nie mając do tego moralnych kwalifikacji". „Taki ojciec, jak pan – tłumaczyła – inteligentny, rozumny, taktowny, inaczej pokierowałby losem dziecka". Już pod koniec pierwszej rozmowy „oświadczył, że nie pozwoli nadal marnować syna, tym samym uznając dziecko za swoje". Po kolejnej wizycie zobowiązał się płacić na synka miesięcznie osiemdziesiąt złotych – jako murarz zarabiał dwieście dwadzieścia – i utrzymywać z nim stały kontakt.

Irena ma ledwie dwadzieścia cztery lata, gdy relacjonuje to zdarzenie. Rezolutna i empatyczna, pełna pasji, a zarazem rzeczowa, ma lewicowe poglądy i wrażliwość społeczną. Widać w niej pewność siebie, wolę walki, nowoczesne zapatrywania. Jesteśmy w latach trzydziestych XX wieku, o kobietach z nieślubnymi dziećmi mówi się „upadłe", a ona, panienka z dobrego domu, uczy, jak się leczyć z chorób wenerycznych i jak się zabezpieczyć przed ciążą. Jest typem pracowitej, dobrze zorganizowanej buntowniczki – właściwy zestaw cech dla rzadkiego i bezcennego gatunku społeczników.

Do tego samego gatunku należał jej ojciec Stanisław Krzyżanowski. Uczestnik strajków szkolnych w 1905 roku, wyrzucony z wilczym biletem z uniwersytetu w Krakowie za działalność polityczną, skończył studia medyczne w Odessie, a w Otwocku, gdzie prowadził później sanatorium gruźlicze, leczył biednych za darmo i działał w lokalnych organizacjach społecznych[7]. Gdy umarł, żegnali go i Polacy, i Żydzi.

„W Otwocku zginął, jak żołnierz na posterunku – młody, powszechnie ceniony i szanowany – Stanisław Krzyżanowski, zaraziwszy się od pacyenta tyfusem. Osierocił córeczkę i żonę" – pisał dziennik „Nowa Gazeta". Pogrzeb odbył się „przy niezwykle licznym udziale osób życzliwych", a miejscowa ludność żydowska złożyła wieniec[8].

[7] Sanatorium, którego dyrektorem został Stanisław Krzyżanowski, zakupił jego szwagier Jan Karwowski, dorobiwszy się na budowie kolei w Rosji. „Dr Krzyżanowski był prezesem koła okręgowego Polskiej Macierzy Szkolnej, wiceprzewodniczącym Tow. Przyjaciół Otwocka i wiceprezesem Rady Opiekuńczej. Wszyscy go znali jako człowieka ogromnych zalet serca, który nie tylko leczył darmo ubogich, ale jeszcze wspierał ich pieniędzmi" – pisał „Kurier Warszawski" w pożegnaniu zamieszczonym 14 lutego 1917 roku.

[8] „Nowa Gazeta", 14 lutego 1917. Pogrzeb odbył się 13 lutego. Krzyżanowskiego żegnali dwaj księża i straż ogniowa (Nekrolog z podziękowaniem od rodziny,

„Oprócz ojca nikt z ordynujących tam Polaków lekarzy nie jeździł do chorych na tyfus, bojąc się zarażenia – pisała Sendlerowa. – Biedota żydowska umiała być wdzięczna. Nie tylko masowo szła bowiem za jego trumną, ale też w kilka dni po pogrzebie delegacja gminy przyszła do matki, oznajmiając jej decyzję kahału: »Ponieważ cała rodzina wasza jest w Rosji (okres I wojny światowej), przyznaliśmy córce stypendium do pełnoletniości«. Matka była wzruszona, ale rzecz jasna, że nie przyjęła tego wielkiego daru od społeczności żydowskiej. W przeciwieństwie do tej szlachetności Żydów kolega ojca, lekarz Polak, pod różnymi pretekstami ograbił całkowicie jego gabinet lekarski"[9].

Najczęściej tak to właśnie opowiadała: że gmina żydowska ofiarowała się płacić za jej wykształcenie do pełnoletności[10]. Zważywszy, jak ubogie były gminy żydowskie, bardziej prawdopodobna jest jednak wersja, którą podała w wywiadzie udzielonym w 1967 roku: gmina była gotowa pokryć koszty związane z pogrzebem[11].

Pozostało jej po ojcu wspomnienie, że była rozpieszczaną, ukochaną córeczką, i ledwie kilka konkretów. „Kiedyś mój ojciec bryczką podjechał pod bramę, wysiadł i zobaczył taką scenę, że ja się z dziećmi bawię w ogródku, a za płotem stoją żydowskie dzieci i tak zaglądają, nie znają polskiego, do głowy im nie przyjdzie wejść za bramę i bawić się z polskimi dziećmi. Mi to do polskiej głowy też nie przyszło. Ojciec zobaczył tę scenę i pyta: »A dlaczego te dzieci stoją i wy się z nimi nie bawicie?«. Spojrzałam wielkimi oczami. Miałam pięć lat i nie

„Kurier Warszawski", 16 lutego 1917). „Stosownie do woli zmarłego zamiast wieńców zebrano 100 rubli, które przekazano Departamentowi Wojskowemu Rady Stanu" („Kurier Warszawski", 15 lutego 1917). Pożegnanie ukazało się też w „Gazecie Lekarskiej" (17 lutego 1917).

[9] I. Sendlerowa, List do T. Szaroty ze stycznia i lutego 1995, rękopis-brudnopis listu [w:] I. Sendlerowa, *Materiały zebrane w latach 1995–2003*, AŻIH, sygn. S/353/16.

[10] H. Grubowska, *Ta, która ratowała Żydów*, dz. cyt., *Matka dzieci Holocaustu. Historia Ireny Sendlerowej*, oprac. A. Mieszkowska, Warszawa 2004.

[11] J. Goldkorn, *...kto ratuje jedno życie ludzkie...*, „Prawo i Życie", 23 kwietnia 1967.

miałam jeszcze poczucia jakiegoś socjalizmu. I mój ojciec powiedział: »W tej chwili weź te dzieci i zawsze się z nimi baw«. I wie pan, co z tych zabaw wyszło? – opowiadała Andrzejowi Wolfowi, który ją filmował. – Że ja mówiłam świetnie w jidysz, a one mówiły po polsku"[12].

Powtarzała często słowa ojca: jak ktoś tonie, trzeba mu podać rękę. „A w czasie wojny cała Polska tonęła we krwi. Żydzi tonęli podwójnie. Żydowskie dzieci – potrójnie"[13].

Trzy lata po śmierci jej ojca uzgodniono na naradzie rodzinnej, że wuj Janiny Krzyżanowskiej zabierze wdowę do Piotrkowa Trybunalskiego, gdzie będzie mu prowadzić gospodarstwo. Żyły więc „przy rodzinie", matka dorabiała szydełkowaniem. To nie mogła być łatwa sytuacja, nawet kiedy dojechał z Rosji dziadek Ksawery Grzybowski, który zamieszkał z nimi i dużo zajmował się wnuczką[14].

„Zazdrościłam dziewczynkom, że mają ojca. Lubiłam, zasypiając, myśleć o nim" – opowiadała[15]. Częściej wspominała ojca, uważała, że miała cieplejsze stosunki z nim niż z matką[16]. A przecież spędziła z nim tylko niewielką część dzieciństwa, jak

[12] A. Wolf, Nagranie z 1 sierpnia 2007. Materiały filmowe z lat 2005-2008 do filmu o Irenie Sendlerowej. Dziękuję Andrzejowi Wolfowi za zgodę na ich wykorzystanie i udostępnienie mi stenogramów, a Jakubowi Petelewiczowi za udostępnienie mi kopii materiałów filmowych, które znajdują się w zbiorach Centrum Badań nad Zagładą Żydów.

[13] Zapiski E. Janickiej z rozmowy z I. Sendlerową, 7 listopada 2003 (archiwum prywatne E. Janickiej; dziękuję za ich udostępnienie). Elżbieta Janicka, fotografka i eseistka, latem 2003 roku jako sekretarz Stowarzyszenia przeciw Antysemityzmowi i Ksenofobii Otwarta Rzeczpospolita odwiedziła Sendlerową. Odtąd często u niej bywała i jeszcze częściej dzwoniła; na bieżąco zapisywała te rozmowy.

[14] H. Grubowska, *Ta, która ratowała Żydów*, dz. cyt. W wersji opowiedzianej A. Mieszkowskiej matka z małą Ireną zamieszkały najpierw u dziadka w Tarczynie i z nim przeprowadziły się do wuja Ksawerego do Piotrkowa (*Matka dzieci Holocaustu*, dz. cyt.).

[15] I. Kowalska, Nieopublikowany wywiad rzeka z Ireną Sendlerową przeprowadzony w latach dziewięćdziesiątych, maszynopis (archiwum prywatne autorki; dziękuję Lei Balint za podarowanie mi maszynopisu).

[16] Opowiadała o tym Janickiej (Rozmowa z E. Janicką, 2015).

sama mówiła, „ojca swego mało znałam”[17]. „Miałam trudne, biedne dzieciństwo, tragiczną młodość, a teraz mam ciężką starość” – podsumowała kiedyś swoje życie do momentu, gdy stała się sławna[18].

Ze szkoły, do której chodziła w Piotrkowie, zapamiętała, że stawała zawsze w obronie Natalki, jedynej Żydówki w klasie, która była obiektem prześladowań innych dzieci. Raz stłukła dwie koleżanki, które biły Natalkę. „Matki pobitych przeze mnie dziewcząt dały rozgłos temu wydarzeniu na całe miasto (Piotrków miał wówczas tylko 30 tys. mieszkańców), wszyscy się znali, więc »szeptano« po kątach. Skoro na 20 uczennic jedna tylko stanęła w obronie Żydówki, to ona też jest na pewno Żydówką. W szkole dzieci z młodszych klas podczas przerw biegały za mną, śpiewając »Żydóweczko, chodź na bez, nie pójdę ja, bo by mama mnie wybiła, żem na Szabes nie była«. Trzykrotnie wzywano Matkę do szkoły, strofując ją, jak to źle córkę chowa”[19].

Irena miała szesnaście lat, kiedy 13 maja 1926 roku doszło do walk ulicznych w stolicy. Dowiedziała się o tym następnego dnia w szkole. Wyskoczyła na dużej przerwie kupić dodatek nadzwyczajny i zrobiła dziewczynkom prasówkę z wydarzeń, które zostaną zapisane w historii jako przewrót majowy. Wyobrażam sobie tę scenę i rozedrgany głos młodej dziewczyny, gdy czyta koleżankom oświadczenie Józefa Piłsudskiego: „Będąc przeciwnikiem gwałtu, zdobyłem się po ciężkiej walce z samym sobą na próbę sił [...]. Nie może być w Państwie za wiele niesprawiedliwości względem tych, co pracę swą dla innych dają, nie może być w państwie, gdy nie ma ono iść ku zgubie – za wiele nieprawości”[20]. Jej wybryk nie zyskał uznania w oczach

[17] I. Kowalska, Nieopublikowany wywiad..., dz. cyt.

[18] A. Mieszkowska, *Prawdziwa historia Ireny Sendlerowej*, Warszawa 2014, s. 7.

[19] I. Sendlerowa, List do T. Szaroty..., dz. cyt.

[20] Nie wiem, który dodatek nadzwyczajny kupiła Irena, oświadczenie opublikowało wówczas wiele gazet, w tym PPS-owski „Robotnik” i „Kurier Warszawski”. Drukowała je też prasa łódzka docierająca do Piotrkowa (M. Hrycek, *Dzień*

Janina i Stanisław Krzyżanowscy, rodzice Ireny Sendlerowej,
Warszawa, lato 1903

dyrektorki. Została na parę dni zawieszona w prawach uczniowskich[21].

Po maturze wyjechała na studia do Warszawy, mieszkała przy rodzinie – endeckiej – ze strony matki; chyba nie czuła się tam najlepiej. Potem wujkowie dali pieniądze i wprowadziła się z matką do dwupokojowego mieszkania spółdzielczego przy Ludwiki 6 na Woli[22].

Przez dwa lata studiowała prawo na Uniwersytecie Warszawskim, potem przeniosła się na polonistykę[23]. Zapisała się do Związku Polskiej Młodzieży Demokratycznej, lewicowo-piłsudczykowskiej organizacji studenckiej. Pamięta, że walczyli o obniżenie opłat za studia dla kolegów z domów robotniczych i chłopskich. Na miejsce praktyk pedagogicznych wybrała filię sierocińca Korczaka[24]. Po trzech latach polonistyki przerwała studia[25]. Brat matki Edmund Grzybowski znalazł jej

po dniu... Przewrót majowy w łódzkich dziennikach publikowanych w języku polskim, „Studia Medioznawcze" 2010, nr 1).

[21] *Matka dzieci Holocaustu*, dz. cyt.

[22] I. Kowalska, Nieopublikowany wywiad..., dz. cyt. Ulica Ludwiki została nazwana na cześć Ludwiki Wawelberg, która wraz z mężem Hipolitem Wawelbergiem, żydowskim przemysłowcem i filantropem, prowadziła na Woli Fundację Tanich Mieszkań. Stworzyli oni na przełomie XIX i XX wieku osiedle tanich robotniczych domów z programem socjalnym. „Ulica Ludwiki to *de facto* ulica Ludwiki Wawelbergowej – mówiła Sendlerowa – ale ani przed wojną, ani po wojnie nie mogła zostać nazwana zgodnie ze stanem faktycznym" (Zapiski E. Janickiej..., 28 listopada 2003, dz. cyt.).

[23] Maturę zdała w 1927 roku, mając siedemnaście lat. Na polonistykę przeniosła się w 1929 roku, tam przerwała studia w roku 1932 i ponownie je wznowiła w 1937 (I. Krzyżanowska-Sendlerowa, Wpis w albumie studentów, AUW, sygn. Ac UW/RP 100).

[24] Filia „Różyczka" w Wawrze (T. Szarota, *Ostatnia droga doktora. Rozmowa z Ireną Sendlerową, „Jolantą"*, „Polityka", 24 maja 1997).

[25] Sendlerowa pisała, że zaczęła się rozglądać za pracą, bo jej matka zachorowała na serce. Powodem było też może to, że w czerwcu 1932 roku Irena nie zdała po raz drugi egzaminu z gramatyki historycznej języka polskiego i dialektologii (I. Krzyżanowska-Sendlerowa, Wpis w albumie studentów, dz. cyt.). Wspominała również, że poszła pracować do Sekcji, ponieważ wielokrotnie odmawiano jej prawa zatrudnienia jako nauczycielki. Jej ciotka dowiedziała się w końcu u kuratora oświaty, że siostrzenica jest zbyt „czerwona", by uczyć w Warszawie, ale może dostać pracę na Kresach.

Słuchacze Studium Pracy Społeczno-Oświatowej z Heleną Radlińską (w pierwszym rzędzie pośrodku) w dniu jej imienin, 1930. W trzecim rzędzie siedzi szefowa Ireny Sendlerowej Maria Uziembło (w berecie), w pierwszym druga od lewej Róża Zawadzka, która w czasie wojny będzie pomagała w ratowaniu dzieci swojej przyjaciółki z Wszechnicy

pracę w dziale prawnym Sekcji Pomocy Matce i Dziecku, która powstała pod auspicjami Wolnej Wszechnicy Polskiej, znamienitej instytucji II Rzeczypospolitej.

Wolna Wszechnica, spadkobierczyni założonego w 1905 roku Towarzystwa Kursów Naukowych, była nowoczesną uczelnią działającą samodzielnie, niezależnie od władz oświatowych i wyznaniowych. Miała opinię uczelni lewicowej. W ramach Wszechnicy działało Studium Pracy Społeczno-Oświatowej, utworzone przez profesor Helenę Radlińską[26]. Studiowali tam

[26] Pod opieką Radlińskiej ze Studium wyrosły różne inne instytucje pomocowe, które stawały się jednocześnie miejscem praktyk studentów (I. Myślicki, *Wolna Wszechnica Polska. Cel i zadania. Ustrój. Uprawnienia*, Warszawa 1930;

robotnicy, komuniści, niektórzy po wyrokach, bardzo wielu Żydów – to była uczelnia na owe czasy wyjątkowa, wolna od antysemickich ekscesów, nigdy nie stosowano w niej getta ławkowego. Trafiały tam też zakonnice[27]. Jedna z nich, siostra Pia Leśniewska, przełożona klasztoru urszulanek na warszawskim Powiślu, przyjmie pod swój dach Radlińską, kiedy 1 września 1939 roku Niemcy zbombardują jej dom, a gdy okaże się, że Radlińska musiałaby iść do getta, przechowa ją aż do końca wojny[28].

Helena Radlińska uruchomiła ruch społeczny oparty na własnych koncepcjach naukowych i wychowawczych – tak zwanej pedagogice społecznej. Uważała za konieczną profilaktykę i resocjalizację; dziś to oczywiste, wtedy było nowością. Nie można osobno zajmować się problemami dzieci, a osobno matek, przekonywała, rodzina jest całością, która wymaga całościowej pomocy. Pomoc ta ma polegać na wspólnej pracy z osobami objętymi opieką, dlatego u nich każdy podopieczny stawał się członkiem Sekcji, płacił pięćdziesiąt groszy albo złotówkę miesięcznie, dostawał legitymację oraz spis praw i obowiązków. Radlińska wykształciła całe pokolenia społeczników. O Irenie Sendlerowej i gronie kilkunastu kobiet, które wraz z nią będą ratować żydowskie dzieci, słyszałam wielokrotnie, że były „od Radlińskiej".

Mentorem Ireny w Sekcji był Józef Zysman, prezes Zrzeszenia Aplikantów Sądowych i Adwokackich, który poza praktyką prywatną zajmował się obroną bezrobotnych robotników przed eksmisją i walczył o prawa nieślubnych dzieci. Tak się poznali i pracując razem, zaprzyjaźnili. Wkrótce Irena będzie

W. Wawrzyńska, *Sekcja pomocy matce i dziecku OKPS*, „Polityka Społeczna" 1986, nr 92).

27 B. Szot, *Dwa światy Radlińskiej. Współpraca prof. Heleny Radlińskiej ze Zgromadzeniem Sióstr Urszulanek SJK w Warszawie w latach 1939-1945*, Milanówek 2002.

28 Radlińska miała tam pokój na końcu długiego korytarza. W dzień z niego nie wychodziła, za to prowadziła w nim ożywioną działalność konspiracyjną, w tym podziemne zajęcia z opieki społecznej (A. W. Kaczorowski, *W szarym domu*, „Biuletyn IPN" 2010, nr 11).

Irena Sendlerowa (stoi druga z lewej), Maria Uziembło (siedzi druga z lewej) i adwokat Michał Orzęcki (siedzi w środku) z koleżankami i kolegami z Sekcji Pomocy Matce i Dziecku, 1935

go odwiedzać w getcie. Sendlerowa wspominała też wielokrotnie dwoje świetnych adwokatów, którzy pracowali w Sekcji razem z Zysmanem: Bronisławę Luidor i Michała Orzęckiego[29].

– Irena była śliczna, smukła, pełna inicjatywy – mówiła mi Aniela Uziembło, która poznała Sendlerową, kiedy miała piętnaście lat, przez swoją matkę Marię, przed wojną szefową Ireny w Sekcji[30]. – Pamiętam ostry spór o kredki: czy dla dzieci

[29] Bronisława Luidor będzie w czasie wojny sama się ukrywać i jednocześnie pomagać ukrywającym się kolegom. Michał Orzęcki, zanim jeszcze musiałby iść do getta, zostanie aresztowany w 1940 roku przez gestapo jako polski adwokat i zginie w 1941 roku w Auschwitz. Wdowa po nim, Bronisława, zwiąże się w czasie wojny ze swoim kolegą z Wszechnicy Dymitrem Hessenem. Razem z nim i jego rodziną będą ratować Żydów, w tym Fannę Orzęcką, matkę zmarłego męża Bronisławy (B. Hessen, Relacja, AYV, sygn. 03/2929).

[30] O jej działalności Sendlerowa napisała w artykule: *Maria Uziembło. Wspomnienie*, „Gazeta Wyborcza", 30 sierpnia 2001.

można zbierać kredki od ludzi, czy lepiej, żeby nie miały kredek, jeśli mają to być resztki po innych? Nie pamiętam, jakie było zdanie Ireny, ale brała intensywny udział w tym sporze.

Aniela Uziembło zapamiętała też, że Irena miała cięty język, a ponieważ była do tego zwinna i szybka, zyskała sobie w pracy przezwisko Żmijka. Pracownicy Sekcji przychodzili po pracy do pani Uziembło i dyskutowali do późna w nocy. Raz, gdy rozmowy przeciągnęły się prawie do rana, przyszedł dzielnicowy, że dzwonił pan Mieczysław Sendler, niepokoi się o żonę.

Irena była już wtedy mężatką. Studenckie małżeństwo, on z filologii klasycznej[31]. Niewykluczone, że Irena zdecydowała się na ślub, bo marzyła, żeby jak najszybciej wyrwać się spod kurateli matki, która nie puściła jedynaczki na wymarzone studia do Paryża, choć chcieli je sfinansować wujowie – wszak Paryż to miasto pełne pokus dla młodej panny. Mieczysława Irena znała jeszcze z Piotrkowa Trybunalskiego, z harcerstwa.

I tak oto „małżeństwo pomiędzy Mieczysławem Sendlerem, kawalerem, studentem lat 21 liczącym, a Ireną Stanisławą Krzyżanowską, panną, studentką, lat 21 liczącą, poprzedzone trzema przedślubnymi zapowiedziami ogłoszonymi w kościele św. Antoniego, zostało zawarte w Warszawie w parafii św. Jakuba, 24 października 1931 r.”[32].

[31] Mieczysław Sendler maturę zdał w prestiżowym Prywatnym Gimnazjum oo. Jezuitów w Chyrowie koło Lwowa. Sendlerowa pisała, że kiedy wychodziła za niego za mąż, był asystentem na filologii klasycznej. W jego papierach uniwersyteckich podana jest data rozpoczęcia studiów w roku akademickim 1928/1929, nie ma jednak adnotacji o ich ukończeniu (M. Sendler, AUW, sygn. Ac UW/RP 100). W 1936 roku w papierach wojskowych w rubryce „wykształcenie” podawał, że jest po maturze. Gdy Sendlerowa autoryzowała swoje wypowiedzi do biografii Anny Mieszkowskiej, miała wątpliwości, czy można podawać, że Mieczysław zarabiał mniej od niej. „To wyrzucamy czy podwyższamy?” – zapytała Mieszkowska. „Wyrzucamy. Na podwyżkę to on z pewnością nie zasłużył” (Rozmowa z A. Mieszkowską, 2015).

[32] Akt małżeństwa Ireny Krzyżanowskiej i Mieczysława Sendlera z 24 października 1931, USC, IV-121/253/1931.

O tym, jaki był wtedy Mieczysław, wiemy tyle, ile zanotowali jego przełożeni w wojsku: „Dość rzutki. Zdyscyplinowany i karny. Inteligencja dość duża, umysł żywy. W pracy sumienny, obowiązkowy”. I jeszcze, że się nadawał na dowódcę plutonu strzeleckiego[33].

Wynajęli mieszkanie na Ludwiki 1, blisko mamy Ireny. Gdy Mieczysław w 1938 roku przeniósł się za pracą do Poznania, ona została w Warszawie[34].

W 1935 roku Sekcję Pomocy zlikwidowano – rządowi coraz bardziej skręcającemu w prawo nie podobała się silna, niezależna instytucja opanowana przez lewicę. Większość zespołu została przyjęta na etaty w urzędzie miasta, Sendlerowa trafiła do Wydziału Opieki Społecznej i Zdrowia Publicznego. Miała pod opieką mieszkańców osiedla w Annopolu pod Warszawą (dzisiejsza Białołęka), gdzie w barakach stłoczono bezrobotnych i bezdomnych. Później awansowała, przeniesiono ją do centrali Wydziału na Złotą 74, gdzie zajmowała się szkoleniem pracowników[35].

Narastający antysemityzm ostatnich lat przedwojennych brzydził ją i wściekał.

„Zbąszyń. Dlaczego nikt nie mówi o Zbąszyniu? Tam była katastrofa humanitarna. I nie Hitler to zrobił, lecz Polacy” – mówiła o sprawie, która nie poruszyła wtedy wielu sumień, a ją bolała po przeszło pół wieku[36].

W 1938 roku polskie władze odebrały obywatelstwo polskim Żydom mieszkającym za granicą (obawiano się, że w związku z coraz gorszą sytuacją w Niemczech będą chcieli wracać do Polski). W odpowiedzi Niemcy wypędzili ich z domów i odstawili na granicę polsko-niemiecką. Z siedemnastu tysięcy

[33] Karta ewidencyjno-kwalifikacyjna M. Sendlera z 6 sierpnia 1936, Kartoteka M. Sendlera, CAW, AP, sygn. 4349.

[34] I. Kowalska, Nieopublikowany wywiad…, dz. cyt.

[35] I. Sendlerowa, *Kartki z kalendarza*, wspomnienia spisywane od 1997 roku, cyt. za: *Matka dzieci Holocaustu*, dz. cyt.

[36] Zapiski E. Janickiej…, 13 listopada 2003, dz. cyt.

polskich Żydów najwięcej, ponad dziewięć tysięcy, pozostawiono przy granicy w Zbąszyniu. Był listopad, w zimnie i deszczu na przejściu granicznym stali bezpaństwowcy, których nikt nie chciał. Władze polskie nie zgodziły się początkowo na wpuszczenie ich do kraju, stworzyły dla nich w dawnych koszarach kawaleryjskich obóz internowania[37].

„To Polacy przecież wcześniej urządzili wszystko, żeby tych Żydów pozbawić polskiego obywatelstwa – opowiadała Janickiej. – Sejm uchwalił. Prezydent podpisał. Nawet pani nic nie wie. Nikt nic nie wie. I nic dziwnego. Nie byłam ślepa. Widziałam, co się dzieje. Ale wtedy naprawdę do mnie dotarło, że Żyd nie może liczyć ani na polskie państwo, ani na polskie społeczeństwo. To była zima. Coś potwornego. Sanacja? Jaka sanacja? Co mi tu pani będzie opowiadać! Jaka sanacja? Polacy! Pastwili się nad Żydami już jako ofiarami Hitlera"[38].

W 1937 roku Irena, nie porzucając pracy, wróciła na uniwersytet. Gdy studiowała polonistykę na początku lat trzydziestych, zdarzało się, że bojówki nacjonalistyczne związane z Obozem Wielkiej Polski biły żydowskich studentów. W 1937 roku przemoc była na porządku dziennym, używano żyletek, pałek, kamieni.

„Z rozgoryczeniem wstępuję na teren uniwersytetu – pisał Tadeusz Kotarbiński w 1937 roku. – Jednemu z moich uczniów, starszemu statecznemu nauczycielowi, napastnik rozbił tam głowę klamką czy czymś podobnym. Inny, szlachetnie myślący młody chłopak, ufność swą do uczelni przypłacił załamaniem ogólnym. Raz podczas wykładu wtargnęła wataha, tygrysimi skokami dopadnięto Żydów w ławkach, sprano, stłuczono, sponiewierano jego i innych. Nie pokazał się już

[37] J. Tomaszewski, *Preludium Zagłady. Wygnanie Żydów polskich z Niemiec w 1938 r.*, Warszawa 1998. Nowe przepisy nie odbierały praw bezpośrednio Żydom, tylko „obywatelom, którzy przebywali pięć lat i dłużej za granicą i utracili przez to kontakt w Polsce", ale w praktyce były w Żydów wymierzone.

[38] Zapiski E. Janickiej…, 13 listopada 2003, dz. cyt.

więcej. Trzeci szukał sygnatur w katalogu. Otoczono go – jak opowiada – z nagła, zapytano, czy Żyd, a gdy potwierdził, złamano mu nos. Napastnicy – nie, raczej oprawcy – rzucali półprzytomnym jak piłką, tłukąc, ile wlazło, bo »jeszcze nie upadł«, bo trzeba go było »dokończyć«. Zbitego wyrzucili wreszcie na bruk przed bibliotekę"[39]. Kotarbiński pisze dalej o tych, z którymi się solidaryzuje. „Ilu ich jest? Zapewne niewielu. Ale może więcej będzie. Dla tych ludzi »my« – to nie »Polacy« ani »Żydzi« z osobna. To mieszane grono współmieszkańców".

Wśród tych niewielu jest Irena Sendlerowa. Kiedy pobito jej koleżankę Żydówkę, Irena rzuciła się na bojówkarza z pięściami, krzycząc: „Ty bandyto!".

„Wezwano mnie do tak zwanego »Bratniaka«, udzielając nagany z wpisaniem do akt, oraz zabroniono mi korzystania z różnego rodzaju pomocy materialnej, jak pożyczki, zapomogi czasowe na cały czas studiów" – opisywała[40]. Innym razem zobaczyła, jak „oprawcy ciągną Żydówki za włosy z drugiego piętra na parter. Wówczas dostałam jakiegoś szoku z niemocy i w swoim indeksie skreśliłam zapis: »prawa strona aryjska«[41]. Ukarano mnie za to bardzo. Gdy w czerwcu złożyłam indeks do wpisania zaliczeń ćwiczeń i egzaminów, zawieszono mnie w prawach studenckich. Kiedy co roku zgłaszałam się z prośbą o »odwieszenie«, bo byłam już przy końcu studiów i zaczynałam pisać pracę magisterską, dostawałam odmowę. I tak było przez trzy lata. Co roku zgłaszałam się do dziekanatu z zapytaniem, czy mogę już

[39] T. Kotarbiński, *Konieczność samoobrony*, „Kurier Poranny", 28 stycznia 1937, cyt. za: *Przeciw antysemityzmowi 1936-2009*, wyb. i oprac. A. Michnik, Kraków 2010, t. 1, s. 518-522.

[40] I. Sendlerowa, List do T. Szaroty…, dz. cyt.

[41] W ramach stosowania getta ławkowego na ostatniej stronie indeksów znajdowała się pieczęć: „prawa strona aryjska" lub „lewa strona dla Żydów", która oznaczała miejsce w sali na wykładach. Sendlerowa opowiadała czasem o skreśleniu tego zapisu, czasem o wyrwaniu kartki z indeksu.

uczęszczać na zajęcia. Zależało mi na tym bardzo. Zawsze otrzymywałam odpowiedź negatywną. I pewno nigdy bym studiów nie skończyła, gdyby nie sytuacja, która zaistniała w 1938 roku. Ówczesny rektor wyjechał za granicę na kilka miesięcy. Zrozpaczona poszłam do zastępującego go profesora Tadeusza Kotarbińskiego (znanego filozofa, bardzo dobrego człowieka). Opowiedziałam mu o swoich kłopotach. Profesor poklepał mnie po ramieniu i powiedział, że dobrze zrobiłam, skreślając w swoim indeksie ten haniebny zapis. »Idź już dziś na wykłady«, dodał na pożegnanie"[42].

To wersja najczęściej przytaczana w prasie i w jej biografiach. Podział miejsc w audytoriach i stemple w indeksach według kryteriów rasowych wprowadzono na początku roku akademickiego 1937/1938[43]. Ale Sendlerowa przerwała studia w 1932, a nie w 1937 roku; w archiwum UW zachowały się jej stopnie z sesji egzaminacyjnych w latach 1937–1939, czyli nie była wtedy zawieszona[44]. Sendlerowa pisze, że prawa studentki przywrócił jej Tadeusz Kotarbiński, który zastępował rektora podczas jego nieobecności, jednak Kotarbiński, który odegrał chlubną rolę w tych niechlubnych dla uniwersytetu czasach, nie pełnił wówczas funkcji prorektora i nie miał takich uprawnień. W 1937 roku nie było szans, by nawet najbardziej znany profesor, ale z poglądami, jakie miał Kotarbiński – racjonalista i bezbożnik przeciwstawiający się gettu ławkowemu – mógł sprawować choćby przez chwilę obowiązki rektora[45].

W życiorysie złożonym w latach siedemdziesiątych minionego wieku Sendlerowa pisała, że była zawieszona w prawach studentki za działalność w Związku Polskiej Młodzieży

[42] *Matka dzieci Holocaustu*, dz. cyt., s. 84.

[43] M. Natkowska, Numerus clausus, *getto ławkowe,* numerus nullus, *„paragraf aryjski". Antysemityzm na Uniwersytecie Warszawskim 1931-1939*, Warszawa 1999.

[44] I. Krzyżanowska-Sendlerowa, Wpis w albumie studentów, dz. cyt.

[45] Rozmowa z S. Rudnickim, 2016.

Demokratycznej[46]. Do Związku należała w latach 1928–1932[47]. Kotarbiński przez jeden rok akademicki, 1929/1930, był dziekanem Wydziału Humanistycznego, któremu podlegała polonistyka. Może to wtedy Sendlerowa została zawieszona w związku ze swoją lewicową działalnością i Kotarbiński jej pomógł? Ale to też byłoby dziwne, należała do związku lewicowo-piłsudczykowskiego, a piłsudczycy byli wtedy u władzy.

„Szła za mną złowroga opinia »komunistka-filosemitka«" – opowiadała[48]. Tak czy inaczej, zdołała zaliczyć brakujące przedmioty i napisać pracę magisterską. Temat: *Dziesięciolecie twórczości Elizy Orzeszkowej*. W papierach uniwersyteckich przechował się kwitek opłaty za egzamin magisterski. Miała go zdawać w czerwcu, ale po raz drugi nie przystąpiła do egzaminu. Pewnie zamierzała go zdać w sesji jesiennej, we wrześniu czy październiku 1939 roku[49].

[46] I. Sendlerowa, *Życiorys z listopada 1976 roku* [w:] tejże, *Materiały...*, dz. cyt., S/353/6. Sendlerowa podaje w nim skróconą nazwę organizacji (Związek Młodzieży Demokratycznej).

[47] I. Sendler-Zgrzembska, Ankieta aktywu partyjnego z 16 grudnia 1949, APW, Komitet Warszawski PZPR, Teczka osobowa Sendler-Zgrzembska Irena, sygn. 46158.

[48] J. Goldkorn, *...kto ratuje...*, dz. cyt.

[49] Podanie I. Krzyżanowskiej-Sendlerowej do przewodniczącego komisji egzaminów magisterskich z 9 maja 1939 (I. Krzyżanowska-Sendlerowa, AUW, sygn. KEM 2754). Sendlerowa w podaniu do rektora z 21 września 1956 roku prosiła o wydanie zaświadczenia, że jej akta studenckie zaginęły w czasie działań wojennych, a następnie w podaniu z 27 listopada tego samego roku, że złożyła pracę magisterską oraz zdała egzaminy magisterskie na stopień magistra filologii polskiej. Ponowiła to podanie 27 września 1962 roku. Uniwersytet poświadczył, że złożyła pracę magisterską, ale nie poświadczył zdania egzaminu magisterskiego (pisma z 27 listopada 1956 i z 16 listopada 1962, I. Krzyżanowska-Sendlerowa, Wpis w albumie studentów, dz. cyt.).

Rozdział 4

Zaczęło się od bardzo małej pomocy dla przyjaciół

Zbudziły ją o świcie warkot samolotów i wybuchy bomb[1]. Był 1 września 1939 roku. Przeniosły się z matką z bombardowanej Woli do wujostwa w Śródmieściu. Dwa dni później rozeszła się wiadomość, że Wielka Brytania i Francja wypowiedziały Niemcom wojnę. Była niedziela, warszawiacy gromadzili się przed pałacykiem ambasady brytyjskiej przy Nowym Świecie. Przyszło tylu ludzi, że trzeba było wstrzymać ruch kołowy. „Nastroje są tak beztroskie i radosne – opisywał Władysław Bartoszewski – że rozgłośnia radiowa musi wzywać tłumy do rozejścia się w obawie przed możliwością niepotrzebnych ofiar w przypadku nalotu"[2]. W tłumie, który przemieścił się pod ambasadę Francji na ulicę Frascati, stała Irena Sendlerowa, ochrypła od wznoszenia okrzyków „*Vive la France!*"[3].

Jej mąż, zmobilizowany w sierpniu 1939 roku, dostał się do niewoli podczas kampanii wrześniowej[4]. Polskim oficerom Niemcy zezwalali na pożegnanie się z rodzinami przed odtransportowaniem do oflagów. Zjawił się na krótko[5]. Następne

[1] I. Kowalska, Nieopublikowany wywiad rzeka z Ireną Sendlerową przeprowadzony w latach dziewięćdziesiątych, maszynopis (archiwum prywatne autorki).

[2] W. Bartoszewski, *1859 dni Warszawy*, Kraków 1982, s. 28.

[3] I. Kowalska, Nieopublikowany wywiad…, dz. cyt.

[4] Tamże.

[5] H. Grubowska, *Ta, która ratowała Żydów. Rzecz o Irenie Sendlerowej*, Warszawa 2014.

pięć i pół roku Mieczysław Sendler spędzi w obozie jenieckim w Woldenbergu[6].

Krąg przyjaciół „od Radlińskiej" dzieli wspólny los miasta pod ostrzałem. Wojna oznacza o wiele więcej biednych ludzi, bombardowanie Warszawy – o wiele więcej bezdomnych, jedno i drugie to dla miejskiego Wydziału Opieki o wiele więcej pracy. Od 5 września 1939 roku Wydział pracuje na trzy zmiany.

28 września wspólnie opłakują kapitulację stolicy. Pod niemieckim zarządem przedstawiciele Wydziału, także ci, którzy na mocy ustaw norymberskich zostają uznani za Żydów, pracują jeszcze razem. Niecały miesiąc, dopóki władze nie nakażą wyrzucić Żydów. Tego samego dnia, 1 listopada 1939 roku, nakażą też wstrzymać wszelką pomoc dla żydowskich obywateli Warszawy. Zajmować ma się nimi gmina żydowska[7].

Z Wydziału Opieki zwalniają najbliższą przyjaciółkę Ireny Ewę Rechtman. Ewa łączyła tę pracę z działalnością naukową, była slawistką, asystentką na Wydziale Humanistycznym Wolnej Wszechnicy. Zwalniają Alę Gołąb-Grynbergową, która prowadziła Referat Rodzin Zastępczych dla Rodzin Żydowskich i pełniła obowiązki naczelnej pielęgniarki na terenie dzielnicy żydowskiej, jak określano okolice Nalewek. Zwalniają Henryka Palestra, epidemiologa, który pracował w Wydziale jako dyrektor Towarzystwa Medycyny Zapobiegawczej[8]. Wydział zatrudnia jego żonę Marię, dotąd niepracującą, ale z poprawnym pochodzeniem, żeby rodzina miała z czego żyć. Zostaje

[6] M. Sendler, 477, XVIII, B Ltn. Lista więźniów obozu jenieckiego w Woldenbergu, Archiwum Centralne Muzeum Jeńców Wojennych w Łambinowicach-Opolu, WASt, sygn. 5637.

[7] I. Chmielewska, A. Iżycka-Kowalska, J. Jędrzejowska, W. Marymoncka, J. Piotrowska, J. Starczewski, W. Wyrobkowa-Pawłowska, *Miejska służba opieki społecznej Warszawy w latach wojny i okupacji 1939–1945* [w:] *Warszawa lat wojny i okupacji 1939–1944*, red. K. Dunin-Wąsowicz, H. Winnicka, Warszawa 1975.

[8] M. Łącki, *Ze wspomnień o Dr. H. Palestrze*, „Opiekun Społeczny" 1946, nr 9–10. Dokładniej pracownik Zarządu Miasta, który miał przygotować dla Niemców listę żydowskich pracowników, w przeddzień jej przekazania przekonał Palestra, by zwolnił się z pracy, a wówczas nie znajdzie się na liście (M. Palester-Chlebowczyk, VHA, Interview Code: 46508, nagranie z 30 lipca 1998).

Wanda Wyrobkowa. Wyszła za mąż tuż przed wojną za Polaka, widocznie niemiecki zarządca nie zorientował się, jakie nazwiska noszą jej rodzice: Silberbaum i Zweigenhaft.

Po kapitulacji Sendlerowa wyprowadza się z mieszkania przy Ludwiki 1 i przenosi do matki na Ludwiki 6. Bomba uszkodziła dom, ale mieszkanie zostało nienaruszone, wystarczyło uprzątnąć gruz[9]. Wolny czas poświęca rannym żołnierzom leczonym w Szpitalu Ujazdowskim. Przychodzi tam codziennie po pracy[10]. Razem z koleżankami z Wydziału ma pod opieką rannych chorych na gruźlicę. Dożywiają ich, przynoszą książki, Sendlerowa oddaje im swój patefon i płyty. Żołnierze otrzymują też nielegalną pomoc z działającej w Wydziale komórki PPS-u, z którą współpracuje Sendlerowa. PPS organizuje ucieczkę dwóm oficerom, choć szpital jest pod ciągłą obserwacją[11].

Po jakimś czasie Sendlerowej udaje się przenieść z pracą bliżej domu, do nowo powstałego ośrodka pomocy społecznej przy Wolskiej 86; to ważne, bo matka dużo choruje. Jako referentka społeczna na Woli Irena przyznaje zasiłki najbiedniejszym rodzinom. Z tej robotniczej dzielnicy Warszawy Niemcy masowo wywożą młodzież na roboty do Rzeszy. Jej ośrodek organizuje spółdzielnię inwalidów, która zatrudnia młodych zagrożonych wywózkami. Władze niemieckie zaczynają coś podejrzewać i żądają świadectw lekarskich.

Niemcy w ogóle coraz bardziej ograniczają zasięg pomocy społecznej. Fałszywych zaświadczeń potrzebują też żołnierze ze Szpitala Ujazdowskiego. Według nowych zarządzeń po wypisaniu do domu nie przysługuje im już żadne wsparcie. Z inicjatywy Sendlerowej komórka PPS-u w Wydziale Opieki na

[9] I. Kowalska, Nieopublikowany wywiad…, dz. cyt. Jej adres podczas okupacji to: Sendlerowa Irena, Ludwikastr. 6, telefon 624 63 (*Amtliches Fernsprechbuch für den Distrikt Warschau*, Warszawa 1942).

[10] I. Kowalska, Nieopublikowany wywiad…, dz. cyt.

[11] I. Sendlerowa, *Organizowałyśmy pomoc rannym i opiekę* [w:] *Szaniec Asklepiosa. Wspomnienia żołnierzy, pielęgniarek i opiekunek społecznych Szpitala Ujazdowskiego 1939–1944*, oprac. H. Odrowąż-Szukiewicz, Warszawa 1990.

Wolskiej 4 wystawia im fałszywe dokumenty, uprawniające do miesięcznej zapomogi w wysokości od stu do trzystu złotych (na początku wojny to jeszcze spora kwota) i do korzystania ze stołówki, gdzie wydawany jest też suchy prowiant.

Sendlerowa uprawia konspirację w konspiracji. Załatwia znajomym Żydom te same zapomogi, co polskim żołnierzom. „Korzystając ze sposobności, kierowałam na Wolską 4, bez wiedzy moich towarzyszy partyjnych [z PPS-u], moich żydowskich podopiecznych" – opisuje[12]. Przyprowadza ich też do stołówki Wydziału Opieki na Złotej 74. Kierowniczka stołówki wcześniej nadzorowała z ramienia PCK Szpital Ujazdowski. Wdzięczna za nielegalną pomoc dla żołnierzy w rewanżu pozwala przyjaciołom Ireny jeść u siebie, a też „dostawać na wynos produkty suche i tłuszcze"[13].

Gdy Sendlerowa zostanie kierowniczką referatu dziecięcego Żegoty i zanurzy się w świecie fałszywych papierów i fałszywych tożsamości, będzie już miała sporą wprawę.

Wraz z zaprzyjaźnionymi kobietami z Wydziału Opieki – Jadwigą Piotrowską, Jadwigą Sałek-Deneko i Ireną Schultz – zastanawiają się, jak omijać niemieckie zarządzenia wobec Żydów[14]. „Trzeba wydać wojnę Hitlerowi" – mówi Sendlerowa. Piotrowska przekłada to na konkrety. Proponuje, by nadal świadczyć pomoc grupie żydowskich dzieci, które przed wojną były pod opieką ośrodków miejskich: trzeba tylko sfałszować ich dokumentację, wpisując polskie nazwiska[15]. Wystarcza to na krótki czas, pierwsze miesiące wojny.

[12] I. Zgrzembska [powojenne nazwisko Sendlerowej, po mężu], Zeznanie [niedatowane], AKLH, Kolekcja A. Bermana, sygn. 87669.

[13] Tamże. Kierowniczką stołówki była Helena Małuszyńska.

[14] „Zaczęłam od razu po wkroczeniu Niemców do Polski organizować pomoc z trzema koleżankami z wyżej wymienionego wydziału, Jadwigą Piotrowską, Ireną Schultz i Jadwigą Deneką" (Oświadczenie I. Sendlerowej o J. Dobraczyńskim dla Yad Vashem z października 1991, AŻIH, Teczka J. Dobraczyńskiego, sygn. 349/24/1813).

[15] „Dzieci żydowskie stanowiły małą grupę podopiecznych terenowych ośrodków opieki – pisała Sendlerowa. – Otrzymywały tam niewielkie zapomogi

Okupant zaostrza kontrolę. Teraz znajomym dorosłym Żydom, dla których pobierały nielegalnie pomoc od miasta, muszą sfałszować papiery w trzech miejscach. Pierwsze są księgi meldunkowe prowadzone przez administratorów domów. Trzeba znaleźć kogoś gotowego zameldować lokatorów, których nie widział na oczy. Drugi – miejski Wydział Ewidencji, gdzie rejestrowani są mieszkańcy. Trzeba mieć tam współpracownika. Trzeci – Wydział Opieki, gdzie dla każdego podopiecznego prowadzona jest kartoteka. Swoim kolegom ukrytym pod polskimi nazwiskami Sendlerowa i jej koleżanki wpisują groźne choroby zakaźne, żeby nikomu nie przyszło do głowy przeprowadzenie kontroli w miejscu ich zameldowania.

Żeby z kolei udzielić pomocy żydowskiemu dziecku, trzeba je było najpierw zakwalifikować jako sierotę podlegającą jednemu z czternastu ośrodków opieki społecznej w Warszawie. „Należało pozyskać dla sprawy referentkę i opiekunkę, przeprowadzić fikcyjny wywiad, fikcyjne badanie lekarskie, jednym

pieniężne, obiady, mleko dla małych dzieci, odzież i pomoc lekarską. Jaga [Jadwiga Piotrowska] wpadła na genialny pomysł. Podstawą udzielania pomocy w opiece społecznej był wywiad środowiskowy. Pomysł był taki, że trzeba te wywiady sfałszować. Wpisywało się więc jakieś zmyślone nazwisko polskie i w ten sposób zdobywało się pieniądze, odzież. Odbierały te produkty podstawione, zaufane osoby, a zanoszono je do rodzin żydowskich" (I. Sendlerowa, *„Jaga". Wspomnienie o Jadwidze Piotrowskiej*, „Słowo Żydowskie", 15-29 lipca 1994). W innym miejscu Sendlerowa opowiadała, że wraz z koleżankami z Wydziału miały przed wojną tysiąc pięciuset żydowskich podopiecznych, a gdy Niemcy zabronili im pomagać, nadal opiekowały się dziewięćdziesięcioma procentami z nich (*Matka dzieci Holocaustu. Historia Ireny Sendlerowej*, oprac. A. Mieszkowska, Warszawa 2004). Wielokrotnie będę wybierać z różnych wersji opowieści Sendlerowej tę, która wydaje mi się najbardziej prawdopodobna w zestawieniu z innymi źródłami. Bezpośrednio przed wybuchem wojny w zakładach opiekuńczych dla dzieci i młodzieży podlegających Zarządowi Miasta było tysiąc czterysta pięćdziesięcioro dzieci żydowskich (na sześć tysięcy stu wychowanków). Na początku wojny podopieczni żydowscy zostali przekazani wraz z całą dokumentacją gminie żydowskiej, która organizowała dla nich pomoc. Akcja obejmująca około tysiąca trzystu osób musiałaby też zostać odnotowana w źródłach żydowskich. Jest wiele relacji o pomocy społecznej w getcie, jej skala zapiera dech, ale organizatorami były instytucje żydowskie (Rozmowa z B. Engelking, 2015).

słowem należało wszystkie przepisy opieki społecznej obejść świadomie i z premedytacją" – pisała Sendlerowa[16].

Tak było do 16 listopada 1940 roku. Tego dnia zamknęły się bramy getta. Na terenie stanowiącym niespełna dwa i pół procent powierzchni miasta za trzymetrowym murem Niemcy stłoczyli trzysta tysięcy warszawiaków, jedną trzecią mieszkańców. Za murem znaleźli się znajomi i przyjaciele Ireny, ale też jej ukochany, młody prawnik Adam Celnikier. Był jej wielką miłością jeszcze sprzed wojny[17], a po wojnie został jej drugim mężem, już jako Stefan Zgrzembski.

Urodził się w 1912 roku, byli prawie rówieśnikami, on dwa lata młodszy[18]. Przechowały się jego dokumenty ze studiów. W rubryce „zawód i stanowisko ojca" zaznaczył punkt „kapitaliści i rentierzy". Życiorys pisał we wrześniu 1931 roku, kiedy wstępował na Wydział Prawa UW. Podkreślał w nim swoją polskość: „Należałem do przysposobienia wojskowego przy 36 pułku piechoty legii akademickiej". „Z Polski nie wyjeżdżałem nigdy, nauki pobierałem wyłącznie w języku polskim". „Narodowość: polska". Na dole wciśnięty dopisek mniejszymi literami: „Jestem wyznania mojżeszowego"[19]. Może urzędnik przyjmujący życiorys kazał mu dodać to samookreślenie? W 1937 roku Celnikier ukończył prawo i rozpoczął pracę nad doktoratem.

Celnikier nie złożył po wojnie zeznań przed Centralną Żydowską Komisją Historyczną, jak to uczyniło wielu ocalałych, nie zostawił też wspomnień[20]. Opisała go Sendlerowa

[16] I. Zgrzembska, Zeznanie, dz. cyt.

[17] Tak w każdym razie wywnioskował Michał Głowiński z usłyszanej przypadkiem – dorośli uważali, że już śpi – rozmowy swojej matki z ciotką (Rozmowa z M. Głowińskim, 2014).

[18] Akt urodzenia Adama Celnikiera, USC, sygn. I/8628/1949.

[19] A. Celnikier, Wpis w albumie studentów, AUW, sygn. Ac UW/RP 102; Teczka studencka, AUW, sygn. RP 36501.

[20] Nie znalazłam też wspomnień innych członków jego rodziny. Udało mi się skontaktować z jego kuzynem żyjącym we Francji, wnukiem Ludwika Zamenhofa (wiedziałam z listu Ireny Sendlerowej do Natana Grossa, że Celnikier był spokrewniony z nim przez babkę od strony matki). Pamiętał tylko,

w artykule dla „Biuletynu Żydowskiego Instytutu Historycznego", ukrywając jednak późniejszego męża pod innym nazwiskiem[21]. Z początku myślałam, że znajdę w tym tekście podstawowe informacje o Celnikierze, ale przekonywałam się stopniowo, że artykuł pokazuje jej ukochanego w wersji zmitologizowanej, a na dodatek służy zatarciu śladów, by nikt się nie domyślił, o kim naprawdę opowiada. Irena Sendlerowa nie zdradzała, że jej drugi mąż i ojciec jej dzieci był Żydem.

Przedstawia go, używając anagramu jego nazwiska, jako „Jana Izaaka Kiernicela, nauczyciela z zawodu, absolwenta Uniwersytetu Warszawskiego, magistra polonistyki". To „erudyta, wybitnie zdolny, rokujący dużą przyszłość naukową. Na rok przed wojną zaczął pracować nad pracą doktorską u profesora Wacława Borowego".

Tu Sendlerowa ofiarowuje mu z własnego życiorysu skończenie polonistyki i pisanie doktoratu u promotora jej pracy magisterskiej.

„Pochodził z bogatej rodziny inteligenckiej, z którą od młodzieńczych lat nie mógł się zgodzić w kwestiach światopoglądu. Kiedy jeszcze studiował, odziedziczył duży spadek po rodzinie. »Nie zdobyłem go własną pracą, jakże więc mogę go przyjąć«, mawiał do swoich kolegów, aż wreszcie, ku przerażeniu dalszej rodziny, cały majątek oddał na cele społeczne".

Ten fragment, jestem przekonana, zapożyczyła z życiorysu innej osoby, z którą zetknęła się w czasie wojny[22] – Edwarda

że „Adzik" był starszy od niego. „Nigdy nie zrozumiałem, dlaczego pani Sendler ukrywała jego pochodzenie, i jego prawdziwe nazwisko zostało zapomniane" – powiedział mi (Rozmowa z L. Ch. Zaleskim-Zamenhofem, 2014). I. Sendlerowa pisała w prywatnym liście: „Napisałam o kilku kołach, z którymi miałam kontakt, i o nim, podając zmienione nazwisko, bo taka była wola jego" (List do N. Grossa z 12 lutego 1995, AE UMK, AE/NG/XII; Natan Gross zdeponował listy Sendlerowej jako część swojego archiwum w Archiwum Emigracji mieszczącym się w Bibliotece Uniwersyteckiej w Toruniu; dziękuję dyrektorowi archiwum Mirosławowi Supruniukowi za pomoc).

[21] I. Sendlerowa, *O działalności kół młodzieży przy komitetach domowych*, „Biuletyn ŻIH" 1981, nr 2. Dalsze cytaty z artykułu – tamże.

[22] Sendlerowa poznała go przez wojenne koleżanki z konspiracji, Jadwigę Koszutską i Jadwigę Bilwin.

Landesa, nazwisko okupacyjne Lanota. Pochodził z żydowskiej burżuazji i część swego majątku rzeczywiście ofiarował na działalność organizacji komunistycznej[23].

Pisała: „Boleśnie znosił wszystkie przejawy antysemityzmu, tym bardziej że czuł się całkowicie Polakiem. Wojna zastała go na ćwiczeniach wojskowych. Przeszedł bojowy szlak, aż po obronę Warszawy, często szykanowany i prześladowany za pochodzenie. Zamknięcie w getcie przeżył tragicznie. Przez długie tygodnie po wtłoczeniu go siłą wraz z innymi do getta żył w jakimś oderwaniu od rzeczywistości. Całymi dniami chłonął dzieła z dziedziny filozofii i historii, szukając w nich rozwiązania zaistniałych wydarzeń politycznych".

Wzrusza zachwyt nad jego osobą połączony z nieporadnością opisu. W rękopisie tekstu przygotowywanego dla „Biuletynu" Sendlerowa dodała dwa zdania na marginesie. „Ponadto posiadał wyjątkowo szeroki zakres zainteresowań, co czyniło zeń niezwykle ciekawego człowieka"; „Jego bliskie otoczenie mówiło o nim »Jan – to wyjątkowo prawy człowiek«"[24].

Drugie wspomnienie o Celnikierze zawarła w liście do Natana Grossa, który poznał go w czasie wojny, kiedy ukrywał się razem z bratem[25]. Ale to też raczej opowieść o człowieku wyobrażonym niż rzeczywistym: „Pochodził z inteligenckiej rodziny, b. zasymilowanej. Babka i matka przechrzciły syna

[23] Rozmowa z I. Wojdowską, 2014.

[24] I. Sendlerowa, Rękopis tekstu do „Biuletynu ŻIH" o działalności kół młodzieżowych [w:] tejże, *Materiały zebrane w latach 1995-2003*, AŻIH, sygn. S/353/7.

[25] Sendlerowa przeczytała autobiograficzną książkę Natana Grossa, w której opisywał, jak jego brat, ukrywając się w Warszawie po aryjskiej stronie, spotkał w jednym z mieszkań Żyda, na którego mówiono Adam i który bardzo pomógł całej ich rodzinie. Nie znał jego prawdziwego nazwiska, po latach uznał, że musiał to być sekretarz Żegoty Adolf Berman. Sendlerowa napisała do Grossa list ze sprostowaniem: Nie, to nie był Adolf Berman, to był Adam Celnikier. Gross poprosił ją, by mu przesłała krótkie wspomnienie o Adamie. Wywiązała się z tego długa korespondencja. Sendlerowa wyjaśniała: „Po napisaniu listu do Pana opanowała mnie taka fala wspomnień, złych i dobrych, wzruszeń, że musiałam jeszcze rozwinąć swe myśli. Przepraszam więc za to kilkakrotne dopisywanie" (I. Sendlerowa, List do N. Grossa z grudnia 1994, AE UMK, AE/NG/XII).

wiele lat przed wojną. Ojciec był inżynierem, dziadek właścicielem fabryk i wielu domów. Ojciec umarł, jak on był jeszcze małym chłopcem. Rósł całkowicie w atmosferze polskiego patriotycznego domu"[26].

Nie wiem, dlaczego w prywatnym liście utrzymywała, że Celnikier pochodził z bardzo zasymilowanej rodziny i został ochrzczony wiele lat przed wojną, skoro ochrzczony nie był wcale. Może uważała, że lubiłby mieć taki życiorys, więc mu go pośmiertnie ofiarowała? (To zresztą ciekawe, jak często, mówiąc o polskich Żydach, używa się terminu „z bardzo zasymilowanej rodziny", jakby to był stały związek frazeologiczny, bilet wprowadzający do polskości. Gdy się bliżej przyjrzeć, w takich „bardzo zasymilowanych rodzinach" z dziadkami mówiło się w jidysz, z rodzicami chodziło do synagogi na Jom Kippur, a wszyscy spotykali się w piątek na wspólną kolację, tyle że niekoniecznie odmawiano przy niej modlitwy szabasowe).

„Mimo to – pisała dalej do Natana Grossa – jak wielu tego typu ludzi po zamknięciu getta poczuł się związany z tym nieszczęsnym narodem. Przeżył tam piekło. Był tam 2 × aresztowany i tylko dzięki szczęśliwemu przypadkowi – lub cudowi (jak i kto w co wierzy) wyszedł. Związany był z PPS-WRN. Pisał do ich prasy konspiracyjnej"[27].

W stylu charakterystycznym dla pokolenia, które chodziło do szkół w II Rzeczpospolitej i dla którego młodopolszczyzna była wzorem literackim, Sendlerowa opisuje w „Biuletynie" działalność społeczną Adama, czy raczej Jana Izaaka, w kole skupia-

[26] Tamże.

[27] Tamże. Nie udało mi się znaleźć żadnych materiałów dotyczących jego aresztowań. Sendlerowa twierdziła, że w prasie konspiracyjnej podpisywał się jako „Delta", ale nie natrafiłam na taki pseudonim. Trzeba jednak pamiętać, że ocalało niewiele numerów prasy konspiracyjnej wychodzącej w getcie. Nie wiem też, czy Celnikier publikował w prasie wychodzącej poza gettem. Pseudonimem „Delta" podpisał się autor tekstu *W tyglu niemieckiej propagandy* opublikowanego w piśmie „Jutro" (nr 13 z 17 kwietnia 1942 roku; dziękuję Pawłowi Szapiro za tę informację), ale może to być przypadkowa zbieżność pseudonimów.

Adam Celnikier, 1931

jącym młodzież z domu przy Elektoralnej[28]: „Może od razu na samym początku pobytu za murami popadłby w jakiś rozstrój nerwowy lub popełnił jakiś desperacki krok, gdyby nie rozpoczęcie pracy wśród młodzieży. Otoczenie, widząc jego rozpaczliwy stan psychiczny, zdopingowało go do pracy na terenie komitetu domowego. Ten rozkochany w młodzieży nauczyciel, urodzony pedagog, widząc tyle młodych dziewcząt i chłopców ze swego domu żyjących bez celu, z dnia na dzień, szybko ulegających załamaniu, zrozpaczonych sytuacją, przemógł się. Obudziła się w nim jego dusza chłonna na wszystko, co najlepsze, najpiękniejsze, najbardziej wartościowe. Zaczął organizować koło młodzieży. Potrafił, tak jak nikt, porwać ją do pracy, do czynu".

[28] Takich kół przy komitetach domowych powstało w getcie kilkaset, pieczę nad nimi sprawował Referat Pracy Społecznej Młodzieży przy Centosie. W tekście dla „Biuletynu ŻIH" Sendlerowa opisała z pietyzmem cały krąg swoich przyjaciół z getta, którzy prowadzili koła. Dzięki temu można próbować odtworzyć jej kontakty z gettem.

I dalej: „Wielki społecznik Jan Izaak oraz dzielna jego młodzież nie przechodzili obojętnie koło żadnego dziecka pozostającego w tragicznym położeniu", „bardzo szybko jego koło zaczęło przodować". Zajmowali się organizowaniem opieki nad opuszczonymi dziećmi, uczeniem tych, które z powodu choroby nie mogły uczęszczać na komplety, wyszukiwaniem sierot i umieszczaniem ich w zakładach w getcie lub za murami. Poza tym „koło to przodowało, jeśli chodzi o organizowanie życia kulturalno-oświatowego oraz intelektualnego". I jeszcze zajmowali się konspiracją.

Niestety żadnego innego świadectwa działalności Celnikiera w getcie nie udało mi się znaleźć. Wygląda, jakby Sendlerowa przypisała swojemu ukochanemu działania różnych opiekunów kół młodzieży, z którymi się stykała. Do Celnikiera pasuje mi z tego wszystkiego, że prowadził klub dyskusyjny i wciągnął młodzież do kolportażu prasy. Słyszałam od ludzi, którzy go wtedy znali, że miał opinię erudyty z talentem do nauczania i w czasie gdy był już po aryjskiej stronie, pisywał do podziemnych gazet[29].

Nie wiemy, czy widywali się codziennie ani jak często go odwiedzała. Mogła wchodzić do getta legalnie. Sporą pulą przepustek przeznaczonych dla kolumn sanitarnych dysponował dyrektor Miejskich Zakładów Sanitarnych Juliusz Majkowski. Niemcy panicznie bali się tyfusu, który szerzył się w zatłoczonym getcie, i to Majkowski odpowiadał za kontrolę sytuacji. Dwie Ireny z Wydziału Opieki, Sendlerowa i Schultz, poprosiły

[29] Celnikier wyszedł z getta w czasie wielkiej akcji. Z getta wydostały się też jego matka i babcia (nie wiem niestety, gdzie ani jak się przechowywały), inni członkowie rodziny zginęli: jego stryj Jakub Celnikier umarł w getcie jeszcze przed akcją, w kwietniu 1942 roku, żona Jakuba Dora zginęła rozstrzelana w czasie akcji, jego brat stryjeczny Jerzy zginął w Treblince, a siostra stryjeczna Józefina Zofia, która przebywała w Zakładzie dla Nerwowo i Psychicznie Chorych Zofiówka na linii otwockiej, została rozstrzelana z innymi pacjentami (APW, Akta w sprawie Celnikiera Adama z 12 sierpnia 1946 o uznanie za zmarłych: Jerzego Celnikiera, Sąd Grodzki, sygn. I/1452, Józefiny Zofii Celnikier, sygn. I/1453, Dory Celnikier, sygn. I/1454, Jakóba Celnikiera, sygn. I/1455).

Irena Schultz, lata wojny

go o przepustki, aby móc odwiedzać bliskich sobie ludzi. Przekraczały bramy getta nawet dwa–trzy razy dziennie. Przenosiły lekarstwa i środki czystości, dokumenty pracowniczek kolumn sanitarnych je do tego upoważniały. Ubrania przemycały na sobie. Sendlerowa była drobna, bez zwracania uwagi mogła włożyć kilka swetrów czy bluzek i jeszcze ukryć jakieś jedzenie. W getcie wydawano kartki żywnościowe – dziennie na mniej więcej trzysta kalorii. Żywności, którą można było nabyć legalnie, starczało praktycznie na kilka dni w miesiącu. Jeżeli nie miało się nic do sprzedania, żeby kupić jedzenie szmuglowane do getta, jeżeli nie miało się znajomych po aryjskiej stronie skłonnych pomóc, za progiem czekał głód i czekała śmierć.

„Z początku zaczęło się od bardzo małej pomocy dla naszych przyjaciół – mówiła Sendlerowa. – Mnie bardzo razi, jak się mówi o ogromnym jakimś bohaterstwie, wie pan, takie wysokie »c«. Zaczęło się skromnie. Była największa moja przyjaciółka Ewa Rechtman, adwokat Zysman, który się znalazł w getcie z całą rodziną. Chodząc tam, zaczęłam widzieć, co się dzieje. Wobec tego te kręgi pomocy zaczęły się rozszerzać”[30].

O swojej przyjaciółce Ewie pisała, że „w getcie poczuła się bezradna, jej świat został za murami”[31]. Sendlerowa przez swojego znajomego z getta doktora Landaua załatwiła jej pracę w Centosie[32]. Ewa prowadziła koło młodzieży przy ulicy Śliskiej, które opiekowało się chorymi dziećmi pozostawianymi na całe dnie bez opieki przez pracujących rodziców i dziećmi osieroconymi „żyjącymi już właściwie poza kresem istnienia”[33]. Zimą na przełomie 1941 i 1942 roku Sendlerowa przyniosła Ewie zdobyte z trudem w Wydziale Opieki trzy szczepionki Weigla, kropla w morzu potrzeb przy błyskawicznym tempie narastania epidemii tyfusu w getcie[34]. Ewa zwróciła się do członków koła, żeby sami rozstrzygnęli, komu należy je przekazać. Wybrali dwóch chłopców, którzy po śmierci rodziców opiekowali się młodszym rodzeństwem, i najbardziej aktywną dziewczynkę.

[30] I. Sendlerowa, Wywiad 1. W dalszym ciągu będę się posługiwała tym określeniem dla maszynopisu (czternaście gęsto zapisanych stron) z kwietnia 1985 roku. Jest to życiorys Sendlerowej spisany według pytań z wywiadu przeprowadzonego z nią w ramach badań nad dziećmi ocalałymi z Holocaustu pod kierunkiem Judith Kestenberg z Child Development Research przy New York University. Istnieje też w jej papierach wersja wcześniejsza, dwudziestopięciostronicowa, w której zachowało się więcej pytań prowadzącego wywiad, a także setki jej poprawek, skreśleń i uzupełnień ołówkiem (I. Sendlerowa, *Materiały*..., dz. cyt., S/353/10).

[31] I. Sendlerowa, *O działalności kół*..., dz. cyt.

[32] I. Sendlerowa, Relacja spisana 26 lutego 1969, AŻIH, sygn. 301/6466.

[33] I. Sendlerowa, *O działalności kół*..., dz. cyt. Wśród czterystu tysięcy osób stłoczonych w getcie było sto tysięcy dzieci, z tego trzy czwarte wymagało opieki lub pomocy społecznej (A. Berman, *Wojna z dziećmi*, AKLH, Kolekcja A. Bermana, sygn. 3179. Zredagowana wersja maszynopisu ukazała się w „Biuletynie ŻIH”: A. Berman, *O losie dzieci żydowskich w zakładach opiekuńczych w getcie warszawskim. Wspomnienia*, „Biulety ŻIH” 1958, nr 28).

[34] Szczepionki przeciwtyfusowe przysyłane przez prof. Rudolfa Weigla ze Lwowa na ręce prof. Ludwika Hirszfelda były rozprowadzane w getcie za niewielką opłatę, ale było ich dramatycznie mało. Krążyły też szczepionki sprowadzane ze Szwajcarii: na czarnym rynku osiągały zawrotne ceny, od kilkuset do kilku tysięcy złotych, ale nie były skuteczne (B. Engelking, J. Leociak, *Getto warszawskie. Przewodnik po nieistniejącym mieście*, Warszawa 2001).

Aniela Uziembło pamięta opowieść swojej matki Marii, jak poszły razem z Ireną namawiać Ewę na wyjście, bezskutecznie[35]. Ucinała każdą rozmowę stwierdzeniem: „Nie nalegajcie, kochani, nie zostanę z wami, bo nie mogę was narażać"[36].

Sendlerowa odwiedza w getcie Alę Gołąb-Grynbergową, pielęgniarkę w Wydziale Zdrowia gminy i szefową Referatu Rodzin Zastępczych w Centosie. Ala zajmowała się tajnym szkoleniem sanitarnym młodych ludzi, by w razie potrzeby mogli zastępować pielęgniarki czy nawet lekarzy. Sendlerowa wysłuchała zorganizowanego przez nią wykładu epidemiologa doktora Henryka Landaua o profilaktyce w warunkach getta. Zapamiętała zimny pokoik na strychu, małą świecę jako jedyne oświetlenie, w rogu tablicę, na której Landau zapisywał tezy wykładu, i pomoce naukowe, które wyjmował z kieszeni. W pewnej chwili tuż za progiem usłyszeli tupot, wrzaski, krzyk dziecka, ale Landau nie przerwał wykładu. Gdy jedna ze słuchaczek wybuchła spazmatycznym szlochem, upomniał ją: „Czy wyście nie zrozumieli dotąd jeszcze tego, że my tu wszyscy jesteśmy ciągle, dzień i noc, na froncie? Trwa ustawiczna walka. Jesteśmy żołnierzami pierwszej linii frontu. Żołnierze muszą być twardzi. Tu płakać nie wolno!", po czym wrócił do zagadnień epidemiologicznych[37]. Pisze, że uczestniczyła także w wykładzie profesora Hirszfelda „o krwi Żydów, że nie różni się od krwi narodów, wśród których żyją, więc to, co mówią Niemcy o rasie żydowskiej, jest bzdurą, która służy tylko usprawiedliwianiu ich zbrodni"[38].

Sendlerowa odwiedza w getcie Józefa Zysmana. Przychodzi do jego mieszkania, gdzie tłoczy się wielu krewnych, w tym mały Michał Głowiński, który zachowa w pamięci jej wizytę. Zysman prowadzi tajne nauczanie, konspiruje, zbiera materiały

[35] Maria Uziembło w czasie wojny przebywała z Anielą w Krakowie. Gdy przyjeżdżały do Warszawy, kontaktowała się z Sendlerową (Rozmowa z A. Uziembło, 2015).

[36] I. Sendlerowa, *O działalności kół…*, dz. cyt. [37] Tamże.

[38] I. Kowalska, Nieopublikowany wywiad…, dz. cyt.

dla podziemnej prasy. Sendlerowa dostarcza informacje i prasę z getta pod wskazany adres po aryjskiej stronie. Opisuje, że przez Zysmana poznaje adwokata Antoniego Oppenheima[39] i inżyniera Jerzego Neudinga, z którymi Zysman współpracuje przy redagowaniu pisma[40]. To musiało być wydawnictwo Polskich Socjalistów „Ghetto Podziemne", w którym Oppenheim i Neuding są wymieniani jako redaktorzy. „Ghetto Podziemne" było wydawane na przeszmuglowanym powielaczu, który stał w mieszkaniu Oppenheima przy placu Grzybowskim, na terenie parafii Wszystkich Świętych, znajdującej się w obrębie getta. Miało być tygodnikiem, było ledwie dwutygodnikiem, i to nieregularnym, bo powielacz ciągle się psuł, a poza tym brakowało papieru: w getcie wychodziło mnóstwo prasy i papier, kradziony z biurowych instytucji getta, gdy tylko się pojawił, zaraz znikał[41].

Sama Sendlerowa, czy to pod wpływem Zysmana, czy znajomych po aryjskiej stronie, wstępuje do Polskich Socjalistów. Z PPS-em współpracowała już w początkach okupacji, gdy komórka tej partii w Wydziale Opieki organizowała pomoc dla żołnierzy ze Szpitala Ujazdowskiego. PPS w czasie wojny przeżył kilka rozłamów, część członków skręcała coraz bardziej w lewo[42]. Tak też było w przypadku Sendlerowej[43]. Zanim stała się w Żegocie „Jolantą", była już „Klarą". Tak brzmiał jej konspiracyjny

[39] Michał Głowiński pamięta, że chodził na lekcje do żony Oppenheima, nauczycielki, która przeżyła wojnę (Rozmowa z M. Głowińskim, 2017).

[40] I. Sendlerowa, *O działalności kół…*, dz. cyt.

[41] L. Szulkin, *O powstaniu i upadku „Ghetta Podziemnego"*, „Zeszyty Historyczne" 1975, nr 2. Oppenheim, Neuding i Zysman zginęli w czasie wojny, z redaktorów „Ghetta Podziemnego" przeżył tylko Szulkin, który wymienia różne osoby związane z pismem, ale nie ma wśród nich Zysmana.

[42] Przy pierwszym rozłamie PPS-u dwaj jego przywódcy, Kazimierz Pużak i Zygmunt Zaremba, zatrzymali nazwę PPS z dodatkiem WRN (Wolność – Równość – Niepodległość), a lewica PPS-owska utworzyła partię Polscy Socjaliści. PS przekształcili się z czasem w Robotniczą Partię Polskich Socjalistów, po czym doszło do kolejnego rozłamu.

[43] W jej archiwum znajduje się kawałek kartki z wynotowaną przez nią informacją o przekształceniach PPS-u i dopiskiem: „»Twarkowski«, ps. Malinowskiego, męża Marianny Malinowskiej. Był moim szefem w RPPS" (I. Sendlerowa, *Materiały…*, dz. cyt., S/353/6). „Twarkowski" należał do frakcji najbliższej PPR.

pseudonim w RPPS-ie, Robotniczej Partii Polskich Socjalistów, w którą przekształcili się Polscy Socjaliści i która po jakimś czasie opowiedziała się za współpracą z komunistami z Polskiej Partii Robotniczej. Z powojennych oświadczeń partyjnych towarzyszy wynika, że Sendlerowa szukała mieszkań, pomagała wyrabiać lewe dokumenty i służyła jako łączniczka, doprowadzając działaczy na zebrania konspiracyjne[44].

Jeszcze przed wojną sympatyzowała z PPS-em, ale nie należała do partii. Mówiła: „Jestem przede wszystkim społecznicą, a nie politykiem"[45] i: „Przed wojną socjalizm oznaczał nie tyle doktrynę czy program polityczny, ile pewien rodzaj wrażliwości społecznej i sprzeciw wobec kultu pieniądza. I to mi bardzo odpowiadało"[46]. Można przypuszczać, że przyczyną przejścia Sendlerowej do skrajnej lewicy PPS-u były nie tylko racje ideologiczne, ale także to, że do RPPS-u należeli znajomi Polacy, którzy ratowali Żydów, i Żydzi, których ona pomagała ocalić.

Sendlerowa bierze udział w życiu konspiracyjnym getta. „Nigdy nie zapomnę jednego z wieczorów, poświęconego rocznicy rewolucji październikowej – opisywała spotkanie, w którym splotły się dwie tęsknoty: za utopią rewolucji i za przynależnością do polskości. – Jeszcze dziś słyszę i widzę śliczną, około piętnastoletnią dziewczynkę, która z takim uczuciem, przejęciem i zrozumieniem recytowała poezję rewolucyjną Broniewskiego,

[44] Sendlerowa najczęściej podawała, że należała do RPPS-u do lata 1942 roku, ale RPPS powstał później. W jej papierach znajduje się kilka oświadczeń jej kolegów partyjnych. Jadwiga Jędrzejowska, więziona na Pawiaku w tym samym czasie co Sendlerowa, złożyła oświadczenie, że „zna Irenę Sendlerową jako działaczkę ruchu oporu, członka PPS, która współpracowała z RPPS i PPR. Prowadziła szeroką akcję pomocy członkom wyżej podanych organizacji" (J. Jędrzejowska, Oświadczenie z 1972 roku [w:] I. Sendlerowa, *Materiały*..., dz. cyt., S/353/6). Według oświadczenia Marianny Malinowskiej Sendlerowa wstąpiła do RPPS-u w marcu 1940 roku, a „działała bardzo aktywnie" od marca 1942 do 1944 roku (M. Malinowska, Oświadczenie z 7 listopada 1976, tamże). Trzeba jednak pamiętać, że daty podawane w tego typu oświadczeniach z reguły służyły do uzyskania świadczeń z tytułu stażu partyjnego.

[45] I. Zgrzembska, Zeznanie, dz. cyt.

[46] *Matka dzieci Holocaustu*, dz. cyt., s. 253.

że w naszym zakonspirowanym lokalu zdawało nam się, że tuż za progiem zobaczymy upragnioną wolność. A potem cicho, ale jakże pięknie, z jakim talentem wykonana, zabrzmiała *Etiuda rewolucyjna* Chopina"[47]. Jedno z dzieci, opowiadała w innej relacji, było ubrane w strój krakowski[48].

Sendlerowa odwiedza Esterę Markinównę, zwaną Stenią, i Romanę Wiśniacką, obie też „od Radlińskiej". Przed wojną pracowały w zespole wybitnego profesora psychologii i filozofa Władysława Witwickiego – Markinówna specjalizowała się w psychologii indywidualnej Adlera, Wiśniacka była autorką pionierskiej pracy o psychologii zeznań świadków[49]. Teraz pracują przy organizowaniu świetlic Centosu w schroniskach dla uchodźców.

Te schroniska to samo dno piekła getta. Pomieszczenia są nieopalane, bez szyb, nie ma kanalizacji. Wtłoczono tam ludzi spoza Warszawy, których przywieziono z niczym, w najdosłowniejszym znaczeniu tego słowa. Dzieci, często sieroty albo półsieroty, stanowią niemal połowę mieszkańców. Te, którymi zajmują się Estera i Romana, chorują na wszelkie możliwe choroby: tyfus, czerwonkę, gruźlicę. Zawszone, zaświerzbione, otępiałe z głodu, nie rozmawiają ze sobą, ożywiają się tylko w czasie wydawania posiłków. Skaczą przez stoły i ławki, rzucając się na jedzenie i wyrywając je innym dzieciom. „Pisali

[47] I. Sendlerowa, *O działalności kół...*, dz. cyt.

[48] W relacji o tym wieczorze Sendlerowa dodała, że recytowanym przez dziewczynkę wierszem Broniewskiego była *Elegia o śmierci Ludwika Waryńskiego*, dzieci deklamowały też wiersze Tuwima i własne (I. Sendlerowa, Relacja..., dz. cyt.). Nie jest jasne, gdzie odbyło się to spotkanie. W artykule w „Biuletynie ŻIH" Sendlerowa twierdziła, że zorganizowało je koło młodzieży przy Elektoralnej 24 prowadzone przez Jana Izaaka Kiernicela. W powyższej relacji – że koło jej przyjaciółki Ewy Rechtman. Z kolei w wywiadzie udzielonym w 1967 roku umieszcza wieczór na ulicy Pawiej, czyli w kole młodzieży prowadzonym przez Rachelę Rozenthal (J. Goldkorn, *...kto ratuje jedno życie ludzkie...*, „Prawo i Życie", 23 kwietnia 1967).

[49] E. Markinówna, *Psychologia indywidualna Adlera i jej znaczenie pedagogiczne*, Warszawa 1935; R. Wiśniacka, *Badania eksperymentalne nad wpływem sugestii na zeznania świadków*, Poznań 1935.

o tym z bólem wybitni pamiętnikarze i znani działacze społeczni, że setki maluchów dotkniętych przeróżnymi plagami i chorobami, owiniętych w łachmany i stare portki, obszarpane kreatury, których świat nie widział, budziło obrzydzenie aż do mdłości" – relacjonuje Ruta Pups-Sakowska[50]. Markinówna miała za zadanie roztoczyć nad nimi opiekę psychologiczną, przygotowywała repertuar teatrzyków dziecięcych, ustalała reguły wychowawcze. Jeszcze przed wielką akcją Wiśniacka i Markinówna przekazywały na aryjską stronę niemowlęta, które już były sierotami, i umieszczały je w Domu Boduena przy pomocy Władysławy Marynowskiej, pracowniczki domu, która jak reszta koleżanek z ich kręgu skończyła studia u profesor Radlińskiej. Dzieci przyprowadzały do Domu dwie kobiety zaprzyjaźnione z Romaną i Esterą – Irena Schultz i Helena Szeszko, wcześniej załatwiwszy potrzebne dokumenty[51]. Marynowska pisze, że miesięcznie trafiało w ten sposób do Domu Boduena sześcioro–dziesięcioro dzieci.

Profesor Witwicki kontaktował się ze swoimi byłymi asystentkami przez Irenę Schultz. Sendlerowa opisała, że raz go odwiedziła i zabrała od niego ulepione z plasteliny laleczki o semickim wyglądzie, które przygotowywał dla ich podopiecznych.

[50] R. Pups-Sakowska, *Opieka nad uchodźcami i przesiedleńcami żydowskimi w Warszawie w latach okupacji hitlerowskiej*, „Biuletyn ŻIH" 1968, nr 65–66. Pups-Sakowska rozmawiała z Sendlerową na użytek tego tekstu.

[51] W. Marynowska, *Z prac Komisji Historycznej Opieki Społecznej*, Materiały o W. Marynowskiej, MHŻP. Sendlerowa pisała: „Oprócz pomocy okazanej pewnej liczbie rodzin znajomych zajęłyśmy się ratowaniem żydowskich niemowląt – okrągłych sierot. W ciągu okresu 1940–1942 umieściłyśmy po stronie polskiej kilkanaście niemowląt żydowskich w wieku do 1 roku. Wraz z granatowym policjantem, który nam w tym pomagał, stanowiliśmy we trójkę [z Alą Gołąb-Grynbergową i Władysławą Marynowską] komórkę techniczną" (I. Zgrzembska, Zeznanie, dz. cyt.). Ale z oświadczeń Marynowskiej i wspomnień innych osób z Wydziału Opieki nie wynika, że Sendlerowa brała udział w przekazywaniu dzieci do Domu Boduena. To się będzie wielokrotnie powtarzać: Sendlerowej zaciera się, co konkretnie zrobiła ona sama, a co jej koleżanki.

Witwicki proponował, że zajmie się swoimi uczennicami po aryjskiej stronie (opiekował się już swoją niearyjską żoną i jej rodziną)[52], ale one nie chciały opuścić getta – i ze względu na dzieci, i ze względu na własnych rodziców, którzy wymagali pomocy[53]. Matka Romany Wiśniackiej była chora psychicznie, ojciec ciężko chorował na serce. Gdy Irena Schultz dostarczyła Romanie strofantynę, lek nasercowy niezbędny ojcu do przeżycia, Romana podzieliła się nim z innymi chorymi w szpitalu[54].

Wysyłając tekst o kołach młodzieży w getcie do amerykańskiego pisma o Zagładzie przeznaczonego dla młodzieży żydowskiej, Sendlerowa poprzedziła go wstępem: „Chcę wykazać młodej generacji Żydów w diasporze, że się mylą, uważając, że Żydzi szli na śmierć zrezygnowani, bez walki. To nie jest prawda. Chciałabym przedstawić ich codzienną walkę, pełną godności i bezinteresownej ofiarności, walkę o każdą kromkę chleba czy lekarstwo dla tych, których kochali. Każdy dzień, każda godzina, każda minuta spędzona w tym piekle była walką"[55].

Wiele razy mówiła, że z poczucia solidarności z ludźmi z getta wkładała białą opaskę z gwiazdą Dawida. Z początku wydało mi się to brawurą kolidującą z moim wyobrażeniem o niej jako świetnej konspiratorce. Wnosiła do getta środki czystości i lekarstwa, miała prawo to robić z legalną przepustką, opaska wydawała się zatem niepotrzebnym ryzykiem. Jednak Sendlerowa nie wchodziła za mur jedynie na krótko, przynieść coś i wyjść. Patrzyła – że użyję określenia Racheli Auerbach – na „śmierć spacerującą w biały dzień po

[52] Irena Schultz we wrześniu 1942 roku pojechała do Lwowa, gdzie zdobyła papiery dla Heleny Dubieńskiej, żony profesora Witwickiego, jej brata Aleksandra, jej siostry Gizeli, ich matki i jeszcze kilku innych osób (T. Witwicki, Oświadczenie z 7 lipca 1966, AŻIH, sygn. 301/6274).

[53] I. Sendlerowa, Relacja…, dz. cyt.

[54] I. Sendlerowa, *O działalności kół…*, dz. cyt.

[55] I. Sendler, *The Valor of the Young*, transl. by S. Barańczak and M. Barańczak, „Dimensions. A Journal of Holocaust Studies" 1993, Vol. 7, No. 2.

ulicach zamkniętego miasta"[56], i było to częścią jej codzienności. W getcie towarzyszyła przyjaciołom w rozpaczliwych próbach prowadzenia normalnego życia – organizowania zajęć dla dzieci, odczytach, koncertach, świętach, konspiracji. W getcie widywała swojego ukochanego. Wtedy nie mogła się wyróżniać jako nie-Żydówka.

Mieszkańcy Warszawy wiedzieli, co się dzieje po drugiej stronie muru. To był świat na wyciągnięcie ręki. Przez ulokowane w środku miasta getto przejeżdżały tramwaje – nie wolno było wysiadać, ale można było coś zobaczyć. „Wchodzenie do zamkniętej dzielnicy żydowskiej było Polakom »*streng verboten*« (surowo wzbronione) – pisała Helena Balicka-Kozłowska, Sprawiedliwa wśród Narodów Świata, która przychodziła regularnie do getta wspomagać swoich przyjaciół. – Mimo to odbywał się nieustanny ruch między granicami. Polacy przechodzili do getta przede wszystkim po to, aby tam za bezcen skupować artykuły przemysłowe. [...] Nielegalnych dróg do getta było sporo, przez gmach Sądów na Lesznie, ruchomą deskę w płocie na ul. Białej, skok z muru, skok z tramwaju po uprzednim opłaceniu motorniczego, aby zwolnił bieg, przez gmach byłego gimnazjum »Collegium« na Lesznie, przez Szpital Maltański na Elektoralnej, wreszcie przez wachę na Chłodnej albo Grzybowskiej"[57]. Wielu ludzi mogło wchodzić legalnie. Nadal działały służby miejskie, do getta przychodzili z aryjskiej strony poborcy podatkowi, inkasenci z elektrowni i gazowni, pracownicy służb kanalizacyjnych, polscy przedsiębiorcy, którzy mieli zakłady na terenie getta, granatowa policja. Dla ilu przybyszy z aryjskiej strony getto było świetną okazją do wzbogacenia się, ilu służyło pomocą czy choćby okazywało współczucie, trudno

[56] R. Auerbach, *Pisma z getta warszawskiego*, przeł. K. Szymaniak, A. Ciałowicz, Warszawa 2016, s. 93. Rachela Auerbach na prośbę Emanuela Ringelbluma pisała, jak to sama nazywała, reportaże z getta do jego archiwum. Część jej zeszytów została odnaleziona po wojnie w metalowych bańkach, w których było zakopane archiwum.

[57] H. Balicka-Kozłowska, *Mur miał dwie strony*, Warszawa 2002, s. 10.

powiedzieć. Pewne jest, że bardzo niewielu Polaków nie-Żydów miało za sobą tak osobiste, tak intensywne doświadczenie getta jak Sendlerowa.

Ale także ci, którzy nie zbliżali się do getta, musieli widzieć żydowskie dzieci żebrzące na ulicach Warszawy czy błąkające się po mieście na chwilę przed niemal pewną śmiercią. Historyk Jerzy Tomaszewski opisywał, jak jesienią 1942 roku razem z kolegami, z którymi bawił się w piwnicy, znalazł tam chłopca w ich wieku, trzęsącego się z zimna i ze strachu. „Nie potrafiłem, a może przede wszystkim bałem się udzielić pomocy nieznanemu chłopcu, któremu groziła śmierć" – napisał, dodając, że to pamięć o małym przerażonym uciekinierze jest powodem, dla którego zajął się historią Żydów[58].

W mroźny styczniowy dzień 1942 roku żebrzące po aryjskiej stronie dzieci z getta zostały zabrane z ulic przy okazji akcji mającej na celu zagarnięcie polskich małych żebraków. Polecenie niemieckich władz – rozprawić się z plagą dzieci żebrzących na ulicach Warszawy – wykonywał Jan Dobraczyński z Wydziału Opieki. Wysłał na miasto kilka ciężarówek, w każdej dwie opiekunki społeczne i jeden granatowy policjant. Zwozili dzieci do Zakładu Rozdzielczego na ulicę Przebieg. Tam, po wykąpaniu, przebraniu i nakarmieniu, miały przebywać przez kilka dni, aż lekarze, psycholodzy i opiekunki zbadają je i napiszą raport. Wydział miał nadzieję udowodnić Niemcom, że żebrzące dzieci to problem systemowy: rodzinom nie wystarcza jedzenia, bo kartkowe racje są za małe. Miał też nadzieję, że Niemcy się tym przejmą.

„Zaledwie nasze »budy« zaczęły wjeżdżać na podwórze Zakładu Rozdzielczego i pierwsze dzieci zaczęły z nich wysiadać, odkryłem rzecz przerażającą – prawie połowa przywiezionych były to dzieci żydowskie! Zwróciłem się do naszych opieku-

[58] *Czarny rok..., czarne lata...*, oprac. W. Śliwowska, Warszawa 2010, s. 128. Jerzy Tomaszewski był założycielem Centrum Badania i Nauczania Dziejów i Kultury Żydów w Polsce im. Mordechaja Anielewicza.

nek z wyrzutem, że nie dokonywały selekcji na ulicy" – pisał Dobraczyński[59].

Uzgodnił z Niemcami, że żydowskie dzieci, a było ich trzydzieścioro, odstawi do getta. Zatelefonował do Janusza Korczaka. Ustalili, że dzieci przejdą o zmroku przez dziurę w murze tuż obok ściany Zakładu Rozdzielczego, który przylegał do getta. Znały dobrze to przejście, zamaskowane kopcem czarnego, zlodowaciałego śniegu. „Dzieci jedno za drugim znikały w dziurze: podchodziły do kupy śniegu i nagle rozpływały się w mroku. »Idzie ostatnie!«, zawołałem. »Już przeszło, dobrze jest«, odpowiedziano zza muru. Potem jeszcze zawołało dziecko – ta ostatnia, ładna, może dziewięcioletnia dziewczynka, która cały czas stała przy mnie i informowała mnie o rozmaitych sprawach życia w getcie: »Do widzenia z panem«"[60].

Żadne z tych dzieci – opowiadała Sendlerowa – nie chciało zostać po aryjskiej stronie. Czuły się przecież w obowiązku przynieść coś do jedzenia zagłodzonym rodzicom i rodzeństwu[61]. Następnego dnia pewnie znów poszukały dziury w murze czy mniej groźnej wachy i przebiegły na drugą stronę. Niemcy zabili je pół roku później, w czasie wielkiej akcji, chyba że umarły wcześniej z głodu, na tyfus czy od wystrzelonej dla zabawy niemieckiej kuli.

Pomoc dzieciom z getta kojarzy się raczej z wyprowadzaniem ich na zewnątrz niż z odstawianiem z powrotem. Do czasu wielkiej akcji nie było to jednak wcale oczywiste. Getto mimo wszystko wydawało się bezpieczniejszym miejscem – tam wolno było żyć, no i było się wśród bliskich ludzi.

[59] J. Dobraczyński, *Tylko w jednym życiu*, Warszawa 1970, s. 237–238.

[60] Tamże, s. 232. Sendlerowa mówiła Mieszkowskiej, że wybuchła wtedy między nią a Dobraczyńskim „nieprzyjemna awantura". „Dlaczego nie skierować żydowskich dzieci do zakładów opiekuńczych, z którymi Wydział współpracował? Dobraczyński tłumaczył się, że władze niemieckie wiedziały o dzieciach i obiecywały, że nic z tym nie zrobią, jeżeli Wydział jeszcze tego samego dnia wyekspediuje je z powrotem do getta" (*Matka dzieci Holocaustu*, dz. cyt., s. 136).

[61] I. Kowalska, Nieopublikowany wywiad…, dz. cyt.

Rozdział 5

Widzę jego przygarbioną sylwetkę i długi łańcuch dzieci

Jonas Turkow, szukając ratunku dla swojej córki Margarity, natrafił na Irenę Sendlerową. A było tak: najpierw skontaktował się z Szymonem Lejmanem, szefem jednej z placówek. Szefowie placówek to byli krezusi, duża część szmuglu przechodziła przez placówkarzy. Gdy zapytał go o możliwość wyprowadzenia Margarity z getta, ten mu odpowiedział, że „chrześcijańska wspólniczka", z którą robi interesy, zna pewną panią Wandę – ona już wcześniej pytała o żydowskie dzieci, które można by umieścić w klasztorach i sierocińcach. Turkow spotkał się z panią Wandą, czyli Wandą Wyrobkową, i przez nią z Sendlerową[1].

„Przeprowadzono cały szereg rozmów. W końcowej fazie wzięła w nich udział m.in. Irena Sendlerowa, cudowna, świetlana postać – pisał. – Ta pani Sendlerowa już wcześniej nawiązała kontakt z naszą Alą Gołąb-Grynbergową i kilkakrotnie była w getcie"[2].

Sendlerowa – opisywał dalej Turkow – chciała przedstawić swój plan ratowania dzieci instancjom kierowniczym w getcie. Z koleżankami są gotowe przejąć kilkoro dzieci, ale skala mogłaby być o wiele większa, gdyby tylko znalazły się pieniądze.

[1] I. Turkov, *C'était ainsi: 1939-1943, la vie dans le ghetto de Varsovie*, trad. par M. Pfeffer, Paris 1995. Wanda Wyrobkowa zapisana jest w książce Turkowa jako Wanda Wyrubowa. Irena Sendlerowa jako Irena Sandler.

[2] Tamże, s. 299. (Fragment książki, w którym wymieniona jest Sendlerowa, przytacza także S. Datner, *Materiały z dziedziny ratownictwa Żydów w Polsce w okresie okupacji hitlerowskiej*, „Biuletyn ŻIH" 1970, nr 75-76).

Rozmawiała o tym z Alą Gołąb-Grynbergową i Dawidem Guzikiem, który się tym planem bardzo zainteresował, ale jej kontakty zostały przerwane przez wielką akcję[3].

Dawid Guzik, wicedyrektor Jointu, samopomocowej organizacji żydowskiej[4], był – jak pisze Turkow – na wpół oszalały, odkąd zabrali na Umschlagplatz jego żonę, córkę i zięcia. Może dlatego Sendlerowa próbowała innego dojścia i trafiła przez Wandę Wyrobkową na Turkowa. Ten obiecał szukać funduszy. Sendlerowa zapewniła, że będzie zabiegać o nielegalną pomoc finansową w Wydziale Opieki i Radzie Głównej Opiekuńczej, koncesjonowanej przez niemieckie władze instytucji społecznej.

Sprawa pieniędzy była kluczowa. Emanuel Ringelblum, założyciel i organizator Oneg Szabat, podziemnego archiwum getta, pisał: „Rodziny żydowskie rzadko szły razem na aryjską stronę. Najpierw szły dzieci, rodzice pozostawali w getcie, aby zmobilizować fundusze, z którymi związany jest pobyt po aryjskiej stronie. Bardzo często rodzice z góry rezygnowali z przejścia na aryjską stronę, gdyż nie mieli pieniędzy na urządzenie całej rodziny. Koszt utrzymania dziecka latem 1942 roku, kiedy było największe nasilenie przekazywania dzieci na aryjską stronę, był dość wysoki i wynosił około 100 zł dziennie. Żądano za pół roku i za rok z góry w obawie, że w międzyczasie rodzice zostaną zabrani. Na urządzenie dziecka po aryjskiej stronie potrzebna więc była suma kilkudziesięciu tysięcy zł, a na to mogły sobie pozwolić tylko bardzo zamożne osoby"[5].

[3] Sendlerowa powiedziała raz, że w getcie kontaktowała się z przewodniczącymi Centosu Adolfem Bermanem i Józefem Barskim (I. Kowalska, Nieopublikowany wywiad rzeka z Ireną Sendlerową przeprowadzony w latach dziewięćdziesiątych, maszynopis, archiwum prywatne autorki), ale nigdzie więcej o tym nie wspomniała, nie ma też o tym żadnej wzmianki u Adolfa Bermana.

[4] Joint, właśc. American Jewish Joint Distribution Committee, jest organizacją charytatywną, która powstała w Stanach Zjednoczonych w 1914 roku, by wesprzeć europejskich Żydów.

[5] E. Ringelblum, *Stosunki polsko-żydowskie w czasie drugiej wojny światowej. Uwagi i spostrzeżenia*, Warszawa 1988, s. 106. Ringelblum pisze też, że w czasie

Turkow przyjaźnił się z Ringelblumem, z którym dzielił pasje archiwistyczne, i z nim omawiał logistykę ratowania dzieci. Uzgodnili, że Turkow spróbuje wciągnąć do akcji znanych sobie bogaczy z getta. Jako szef Centralnej Komisji Imprezowej, która wspierała setki spektakli, koncertów symfonicznych, konkursów recytatorskich, turniejów szachowych, drobnych imprez organizowanych przez komitety domowe, a także samych artystów[6], musiał mieć znajomości w zamożnym półświatku tych, którzy robili interesy, a wieczorem przychodzili się bawić do lokali, gdzie śpiewała jego żona. Teraz zaczął sprawdzać ceny przerzutu na aryjską stronę. Ile chcą szoferzy niemieckich ciężarówek za każde przewiezione dziecko – trzy–pięć tysięcy złotych. Ile kosztuje przewiezienie dziecka w trumnie zakładu pogrzebowego Motła Pinkerta, krezusa, który robił świetne interesy na szmuglu w trumnach – tej ceny nie podaje. Ale gdy wieczorem stawił się z Ringelblumem w umówionym miejscu, pojawiło się niewielu z tych, których namawiał na spotkanie. Dziennikarz Wasserman przyprowadza Grynberga, który jest gotów dać duże pieniądze. Menahem Kohn, współpracownik Ringelbluma w Oneg Szabat, opowiada, że próbował przekonać do pomysłu kilku zamożnych chasydów. Odpowiedzieli: „Nie oddamy naszych dzieci, by zostały ochrzczone w klasztorach. Będzie tak, jaka jest wola boża". Zaproponowali gromadzenie pieniędzy na wybudowanie bunkrów przeznaczonych do ukrycia dzieci[7].

Być może Sendlerowa miała na myśli także to spotkanie, gdy pisała: „Stanowczo twierdzę, że mogłyśmy uratować

wielkiej akcji na aryjską stronę przeszła „liczna grupa zamożnych, zasobnych w walutę obcą i kosztowności, które miały im starczyć na utrzymanie do końca wojny, oraz mniej liczna grupa inteligencji zawodowej, która była związana węzłami przyjaźni i długoletnich stosunków towarzyskich z aryjską stroną" (tamże, s. 77).

[6] B. Engelking, J. Leociak, *Getto warszawskie. Przewodnik po nieistniejącym mieście*, Warszawa 2001.

[7] I. Turkov, *C'était ainsi*, dz. cyt., s. 305.

o wiele więcej dzieci, gdyby nie przeszkody, jakie stawiały nam obie strony, polska i żydowska. Ja do dziś z tego powodu mam wyrzuty sumienia i nie zaznaję spokoju"[8]. Misją kobiet z Wydziału Opieki było pomagać najbardziej potrzebującym, najbiedniejszym, sierotom. Turkow uważał inaczej: uratować tyle dzieci, ile się da, ale w pierwszej kolejności dzieci, których rodzice są najbardziej zasłużeni.

„Jak przekazała nam Wanda [Wyrobkowa] i Irena Sendler, chrześcijańskie instytucje są skłonne wziąć całkowicie na swoje barki jakąś liczbę dzieci, ale z powodu braku pieniędzy nie są w stanie tego czynić na większą skalę – opisywał Turkow. – Tymczasem więc możemy niewielką liczbę dzieci przeprowadzić na aryjską stronę, zbierać pieniądze i kontaktować się z kierowcami ciężarówek, które wyjeżdżają z getta, i z »Królem Śmierci« Pinkertem, na którego pomoc możemy liczyć. Umówiłem się z Lublinerem, który może dziennie przeprowadzić kilka starszych dzieci przez wachę, gdy wychodzi placówka"[9].

Następnego dnia, relacjonuje dalej, po opłaceniu przejścia przez wachę z getta wyszli „dziesięcioletni syn Ringelbluma, syn pani Melman, żony działacza Bundu z Łodzi, i syn Hersza Zawłodowera"[10]. Syna Ringelbluma, który miał dobry wygląd, ale był obrzezany, odesłano z aryjskiej strony do getta. „Nasze mieszkanie na Mylnej jest pełne ludzi – opisywał Turkow. – Doktór N. przychodzi ze swoją córką, dwunastoletnią, o czarnych oczach. Złe wieści: nie są przyjmowane dzieci ze złym wyglądem"[11]. Turkow widzi mężczyzn wybuchających płaczem, gdy okazuje się, że ich dzieci nie da się przechować poza gettem. „Adwokat Szyldkret z żoną wahają się. Nie chcą się rozstać z jedynym dzieckiem Danusią. Prawie siłą

[8] *Z Ireną Sendlerową z Żegoty rozmawia Anna Ćwiakowska*, „Nowiny Kurier", 17 czerwca 1983.
[9] I. Turkov, *C'était ainsi*, dz. cyt., s. 305.
[10] Tamże. [11] Tamże, s. 306.

wypchnęliśmy ją na aryjską stronę – opisuje. – To samo zrobiliśmy z córeczką Rotsztejna, Joasią. Po paru dniach, w czasie blokady w szopie, zabrano rodziców Danusi i Joasi”[12].

Jedno z tych dzieci mogła mieć na myśli Sendlerowa, kiedy pisała: „Dziadek, ojciec, matka wyrywali sobie to dziecko z rąk, nie chcieli mi go dać, w końcu wyszłam, pobiegli za mną, wróciłam i znów to samo, nie byli w stanie rozstać się z dzieckiem. W końcu dziadek wyrwał dziecko z rąk matki i dał mi je. Następnego dnia wszystkich zabrano na Umschlagplatz, przeżyła dziewczynka, jest lekarką w Warszawie”[13]. Sendlerowa, jak się wydaje, nie wyprowadzała sama dzieci z getta, mogła jednak taką historię usłyszeć od Turkowa.

Ile dzieci mogło wyjść w wyniku działań, które opisuje Turkow, kilkoro czy kilkanaścioro, nie wiemy. Sendlerowa miała wiele kontaktów w getcie, Turkow był tylko jednym z nich. Ale to jedyne gettowe świadectwo wskazujące wprost na jej rolę w czasie wielkiej akcji.

Gdy 22 lipca zaczęła się wielka akcja, „rozpoczęło się polowanie na »dzieci ulicy« – pisał Adolf Berman. – Mimo oporu i wyrywania się ładowano setki dzieci na wozy i przewożono je na Umschlagplatz. [...] to był czas permanentnego polowania na dzieci. Na ulicach spotykało się ciągle krzyczących z rozpaczy rodziców, którym porwano dzieci”[14]. Pisał, że zginęło ich w czasie wielkiej akcji dziewięćdziesiąt tysięcy.

„Tego samego dnia – pisał o 22 lipca – rozpoczęła się likwidacja i ewakuacja punktów dla uchodźców. Wśród wywiezionych znalazła się również wybitna intelektualistka, psycholog, długoletnia asystentka Uniwersytetu Warszawskiego dr Estera Markinówna, autorka popularnej książki o teorii Adlera. W ciągu ostatnich dni pracowała niezwykle owocnie w dziale Opieki nad Dzieckiem. Poszła na śmierć z uśmiechem na

[12] Tamże, s. 306–307.
[13] *Z Ireną Sendlerową z Żegoty...*, dz. cyt.
[14] A. Berman, *Wojna z dziećmi*, AKLH, Kolekcja A. Bermana, sygn. 3179.

ustach. Razem z nią jej przyjaciółka dr Romana Wiśniacka, również ceniony psycholog-naukowiec"[15].

Bardziej realistyczny obraz niż „śmierci z uśmiechem na ustach" pozostawiła Irena Sendlerowa. Irena Schultz widziała się z Esterą i Romaną na chwilę przed wywózką. Udało jej się przemycić dla nich jedzenie, które dostała od profesora Witwickiego. Były opuchnięte z głodu. Zapamiętała ich spokojny, matowy głos. Nie, nie wezmą jedzenia. Niech je da komu innemu. Za parę godzin, najpóźniej dni, zabiorą je na Umschlagplatz. Nie warto[16].

Przez cały czas trwania wielkiej akcji przepustka Sendlerowej zachowała ważność. Rzecz bezcenna, bo po 22 lipca 1942 roku o wiele trudniej było wchodzić do getta. Pewnego razu Sendlerowa zapomniała zdjąć opaskę przed bramą. Niemiecki żandarm rzucił się do bicia, polski policjant, szarpiąc ją, znalazł u niej pieniądze i przepustkę. Uprosiła go, by zatelefonował do dyrektora Majkowskiego. Ten musiał się domyślać, że Sendlerowa zajmuje się nie tylko odwiedzaniem przyjaciół. Oświadczył bez chwili wahania, że jego pracownica ma pieniądze, które wyasygnował jej z kasy miasta na zakup środków dezynfekcyjnych[17].

Nadal odwiedzała swoich przyjaciół. Rozpaczliwie namawiała Ewę Rechtman na wyjście z getta. Kiedy Ewa zadzwoniła z wiadomością, że zaraz ich zabiorą[18], „staraliśmy się wszelkimi możliwymi sposobami ratować ich za pomocą karetek sanitarnych, pod pozorem niby to kontynuowania akcji dezynfekcji

[15] Tamże.

[16] I. Sendlerowa, *O działalności kół młodzieży przy komitetach domowych*, „Biuletyn ŻIH" 1981, nr 2.

[17] Majkowski był wytrawnym konspiratorem, nie wpadł do końca wojny, a opis tego, co przewoził w karetkach, zapiera dech: broń, amunicję, bibułę, grypsy, rannych, zwłoki, paczki żywnościowe, dzieci z Zamojszczyzny, partyzantów (J. Majkowski, *W służbie sanitarnej Warszawy pod okupacją*, „Przegląd Lekarski" 1987, nr 1).

[18] Wiadomość, że Ewa Rechtman dzwoniła, pochodzi od Anieli Uziembło (Rozmowa, 2014).

wjechać na teren zamknięty, niestety nie zdołaliśmy" – pisała[19]. Powtarzała często, że później nie miała już tak bliskiej przyjaciółki.

Jej współpracownice z Wydziału namawiały swoje koleżanki. Też bezskutecznie.

Na wyjście nie zdecydowała się także Ala Gołąb-Grynbergowa, ale oddała pod opiekę przyjaciółek swoją córkę.

„Byłam zaprzyjaźniona z Alą Gołąb-Grynbergową jeszcze od czasów przedwojennych – pisała Anna Kowalska, wówczas kierowniczka Referatu Opieki Otwartej w Wydziale Opieki. – Ala miała córeczkę, w 1939 mogła mieć trzy lata. Wiosną 1939 roku zgłosili się jej przyjaciele ze Stanów Zjednoczonych, że chcą zaadoptować dziecko, pomogła im wybrać dziewczynkę, do adopcji nie doszło i Ala wzięła tę dziewczynkę z sierocińca do siebie. Rami – jej córeczka – miała czarne oczy i ciemne włosy, Idalia była jasną blondynką, o rok młodsza. W 1942 roku Ala zwróciła się do mnie i do Róży Zawadzkiej, żebyśmy umieściły jej dziewczynki w zakładzie. W sierpniu zawiozłyśmy je po południu, już zaczynało zmierzchać, do Chotomowa, siostry nazywały się służebniczki szare. Róża pozostała w holu, ja te dziewczynki przekazałam siostrze. Wzięła je przełożona Kozłowska. Podałam nazwisko Ali Gołąb jako nazwisko obu dziewczynek, nazwisko nie nastręczało żadnych podejrzeń. Po wojnie ci państwo, co mieli adoptować Dalię, adoptowali obie dziewczynki"[20].

Ala Gołąb-Grynbergowa przeżyła wielką akcję i powstanie, wywieziona do obozu w Poniatowej, zginęła w 1943 roku na Majdanku.

[19] I. Sendlerowa, *O działalności kół...*, dz. cyt.

[20] Jedna dziewczynka została w Chotomowie, drugą przeniesiono do zakładu Rady Głównej Opiekuńczej na Czerniakowie (Wypowiedź A. Kowalskiej, *Pogwarki socjalne. Spotkania z przeszłością* [w:] *Opieka Społeczna w Warszawie 1923–1947. Opracowania i materiały*, red. M. Gładkowska i in., Warszawa 1995). Idalia Gołąb, ur. 15 marca 1938 roku, figuruje na liście dzieci z sierocińca w Krasicach, gdzie w związku ze zbliżającym się frontem w 1944 roku został ewakuowany sierociniec w Chotomowie (Lista dzieci z sierocińca w Krasicach sporządzona 1 lutego 1945, odpis z 31 lipca 1979, archiwum prywatne J. Majerczyk; dziękuję za jego udostępnienie).

Ala Gołąb-Grynbergowa, lata wojny

Wtedy, latem i jesienią 1942 roku, nie istnieje jeszcze grupa, którą po latach będzie się określać jako „siatkę Sendlerowej" czy „łączniczki Sendlerowej". Powstanie później, już po utworzeniu w grudniu 1942 roku Żegoty, gdy Irena Sendlerowa jako jej przedstawicielka będzie zajmować się koordynowaniem akcji pomocy, przekazywaniem dokumentów i pieniędzy[21]. Zanim to nastąpi, kilkanaście osób z różnych ośrodków Wydziału Opieki pomaga swoim przyjaciołom po drugiej stronie muru, a w czasie wielkiej akcji próbują ich wydostać. Jak opisuje jedna z nich, Jadwiga Piotrowska, każdy robił to na własną rękę, „bo lepiej było zbyt dużo nie mówić i zbyt wiele nie wiedzieć"[22].

[21] H. Grubowska w biografii Sendlerowej pisze, że od października 1939 do listopada 1942 roku grupa opiekunów społecznych działała indywidualnie, a „właściwa organizacja opiekunów społecznych ukształtowała się, kiedy powstała »Żegota«" (H. Grubowska, *Ta, która ratowała Żydów. Rzecz o Irenie Sendlerowej*, Warszawa 2014, s. 28).

[22] R. Teyszerski, *50 razy kara śmierci. Rozmowa z Jadwigą Piotrowską*, „Kierunki", 11 maja 1986.

„Polacy nie mieli jednego zdania o tym, co się działo za murami. Najwięcej było obojętnych, ale obojętność, jak wiemy, też czasem może zabić – pisała Irena Sendlerowa o czasie wielkiej akcji w niepublikowanym tekście. – Inni przesiąknięci duchem antysemityzmu z okresu przedwojennego nie reagowali ani fizycznie, ani psychicznie. Prawdą jest jednak, że byli i tacy Polacy (nikt nie dojdzie liczby żadnej z tych grup), którzy czynnie pomagali ludności getta. Do takich należeli członkowie PPR i RPPS"[23].

„Trzeba bowiem powiedzieć, że nasze społeczeństwo nie było całe takie, jak pisał Moczar w 1968 roku w *Barwach walki* – wyjaśniała w zeznaniu zachowanym w archiwum kibucu Lohamei Hagetaot, odwołując się do antysemickiej kampanii ówczesnego ministra spraw bezpieczeństwa. – Według niego każda chata chłopska i każdy dom polski był ostoją dla Żydów. To jest nieprawda.

Myślę, że nie popełnię błędu, dzieląc ówczesne społeczeństwo na 4 zasadnicze kategorie:

1) ludzie lewicy przedwojennej,

2) ludzie dobrego serca, bez względu na ich oblicze polityczne, ludzie wierzący, którym ich wiara kazała nieść pomoc drugiemu nieszczęsnemu człowiekowi,

3) była spora grupa osób, która ogromnie współodczuwała nieszczęściu Żydów, mieli pełną świadomość, że ludziom tym trzeba pomóc, ale strach był u nich silniejszy, przed uczuciem i rozumem. Trzeba z całym naciskiem powiedzieć, że Polska była jedynym krajem w Europie w czasie II wojny światowej, gdzie za pomoc groziła kara śmierci,

4) wreszcie niestety była kategoria chyba najmniejsza, donosicieli, szmalcowników, kapusiów. Ta kategoria dzieliła się jeszcze na dwa rodzaje – jedni wyciągali jak najwięcej pieniędzy, ale nie oddawali nieszczęsnych w ręce Niemców, i drudzy,

[23] I. Sendlerowa, Wywiad 1 (z kwietnia 1985 roku) [w:] tejże, *Materiały zebrane w latach 1995–2003*, AŻIH, sygn. S/353/10.

którzy wskazywali palcem na swą ofiarę z całą świadomością, że skazują człowieka na śmierć"[24].

W tym samym zeznaniu opisuje swoje ówczesne działania: „Byłam w możności, zawdzięczając mojej przepustce, przynieść do getta w tych ciężkich dniach żywność, w szczególności nabiał i tłuszcz, ale równocześnie mogłam montować organizację ratowniczą. Po stronie polskiej mieliśmy trzy stacje: a) Wronia między Krochmalną i Chłodną, b) Dworska (składy szmat), c) Grójecka róg Kopińskiej (fabryka). Wyprowadzaliśmy poprzez ustalone placówki i trasy. Ja wraz z p. Ireną Schultz ustalałam w getcie wszystkie szczegóły (liczbę osób, punkt, trasę i grupę). Na powyższe trzy meliny kierowałam ja i p. Wanda Wyrobkowa. Istniały trzy typy osób, które przeprowadzaliśmy. Pierwszy, gdzie głównie chodziło o przeprowadzenie, ewentualnie o doprowadzenie do z góry ustalonego punktu. Niekiedy w grę wchodziła niewielka pomoc pieniężna. Drugi typ, gdy celem była melina pozawarszawska. Chodziło w tym wypadku o przeprowadzenie przez gettowy kordon i udzielenie azylu na przeciąg kilku dni. Trzeci typ, najpopularniejszy, to ludzie, którzy nikogo poza gettem nie mieli i równocześnie prawie albo zupełnie byli bez środków materialnych. Dla tych ludzi należało zorganizować życie od samego początku. Dorosłych kierowano z reguły do odpowiedniej pracy, przeważnie na prowincję"[25].

[24] I. Zgrzembska, Zeznanie [niedatowane], AKLH, Kolekcja A. Bermana, sygn. 87669.

[25] Tamże. Tu jako przykład Sendlerowa podaje Jankiela Wiernika, uciekiniera z Treblinki. Pisze: „Został urządzony w charakterze nocnego dozorcy w domu Ośrodka Opieki Społecznej. Wygodnie i na rękę było lokować na stanowiska dozorców nocnych dla pilnowania sklepów bądź instytucji" (tamże). Z tym że Wiernik nie wyszedł z getta w czasie wielkiej akcji, tylko uciekł z Treblinki rok później, w sierpniu 1943 roku. Sendlerowa podaje liczby: „W okresie od dnia 22 lipca do 10 września 1942 r. przeprowadziliśmy około 400 starszych dzieci i około 100 dorosłych" (tamże). Kogo ma na myśli, mówiąc „przeprowadziliśmy"? Nie swoje koleżanki z Wydziału, bo któraś z nich by o tym wspomniała. Skoro mówi o młodzieży i dorosłych, musiało raczej chodzić o jakąś organizację (być może RPPS i PPR), która umieszczałaby ich w partyzantce w lasach. Zaczęłam szukać źródeł dotyczących wyprowadzenia

Warto zaznaczyć, że przeprowadzanie na aryjską stronę, o którym mówi, nie polegało na tym, że ona sama (czy też Schultz lub Wyrobkowa) wychodziła razem ze wskazaną osobą przez bramę getta. Rolą jej i jej koleżanek było zgranie wychodzących na placówkę, wśród których przemycali się uciekinierzy, z ludźmi po stronie aryjskiej, którzy mieli ich rozlokować w Warszawie lub na prowincji.

Sendlerowa wiele razy opisywała sposoby wywożenia małych dzieci. Karetką Wydziału lub przez zajezdnię tramwajową na Muranowie, ponieważ mąż jednej z jej koleżanek był motorniczym. I właśnie z tym ją kojarzymy – z heroicznym wynoszeniem małych dzieci z getta. To standard pisania o niej. Już sam jej wygląd, gdy stało się o niej głośno, łagodnej siwiutkiej starszej pani, wywołuje takie asocjacje. Nic więc dziwnego, że o takie poruszające historie ją pytano, a ona je opowiadała. Z pewnością zdarzyło się, że jej koleżanki, zaprzyjaźniony szofer pojazdu sanitarnego czy tramwajarz wyprowadzili lub wywieźli z getta żydowskie dziecko. Ale w akcji pomocy takie przypadki były sporadyczne. Żydzi znali bez porównania lepiej niż Polacy sposoby wydostania się z getta. Natomiast pomoc Polaków była bezcenna po drugiej stronie muru[26].

Wanda Wyrobkowa, która razem z Sendlerową uczestniczyła w akcji ratowania dzieci organizowanej przez Turkowa, zapamiętała, że sama wyprowadziła dziecko z getta raz. To musiało być przed akcją, wtedy można było łatwo załatwić jednorazową przepustkę i wjechać do getta dorożką. Opisywała: „Miała ze

z getta w czasie wielkiej akcji dużej grupy Żydów do lewicowej partyzantki. Po tak ogromnym przedsięwzięciu musiałby zostać jakiś ślad. Niczego nie znalazłam. Zmuszona jestem przyjąć – chyba że pojawią się nowe źródła – że dane te zostały mocno zawyżone. Sendlerowa z reguły nieprecyzyjnie operowała liczbami.

[26] Mówiła o tym Jadwiga Piotrowska, przez której dom przeszło wiele żydowskich dzieci: „Większość opiekunek społecznych miała przepustki, ale dzieci z getta wyprowadzały tylko incydentalnie. Opiekunki w większości podejmowały pracę po wyprowadzeniu dzieci lub dorosłych z getta" (R. Teyszerski, *50 razy…*, dz. cyt.).

dwanaście lat. Nie była specjalnie semicka. Zdecydowałam się jechać otwartą dorożką przez Ogrodową. Weszłam do getta bez trudu. Ktoś mi ją oddał. Wsiadłyśmy do dorożki. W Warszawie oddałam ją komuś. Ta pani się nią opiekowała przez trzy lata"[27]. W innych wypadkach pomagała już po stronie aryjskiej. Raz od kobiety, która wychodziła z placówką do szopów na Ochocie, dostała zawiniątko. „Zawiozłam do Domu Boduena. Nie wiem, czy to była dziewczynka, czy chłopiec"[28]. Następna historia jest pewnie związana z dzieckiem, którego wyprowadzenie z getta opłacił Turkow. Zadzwoniono do niej, że ma być w określonym dniu i o określonej godzinie przed bramą getta. Ktoś przyprowadził jej dziewczynkę, blondynkę, cztero-, może pięcioletnią. Miała ją odwieźć na Wilczą „do ciotki". Ale ta kobieta nie zgodziła się nawet wpuścić dziecka do mieszkania. Wyrobkowa zaprowadziła ją do swoich znajomych z kręgu Wszechnicy. Ich córka Joanna Papuzińska-Beksiak mówiła mi, że dziewczynka nazywała się Basia Markow, była córką małżeństwa aktorów i że jej mama tleniła jej włosy[29]. Kilka dni po odebraniu dziewczynki ten sam człowiek, który jej ją przekazał, zadzwonił do Wyrobkowej i powiedział, że należą mu się trzy tysiące za przeprowadzenie dziecka. Nie zapłaciła, nie miała pieniędzy. Spotkała go po wojnie, rozpoznali się, minęli się bez słowa[30].

Pracując w Wydziale Opieki przed wojną, Sendlerowa – w przeciwieństwie do swoich koleżanek – zajmowała się dorosłymi. Z tego, co opisuje w zeznaniu dla archiwum kibucu Lohamei Hagetaot, wynika, że podobnie było w czasie wielkiej akcji: pod jej pieczą byli przede wszystkim dorośli i „starsze dzieci", czyli takie, które w kilku warstwach ubrań mogły uchodzić za dorosłych.

[27] W. Wyrobek-Pawłowska, Nagranie z 21 maja 1997, VHA, Interview Code: 33226.
[28] Tamże.
[29] Wanda Wyrobkowa podaje, że dziewczynka nazywała się Lilka Turkow, ale sądzę, że się pomyliła i połączyła imię dziecka z nazwiskiem Turkowa, który poprosił ją o pomoc.
[30] W. Wyrobek-Pawłowska, Nagranie…, dz. cyt.

Wanda Wyrobkowa, lata trzydzieste

Opowieści o pomocy udzielanej Żydom rzadko dają pojęcie o chronologii zdarzeń. Okupacja opowiadana po latach zlewa się w spójną całość: jest czas wojny i Polacy ratują Żydów.

W Warszawie okupacja trwała pięć lat i pięć miesięcy. Zamknięte getto funkcjonowało dwa i pół roku. Przez pierwsze dwadzieścia miesięcy wsparcie udzielane Żydom w getcie polegało przede wszystkim na dostarczaniu żywności, lekarstw oraz pomocy w wyprzedawaniu dobytku. Przed latem 1942 roku – czyli przed wielką akcją, w trakcie której deportowano do Treblinki osiemdziesiąt procent mieszkańców warszawskiego getta – niewielu Żydów decydowało się na życie po aryjskiej stronie. Wydawało się to bardziej ryzykowne. Niemieckie obwieszczenia informowały „o karze śmierci dla Żydów opuszczających getto oraz takiej samej karze dla osób udzielających im jakiejkolwiek pomocy”[31]. Dzieci zaczęto

[31] Obwieszczenie gubernatora Ludwiga Fischera z 10 listopada 1941, cyt. za: *Ten jest z ojczyzny mojej. Polacy z pomocą Żydom 1939–1945*, oprac. W. Bartoszewski, Z. Lewinówna, Kraków 1967, s. 646.

wyprowadzać na większą skalę dopiero w czasie akcji, kiedy było to już dramatycznie trudne, bo getto było szczelnie obstawione. Te, które przeżyły akcję, żyły potem w getcie nielegalnie, w ukryciu, jako że legalnie mogli w nim przebywać tylko dorośli uznani za zdolnych do pracy. Według informacji zgromadzonych w Archiwum Ringelbluma dzieci do lat dziewięciu stanowiły wtedy ledwie 1,4 procent mieszkańców getta. Ostatnim momentem wyprowadzania dzieci był czas powstania, kwiecień 1943 roku. W maju 1943 roku getto zostało doszczętnie spalone. Określenie „po aryjskiej stronie" straciło sens, bo innej już nie było. Ukrywający się Żydzi i ich pomocnicy tworzyli odtąd w Warszawie „miasto w mieście", żeby użyć świetnego określenia Basi Temkin-Bermanowej, mieszkanki tego sekretnego miasta, czy też „utajone miasto", jak je nazwał historyk Gunnar Paulsson[32].

Zatem przerzucano dzieci na aryjską stronę faktycznie przez dziewięć miesięcy, od lipca 1942 do kwietnia 1943 roku. Nawet krócej, bo decyzję o rozstaniu się z dzieckiem czy ryzyko wspólnej ucieczki rodzice podejmowali w trakcie nasilania się wielkiej akcji. Z początku chciano się łudzić, że deportacje oznaczają – jak głosili Niemcy, pozwalając na zabranie piętnastu kilogramów bagażu i żywności na trzy dni – wyjazd na Wschód.

Sendlerowa jako najgorsze przeżycie okupacyjne przywoływała wiele razy scenę z czasu wielkiej akcji, gdy patrzyła na dzieci z sierocińca Korczaka wyprowadzane na Umschlagplatz.

„Widzę jego przygarbioną sylwetkę i długi łańcuch dzieci, nie wiem, jak dotarłam do domu z wysoką gorączką. Leżałam kilka dni"[33]; „Ostatkiem sił dowlokłam się do domu, dostałam szoku nerwowego, moja matka musiała wezwać lekarza"[34];

[32] B. Temkin-Bermanowa, *Dziennik z podziemia*, Warszawa 2000; G. S. Paulsson, *Utajone miasto. Żydzi po aryjskiej stronie Warszawy (1940-1945)*, przeł. E. Olender-Dmowska, Kraków 2007.

[33] A. Wolf, Nagranie z 23 marca 2006, Materiały filmowe z lat 2005-2008 do filmu o Irenie Sendlerowej.

[34] J. Goldkorn, *...kto ratuje jedno życie ludzkie...*, „Prawo i Życie", 23 kwietnia 1967.

„Nigdy się na to nie zdobyłam [na napisanie wspomnień], bo ile razy zaczynałam, to szok bólu i rozpaczy nie pozwalał mi skończyć. Teraz, choć wiele razy nie mogłam spać i bardzo pisanie odchorowałam, skreśliłam tamto, co wtedy w roku 1942 czułam, widziałam"[35].

Najpełniejszą, wyraźnie „sfabularyzowaną" wersję tej opowieści przytaczam z jej nieopublikowanych notatek[36].

„Korczak idzie wyprostowany, z twarzą – maską, opanowany. Dzieci, ubrane odświętnie, w niebieskie drelichowe mundurki, kroczą czwórkami, sprężyście, miarowo, dostojnie. Najmłodsze z nich trzymają laleczki, które robił dla nich z plasteliny profesor Witwicki. Są małe przerwy w marszu, jest upalne lato, dzieci muszą odpocząć. Wtedy Korczak opowiada im bajkę *Poczta* indyjskiego noblisty Rabindranatha Tagorego, że właśnie przyszedł list od króla, który wzywa je do długiej wędrówki szerokim gościńcem, tam gdzie kwitną piękne kwiaty, szemrze strumyk, a wysoka góra wznosi swe dłonie ku niebu[37]. Dzieci przecież nie mogą wiedzieć do ostatniej chwili, do chwili, kiedy zbójeckie ręce niemieckiego zbrodniarza zatrzasną za nimi drzwi morderczego wagonu, którego kierunek Treblinka, co znaczy śmierć".

Ostatnią drogę Domu Sierot, długą, w upale, w asyście policjantów z pejczami i karabinami, odtworzyła Joanna Olczak-Ronikier w książce *Korczak. Próba biografii*. Przytacza relację wiarygodnego świadka Marka Rudnickiego, współpracującego

[35] I. Sendlerowa, List do W. Rotenberg z 2 marca 1997, AKLH, Kolekcja B. Elster, sygn. 2948I.

[36] Opis zaczyna się od zdania: „Szłam ulicą getta przypadkowo, przystanęłam", tyle że podczas wielkiej akcji nie chodziło się ulicami getta przypadkowo ani też nie przystawało. Sendlerowa miała ich widzieć, kiedy z ulicy Żelaznej skręcali w ulicę Leszno (I. Sendlerowa, *Prawda czy legenda*, maszynopis, styczeń–luty 1997 [w:] tejże, *Materiały*..., dz. cyt., S/353/15).

[37] W wywiadzie udzielonym Tomaszowi Szarocie (T. Szarota, *Ostatnia droga doktora. Rozmowa z Ireną Sendlerową, „Jolantą"*, „Polityka", 24 maja 1997) Sendlerowa mówiła, że 18 lipca 1942 roku była na przedstawieniu *Poczty* w Domu Sierot Korczaka. Nigdzie więcej o tym nie wspomina, a jej opis powtarza to, co o tym przedstawieniu napisano gdzie indziej. Czy rzeczywiście sama je widziała?

z Korczakiem, który szedł z nimi do bramy Umschlagplatzu. Mieszkający w Paryżu grafik i malarz po wielu latach milczenia zdecydował się o tym opowiedzieć: „Atmosferę przenikał jakiś ogromny bezwład, automatyzm, apatia. Nie było widocznego poruszenia, że to Korczak idzie, nie było salutowania (jak to niektórzy opisują), na pewno nie było interwencji posłańców Judenratu – nikt do Korczaka nie podszedł. Nie było gestów, nie było śpiewu, nie było dumnie podniesionych głów, nie pamiętam, czy niósł ktoś sztandar Domu Sierot, mówią, że tak. Była straszliwa, zmęczona cisza. Korczak wlókł nogę za nogą, jakiś skurczony, mamlał coś od czasu do czasu do siebie. Gdy sobie tę scenę przypominam – rzadko mnie ona opuszcza – wydawało mi się, że słyszałem, że mamrocze słowo »dlaczego«. Byłem wystarczająco blisko, aby wychwycić te słowa. Ale to na pewno tylko wybryk mojej wyobraźni w retrospekcji. Nie były to chwile filozoficznych refleksji: to były chwile tępej milczącej rozpaczy bez granic; już bez pytań, na które nie ma odpowiedzi"[38].

Sendlerowa nie jest jedyną, która przedstawia się tu jako świadek. Przemarsz Korczaka i jego dzieci to bodaj najczęściej mitologizowana opowieść z warszawskiego getta, opowiadana z reguły w sentymentalno-podniosłym tonie[39]. Sendlerowa chciała, żeby dzieci nie wiedziały, że idą na śmierć – chociaż Korczak uważał, że mają prawo wiedzieć, dla niej było to widocznie zbyt trudne do zniesienia – stąd bajkowa scena, jak w drodze na Umschlagplatz Korczak robi przerwy, by opowiadać dzieciom baśń Tagorego. A laleczki to rodzaj pośmiertnego hołdu dla jej koleżanek Romany Wiśniackiej i Estery

[38] M. Rudnicki, *Ostatnia droga Janusza Korczaka*, „Tygodnik Powszechny" 1988, nr 45.

[39] Na przykład Władysław Szpilman miał spotkać pochód dzieci, które śpiewały chórem, rozpromienione, na czele pochodu szedł, grając, mały skrzypek, a Korczak niósł na rękach dwoje najmłodszych, także uśmiechniętych dzieci i opowiadał im coś zabawnego (W. Szpilman, *Śmierć miasta. Pamiętniki Władysława Szpilmana 1939–1945*, Warszawa 1946).

Markinówny, które miały te laleczki od profesora Witwickiego dostarczać dzieciom.

Sendlerowa pewnie sobie marsz Korczaka z dziećmi wyobraziła, uwierzyła w to wyobrażenie i zapamiętała je jako zobaczone. Jak przebiegała praca jej pamięci? Jak jej wyobraźnia doklejała przez lata kolejne obrazy? Nie musiała widzieć idących na śmierć, aby odczuwać towarzyszącą tej drodze grozę; grozę, którą chciała im we wspomnieniu choć trochę złagodzić.

Rozdział 6

Chyba zapomniałem, jak się naprawdę nazywam

MICHAŁ

Z pewnością „getto" oznacza przeprowadzkę, tyle rozumiał. Dorośli wypowiadali to słowo z trwogą, ale może nie mają racji? Ośmioletni Michał zastanawiał się, co też może się kryć pod nieznanym słowem, szukając odpowiedzi w wyobraźni. Zainteresowanie prawdziwym znaczeniem słów zostanie mu na całe życie, będzie mu służyć jako literaturoznawcy i badaczowi języka propagandy.

„I w końcu sobie wyobraziłem – pisał Michał Głowiński, gdy po kilkudziesięciu latach zdecydował się wrócić pamięcią do tamtego czasu – że owo tajemnicze i niezrozumiałe getto to ogromny wielopiętrowy powóz, jeżdżący po ulicach miasta, ciągnięty przez kilkanaście koni. To w takim właśnie powozie nas umieszczą, zamieszkamy w nim – i okaże się to całkiem ciekawe i zabawne. Wyobrażałem sobie, że znajdzie się w nim wiele różnych schodów, tak że swobodnie będzie można przebiegać z piętra na piętro, a również okien nie zabraknie, nic zatem nie stanie na przeszkodzie, by się przyglądać nieznanemu światu"[1].

[1] M. Głowiński, *Czarne sezony*, Warszawa 1999, s. 9. Historię Michała Głowińskiego opowiadam dalej na podstawie jego wielogodzinnego nagrania (M. Głowiński, Nagranie z 23 sierpnia 1996, VHA, Interview Code: 19205), jego książek (oprócz wymienionych *Czarnych sezonów*: *Historia jednej topoli i inne opowieści*, Kraków 2003; *Kładka nad czasem. Obrazki z Miasteczka*, Kraków 2006; *Kręgi obcości. Powieść autobiograficzna*, Kraków 2010; *Carska*

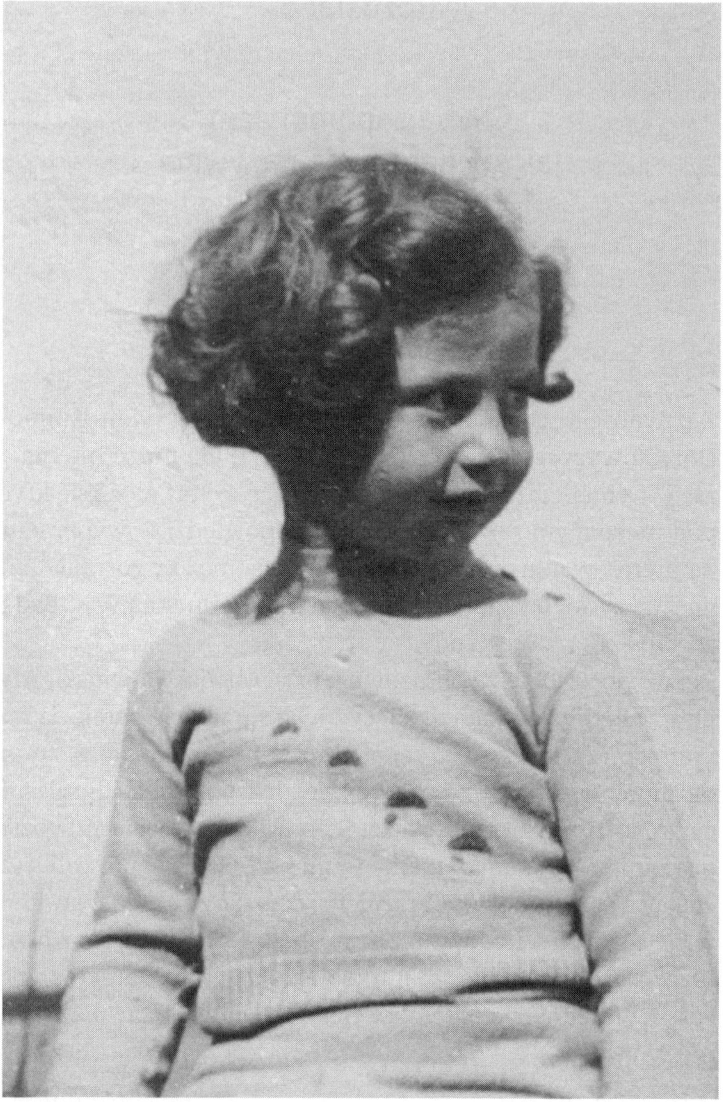

Michał Głowiński, Druskienniki, 1938

Wchodził w ten nieznany świat z marnymi szansami. To jemu będą się przyglądać. Wygląda na małego Żyda, bo rudy, a na dodatek jest obrzezany.

W czasie, który później nazwano międzywojennym, przeżył pięć dziecięcych lat. W domu w Pruszkowie były niania, aparat telefoniczny, pianino, nakręcany kucyk ciągnący pociąg po szynach, a on otoczony był ciepłem i bezpieczeństwem wielopokoleniowej zamożnej rodziny. Pierwsze dni wojny spędził u krewnych w Warszawie. Pamięta wybuchy bomb i schodzenie do schronów, zamkniętej przestrzeni, która odtąd zawsze będzie wywoływać u niego panikę. Wrócili do Pruszkowa. 31 stycznia 1941 roku znowu wyruszyli do Warszawy, tym razem ze wszystkimi pruszkowskimi Żydami, dwa dni w wagonach osobowych, „straszny mróz, pierwsze moje wspomnienie związane z cierpieniem"[2]. Przywitano ich tak jak pozostałe sto pięćdziesiąt tysięcy Żydów z okolic, których wtłoczono do warszawskiego getta: upokarzającą dezynfekcją, rozbieraniem do naga, polewaniem żrącym, śmierdzącym płynem. W getcie znaleźli się jego dziadkowie Karolina i Eliasz Rozenowiczowie i ich trzy córki: Felicja Głowińska z Michałem[3], Teodora z mężem Józefem Zysmanem i synem Piotrusiem, Maria z mężem Henrykiem Szpilfogelem i córką Elżunią. Zmieniali mieszkania, bo kolejne ulice wyłączano z getta: najpierw Chłodna, potem okolice Żelaznej. Odwiedzała ich Irena Sendlerowa.

„Pamiętam jej wizytę w getcie – opowiadał Michał Głowiński. – Była młoda, drobna, ładna, zdecydowanie ładna. I moja

filiżanka, Warszawa 2016), jego relacji o Turkowicach (złożonej pod pseudonimem Adam Pruszkowski, *Turkowice* [w:] *Dzieci Holocaustu mówią…*, t. 1, Warszawa 1993), jego rozmów z Teresą Torańską (T. Torańska, *Śmierć spóźnia się o minutę. Trzy rozmowy Teresy Torańskiej*, Warszawa 2010), a także moich rozmów z nim (2013–2017).

[2] M. Głowiński, Nagranie…, dz. cyt.

[3] Ojciec Michała Henryk Głowiński był wtedy w obozie pracy, dołączył do nich po kilku miesiącach.

babka powiedziała do niej: »Pani Ireno, jak pani przychodzi do tego mieszkania, to tak jakby do domu wchodził uśmiech«. Ta formuła, że »wchodzi uśmiech«, zaskoczyła mnie, potraktowałem ją dosłownie i zastanawiałem się długo, co oznacza. Dlatego zapamiętałem i to zdanie, i Sendlerową"[4].

Pierwsi getto opuścili dziadkowie, przypadkiem. Karolina Rozenowicz traciła wzrok i potrzebna była operacja. Eliasz Rozenowicz wyglądał na polskiego szlachcica z białym siwym wąsem. Gdy kilka tygodni później, 22 lipca 1942 roku, rozpoczęła się wielka akcja, do getta już nie wrócili. Głowińscy mieszkali tuż przy murze, tak że Michał zapamiętał jej początek: śpiew marszowy, stukot butów o bruk. Dziadek Michała od strony ojca, Lajzer Głowiński, „człowiek zrównoważony, układny, w jakiś sposób religijny"[5], wszedł gdzieś wysoko, na piętro, skoczył w dół. „Wybrał jedyną mu dostępną formę decydowania o własnym losie, a więc wolności"[6] – pisał Głowiński. – „Decyzja heroiczna i ważna"[7].

Za pierwszym razem, kiedy mieszkańców ich kamienicy wygarnięto i pognano na Umschlagplatz, uratowało ich piąte piętro, gdzie mieszkali i dokąd łapacze nie doszli.

Za drugim razem siedzieli schowani w piwnicy i Michał zapamiętał dyskusję w ciemności, co zrobić z niemowlęciem, które zaczęło płakać. Udusić? Jakiś starszy pan powiedział: „Potraktujmy to dziecko jako maskotkę". Wszyscy tego dnia przeżyli.

Za trzecim razem, kilka dni później, zabrano ich na Umschlagplatz. Miał niecałe osiem lat. Zdawał sobie sprawę, dokąd idą i że ich świat „jest unicestwiany, skazany, mordowany i ma się ku końcowi"[8]. Przy selekcji Michałowi wydawało się, że zostali w grupie, która nie jest przeznaczona do wywózki. Mimo obezwładniającego upału skakał ze szczęścia. Ale to był

[4] T. Torańska, *Śmierć spóźnia się o minutę*, dz. cyt.
[5] M. Głowiński, *Czarne sezony*, dz. cyt., s. 31. [6] Tamże, s. 33.
[7] M. Głowiński, Nagranie..., dz. cyt.
[8] M. Głowiński, *Kręgi obcości*, dz. cyt., s. 65.

moment. Szybko zorientował się, że kierują ich w stronę pociągu. „To się musi i tak skończyć. Chodźmy bliżej torów kolejowych, to nas zabiorą" – mówiła matka. „Trzeba się trzymać jak najdalej torów" – mówił ojciec[9].

Dostrzegł żydowskiego policjanta, który był jego znajomym z czasów młodości. Ten schował ich w jakiejś komórce, wieczorem mogli wrócić do swojego mieszkania. Uratowali się też ciotka Teodora i jej mąż, którzy byli z nimi na Umschlagplatzu.

Rodzicom Michała udało się załatwić sobie pracę w szopie Toebbensa. Zamieszkała z nimi Franka Szajnweksler, która też tam pracowała. Swojego synka, kilkuletniego Wojtusia, oddawała w ciągu dnia do nielegalnego przedszkola. Któregoś razu, gdy przyszła go odebrać, okazało się, że wszystkie dzieci zostały odstawione na Umschlagplatz[10]. Państwo Głowińscy nigdzie nie wypuszczali syna. Kiedy wychodzili do pracy, siedział ukryty w łazience za szafą. Miał trzy skarby: wielki atlas świata, niemiecki, zostawił mu go sąsiad przed pójściem na Umschlagplatz, szachy, w które grał sam ze sobą, i jeden tom baśni braci Grimm. Przeżył jako jedyne dziecko z kompletu, z którym chodził wcześniej do szkółki. Po akcji nie było już Meli, Suzi, Tadzia.

Z dużej rodziny Rozenowiczów wszyscy po kolei wychodzili na aryjską stronę. W getcie zostali tylko Głowińscy. Zdecydowali się wyjść dopiero podczas kolejnej akcji wywózek, na początku stycznia 1943 roku. „Luksusowe wyjście. Przekupiono niemieckiego szofera i przewiózł nas. Przedtem sprawdził, żebyśmy nie mieli zbyt żydowskiego wyglądu. Załatwione

[9] M. Głowiński, Nagranie…, dz. cyt.

[10] Franka Szajnweksler pochodziła z Piotrkowa, tak jak Henryk Szpilfogel i Józef Zysman, wujowie Michała. Gdy Niemcy zabrali jej synka, mieszkała już gdzie indziej, z Anną Margolis i jej córką Aliną, która po latach opisała Wojtusia i jego przedszkole. Prowadzone było przez dwie starsze panie, które dawały dzieciom tylko pić, bo jedzenia nie miały (A. Margolis-Edelman, *Ala z elementarza*, Londyn 1994). Franka Szajnweksler ocalała, po wojnie nazywała się Natalia Obrębska (Rozmowa z M. Głowińskim, 2017).

przez konfidenta Kryształa. Na nas czekał kuzyn, który przed wojną wrócił z Ameryki, bo nie chciał płacić alimentów, i kupił majątek w Radziwiłłowie. Wyszedł po nas z granatowym policjantem, to nas uratowało przed szmalcownikami przy bramie"[11].

Rozdzielili się z ojcem. Irena Sendlerowa znalazła dla nich lokum, nieogrzewaną mansardę na Srebrnej, gdzie Michał zamieszkał z matką i Teodorą. Uczył się sumiennie polskich modlitw.

Pewnego ranka usłyszeli energiczne stukanie do drzwi. Wszedł młody mężczyzna, blondyn. Wojenna elegancja: wąsik, płaszczyk w jodełkę, kapelusz tyrolski. Nie mieli dość pieniędzy, żeby się wykupić. Teodora poszła szukać gotówki, a Michał z mamą zostali jako zakładnicy. Michał przesuwał szachy na szachownicy. Szmalcownik zaproponował mu partię. Grali kilka godzin, czekając, czy wróci Teodora. „Jest topos w sztuce – gra w karty ze śmiercią. Od tego czasu przeszło mi zainteresowanie szachami" – mówi Głowiński[12].

Ich kuzyn, ten, który wyprowadził ich z getta, Józef Głowiński zwany „Długim"[13], sam się ukrywając, sprawował kompleksową opiekę transportowo-mieszkaniowo-lekarską nad rozległą rodziną, w tym schorowanymi dziadkami Rozenowiczami. Michała z mamą umieścił u Kazimierza Wolskiego, emerytowanego zawiadowcy stacji w Radziwiłłowie, i jego żony Wandy, którzy przechowywali ich za skromną opłatę[14]. Gorzej trafił ojciec Michała. Jego gospodarz pił, ale kiedy się zorientował, że trzyma u siebie Żyda, przeprowadził trzeźwe

[11] M. Głowiński, Nagranie..., dz. cyt. [12] Tamże.

[13] Był ich krewnym od strony matki, siostrzeńcem dziadka Rozenowicza, przypadkowo nosił to samo nazwisko co ojciec Michała.

[14] Teodora ukrywała się odtąd oddzielnie, m.in. w mieszkaniu Bronisławy Hessen, koleżanki jej męża z Wszechnicy, dopóki nie włamał się tam przez okno – był to wysoki parter – kochanek dozorczyni, który „zwęszył" Żydów. Zdążyła uciec, ale złapał żydowską dziewczynkę (B. Hessen, Relacja, AYV, sygn. 03/2929).

rozumowanie: „Przyjdą Niemcy, to cię zabiją, mnie zabiją, to ja cię zaprowadzę do Niemców i jeszcze zarobię”[15]. Ojciec Michała uciekł, ukrywał się w wielu miejscach[16]. Sam Michał, chociaż był z mamą – można powiedzieć, że jak na los żydowskiego dziecka w czasie Holocaustu był to scenariusz łaskawy – stawał się coraz bardziej przerażoną bierną istotą i jakby cofał się w rozwoju. Najgorsze było sześć grudniowych dni, które spędził z matką w kopcu kartofli. Przeżył wówczas pierwszy ostry atak klaustrofobii. Musieli się tam schować, bo ktoś doniósł Niemcom, że w sąsiedztwie ukrywa się wielu Żydów, i trwało przeczesywanie wsi i okolic. Zginęły wtedy dwie kuzynki matki z mężami i dziećmi, Hufnaglowa i Czernecka, też ukrywane tam przez „Długiego”.

Opuścił z matką okolice Radziwiłłowa w grudniu 1943 roku, wrócili do Warszawy. Zapewne uratowało im to życie, bo wieś była jeszcze niebezpieczniejsza niż miasto. Zanim znalazło się dla nich pewniejsze lokum, wylądowali w „żydowskim hotelu” na ulicy Litewskiej, tuż obok dzielnicy *nur für Deutsche*. Wynajmujący nazywali się Bobrowscy. Z pewnością musieli się opłacać Niemcom. Wynajmowali pokoje na noc i na godziny Żydom, którzy znaleźli się w tak rozpaczliwym położeniu, że gotowi byli zapłacić za przechowanie duże pieniądze. On miał stragan na Kercelaku, jego matka na bazarze Różyckiego. Może to ich gospodarz był jednym z tych, którzy na Kercelaku mruczeli pod nosem: „Złoto kupuję, koty przechowuję. Złoto kupuję, koty przechowuję…”. („Koty” to było polskie określenie na ukrywających się Żydów). Tego typu „hotelowa” gościna umożliwiała zamożnym Żydom ratunek w awaryjnej sytuacji, ale często okazywała się ślepą uliczką – pieniądze przeznaczone na miesiące ukrywania szybko się kończyły i szanse przeżycia dramatycznie malały.

[15] M. Głowiński, *Kręgi obcości*, dz. cyt., s. 80.

[16] W końcu dostał pracę jako Polak, był robotnikiem w Kielcach, i jako Polak został wywieziony na roboty do Niemiec, gdzie dożył końca wojny.

„Sendlerowa, świecka święta, umieściła mnie w sierocińcu sióstr felicjanek" – opowiadał Głowiński[17]. Jego matce też znalazła miejsce – jako służącej u pani Balcerowiczowej, wdowy po otwockim komendancie policji. Głowińska była tam traktowana jak popychadło, musiała znosić jej furie i awantury, choć gospodyni nie wiedziała, że matka Michała jest Żydówką, a ukrywał się u niej też jednocześnie żydowski chłopak i krótko Adam Celnikier.

Głowiński nie mógł zostać w sierocińcu na długo. Opiekowano się tam dziećmi do lat siedmiu, a on miał osiem i pół i był wyrośnięty. Znowu zamieszkał w Warszawie. Wtedy wydarzyła się przygoda opisana w jego *Czarnych sezonach* jako „kwadrans spędzony w cukierni", która weszła do kanonu opowieści o ukrywaniu. Jego ciotka Maria Szpilfogel, ta z trzech sióstr, która wyglądała „najbardziej polsko", chodziła z nim po Warszawie, szukając dla niego miejsca. Musiała gdzieś zadzwonić. Poszła do budki, a jego zostawiła w cukierni. Było pięć stolików, siedziały przy nich panie pogrążone w rozmowie. W pewnym momencie dotarło do niego, że to on jest tej rozmowy tematem. „Żydek, z pewnością Żydek", „Ona pewnie nie, ale on", „Podrzuciła nam go" – mówiły panie, które wstały od stolików i skupiły się wokół właścicielki cukierni. Ta zawołała Helkę, pomocnicę i „eksperta w sprawach rasowych – w wymiarze cukierni". Jedna pani powiedziała: „Trzeba dać znać na policję". Michał próbował zapaść się w sobie, jakby go nie było, jakby stał się przedmiotem, ale panie podeszły do niego i zarzuciły pytaniami. Słuchał ich komentarzy: „Żydek", i znów: „Trzeba dać znać na policję". Wtedy weszła Maria, zrozumiała natychmiast, co oznacza wianuszek osób wokół jej siostrzeńca, wzięła go za rękę i wyszli.

Dzięki Sendlerowej został zimą 1944 roku przyjęty do Domu Boduena, a stamtąd po kilku dniach wyekspediowany do zakładu w Turkowicach.

[17] M. Głowiński, Nagranie…, dz. cyt.

„Trafiłem tam stosunkowo późno, w lutym 44 – pisał Głowiński w oświadczeniu o przyznanie medalu Sprawiedliwych dwóm zakonnicom, siostrze Irenie, czyli Antoninie Manaszczuk, i siostrze Stanisławie, czyli Anieli Polechajłło, przełożonej zakładu dla sierot. – Trafiłem wówczas, gdy już nigdzie nie było dla mnie miejsca, więc nie miałem już szans przetrwania. Przywiozła mnie wraz z kilkorgiem dzieci z Warszawy (z przejściowego przytułku Boduena dla dzieci bezdomnych) siostra Hermana”[18].

Drogę do Turkowic opisywała Antonina Manaszczuk, która kilkakrotnie jeździła po dzieci: „Parę razy dla zamaskowania czarnych włosów bandażowałam główkę dziecka, że niby jest chore. Podróż z Warszawy pociągiem do Turkowic trwała kilkanaście godzin, z kilkoma przesiadkami, w okropnym tłoku, z koniecznością długiego oczekiwania w dworcowych poczekalniach wśród ciekawskich, różnych ludzi”[19].

Głowińskiemu nie został w pamięci plakat, który go przywitał, przybity na drzwiach wejściowych. Hasło „Żydzi, wszy, tyfus plamisty” zapamiętała jego koleżanka ze starszej grupy Katarzyna Meloch. Siostry musiały skrupulatnie stosować się do niemieckich zarządzeń, zważywszy, kogo za tymi drzwiami przetrzymywały.

Zakład wychowawczy sióstr służebniczek Najświętszej Marii Panny, położony na południowo-wschodnich rubieżach Polski, to miejsce szczególne, gdzie uratowało się trzydzieścioro kilkoro żydowskich dzieci[20]. Rozmawiałam z pięciorgiem z nich[21]. Wszyscy zgodnie twierdzili, że chociaż było biednie, głodno

[18] M. Głowiński, Oświadczenie z 6 marca 1988, AŻIH, Teczka Ireny Antoniny Manaszczuk i Anieli Polechajłło, sygn. 349/24/1390.

[19] A. Manaszczuk, Oświadczenie z 11 listopada 1987, tamże.

[20] Zakonnice w Turkowicach przechowały trzydzieścioro troje żydowskich dzieci, wszystkie z Warszawy poza jednym dzieckiem z Tomaszowa Lubelskiego, i jeszcze dwóch Rosjan zbiegłych z obozu jeńców wojennych (ks. M. Kot, Sahryń k. Turkowic, Relacja [w:] *Ten jest z ojczyzny mojej. Polacy z pomocą Żydom 1939–1945*, oprac. W. Bartoszewski, Z. Lewinówna, Kraków 1967).

[21] Poza Głowińskim z Ludwikiem Brylantem, Wojciechem Dębowskim, Katarzyną Meloch i Zdzisławem Mroczkiem, 2015.

(okoliczne polskie wsie spalili żołnierze Ukraińskiej Powstańczej Armii, gospodarstwa rolne zostały zniszczone, a dzieci kradły sobie nawzajem chleb) i na dodatek surowo („Przytulanie? Nie, to się nie zdarzało. Ciąganie za uszy albo połóż się i pasem, to owszem, ale tylko po to, żebyśmy rozróżniali dobro od zła") [22], była to najbezpieczniejsza przystań w historii ich ukrywania się.

Bo też nie było bezpieczniejszego miejsca dla żydowskiego dziecka w czasie wojny niż klasztor. Przede wszystkim nie harcowali tam szmalcownicy. Ale to nie jedyny powód. Siostry roztaczały nad dziećmi opiekę przez dwadzieścia cztery godziny na dobę. Katarzyna Meloch pamięta to uczucie, że siostra Manaszczuk, opiekunka grupy starszych dziewcząt w Turkowicach, cały czas nad nią czuwa, od samego rana, kiedy przychodzi okiełznać jej czarne włosy, cierpliwie splatając je w warkocze ozdobione białymi wstążkami [23]. Zupełnie inaczej niż w mieście – tam nawet najbardziej oddani opiekunowie musieli czasem wychodzić, do pracy czy po zakupy, i wtedy mogło się wydarzyć coś groźnego: sąsiad usłyszał kroki, ktoś niespodziewanie zapukał do drzwi.

W klasztorach tylko pojedyncze osoby spośród zakonnic i personelu wiedziały o żydowskich dzieciach. Ale nawet kiedy ktoś spoza tego ścisłego grona zaczynał coś szeptać, domyślać się czy podejrzewać, zazwyczaj nie wychodziło to poza klasztor. Podobnie było z innymi dziećmi. Jeśli kogoś przezywały Żydem, siostry je dyscyplinowały i dusiły podejrzenia w zarodku. Rozmawiałam z trzema uratowanymi, którzy przeżyli w Turkowicach jako obrzezani chłopcy. Każdy z nich pamięta jakieś zaczepki innych dzieci, wyzywanie od Żydów, ale nie miało to dalszych konsekwencji. Nawet gdy jeden z wychowanków w czasie kontroli wskazał Niemcowi kolegę, wykrzykując „*Jude*", siostrze udało

[22] Rozmowa z L. Brylantem, 2015.
[23] K. Meloch, *Siostra Irena czuwała nade mną* [w:] *Dzieci Holocaustu mówią…*, t. 5, Warszawa 2013.

się jakoś zagadać sprawę[24]. Żandarmi niemieccy, z którymi miały do czynienia zakonnice, byli często już przez nie „oswojeni", siostry dawały im warzywa z ogrodu. Jeśli byli katolikami i przychodzili na mszę, wpadali pobawić się z dziećmi.

Gdy Niemcy przychodzili na kontrolę, ustawiali dzieci w szeregu i chłopcy musieli ściągać spodnie, ale siostry dostawały wcześniej cynk. Wojciech Dębowski miał trzy, może cztery lata i był tak wyćwiczony w kryciu się, że gdy tylko ktoś obcy wchodził do zakładu, wciskał się za figurkę świętego Józefa, skąd nie było go widać (nie wie, jak się naprawdę nazywał ani kiedy się urodził, jedyne, co wie o rodzicach, to że jedno z nich miało chorobę dziedziczną; on ją odziedziczył, a potem jego syn)[25]. Ludwika Brylanta i jeszcze kilku chłopców siostra Róża czasami zamykała na klucz. Mówiła, że są zbyt wyrośnięci i Niemcy będą chcieli ich zabrać na roboty. Siostry zapraszały mniejszych chłopców ze wsi, żeby udawali sieroty, bo liczba dzieci musiała się zgadzać[26].

Z oświadczenia Antoniny Manaszczuk: „Ponieważ w zakładzie przez niemal całą okupację mieszkało kilku żandarmów niemieckich pilnujących magazynu zbożowego, więc niebezpieczeństwo rozpoznania dzieci żydowskich było nieustanne. Niemcy lubili bawić się z dziewczynkami. Często musiałam upominać dyskretnie szczególnie rozbawione i śmiałe dziewczynki, a mianowicie Stasię Jankowską i Irenę Dąbrowską, czyli Katarzynę Meloch, żeby się nie kręciły przy Niemcach. Pewnego razu jeden z żandarmów z pochodzenia chyba Ślązak, bo mówił po polsku, powiedział do mnie, pokazując na rów melioracyjny, »Gdybym ja siostry nie lubił, to już dawno by siostra gniła w tym rowie razem ze swoimi Żydówkami«"[27].

[24] Rozmowa z L. Brylantem, 2015. Patrz też: K. Meloch, *Brylant… to jest żydowskie nazwisko* [w:] *Dzieci Holocaustu mówią…*, t. 3, Warszawa 2008.

[25] Rozmowa z W. Dębowskim, 2015.

[26] Rozmowa z L. Brylantem, 2015. Brylant był w grupie starszych chłopców razem z Głowińskim i do głowy mu wtedy nie przyszło, że Michał też jest Żydem.

[27] A. Manaszczuk, Oświadczenie z 11 listopada 1987, dz. cyt.

Przez cały czas wojny zginęła tam dwójka żydowskich dzieci: dziewczynka, po którą przyszli Niemcy, bo mieli na nią donos, i ją rozstrzelali[28], i chłopak zwany Rudym Jasiem, który uciekł z getta we Lwowie i został zamordowany przez partyzantów z UPA wraz z zakonnicą i innymi wychowankami w drodze po zakupy dla zakładu.

Pobyt tam był jednak dla małego Michała koszmarem. „W Turkowicach wszedłem w piekło dziecięcej gromady. Byłem do tego nieprzystosowany. I bardzo się bałem. [...] Bałem się przede wszystkim kolegów. Że mnie wydadzą"[29]. Ale z podziwem i wdzięcznością wspominał zakonnice. Aniela Polechajłło dopuszczała do życia religijnego dzieci żydowskie – pisał – „świadoma, że większość z nich (a może nawet wszystkie) nie była chrzczona. [...] Dla siostry przełożonej ratowanie ludzkich istnień przed zagładą było wartością wyższą niż formalne przestrzeganie kościelnego prawa"[30].

Spokojny, skryty, cichy, chowający się w kącie – tak zapamiętali go koledzy. Sam Głowiński też tak siebie zapamiętał. Apatyczny, stroniący od innych dzieci. A przecież jednocześnie był nieustannie czujny. Gdy rok od niego młodszy chłopak opowiadał, że jego ciotka poszła do komunii, zjadłszy wcześniej śniadanie, co jest przecież grzechem śmiertelnym, Michał od razu złapał się za głowę: co tamten robi, przecież przyznaje się, że ciotka jest Żydówką. Sam mówił jak najmniej. Gdy raz użył słowa „archipelag", to koledzy powiedzieli: „Żyd, używa żydowskich słów". „To już wiedziałem, że nie mogę mówić. Zapomniałem tych słów, dostosowałem się do kolegów"[31].

[28] Siostra Manaszczuk opisywała: „Jeszcze w roku 42 miał miejsce tragiczny epizod. Żandarmi niemieccy przyjechali po małą dziewczynkę z grupy siostry Konstancji. Była to śliczna blondyneczka, która na krótko przedtem znalazła schronienie w zakładzie i cieszyła się własnym domem, nawet własnym łóżkiem. Niemcy zabrali ją jako dziecko żydowskie i rozstrzelali" (tamże).

[29] A. Pruszkowski, *Turkowice*, dz. cyt., s. 107, 108.

[30] M. Głowiński, Oświadczenie..., dz. cyt.

[31] M. Głowiński, Nagranie..., dz. cyt.

„Postanowili mnie zadenuncjować Niemcom trzej nieletni chłopcy – pisał Głowiński – a nie uczynili tego z tej racji, że nie zdążyli, do Turkowic weszły bowiem oddziały Armii Czerwonej"[32]. Wkrótce zjawiła się jego matka. W stanie odrętwienia wpatrywał się w wesz, która chodziła po jej berecie. „Zakończenie wojny też było żałosne" – opowiadał[33].

Zakonnice odradziły podróż ze względu na jego stan, miał z niedożywienia ropiejące wrzody na całym ciele. Z Turkowic wyjechał dopiero w sierpniu 1945 roku, zabrany przez swoją ciotkę Marię. Jej córka Elżbieta zapamiętała, że kiedy przyjechał, był onieśmielony i miał spodnie ściągnięte sznurkiem, dopiero jej mama kupiła mu pasek.

Po wojnie spotkali się w Pruszkowie. Zginęli ojcowie Elżuni i Piotrusia, pozostało dziewięcioro ocalałych z jednej rodziny, statystycznie na granicy nieprawdopodobieństwa. Powszechna Spółdzielnia Spożywców zdążyła zająć ich dom. „Miała ona niewątpliwego pecha, okazało się bowiem, że to, co określono jako mienie pożydowskie, było nadal mieniem żydowskim, skoro prawowici właściciele wojnę przeżyli"[34]. Odzyskali część domu, dwa pokoje, potem trzy, ale bez kanalizacji.

Pani Rozenowicz oślepła i postradała zmysły, zmarła kilka lat po wojnie w szpitalu psychiatrycznym. Pan Rozenowicz chodził po ludziach z przedwojenną księgą kredytową, próbując odzyskać długi. Na jedną z takich wypraw zabrał swego wnuka Michała. „Nikt starego Żyda gwałtownie nie przepędził, nikt nie poszczuł go psami. Jego starania nie przynosiły jednak wyników" – opisywał Głowiński powojenne losy swoich dziadków[35]. W domu nie mówiło się o przeszłości, ale wszyscy żyli w jej cieniu, pokiereszowani, nerwowi, zamknięci w sobie.

[32] M. Głowiński, *Kręgi obcości*, dz. cyt., s. 88.
[33] M. Głowiński, Nagranie…, dz. cyt.
[34] M. Głowiński, *Kręgi obcości*, dz. cyt., s. 110.
[35] M. Głowiński, *Historia jednej topoli*…, dz. cyt., s. 58.

– Mama wyszła z wojny obita psychicznie, bała się poznawać nowych ludzi, nie-Żydów – mówił mi Głowiński. – Świat przed Zagładą istniał i nie istniał, to był świat utracony, to była absolutna cezura, ale wszystko się odnosiło do tamtego świata w rozmowach rodzinnych.

Kontakty ze światem zewnętrznym nie pomagały. Michał kulił się w ławce w czasie lekcji religii – seansów antyżydowskiej nienawiści. Ksiądz Franciszek Bujalski wiedział, że mały Michał jest Żydem, wszyscy w Pruszkowie znali jego rodzinę. Kolega z klasy pobił go w zemście za to, że Żydzi zabili Chrystusa.

Michał Głowiński skończył polonistykę. Dostał pracę w wymarzonym miejscu, w Instytucie Badań Literackich PAN. Nie opowiadał nikomu, że jest Żydem. Pewnego razu stał z kolegami przed Pałacem Staszica, gdzie mieścił się IBL, rozmawiali o wydanym właśnie *Senniku współczesnym* Konwickiego. Głowiński powiedział, że wciąż śnią mu się lata wojny. Usłyszał, że się „stylizuje literacko", widocznie jego koledzy uznali, że nie mógł przeżyć niczego dramatycznego, skoro był wtedy małym chłopcem. Takie momenty zdarzały mu się potem wielokrotnie, potęgując poczucie wyobcowania.

Był pod uniwersytetem 8 marca 1968 roku. Przypadkiem, szedł do Instytutu. W pseudorobotnikach, których w autobusach z napisami „Wycieczka" zwieziono na uniwersytet do walki ze studentami, zobaczył „szmalcownikowate typasy"[36]. Wróciły wspomnienia. Nie wyrzucili go z pracy, jego środowisko z IBL-u zachowało się przyzwoicie. Ale wystarczył kolega spotkany w księgarni, od którego usłyszał: „Nareszcie robi się porządki", by powrócił strach i nasiliła się klaustrofobia. Nie miał z kim rozmawiać o swoich niepokojach. Raz zdobył się na odwagę i zapytał Romana Zimanda, kolegę, z którym dzielił miejsce pracy i pochodzenie, czy może dojść do zamykania

[36] T. Torańska, *Śmierć spóźnia się o minutę*, dz. cyt., s. 138.

Żydów w obozach koncentracyjnych. Czekał na zaprzeczenie, usłyszał, że nie da się tego wykluczyć. Jego rodzice dostali list od znajomego z Pruszkowa, że jak trzeba będzie ratować, to pomogą. W marcu 1968 roku przestał na długie miesiące robić zapiski z języka oficjalnej propagandy (schował je do szuflady, wydał po latach; stanowią fenomenalne źródło do zrozumienia, czym był PRL), zbyt się bał.

W PRL-u napisał wiele znakomitych książek i tekstów krytycznoliterackich oraz dorobił się teczek w MSW, jako że „figurant uczestniczył w akcjach protestacyjnych i był sygnatariuszem negatywnych politycznie petycji"[37].

Na początku lat dziewięćdziesiątych opisał Turkowice w niskonakładowej publikacji Stowarzyszenia Dzieci Holocaustu, ale i tak podpisał się pseudonimem[38]. Zaczął chodzić na psychoterapię (w związku z nasilającą się klaustrofobią). Przywróconym wspomnieniom nadał literacką formę w serii opowiadań. Chował je do szuflady, jak dawniej zapiski z języka propagandy, i też czasami myślał: „Może ktoś po mojej śmierci je wyda?". Aż sam się zdecydował. *Czarne sezony* wyszły w 1998 roku, za nimi następne tomiki autobiograficznych opowiadań. Trudniej mu przyszło powiedzenie, że jest gejem, niż że jest Żydem; ten próg przekroczył w *Kręgach obcości*. Oba lęki się splatały, jak w Paryżu z jego pierwszą miłością, której spełnieniu przeszkadzała obawa, że zostanie przez polskiego partnera odrzucony, gdy ten zda sobie sprawę z jego żydostwa.

Spotykali się z Sendlerową przez te wszystkie lata.

– Była traktowana przez moją mamę jak bohaterka. Zaproponowała mamie przejście na „ty", ale mama się speszyła i odmówiła.

[37] Notatka z zakończenia sprawy operacyjnego rozpracowania z 9 października 1989, M. Głowiński, IPN, BU 0222/193, t. 3.

[38] A. Pruszkowski, *Turkowice*, dz. cyt.

PIOTRUŚ

Piotruś stał w bramie domu tuż koło wyjścia z getta gotowy do ucieczki. Zmrok, wymarła ulica, w pobliżu odgłos butów. Ktoś maszerował tam i z powrotem, mówiono o nim „Łotysz". Kiedy tylko minie ich bramę i przejdzie trzydzieści kroków, mają z Elżunią podbiec do dziury pośrodku jezdni. Coś z tego zapamiętał, bo miał już cztery i pół roku, więcej niż jego kuzynka Elżunia, która jeszcze nie miała czterech lat.

Słyszał odliczanie kroków, szept „biegnij" i poczuł na swoim ramieniu rękę na pożegnanie, matki albo ojca. Przy wejściu do dziury czekała na niego inna ręka, ktoś wciągnął go do środka. „Ani mru-mru, nie wolno mówić ani kasłać" – usłyszał, ale postaci nie widział. Tylko czyjeś plecy, ręce, które go ciągnęły, i latarkę oświetlającą drogę. Nie wie, kto ich szmuglował, na pewno za pieniądze, może to był policjant. Było ciemno i śmierdziało[39].

Rozmawiałam z Piotrem, synem Józefa Zysmana, przyjaciela Ireny Sendlerowej, i kuzynem Michała Głowińskiego, w jego domu pod Sztokholmem.

– Po wojnie nikt mi nic nie opowiadał. To była zmowa milczenia wszystkich dorosłych. Walczyli, żebyśmy my, dzieci, mieli normalne życie. A czy można mieć normalne życie, jak się do tego wraca?

W latach dziewięćdziesiątych udało mu się uprosić Sendlerową, żeby przyjęła znajomego dziennikarza, który wybierał

[39] P. Zettinger, *Nietutejszy*, Kraków 2004. Sendlerowa opowiadała zawsze, że dzieci były umorusane po przejściu kanałami. Tyle że kanałami wychodziło się w czasie powstania w getcie, rzadko wcześniej. Mogło się zdarzyć, że w czasie wielkiej akcji ktoś wyszedł tą drogą, ale chyba nie dzieci z zamożnych rodzin, wyprowadzane zwykle przez dobrze opłacanych przewodników. Może przeszli przez tunel podziemny, zbudowany pod chodnikiem, łączący dwie piwnice po obu stronach muru; był to sposób niezbyt rozpowszechniony przy przemycie ludzi, ale częsty przy przemycie towarów (patrz: E. Ringelblum, *Stosunki polsko-żydowskie w czasie drugiej wojny światowej. Uwagi i spostrzeżenia*, Warszawa 1988). Co prawda, Głowiński też pamięta z opowieści rodzinnych, że jego kuzyni wyszli kanałami, więc może jednak wydostali się w ten sposób?

Józef i Teodora Zysmanowie, rodzice Piotrusia, połowa lat trzydziestych

się ze Szwecji do Polski. Dzięki temu w szwedzkim piśmie przeczytał swoją historię.

Sendlerowa opowiadała ją potem wiele razy. Obiecała Józefowi Zysmanowi, że zajmie się jego synem po aryjskiej stronie. W łańcuchu osób, które miały Piotrusia przejąć, coś nie zadziałało i razem z kuzynką Elżunią został w nocy odstawiony do jej mieszkania. Dzieci były umorusane, ubrania śmierdziały kałem, szli kanałami. Przy praniu zabrakło mydła. Sendlerowa nie miała wyboru: musiała przed wyjściem do pracy o siódmej rano wyekspediować dzieci dalej. Zadzwoniła świtem do sąsiadki, poprosiła o mydło. Sąsiadka relacjonowała potem zdarzenie jej matce serdecznym, współczującym tonem: „Żal mi pani, bo z tą pani córką to już jest całkiem źle. No bo że po nocach nie sypia, to jest jasne, ma męża w obozie, więc myśli o nim, płacze, ale żeby wstawać o czwartej rano i tak się myć, że aż budzić trzeba ludzi i pożyczać mydło, to z jej głową coś nie musi być w porządku"[40].

Piotr Zettinger – takie jest jego obecne nazwisko – powiedział mi, że epizodu z nocnym praniem w mieszkaniu Sendlerowej nie pamięta. Nie pamięta też swoich pierwszych gospodarzy.

– Ale zapamiętałem ich słowa: „Piotrusiu, jak sąsiedzi spytają, gdzie są twoi rodzice, powiedz, że nie żyją, zginęli od bomby na początku wojny". Zrozumiałem, że lepiej nie mieć rodziców, niż mieć takich, jakich ja mam.

Przechodził przez różne mieszkania, pomagali mu państwo Szyszkowscy. Wacław Szyszkowski, adwokat, przyjaźnił się przed wojną z jego ojcem. Aż znalazł się dzięki Irenie Sendlerowej w gospodarstwie wiejskim prowadzonym przez siostry zakonne.

– Byłem jedynym dzieckiem i one mnie kochały. Trzymały kury i gęsi, więc miałem przyjaciół, chodziłem za gęsiami z witką przez cały dzień. Straszna bieda, ani światła, ani wody, ale była jedna książka, z obrazkami świętych, i na niej nauczyłem się czytać. Przychodził polski policjant z tej wsi i wtedy musiałem się chować, bo jak mówiły siostry, „on nie lubi dzieci". Czekałem na strychu czy w szafie, aż mnie ktoś zabierze, raz nie przyszły po mnie i czekałem całą noc, okazało się, że jakaś kobieta została przenocować u sióstr. Któregoś dnia powiedziały, że muszę odjechać. Czekał wóz zaprzężony w konia, z nim nie byliśmy przyjaciółmi, ale musiałem wsiąść. Położyłem się na deskach, przykryli mnie kocem i słomą. Pamiętam to poczucie porzucenia, kompletnej samotności, woźnica strasznie dużo gadał, ale do konia, nie do mnie, ja byłem przedmiotem.

Następnym etapem był przyklasztorny sierociniec sióstr franciszkanek Rodziny Maryi w Międzylesiu.

[40] I. Sendlerowa, *Ci, którzy pomagali Żydom. (Wspomnienia z czasów okupacji hitlerowskiej)*, „Biuletyn ŻIH" 1963, nr 45–46.

Od lewej Eliasz i Karolina Rozenowiczowie, Teodora Zysman z Piotrusiem i Maria Szpilfogel z Elżunią, stoi Felicja Głowińska, Pruszków, lato 1945

– To się wydaje nieprawdopodobne, że w dziecku może się wyrobić taka dyscyplina, żeby nigdy nie płakać, nie zwracać na siebie uwagi, bo każdy jest wrogiem. Nigdy się też nie śmiałem, szary, niewidoczny, w tyle. Chyba zapomniałem, jak się naprawdę nazywam. Bałem się kolegów, ale i tak bałem się mniej niż przedtem.

Wojna po prawej stronie Wisły, gdzie był sierociniec Piotrusia, skończyła się w lipcu 1944 roku. Po dzieci zaczęli przyjeżdżać rodzice, krewni. „Mnie nikt nie odwiedził. Tak bardzo mi to nie przeszkadzało – opisywał. – Rodzina była mi niepotrzebna, nie wiedziałem już w istocie, co to znaczy […]. Moje wątpliwości potwierdziły się, kiedy zobaczyłem tę czekającą na mnie kobietę. Niczym nie przypominała mamy, której obraz zachowałem w zakamarkach pamięci. Kobieta ubrana była w zbyt na nią obszerne, pomięte, brudnoszare zimowe palto, miała starą, zniszczoną twarz i zmierzwione włosy poprzetykane siwymi pasmami. Kiedy mnie zobaczyła, podniosła się z krzesła, znowu jednak usiadła i zaczęła płakać”[41].

Irytowały go te łzy. Nie wierzył, że to jego mama, ale też nie protestował, gdy go ze sobą zabrała. Do tego, że zabierają go obcy ludzie, był przyzwyczajony. Przeprawiali się pieszo przez zamarzniętą Wisłę. Głodni i przemarznięci, pokonując odległość pięćdziesięciu kilku kilometrów pieszo, tylko z rzadka podwożeni furmanką, dotarli po trzech dniach do torów kolejowych, skąd pociąg towarowy miał ich zabrać do Pruszkowa. Piotrusia ktoś wciągnął na otwartą platformę i wtedy pociąg ruszył. Patrzył na kobietę, która mu towarzyszyła w tej drodze, jak rozpaczliwie biegnie za pociągiem, krzycząc, jak się jej udaje stanąć na schodku, wepchnąć do środka, jak go bierze w objęcia. Płakała. Tym razem to był przebłysk, że jest jego matką.

– Ja też pozwoliłem sobie zapłakać, a wcześniej nigdy nie płakałem.

Już nigdy potem się nie przytulał, nie umiał, a też nigdy, do końca życia matki, nie rozmawiał z nią o tym, co on przeżył ani co ona przeżyła.

Piotr po wojnie wszystko sobie racjonalnie ułożył: „Ukrywać, że jestem Żydem, nie mogę i nie chcę, nie ma jednak powodu, by przed całym światem się z tym afiszować, bo to jednak niebezpieczne i nic dobrego ze sobą nie niesie. Najlepiej więc po prostu uznać, że to nie ma znaczenia”[42]. Był wtedy studentem, podobała mu się jedna dziewczyna. „Chcę cię spytać o jedną rzecz. Czy jesteś Żydem?” – zapytała nagle. Było w tym życzliwe zainteresowanie, ale on odczuł to pytanie jako groźne. Tego słowa nie używano nawet w wąskim kręgu rodzinnym, „odruchowo zastępując je niewinnie brzmiącym określeniem

[41] P. Zettinger, *Spotkanie w pociągu* [w:] A. Mieszkowska, *Dzieci Ireny Sendlerowej*, Warszawa 2011, s. 306.

[42] P. Zettinger, *Kuzyn Piotra Szczepanika* [w:] tegoż, *Nietutejszy*, dz. cyt., s. 51.

»taki«"[43]. „Znalazłem się nagle w obliczu inkwizycji, w lodowatym przeręblu. Wybąkałem, że tak"[44].

Cała rodzina utrzymywała po wojnie entuzjastycznie serdeczne kontakty z Sendlerową. Gdy mieszkała na Belwederskiej, a Piotr z mamą po drugiej stronie ulicy, często się odwiedzali. Piotr, dobry z przedmiotów ścisłych, uczył jej dzieci, Jankę i Adama, matematyki.

– Oni byli jak członkowie rodziny, przed świętami robiliśmy im paczkę.

Janina Zgrzembska podkreślała, że to dzięki lekcjom z Piotrem zdała maturę z matematyki[45]. Sendlerowa pamiętała o wysyłaniu im kartek z okazji imienin.

Gdy Józef Zysman przekazywał Piotrusia pod opiekę Irenie Sendlerowej, zostawił jej list-testament, który spłonął w powstaniu. Sendlerowa pamiętała, że było tam dużo o miłości, która zwycięży nienawiść, i prośba do niej, by wychowała jego syna na „dobrego Polaka i szlachetnego człowieka"[46].

Piotr razem z matką wyemigrował z Polski po kampanii antysemickiej 1968 roku. Utrzymywali dalej kontakt z Sendlerową, mieszkała u nich w domu, gdy była z synem na leczeniu w Szwecji.

Przed wyjazdem zanieśli do mieszkania Ireny Sendlerowej mahoniowe biurko, które stało kiedyś w adwokackiej kancelarii jego ojca i wróciło do nich po wojnie[47]. W 1991 roku,

[43] Tamże, s. 50. [44] Tamże, s. 49. [45] Rozmowa z J. Zgrzembską, 2014.

[46] I. Sendlerowa, *O działalności kół młodzieży przy komitetach domowych*, „Biuletyn ŻIH" 1981, nr 2. „W liście do mnie, oddając mi pod opiekę syna, skreślił wiele myśli filozoficznych, które miały bezcenną wartość dokumentalną tamtych czasów. Niestety te piękne słowa zostały zniszczone w czasie Powstania Warszawskiego. Jego główne myśli, poza opisaniem tego, czym jest getto, można wyrazić w następujących słowach: Jedyną drogą do odrodzenia ludzkości jest wszechpotężna miłość. Nienawiść rodzi zło, a tylko miłość ma moc trwałą i rokującą nadzieje człowieka. Tylko przez miłość odrodzi się świat" (tamże).

[47] P. Zettinger, *Sąsiedzkie miłości*, opowiadanie niepublikowane (archiwum prywatne autora).

kiedy Piotr pierwszy raz przyjechał ze Szwecji do Polski i odwiedził Sendlerową, zobaczył je w jej mieszkaniu przy placu Na Rozdrożu. Stało pod oknem, przycięte, żeby zmieściło się w małym pokoju.

Po wojnie nazywali się Świątkowscy, zostali przy okupacyjnym nazwisku, ale w Szwecji Piotr zmienił nazwisko na Zettinger. Ma za sobą udaną karierę inżyniera. Gdy przeczytał – i przetłumaczył na szwedzki – *Czarne sezony* swego kuzyna Michała, poczuł, że chce się podzielić ze światem tym, co przeżył. Napisał – po polsku – zbiór krótkich opowiadań autobiograficznych, zatytułowany *Nietutejszy*.

– Byłem zaproszony do szkoły imienia Sendlerowej w Hamburgu i do innych szkół w Niemczech, zapraszają mnie do szkół, kościołów, na różne uroczystości w Szwecji. To jest dla mnie ważne, to znaczy, że już się nie ukrywam – mówi.

ELŻUNIA

Irena Sendlerowa opowiedziała Elżbiecie historię jej wyjścia z getta niedługo przed swoją śmiercią. Tę historię o Elżuni i Piotrusiu, przyprowadzonych do niej po przejściu przez kanał, tak brudnych, że musiała w nocy pożyczać mydło. Nigdy wcześniej ani jej, ani nikomu z rodziny nie powiedziała, że owa opowieść, którą powtarzała od lat, jest o nich. Elżbieta zdzwoniła się z Piotrem i ustalili, że to nie mogło im się przydarzyć (mnie Zettinger powiedział tylko enigmatycznie, że nie może sobie tego przypomnieć).

Kuzynowie nie wychodzili bowiem z getta sami, ale pod opieką Marii Szpilfogel, mamy Elżuni. Piotra ktoś musiał zabrać, one dwie trafiły, jak było umówione, do Julii Elżanowskiej-Dąbrowskiej, przyjaciółki Marii. Elżbiecie zostało niejasne wspomnienie ciemności, smrodu, pamięta, jak ktoś ją niósł na barana, brodząc w mazi, i jak ocknęła się w mieszkaniu Dąbrowskiej.

Nie jest to zatem historia Piotra i Elżbiety. Pierwszy raz Sendlerowa opublikowała ją w „Biuletynie ŻIH-u" w 1981 roku[48], ale napisała o czworgu dzieciach, nie dwojgu, przyprowadzonych o trzeciej nad ranem (dla trzeciego z nich zabrakło mydła), i nie do niej, lecz do koleżanki z konspiracji. Może to więc historia którejś z jej współpracowniczek? A może zdarzyła się jej, tylko z innymi dziećmi i w innym czasie?[49]

Elżuni zrobił się ropień w uchu, płakała całe noce. Sąsiedzi pytali, co to za dziecko tak płacze. Nie mogły tam długo zostać. Julia Dąbrowska załatwiła operację ucha w szpitalu i opiekowała się nimi przez całą wojnę, holując przez kolejne mieszkania i wyprzedając ich biżuterię, żeby miały na utrzymanie. Holowała też dziadków Elżuni i Piotrusia, państwa Rozenowiczów, z którymi była najsilniej związana. Sama była dzieckiem rozwiedzionych rodziców i lata szkolne spędziła w zasadzie w ich domu, jako przyjaciółka ich córek[50].

Maria Szpilfogel i Elżunia nie zetknęły się z Sendlerową w czasie wojny. Poznały ją dopiero w latach sześćdziesiątych przez mamę Michała Felicję Głowińską.

Elżunia cały czas ukrywania przeżyła u boku swojej mamy. Ich kolejne gospodynie nie wiedziały, że obie są Żydówkami. Maria Szpilfogel wyglądała jak polska szlachcianka, po dziadku Rozenowiczu. Pierwsze wyraźne wspomnienie Elżuni pochodzi z wiosny 1943 roku. Ich gospodyni, starsza pani, bierze ją na ręce, zanosi do okna, pokazuje łunę pożaru unoszącą się nad gettem: „Elżuniu, ty jesteś szczęśliwym dzieckiem. Będziesz żyła w Polsce, gdzie już nie zobaczysz żadnego Żyda,

[48] I. Sendlerowa, *Ci, którzy pomagali Żydom*, dz. cyt.

[49] Sendlerowa opisała to zdarzenie jako historię „gromadki dzieci z rodziny Józefa Zysmana" w wywiadzie z 1995 roku (E. Wilk, *Matka Jolanta od tonących*, „Polityka", 30 września 1995) i powtarzała w wielu późniejszych wypowiedziach.

[50] Julia Dąbrowska z domu Elżanowska i jej matka Gabriela Elżanowska zostały w 2006 roku odznaczone medalami Sprawiedliwych wśród Narodów Świata.

wszyscy się teraz palą"[51]. Gospodyni nigdy się nie zorientowała, kim są. Zresztą szybko się stamtąd wyniosły, po tym jak wydała gestapowcom lokatora, gdy tylko odkryła, że jest Żydem, a matkę Elżuni wezwano w tej sprawie na gestapo. W największym niebezpieczeństwie znalazły się w trakcie powstania warszawskiego, gdy pod koniec sierpnia razem z wypędzoną ludnością cywilną Niemcy skierowali je do obozu w Pruszkowie, miasteczku, gdzie wszyscy znali ich rodzinę. Co oznaczało, że prędzej czy później ktoś je wyda. Niemiecki kolejarz pozwolił im wsiąść do innego pociągu, jadącego do Milanówka.

Po wojnie zamieszkali w Pruszkowie razem z dziadkami, ciocią Felicją i kuzynem Michałem.

– Szkoła podstawowa była dla mnie udręką, całe te sześć lat to była rozpacz, codziennie się bałam – mówi Elżbieta. – Wyzywali mnie, szykanowali, chłopcy podpalali mi warkocze. Mama chodziła do rodziców, nic nie pomagało. Piotr uniknął dokuczania, bo się przeniósł do Warszawy. Mam żal do rodziny, że się nie przeprowadziliśmy, tylko byliśmy w Pruszkowie, gdzie każdy wiedział, kim jesteśmy.

W 1968 roku przestali jej się odkłaniać pracownicy katedry statystyki, z którymi dzieliła korytarz w pracy. Pani docent z tamtej katedry odwiedziła jej koleżanki w czasie nieobecności Elżbiety, by powiedzieć im, że pracują z Żydówką.

– Na milcząco potem przechodziłyśmy z panią docent koło siebie.

Gdy Irena Sendlerowa przeniosła się pod koniec życia do domu opieki w klasztorze bonifratrów, Elżbieta ją tam odwiedzała.

– Taka była krucha, malutka, siadałam blisko niej. „Trzymajmy się za ręce", mówiła. Tak siedziałyśmy i ja ładowałam akumulatory.

[51] Rozmowa z Elżbietą z domu Szpilfogel, 2016.

Michał Głowiński, Piotr Zysman i Elżbieta Szpilfogel, Pruszków, lato 1946

Wszystkie trzy uratowane siostry Rozenowiczówny – czyli matki Michała, Piotra, Elżbiety – pod koniec życia coraz gorzej radziły sobie z nadmiarem pamięci. Pierwsza zmarła matka Elżbiety, na zawał. Matka Piotra, Teodora, cierpiała na manię prześladowczą. Niedługo przed śmiercią Felicji Głowińskiej wczesnym rankiem mąż nie znalazł jej w pokoju. „Przeraził się, że stało się coś najgorszego, że wyskoczyła przez okno. Po chwili spostrzegł, że drzwi od szafy są dziwnie uchylone, to w niej się skryła. Gdy zaczął ją namawiać, by wyszła, odmawiała. Powiedziała w dziwny sposób: »Boję się«"[52].

[52] M. Głowiński, *Kręgi obcości*, dz. cyt., s. 443.

Rozdział 7

Jedynie pod pretekstem akcji patriotyczno-polskiej

„Chciałoby się opisać to państwo w państwie, a raczej miasto w mieście, tę swoistą, najbardziej podziemną z podziemnych społeczności, której członkowie spotykali się, pracowali, rozmawiali wśród niedomyślającego się niczego otoczenia, gdzie każda ulica, cukiernia, przystanek przypominał dziesiątki przygód osobliwych, każde imię było fałszywe, każde rzucone słowo miało dwojakie znaczenie, a każda rozmowa telefoniczna była bardziej zakonspirowana niż tajne dokumenty dyplomatyczne ambasad. [...] Ta garstka zewnętrznie niczym się nieróżniąca od otoczenia, udająca, że żyje życiem ludzi normalnych, w rzeczywistości prowadziła tryb życia, o jakim się nie śniło żadnemu autorowi powieści kryminalnych ani najbardziej zakonspirowanym działaczom rewolucyjnym Rosji carskiej"[1] – zapisała 6 listopada 1944 roku w dzienniku Basia Temkin-Bermanowa.

Do garstki tworzącej tę najbardziej podziemną z podziemnych społeczności należały też Irena Sendlerowa i jej koleżanki z Wydziału Opieki.

Autorka dziennika i jej mąż Adolf Berman w czasie wielkiej akcji w getcie przeszli na aryjską stronę, gdzie organizowali pomoc dla ukrywających się Żydów. Berman miał „świetny wygląd" postawnego polskiego urzędnika z wąsikiem. Basia

[1] B. Temkin-Bermanowa, *Dziennik z podziemia*, Warszawa 2000, s. 118. Dziennik został z niesłychanym pietyzmem opracowany, opatrzony przypisami i wstępem przez Ankę Grupińską i Pawła Szapiro.

Temkin-Bermanowa „wygląd" miała o wiele gorszy, co nie przeszkadzało jej jednak przemierzać od świtu do zmierzchu ulic Warszawy, roznosić pieniędzy i dokumentów. Twarz spowijała czarną żałobną woalką[2].

W 1942 roku w Delegaturze Rządu Rzeczypospolitej Polskiej na Kraj, czyli w tajnych władzach cywilnych okupowanej Polski, trwały rozmowy o utworzeniu organizacji pomocy Żydom. Reprezentanci Stronnictwa Narodowego byli temu przeciwni, sprawa się przeciągała. Dopiero 27 września, już po wielkiej akcji, zapadła decyzja o przeznaczeniu pieniędzy na ten cel i powołaniu Komisji Pomocy Społecznej dla Ludności Żydowskiej. Większość polskich Żydów już wtedy nie żyła. Zginęli rozstrzelani w czasie likwidacji gett albo zagazowani w obozach śmierci.

Na czele Komisji stanęły Zofia Kossak-Szczucka, ceniona pisarka katolicka, i Wanda Krahelska-Filipowiczowa, legendarna działaczka Organizacji Bojowej PPS, która w 1906 roku brała udział w zamachu na rosyjskiego gubernatora Warszawy[3].

[2] Basia Temkin-Bermanowa nie mówiła podopiecznym, którzy o tym nie wiedzieli, że jest Żydówką. To była chyba reguła, że Żydzi pomagający innym Żydom nie ujawniali swojego pochodzenia. Jonas Turkow pisał o Wandzie Wyrobkowej, „szlachetnej Polce", która przyszła do getta i szukała dzieci, żeby je stamtąd wyciągnąć. Tymczasem niewykluczone, że Wyrobkowa w czasie wizyt w getcie odwiedzała także swojego ojca, który trafiał tam kilkakrotnie wskutek donosów (za każdym razem udawało mu się jakimś cudem przeżyć). Maria Hochberg-Mariańska, krakowska współpracowniczka Żegoty, opowiadała z kolei, że chciała zapłakać ze swoimi podopiecznymi nad ich wspólnym losem, ale musiała udawać Polkę: „Nie było to wcale śmieszne, siedzieć naprzeciw moich prześladowanych współbraci, równie [...] zagrożonych i udawać wyższą rasę. Robiłam to w imię konspiracji, tylko w bardzo rzadkich wypadkach traciłam cierpliwość i dekonspirowałam się spontanicznie" (M. Hochberg-Mariańska [M. Peleg], *Wspomnienia. Komu bije dzwon*, maszynopis w języku polskim, niedatowany, AKLH, sygn. 12338). Ciekawym przyczynkiem jest tu opowieść Władysława Bartoszewskiego o tym, jak jego szef z Referatu Żydowskiego Delegatury Rządu Witold Bieńkowski spytał go, czy Bogna Domańska, sekretarka Żegoty, jest Żydówką. Bartoszewski wiedział, że tak, ale odpowiedział, że nie. Czuł, że to tajemnica, którą musi chronić nawet przed swoim szefem (Rozmowa z W. Bartoszewskim, 2014).

[3] Komitet „był w gruncie rzeczy scaleniem dwóch, istotnie bardzo aktywnych, ale liczebnie niewielkich ośrodków pomocy", czyli grupy katolickiej skupionej

Kossak-Szczucka, w czasie okupacji poszukiwana przez Niemców, mieszkała pod przybranym nazwiskiem w warszawskim domu opieki prowadzonym przez księży misjonarzy. Władysław Bartoszewski opowiadał mi, że prowadziła tam rozległe życie towarzysko-charytatywne, między innymi opiekowała się grupą żydowskich dzieci, o których lubiła opowiadać jako o swoich „żydziętach". „Niech nie będą żydzięta, będą żegocięta"[4] – zgodziła się, gdy znajomy przestrzegł ją przed nieostrożnym rozgłaszaniem, że pomaga Żydom. Z „żegociąt" zrobiła się Żegota, imię „Konrad" zostało dodane, by stworzyć z nieistniejącego pana Żegoty pełnokrwistą postać[5]. I tak Komisja została nazwana imieniem Konrada Żegoty. Dostała od Delegatury Rządu pięćdziesiąt tysięcy złotych, a potem dwadzieścia[6]. Objęła opieką dziewięćdziesięcioro podopiecznych w Warszawie: głównie dzieci, też kobiety[7].

Miesiąc wcześniej, w czasie gdy trwała wielka akcja, Kossak-Szczucka napisała odezwę kolportowaną następnie przez Front Odrodzenia Polski. Ta niewielka organizacja była podziemną kontynuacją Akcji Katolickiej, przedwojennego ruchu świeckich katolików, który antysemityzm niósł na swoich sztandarach[8].

wokół Z. Kossak-Szczuckiej i grupy działaczy wywodzących się z przedwojennego Stronnictwa Demokratycznego (T. Prekerowa, *Konspiracyjna Rada Pomocy Żydom w Warszawie 1942–1945*, Warszawa 1982, s. 55).

[4] Rozmowa z W. Bartoszewskim, 2014. Patrz też: W. Bartoszewski, *O Żegocie relacja poufna sprzed pół wieku*, Warszawa 2013.

[5] Nawet jeżeli inspiracją Kossak-Szczuckiej do wymyślenia nazwy było skojarzenie „żydzięta – żegocięta", w utrwaleniu nazwy i dodaniu imienia „Konrad" ma chyba udział Adam Mickiewicz, który w III części *Dziadów* wprowadził epizodyczną postać Żegoty, konspiratora i carskiego więźnia.

[6] Gdy powstała Rada Pomocy Żydom, Komisja została nazwana retrospektywnie Tymczasową Radą Pomocy.

[7] Komisja objęła opieką również dziewięćdziesiąt osób spoza Warszawy (T. Prekerowa, *Konspiracyjna Rada*…, dz. cyt.).

[8] Kossak-Szczucka pisała w „Prosto z mostu": „Żydzi są dla nas istotnym i strasznym niebezpieczeństwem rosnącym z każdym dniem. Obsiedli nas jak jemioła próchniejące drzewo" (cyt. za: A. Klich, *Spór o Zofię Kossak*, „Gazeta Wyborcza", 26 marca 2007). To samo w poznańskiej „Kulturze" (jednym

„Ginący żydzi otoczeni są przez samych umywających ręce Piłatów. Tego milczenia dłużej tolerować nie można. Jakiekolwiek są jego pobudki – jest ono nikczemne. Wobec zbrodni nie wolno pozostawać biernym. Kto milczy w obliczu mordu – staje się wspólnikiem mordercy. Kto nie potępia – ten przyzwala. Zabieramy przeto głos my, katolicy – Polacy. Uczucia nasze względem żydów nie uległy zmianie. Nie przestajemy uważać ich za politycznych, gospodarczych i ideowych wrogów Polski. Co więcej, zdajemy sobie sprawę z tego, iż nienawidzą nas oni więcej niż Niemców, że czynią nas odpowiedzialnymi za swoje nieszczęście. Dlaczego, na jakiej podstawie – to pozostanie tajemnicą duszy żydowskiej, niemniej jest faktem nieustannie potwierdzanym. Świadomość tych uczuć jednak nie zwalnia nas z obowiązku potępienia zbrodni. Nie chcemy być Piłatami"[9].

Irena Sendlerowa odezwę przeczytała dopiero wiele lat po wojnie[10].

W Delegaturze Rządu trwały rozmowy nad taką organizacją struktury Komisji, by w jej skład weszli przedstawiciele

z najostrzejszych antysemickich pism ówczesnej Polski, a konkurencja przed wojną była duża) – że Żydzi są nam tak straszliwie obcy i niemili dlatego, że są przedstawicielami innej rasy (za: R. E. Modras, *Kościół katolicki i antysemityzm w Polsce w latach 1933-1939*, przeł. W. Turopolski, Kraków 2004).

9 Z. Kossak-Szczucka, Protest, AAN 334/I (FOP) 10, cyt. za: J. Błoński, *Biedni Polacy patrzą na getto*, Kraków 1994, s. 38-40. Bartoszewski zapamiętał dyskusje wokół odezwy. Grono młodych związanych z Frontem Odrodzenia Polski miało pretensje do starszych. Uważali, że „nie wolno pisać o porachunkach politycznych i o wrogości, że to są »stare poglądy«". „Starsi" tłumaczyli, że jest to ulotka skierowana do kół katolickich, wychowanych w tradycyjnym przesłaniu głoszonym z ambony: Żydzi zamordowali Pana Jezusa. Ulotka nie ma przekonywać do zmiany poglądów, tylko do zmiany zachowań: możesz być niechętny, ale masz być człowiekiem. „Kimkolwiek są Żydzi, ty masz obowiązek im pomagać, to jest twoja droga do zbawienia" (W. Bartoszewski, *O Żegocie relacja poufna sprzed pół wieku*, Warszawa 2013, s. 64).

10 Sendlerowa podziwiała „siłę słów, jej piękny literacki język", chociaż kilka sformułowań, takich jak o „tajemnicy duszy żydowskiej" czy o Żydach jako „wrogach Polski", trudno jej było zaakceptować (I. Kowalska, Nieopublikowany wywiad rzeka z Ireną Sendlerową przeprowadzony w latach dziewięćdziesiątych, maszynopis, archiwum prywatne autorki).

znaczących partii politycznych, w tym partii żydowskich. Dyskutowano też, czy Komisja ma z pozycji chrześcijan udzielać szlachetnej pomocy Żydom, czy mają to być działania polskich obywateli, Żydów i nie-Żydów, dla ratowania najbardziej zagrożonej grupy polskiego społeczeństwa. Dla Kossak-Szczuckiej wariant obywatelski był nie do przyjęcia. Znajdowała pieniądze i mieszkania w kręgach przedwojennych oficerów (sama była przed wojną żoną zawodowego oficera) i wiedziała, że środowisko to można przekonać do akcji charytatywnej na rzecz obcej i źle przez nie postrzeganej, ale okrutnie prześladowanej przez wspólnego wroga grupy etnicznej, jednak projekt, by razem z Żydami stworzyć wspólną organizację niosącą pomoc niedobitkom Zagłady, przekraczał wyobrażenia i normy współżycia wielu osób z jej środowiska. Dodatkowo Zofia Kossak była przeciwna wprowadzaniu organizacyjnych rygorów, uważając, że najbezpieczniej jest pomagać indywidualnie, spontanicznie, bez tworzenia struktur i koordynowania działań[11]. Toteż gdy 4 grudnia 1942 roku zdecydowano się powołać komitet pomocy w nowym, rozszerzonym składzie, Kossak-Szczucka do niego nie weszła.

Rada Pomocy Żydom Żegota, jak brzmiała jego oficjalna nazwa, została utworzona jako organizacja polsko-żydowska, łącząca reprezentantów stronnictw politycznych związanych z rządem londyńskim i przedstawicieli partii żydowskich[12].

[11] Do czasu aresztowania jesienią 1943 roku Kossak-Szczucka nadal ofiarnie pomagała swoim żydowskim podopiecznym. Nieprzestrzeganie zasad konspiracji szło u niej w parze z odwagą i oddaniem sprawie. Ukrywała się przed gestapo i miała dość kiepskie dokumenty, a mimo to pojechała pociągiem do Krakowa, by zabrać stamtąd żydowską dziewczynkę. Gdy trzeba było przeprowadzić przez Warszawę starszą parę o żydowskim wyglądzie i mówiącą dobrze tylko po żydowsku, poprosiła o to swoją kilkunastoletnią córkę Annę (Rozmowa z W. Bartoszewskim, 2014). Po aresztowaniu przeszła przez Pawiak i Birkenau, została zwolniona za łapówkę tuż przed wybuchem powstania warszawskiego.

[12] Do RPŻ weszli przedstawiciele PPS-WRN, RPPS-u, Stronnictwa Demokratycznego, Stronnictwa Ludowego, Frontu Odrodzenia Polski, a także przedstawiciele Żydowskiego Komitetu Narodowego (w skład którego wchodziły partie syjonistyczne i lewicowe) oraz Bundu.

Miała rozdzielać pieniądze zgodnie z kluczem partyjnym: każda partia dostawała stosowne sumy zależnie od liczby zgłoszonych podopiecznych[13]. Istniejące wcześniej struktury pozapartyjne trudniące się pomocą Żydom mogły także korzystać z opieki Rady.

Przypadek tego rodzaju stanowiła siatka ratunkowa Abrahama Mojżesza Herlinga-Grudzińskiego. Herling-Grudziński był adwokatem, po wojnie, w 1947 roku, zalegalizował zmianę imienia na Maurycy i tak występuje w książce Teresy Prekerowej o Żegocie. Zaczął od pomocy udzielanej kilkunastu ukrywającym się osobom ze środowiska prawniczego, by z czasem stworzyć rozgałęzioną siatkę, za której pośrednictwem przekazywał pieniądze z Żegoty niemal trzystu osobom. (A przez dom na Boernerowie, gdzie mieszkał z żoną Felicją, przewinęło się czterdziestu uciekinierów z getta)[14]. Zachowały się jego drobiazgowe rozliczenia, bezcenne dziś źródło historyczne[15].

Podobnie rzecz miała się z siatką Ireny Sendlerowej i jej koleżanek z Wydziału Opieki.

Adres: Żurawia 24a m. 4, trzecie piętro. Sendlerowa miała się stawić o oznaczonej porze i zapytać o „Trojana". Kiedy to dokładnie było, nie wiemy, najpewniej w styczniu 1943 roku[16].

[13] Najwięcej podopiecznych miał PPS-WRN, następnie ŻKN i Bund, po czym kolejno Stronnictwo Demokratyczne, Front Odrodzenia Polski i Stronnictwo Ludowe, pisał Tadeusz Rek (ps. „Różycki"), wiceszef Rady, reprezentujący Stronnictwo Ludowe (Relacja T. Reka, AŻIH, sygn. 301/5702).

[14] T. Prekerowa, *Konspiracyjna Rada...*, dz. cyt.

[15] Herling-Grudziński odkopał po wojnie swoje archiwum i w latach sześćdziesiątych przekazał je Władysławowi Bartoszewskiemu.

[16] Sendlerowa pisała, że było to w listopadzie 1942 roku, ale Żegota dopiero się wtedy organizowała i Grobelny nie był jeszcze jej przewodniczącym. Prekerowa zwraca uwagę, że data musiała być późniejsza (T. Prekerowa, *Konspiracyjna Rada...*, dz. cyt.). Sendlerowa raz jeszcze podała tę samą datę wizyty u Grobelnego przy okazji wzmianki o spotkaniu z Kossak-Szczucką: „W październiku 1942 r. poznałam za pośrednictwem p. Stefanii Wichlińskiej »Marka« Arczyńskiego i Zofię Kossak-Szczucką (Żurawia 24a). Po konferencji ze mną doręczył mi na doraźne potrzeby kwotę 10 000 zł i naznaczył spotkanie z »Trojanem«, jako że zadeklarowałam się jako członek PPS" (I. Zgrzembska, Zeznanie [niedatowane], AKLH, Kolekcja A. Bermana, sygn. 87669). To wydaje

Adres otrzymała od Stefanii Wichlińskiej, koleżanki z Wydziału (zamordowanej kilka miesięcy później na Pawiaku). Mijała szereg pokoi nanizanych w amfiladzie, aż dotarła do ostatniego, niewielkiego pomieszczenia, gdzie czekał na nią starszy mężczyzna z wąsem. Julian Grobelny, przewodniczący Żegoty, działacz PPS-u z Łodzi, niegdyś organizator grup bojowych tej partii, pseudonimu „Trojan" używał już dwadzieścia lat wcześniej, walcząc w powstaniach śląskich.

Opowiedziała mu o sobie i koleżankach z Wydziału. Wyrabiają fałszywe papiery, na które można dostać pieniądze z miasta, ale narzucone pomocy społecznej przez niemiecki zarząd drastyczne cięcia finansowe oraz zawrotnie rosnące ceny w getcie powodują, że te pieniądze nie starczają już na nic.

„Zrobimy wspaniałą robotę razem. Wy macie zaufaną sieć koleżanek, a my mamy pieniądze" – powiedział jej Grobelny[17].

– Gustowna, zgrabna pani – zapamiętał ją Bartoszewski, który poznał Sendlerową niedługo później przy okazji współpracy z Żegotą. Miał dziewiętnaście lat, ona trzydzieści jeden.

Dla Sendlerowej protekcyjno-charytatywny stosunek do Żydów był czymś zupełnie obcym. „Ja zawsze Żydów traktowałam

się już zupełnie niemożliwe, Komisja Szczuckiej ledwo miała pieniądze na swoich podopiecznych.

[17] I. Sendlerowa, *Ci, którzy pomagali Żydom. (Wspomnienia z czasów okupacji hitlerowskiej)*, „Biuletyn ŻIH" 1963, nr 45–46. W książce Prekerowej o Żegocie Sendlerowa występuje w strukturze Żegoty jako przedstawicielka RPPS-u, ale nie wydaje się, żeby jej przynależność partyjna miała tu znaczenie. Sendlerowa miała kilka opowieści o przystąpieniu do Żegoty. W jednej jej koleżanka Stefania Wichlińska, z którą siedziała przy jednym biurku, usłyszała, jak Sendlerowa odbywa konspiracyjne rozmowy przez telefon w sprawie zdobycia mleka dla dzieci z getta. „Usiadłam bardzo zmaltretowana obok Stefy, która wówczas odezwała się tak: »Orientuję się, że pomagasz gettu i że masz w związku z tym jakieś kłopoty – mogę ci pomóc. Organizujemy pomoc dzięki inicjatywie Kossak-Szczuckiej«; »Tej sławnej pisarki katolickiej?«; »Tak«" (I. Sendler, Wywiad 1, dz. cyt.). Taka sytuacja i taki dialog nie mogły mieć miejsca nie tylko dlatego, że są kompletnie sprzeczne z zasadami konspiracji, ale też dlatego, że Kossak-Szczuckiej nie było już w Żegocie, kiedy Sendlerowa zaczęła z Żegotą współpracować.

Julian Grobelny

jako Polaków" – mówiła[18]. Nie chodziło zresztą tylko o Żydów, ale o samą istotę pomagania, jego naturę i sens. Szkoła Radlińskiej zrywała z tradycją dobroczynności i nie uznawała typowej działalności charytatywnej. Sendlerowa i jej koleżanki natrafiły przez Żegotę na Polaków, dla których współpraca z Żydami była taką samą oczywistością jak dla nich w Wolnej Wszechnicy.

Wcześniej kobiety z Wydziału Opieki pomagały na własną rękę, ale to Żegota umożliwiła im połączenie wysiłków i zwielokrotnienie działań. Od kiedy pojawiają się pieniądze Żegoty, można zasadnie mówić o „łączniczkach Sendlerowej", choć pewnie żadna ze współpracujących z nią w tym czasie koleżanek sama by się wtedy tak nie nazwała. Jak opisywała Jadwiga Piotrowska, „razem zajmowałyśmy się tymi żydowskimi

[18] A. Wolf, Nagranie z 1 sierpnia 2007, Materiały filmowe z lat 2005-2008 do filmu o Irenie Sendlerowej.

dziećmi"[19]. Sendlerowa mogła teraz każdej z nich powiedzieć: Jeżeli masz podopiecznych żydowskich, dzieci czy dorosłych, znam kogoś, dzięki komu mogę ci dostarczać co miesiąc pieniądze, mogę służyć pomocą w sprawie dokumentów, lekarzy, nagłej zmiany mieszkania. Po latach pracowniczki Wydziału Opieki pisały w opracowaniu zbiorczym o pracy Wydziału: „Największą aktywnością i zmysłem organizacyjnym w tej akcji [ratowania żydowskich dzieci] wykazała się Irena Sendlerowa (zresztą pracownik innego referatu w Wydziale)"[20].

„Żadna z moich łączniczek nie wiedziała, że pracuję dla Żegoty" – mówiła Sendlerowa swojej biografce[21]. Pisała, że o jej związkach z Żegotą wiedziały tylko trzy lub cztery osoby. Na pewno Adam Celnikier, prawdopodobnie Izabella Kuczkowska i Irena Schultz, które były same współpracowniczkami Żegoty; nie wiem, kto mógł być czwarty.

Na początku pieniędzy było mało, ale dawało się już wynajmować dorosłym mieszkania po aryjskiej stronie (udając, gdy tylko było możliwe, że nie chodzi o Żydów), a dla dzieci znajdować rodziny chcące ulżyć swojej biedzie i gotowe wziąć lub przechować dziecko, za którym szły pieniądze. Piotrowska opowiadała: „Dzięki »Żegocie« skończyły się działania indywidualne. Teraz była to już cała »maszyna« do udzielania pomocy"[22].

„Wysokość stypendiów [wypłat dla dzieci] nie była tak sztywna, jak w przypadku zapomóg dla dorosłych – relacjonowała

[19] Wypowiedź J. Piotrowskiej, *Pogwarki socjalne. Spotkania z przeszłością* [w:] *Opieka Społeczna w Warszawie 1923-1947. Opracowania i materiały*, red. M. Gładkowska i in., Warszawa 1995, s. 147.

[20] I. Chmielewska, A. Iżycka-Kowalska, J. J. Jędrzejowska, W. Marymoncka, J. Piotrowska, J. Starczewski, W. Wyrobkowa-Pawłowska, *Miejska służba opieki społecznej Warszawy w latach wojny i okupacji 1939-1945* [w:] *Warszawa lat wojny i okupacji 1939-1944*, red. K. Dunin-Wąsowicz, H. Winnicka, Warszawa 1975, s. 180.

[21] *Matka dzieci Holocaustu. Historia Ireny Sendlerowej*, oprac. A. Mieszkowska, Warszawa 2004, s. 68.

[22] R. Teyszerski, *50 razy kara śmierci. Rozmowa z Jadwigą Piotrowską*, „Kierunki", 11 maja 1986.

Sendlerowa. – Stawka podstawowa wynosiła tu też 500 złotych, ale rodziny, które przyjęły dzieci żydowskie, a same znajdowały się w skrajnej nędzy, dostawały do 1000 złotych miesięcznie. Większość natomiast korzystała ze świadczeń niepełnych lub wyłącznie z darów Rady Głównej Opiekuńczej, bonów na mleko, paczek żywnościowych czy odzieżowych, itp."[23].

Współpracownicy Żegoty kierowali się zasadą, by nie mówić, jeśli nie było to niezbędne, że chodzi o pomoc Żydom. Tłumaczył mi to Władysław Bartoszewski:

– Bardzo często działacze Żegoty nie informowali ludzi, od których na przykład otrzymywali papiery, dla kogo je biorą. Lokowali kobiety czy dzieci, niekoniecznie uprzytomniając osobom zainteresowanym, kogo lokują, zwłaszcza gdy dana osoba miała powierzchowność pozwalającą na jakiekolwiek złudzenia. Nie wszyscy ludzie, którzy Radzie pomagali, wiedzieli, że pomagają Żydom. Bądźmy w tej sprawie ściśli i obiektywni. Łatwiej było znaleźć mieszkanie do przechowania skrzyni broni niż dla jednego Żyda. Chociaż to była śmierć i to była śmierć[24].

„Muszę stwierdzić, że uzyskiwaliśmy pomoc jedynie pod pretekstem akcji patriotyczno-polskiej – pisze Sendlerowa w cytowanej już relacji, nieznanej w Polsce, zdeponowanej w kibucu Lohamei Hagetaot w kolekcji Adolfa Bermana[25]. – Nauczeni doświadczeniem, nie ujawnialiśmy, że dzieci są żydowskie, podawaliśmy jedynie, że są to dzieci polskie po działaczach niepodległościowych. Nie obawialiśmy się zdrady czy szantażu, lecz tylko braku współdziałania ze strony personelu opieki społecznej"[26].

[23] I. Sendlerowa, *Ci, którzy pomagali Żydom*, dz. cyt.

[24] Sendlerowa opisywała: „Chlebodawczyni, której po wojnie nie mogłam odmówić sobie przyjemności powiedzenia, kogo zatrudniała w czasie okupacji w charakterze opiekunki do dziecka, do dziś jest moim zawziętym wrogiem i wrze świętym oburzeniem, że tak haniebnie zbrukałam jej dom" (I. Sendlerowa, *Ci, którzy pomagali Żydom*, dz. cyt.).

[25] Być może relacja została napisana na prośbę Bermana, nie wiem. Nie wiem też, kiedy powstała: jest niedatowana i przerwana w połowie.

[26] I. Zgrzembska, Zeznanie, dz. cyt. Władze okupacyjne zarządziły, że od 1 kwietnia 1940 roku miejskie ośrodki pomocy mogą udzielać zasiłków jedynie

„Prawda historyczna wymaga precyzyjnego przedstawienia środowiska" – pisała dalej, stwierdzając, że urzędnicy miejscy odnosili się z „obojętną biernością" do ratowania żydowskich dzieci. „Jedynie inteligencja, nie ta formalna, lecz faktyczna, przede wszystkim pochodzenia robotniczego, a częściowo ze sfer katolickich, wzniosła się ponad prywatę i zaściankowość narodową. Był to odsetek niewielki i grupa moich koleżanek i kolegów współdziałających ze mną nie stanowiła charakterystycznego przekroju tego okresu"[27].

W tym oświadczeniu Sendlerowa nie podaje, ile dzieci było pod opieką jej siatki. Przytacza jedynie proporcje.

Dwadzieścia pięć procent „swoich" dzieci siatka Sendlerowej przekazywała do rodzin.

„Najwięcej kłopotu mieliśmy z rodzinami zastępczymi, które często musieliśmy zmieniać. Niestety dość powszechny był objaw nierodzicielskiego stosunku do podopiecznych dzieci"[28]. (O tym, jak powszechny, świadczy choćby przypadek Margarity. Jej ojciec Jonas Turkow uznał, że mieszkanie załatwione przez Sendlerową i Wyrobkową, bez względu na to, że jego gospodarz prowadzi ożywioną działalność konspiracyjną i przechowuje broń, gospodyni bije jego córkę, a jego szantażuje finansowo, jest i tak cudem, którego należy się trzymać).

w przypadkach zagrażających zagładą fizyczną. Fałszowano wówczas na potęgę kartoteki dla polskich podopiecznych (I. Chmielewska i in., *Miejska służba*..., dz. cyt.). To musiało ułatwiać przemycanie wśród nich dzieci żydowskich bez wiedzy osób w to zaangażowanych.

[27] I. Zgrzembska, Zeznanie, dz. cyt. Profesor Bartoszewski tłumaczył mi, że pomoc niesiona przez pracowników Wydziału Opieki wpisywała się w działalność tej instytucji państwa polskiego, która w szczątkowej formie i pod niemieckim zarządem przetrwała w czasie wojny: „Sendlerowa i jej koleżanki chodziły do getta na legalne przepustki i pomagały, jak mogły, swoim podopiecznym, dlatego że taka była filozofia tej instytucji: nas obowiązuje przedwojenna lojalność wobec Rzeczpospolitej, w której wszyscy jej obywatele są równi i mają równe prawo do pomocy". Z pewnością była to filozofia, którą wyznawał sam Bartoszewski. Z zeznania Sendlerowej wynika jednak, że nie była to powszechna postawa.

[28] Tamże.

Zdecydowaną większość, siedemdziesiąt pięć procent dzieci, umieszczały w zakładach zamkniętych, czyli różnego typu sierocińcach. Specjalnością ich grupy, ich wielkim atutem były wdrażane już przed powstaniem Żegoty metody wprowadzania dzieci w „aryjski obieg", tak by mogły się nimi zająć instytucje opiekuńcze.

„Z zakładami nie mieliśmy tego rodzaju kłopotów – wyjaśniała dalej Sendlerowa – ale nawet w zakładach zamkniętych byliśmy zmuszeni nie tylko dostarczać metryk chrztu (oryginalnych), ale ciągle stać na straży bezpieczeństwa dzieci. Bo przecież personel zakładu nie znał tajemnicy tej grupy dzieci, a niesłowiański wygląd niektórych z nich prowokował do dociekań, nie zawsze robionych z taktem i umiarem. Od czasu do czasu wypadło przerzucać dzieci z zakładu do zakładu z obawy przed nalotem żandarmerii na skutek donosów czy podejrzeń"[29]. W innym tekście, też nieopublikowanym, pisała o dzieciach w zakładach: „Jak było dzieciom? Bardzo różnie, w zależności od nastawienia właściwego do ich tragedii lub obojętnego. Przede wszystkim dzieci starsze panicznie bały się rozpoznania ich. W swoim bowiem już tułaczym bytowaniu zrozumiały jedno: Żyda się zabija! Nie można być Żydem! Stałe udawanie przed wszystkimi było bardzo często ponad siły młodych duszyczek. Najbardziej dzieci obawiały się polskich rówieśników, które wołały: »Ty nie Franek – ty Mojsze«. [...] Hamowane, mieszane uczucia często przeradzały się w szloch wśród nocnej ciszy. Płakało wtedy dziecko rzewnie, rozpaczliwie i w takich chwilach bardzo dużo zależało od reakcji wychowawców. Ci wrażliwi na dramaty dzieci umieli utulić nieszczęśliwe dziecko, uspokoić je, inni patrzyli na to sucho, z dużą dozą obojętności, mówiąc tylko: »Śpij, nie płacz, bo pobudzisz inne dzieci«"[30].

[29] Tamże.

[30] I. Sendlerowa, *Jak ratowałam dzieci z getta warszawskiego*, maszynopis. Tekst przygotowany w związku z planowaną wystawą o Sprawiedliwych w Museum

W styczniu 1943 roku ruszyła kolejna faza wywózek do obozów zagłady. Wstrzymał ją zbrojny opór podziemia żydowskiego, ale stało się już oczywiste, że żadne zaświadczenia o przydatności do pracy nikogo nie uratują. „Fala ludzi, dla których wydostanie się jest jedynym ratunkiem, wzrasta z dnia na dzień [...]. Pozostało tam jeszcze kilka tysięcy dzieci, ocalałych od poprzedniej masakry, szczególnie okrutnej i bezwzględnej w stosunku do dzieci; tę nieliczną resztkę dzieci pozostałych przy życiu należy z getta wyrwać i uratować" – apelowała Rada do Pełnomocnika Rządu na Kraj[31].

Ale styczeń 1943 roku to był początek działalności Żegoty i niewiele dało się wtedy zrobić. Żegota nie tylko powstała późno, ale też z racji skromnych środków finansowych była w stanie objąć opieką zaledwie mały procent tych, którzy jej potrzebowali. O skali pomocy udzielanej przez Żegotę wiadomo ze sprawozdań z posiedzeń Rady przekazywanych do Londynu. Początkowo Żegota działała głównie w Warszawie, gdzie zimą 1943 roku objęła opieką finansową dwieście, trzysta osób (dane za styczeń–luty 1943), a po powstaniu w getcie, w czerwcu 1943 roku – razem tysiąc osób. Odkąd Żegota zaczęła pomagać także poza Warszawą, znamy jedynie dane o łącznej liczbie podopiecznych. W październiku 1943 roku było to tysiąc–tysiąc pięćset osób, w pierwszej połowie 1944 roku – trzy–cztery tysiące[32]. Nie wiadomo, ilu Żydów znalazło się po likwidacji gett po aryjskiej stronie. Według jednych szacunków było to dziesięć procent, a więc około dwustu pięćdziesięciu tysięcy osób, ale podawana jest też liczba stu osiemdziesięciu tysięcy.

Żegota słała rozpaczliwe listy do Delegatury z prośbami o zwiększenie przyznawanych dotacji. Otrzymywane sumy

of Jewish Heritage w Nowym Jorku, niedatowany [lata 90.] [w]: I. Sendlerowa, *Materiały zebrane w latach 1995-2003*, AŻIH, sygn. S353/II.

[31] Pismo Rady Pomocy Żydom do Pełnomocnika Rządu na Kraj z 31 stycznia 1943, AAN, Delegatura Rządu RP na Kraj, sygn. 202/XV-I.

[32] T. Prekerowa, *Konspiracyjna Rada...*, dz. cyt.

są tak nikłe, że „stanowią tylko symbol pomocy" – informowali przedstawiciele Rady[33]. „Pomoc Delegatury wyrażała się w wybitnie niewystarczających dotacjach. Interweniowaliśmy, przeważnie bezskutecznie" – pisał gorzko tuż po wojnie Tadeusz Rek, członek Żegoty z ramienia ludowców[34].

„Pomoc materialna od Żegoty była minimalna, ale systematyczna – opowiadała Sendlerowa. – Te kwoty, które otrzymywali nasi podopieczni, były niewystarczające w ich sytuacji stałego ukrywania się i niewspółmierne do stale rosnących cen. Pamiętam, że w pewnym okresie kilogram słoniny kosztował tysiąc czterysta złotych. Ale w kontaktach bezpośrednich z ukrywającymi się często słyszałam, że nasza dla nich pomoc dawała iskierkę nadziei w ich tragicznym położeniu"[35].

– To był margines wydatków Delegatury – mówi historyk Dariusz Libionka – kilka procent jej wydatków na cele opieki społecznej. Był jeden ostry warunek: żeby to szło na pomoc, nie na broń, bo obawiano się, że broń będą przejmować żydowscy komuniści[36].

[33] Pismo Rady Pomocy Żydom do Pełnomocnika Rządu na Kraj ze stycznia 1943, AAN, Delegatura Rządu RP na Kraj, sygn. 202/XV-1. Za 500 złotych, które otrzymywali podopieczni Żegoty, nie można było samodzielnie przeżyć w ukryciu. Była to znacząca, ale dodatkowa pomoc, gdy miało się już opiekę albo własne pieniądze. Rubin Arnon, który ukrywał się po aryjskiej stronie w Warszawie, dokonał szczegółowych obliczeń: jedzenie na kartki, które dawało 867 kcal dziennie, kosztowało miesięcznie 78 zł, tyle że Żydzi nie mieli kartek, co sprawiało, że ceny podstawowych artykułów szybowały do 416 zł miesięcznie, a gdyby liczyć „normalną" rację żywnościową (2400 kcal) – do 1150 zł. Do tego dochodził koszt wynajęcia łóżka czy pokoju – nawet do 150 zł dziennie – gdyż tak wyceniano ryzyko. Polak za 150 zł mógł wynająć pokój na miesiąc (R. Arnon, *Facts and Fictions about the Rescue of the Polish Jewry during the Holocaust*, vol. 2, Tel Aviv 2003).

[34] Relacja T. Reka, dz. cyt.

[35] *Matka dzieci Holocaustu*, dz. cyt., s. 107–108.

[36] Delegatura Rządu na Kraj przeznaczyła w latach 1943–1944 na pomoc Żegocie pięć procent budżetu opieki społecznej i około 1,7 procent budżetu ogólnego (M. Urynowicz, *Zorganizowana i indywidualna pomoc Polaków dla ludności żydowskiej eksterminowanej przez okupanta niemieckiego w okresie drugiej wojny światowej* [w:] *Polacy i Żydzi pod okupacją niemiecką 1939–1945. Studia i materiały*, red. A. Żbikowski, Warszawa 2006).

Warto tu zaznaczyć, że Żegota była jedną z trzech działających w Warszawie organizacji zajmujących się pomocą Żydom – obok Żydowskiego Komitetu Narodowego i Bundu (ŻKN i Bund działały też w ramach Żegoty, ale głównie udzielały pomocy poza nią)[37]. Opieka nad Żydami sprawowana przez Żydów zeszła jednak w cień, mimo że odegrała niezwykle istotną rolę. W decydującej mierze wynika to z faktu, że odznaczenie Sprawiedliwych wśród Narodów Świata przyznawane jest przez Yad Vashem jedynie nie-Żydom.

Historyk Dariusz Stola badał dokumenty finansowe rządu na uchodźstwie, który przeznaczał na Żegotę sumy z własnych funduszy i uzyskane od organizacji żydowskich. Według jego ustaleń razem przekazano na Żegotę milion trzysta tysięcy dolarów. Na papierze.

Jeżeli zasiłki Żegoty wynosiły pięćset złotych, a kurs dolara oscylował wówczas wokół stu złotych, to pomoc dla jednej osoby kosztowała pięć dolarów miesięcznie, a sześćdziesiąt dolarów rocznie. Milion trzysta tysięcy dolarów powinno więc wystarczyć na utrzymanie przez rok dwustu tysięcy osób – wylicza Stola. „Problem w tym, jak wiele pieniędzy dotarło do rąk adresatów – z zachowanych dokumentów wynika, że dotarło ich znacznie mniej. Znane potwierdzenia odbioru wyznaczające dolną granicę szacunków dają w sumie około 600 tys., czyli mniej niż połowę wymienionej kwoty”[38].

Przesyłanie pieniędzy było nie lada wyczynem, przerzucali je z Londynu kurierzy spadochroniarze, zdarzały się wpadki, ale to nie były straty tego rzędu. W ramowym budżecie Delegatury

[37] Według Adolfa Bermana w okresie największego nasilenia akcji opiekuńczej, po likwidacji getta, Żegota udzieliła pomocy około czterem tysiącom Żydów, ŻKN wsparł pięć i pół tysiąca do sześciu tysięcy osób, Bund – tysiąc pięćset do dwóch tysięcy. ŻKN utworzył sto grup opiekuńczych, „na czele większości z nich stali Polacy, którzy nieśli bezinteresownie ratunek” – pisał Berman. Uważał, „że liczba Żydów w Warszawie i w okolicy, którzy korzystali z pomocy ruchu podziemnego i dzięki temu utrzymywali się przy życiu, sięgała ok. 11 000–12 000” (A. Berman, Rada Pomocy Żydom, niedatowany maszynopis, AKLH, sygn. 6039).

[38] D. Stola, *Nadzieja i zagłada. Ignacy Schwarzbart – żydowski przedstawiciel w Radzie Narodowej RP (1940–1945)*, Warszawa 1995, s. 208.

zakładano, że straty przy zrzutach wynoszą dwanaście procent, z podliczenia strat w przesyłkach dla AK wynika, że przepadło pięć procent[39].

„Niedobór aż kilkuset tysięcy dolarów jest zaskakujący, przy czym nie wiadomo, co się z tymi pieniędzmi stało – pisze dalej Stola. – Historia przekazów pełna jest niejasności, źródła fragmentaryczne i niespójne, zaś materia delikatna, położona na pograniczu dwu wyjątkowo trudnych tematów, finansów Polski podziemnej i stosunków polsko-żydowskich"[40].

Jeszcze bardziej jednoznacznie ujął sprawę Marcin Urynowicz, historyk z Instytutu Pamięci Narodowej zajmujący się pomocą Polaków dla Żydów w czasie Holocaustu. „Wydaje się oczywiste w świetle obecnego stanu wiedzy – pisał w publikacji IPN-u – że jakaś część pieniędzy, którą przesłano do kraju, nie została wypłacona. Stawia to w bardzo wątpliwym świetle udział Polskiego Państwa Podziemnego w finansowej pomocy dla ludności żydowskiej. Stąd bowiem już tylko krok do przypuszczenia, że setki tysięcy dolarów, które nie trafiły nigdy do rąk organizacji żydowskich w kraju, zostały przeznaczone przez Delegaturę Rządu na inne cele, a Rada Pomocy Żydom nie była finansowana *de facto* przez skarb państwa, lecz przede wszystkim z pieniędzy od organizacji żydowskich. Sama zaś Delegatura Rządu na Kraj ograniczałaby się tylko do przekazywania tych funduszy, określając je niezgodnie z prawdą jako pochodzące ze skarbu państwa polskiego"[41].

W marcu 1943 roku Delegatura przyznała Żegocie dwieście pięćdziesiąt milionów złotych. W odpowiedzi Julian Grobelny wysłał w kwietniu rozpaczliwy list, że to nie starcza na nic. „Jeśli na skutek tego celowość dalszego istnienia komitetu postawiona będzie pod znakiem zapytania, to Delegatura Rządu ponosi za to całkowitą odpowiedzialność" – pisał[42].

[39] Tamże. [40] Tamże. [41] M. Urynowicz, *Zorganizowana…*, dz. cyt., s. 227.
[42] Memoriał Rady Pomocy Żydom do Delegatury Rządu w związku z przyznaniem na marzec 1943 r. 250 tys. złotych, kwiecień 1943, podpisany „Trojan" (J. Grobelny), AŻIH, sygn. 230/149.

Za chwilę wybuchło w getcie powstanie.

Sendlerowa opowiadała: „W ciągu tych dni kwietniowych – wyjątkowo piękna była wtedy wiosna – każdego bez mała dnia przychodziłam na plac Krasińskich. Przysłuchiwałam się głupim okrzykom tłumu, patrzyłam zza murów getta, jak matki wyrzucały swoje dzieci na bruk. Zaciskałam bezradnie ręce”[43]. „Widziałam Polaków – opisywała w innym miejscu – którzy wcześniej byli antysemitami, a teraz, kiedy tramwaj przejeżdżał górą przez ulicę Chłodną, ci sami ludzie, widząc, jak matki w ostatnim akcie wyrzucały dzieci z płonących domów, płakali!! Spotykałam, niestety, i takich Polaków, którzy mówili, że Hitler zrobił dobrą robotę za nas. Hańba ta mąciła mi umysł i dostawałam szoków!”[44]

W pierwszym dniu powstania Sendlerowa spotkała się z Grobelnym. „Okazało się – pisała w „Biuletynie ŻIH-u” – że poza bojową organizacją Gwardii Ludowej działającej w oparciu o PPR, ludzie spod znaku Rady Pomocy Żydom także będą pomagać walczącej ludności w getcie”[45]. Grobelny jej powiedział: „»Dajcie mi kilka adresów, dokąd będziemy kierować tych, co będą wydostawać się włazami«. I oczywiście kilka adresów przekazano do getta”[46]. Z rozmowy z nim wywnioskowała, że

[43] I. Kowalska, Nieopublikowany wywiad…, dz. cyt.

[44] I. Sendlerowa, Wywiad I (z kwietnia 1985 roku) [w:] tejże, *Materiały zebrane w latach 1995-2003*, AŻIH, sygn. S/353/10. Inna działaczka Żegoty, ukrywająca się Helena Merenholcowa, opowiadała, jak jej gospodarz mówił, że „Żydki się palą”, i jak słyszała to zdanie powtarzane na ulicy. „Zachwiała mi się wiara, że jestem Polką, a ja się czuję Polką, związana z narodem polskim z powodu niedoli, a też z kulturą polską” – opowiadała w nagraniu dla Fundacji Shoah (H. Merenholc, Nagranie z 15 lipca 1996, VHA, Interview Code: 17439).

[45] I. Sendlerowa, *Ci, którzy pomagali Żydom*, dz. cyt.

[46] J. Goldkorn, *…kto ratuje jedno życie ludzkie…*, „Prawo i Życie”, 23 kwietnia 1967. Pod koniec życia Sendlerowa podawała inną wersję wydarzeń: „Ani na chwilę nie przerywaliśmy czuwania za murami getta. Na polecenie Juliana Grobelnego od razu zaczęliśmy działać. Czekaliśmy przy włazach do kanałów w różnych miejscach. Rozszerzyłam drogi wyjścia, głównie przez piwnice okolicznych domów” (*Matka dzieci Holocaustu*, dz. cyt., s. 184). Zdaniem Barbary Engelking, historyczki Holocaustu i znawczyni historii warszawskiego getta, tego rodzaju akcja nie była możliwa (Rozmowa z B. Engelking, 2016).

pomaga też powstańcom, ale jej w to nie wtajemniczał ani nie prosił o pomoc. „Powierzał mi tylko zadania z zakresu bezpośredniej pomocy bytowo-socjalnej”[47].

Sendlerowa opisała też historię z Domu Boduena, która wydarzyła się w czasie powstania w getcie[48]. Irena Schultz z Wydziału Opieki umówiła się z matką na odbiór malutkiej dziewczynki przy określonym włazie. Miała już dla małej przygotowany fałszywy raport – że znalazła ją na klatce schodowej – z którym poszła na komisariat policji i dopilnowała, żeby dziecko zostało przekazane do Domu Boduena. Tam jednak niewtajemniczona lekarka, która badała dziecko, była tak zszokowana jego stanem, że postanowiła odszukać wyrodną matkę i zgłosiła sprawę na policję. Irenie Schultz ledwie udało się wybronić[49].

[47] I. Sendlerowa, *Ci, którzy pomagali Żydom*, dz. cyt. Sendlerowa opowiadała w innym miejscu, jak któregoś dnia wezwano ją przez telefon, by natychmiast stawiła się na zebraniu prezydium Żegoty. Grobelny oświadczył na nim, że szykuje się powstanie w getcie i PPS będzie dostarczać gettu broń (I. Kowalska, Nieopublikowany wywiad…, dz. cyt.). Ale ani Grobelny nie mógł tego powiedzieć (sprawa broni była w Żegocie jednym z poważnych punktów sporu między przedstawicielami organizacji żydowskich i Delegatury Rządu), ani też nic nie wiadomo o tym, by Sendlerowa uczestniczyła w zebraniach Żegoty.

[48] Dom Boduena, założony pod koniec XIX wieku jako zakład opiekuńczy dla podrzutków, w późniejszych latach przyjmował też sieroty i półsieroty. Był molochem, w którym mieszkało sześćset dzieci, a w czasie wojny znacznie więcej, tak że wzrosła już i tak zatrważająca śmiertelność. Dziećmi zajmował się świecki personel i siostry szarytki, a Dom podlegał Wydziałowi Opieki. Dzieci były przyjmowane na podstawie dokumentów skompletowanych przez pracowników Wydziału: wywiadu środowiskowego, metryki i świadectwa zdrowia. W czasie wojny doszło jeszcze niemieckie zarządzenie, że każde dziecko musi przejść przez miejscowy komisariat policji.

[49] I. Sendlerowa, *Ci, którzy pomagali Żydom*, dz. cyt. Sendlerowa pisała dalej: „Irena, która bohatersko z włazów wyciągnęła niejedno dziecko w swej konspiracyjnej karierze, prawdopodobnie poszłaby siedzieć, gdyby nie przypadek. Przed terminem wyznaczonym przez komisariat dla dostarczenia dodatkowych dowodów zgłosiła się do mnie jedna z łączniczek z wiadomością, że w Domu Boduena jest grupa lekarzy i pielęgniarek, do których można mieć zaufanie. Dzięki temu udało się sprawę załagodzić” (tamże, s. 243). Tylko że tu fakty już się nie zgadzają. Irena Schultz od początku współpracowała z Domem Boduena, nie potrzebowała więc pośrednictwa Sendlerowej, która sama nie miała z Domem bezpośrednich kontaktów.

To w czasie powstania grupa Sendlerowej utworzyła tak zwane pogotowia opiekuńcze, czyli sieć mieszkań, w których na krótko – kilka dni lub tygodni – można było ulokować dzieci i dorosłych. Przez ten czas Żegota wyrabiała im dokumenty i pomagała szukać miejsca na dłuższy pobyt. Większość współpracowniczek Sendlerowej żyła skromnie, w jednym pokoju z kuchnią, jeśli w dwóch, to z całą rodziną, co nie przeszkadzało im mimo to przyjmować uciekinierów na doraźny pobyt. „Dzieci przewinęło się przez mój dom sporo, nie mogę nazwisk ich wymienić, ponieważ najczęściej ich nie znałam" – pisała w oświadczeniu dla Yad Vashem Izabella Kuczkowska[50].

Jako pogotowie służyła też willa na ulicy Lekarskiej, gdzie mieszkała Jadwiga Piotrowska z rodziną. Większe mieszkanie w kręgu Sendlerowej mieli również Zofia Wędrychowska i Stanisław Papuziński, na Mątwickiej, i chociaż mieszkało tam już kilkanaście osób, w tym żydowskie dzieci, to i ono służyło w nagłych przypadkach jako pogotowie.

– Jak nie było gdzie, to na Mątwicką. Tam było tyle dzieci, że jedno mniej, jedno więcej... – opowiada mi ich córka Joanna Papuzińska-Beksiak. I podkreśla rolę Żegoty: – Niemożliwe byłyby te usługi na Mątwickiej bez wsparcia finansowego. Nie wyobrażam sobie, jak byśmy mogli sami to finansowo unieść. Mama straciła pracę, ciocia, której mąż został rozstrzelany w Palmirach, nie pracowała, ojciec się ukrywał. U nas były cztery pokoje i jeszcze mały pokoik babci na samym końcu, tam ukrywała się pani Stefania Wortman z matką. Był u nas chłopiec, który potem został profesorem nauk społecznych, dziewczynka żydowska Halina Złotnik, krótko inna dziewczynka Basia Markow. Wszyscy z kręgu rodziców, którzy zaangażowali się w pomoc Żydom, byli ludźmi od Radlińskiej, to było dziedzictwo Wolnej Wszechnicy[51].

[50] I. Kuczkowska, Oświadczenie z 22 lutego 1967, AŻIH, sygn. 349/24/177.
[51] Rozmowa z J. Papuzińską-Beksiak, 2016.

Zofia Wędrychowska i Stanisław Papuziński, lata wojny

Właśnie stamtąd Irena Sendlerowa znała Zofię i Stanisława. Aniela Uziembło zapamiętała, jak przed wojną Papuziński wygłaszał referat na seminarium u Radlińskiej i opowiadając o rodzinie objętej opieką społeczną, dodał, że „tam jest niski poziom moralny, bo mają trójkę dzieci i nie mają ślubu".

– Śmieliśmy się wszyscy, bo oni mieli czwórkę dzieci i też nie mieli ślubu. Z przyczyn ideologicznych, przed wojną nie było ślubów cywilnych, a oni byli niewierzący i nie godzili się na katolicki ślub.

W czasie wojny opiekowali się dziewięciorgiem dzieci: piątką własnych, w tym jednym adoptowanym, dwojgiem siostrzeńców Zofii, gdy męża jej siostry rozstrzelano, i dwojgiem dzieci umierającej przyjaciółki, a służyli też jako pogotowie opiekuńcze dla dzieci żydowskich. Sendlerowa wspominała, że była pod wrażeniem ich nowoczesnych metod wychowawczych, po części wziętych od Korczaka, po części wynikających z własnych przemyśleń. Co niedziela odbywało się zebranie, które prowadziło na zmianę jedno z dzieci. Każde oceniało swoje zachowanie w ciągu minionego tygodnia, a na zakończenie mówiło, jakie widzi przyczyny błędów i jakie możliwości poprawy.

W sieci pomocy nie było już wtedy ich koleżanki z Wydziału Wandy Wyrobkowej, która poznała Sendlerową z Turkowem. Jesienią 1942 roku dostała pracę w szkole rolniczej na prowincji. Kilkakrotnie zmieniała miejsce pobytu. Pewnie zdecydowała się na wyjazd z Warszawy po tym, jak jej ojciec Dawid Zweigenhaft trafił przez szmalcowników do getta.

Joanna Staręga-Piasek, córka Wandy:

– Kiedy mój dziadek z powodu donosu trafił do getta i cudem przeżył, zaprzysiągł moją mamę i ciotkę, żeby nigdy nie powiedziały dzieciom o swoim pochodzeniu.

Dowiedziała się przypadkiem, już jako dorosła kobieta. Matka nigdy nie zgodziła się z nią na ten temat rozmawiać.

– Nie wiedziałaś, że wyjechałyście na wieś, żeby się ukryć, i zmieniałyście miejsca pobytu w związku z groźbą dekonspiracji?

– Nie. Mama powiedziała tylko, że Marysia, dziewczynka, która cały czas z nami przebywała, jest Żydówką i że musiałyśmy się wyprowadzić, kiedy dowiedział się o tym ksiądz na plebanii w Brzozowej, gdzie mieszkałyśmy. Marysia po wojnie wyjechała do Izraela.

Wanda Wyrobkowa-Pawłowska tak starannie wymazała z życiorysu swoich żydowskich rodziców, że nie ujawniła ich nawet przed komisją Yad Vashem i otrzymała medal Sprawiedliwej.

Rozdział 8

Dom Jagi był otwarty dniem i nocą dla ludzi z getta

Dom był dwupiętrowy, niewielki, z dwoma wejściami, od frontu i od ogródka. Na parterze w stołowym domownicy razem z ukrywanymi dziećmi jadali obiady na białym obrusie i srebrnej zastawie. Na pierwszym piętrze mieszkał gospodarz domu Marian Ponikiewski ze sparaliżowaną żoną, która nie opuszczała łóżka. Lekarz, społecznik, mason, przed wojną był wicedyrektorem ZUS-u i prezesem YMCA. Jako młody człowiek działał w organizacji bojowej PPS-u, uczestniczył w demonstracjach 1905 roku, zamknięty na Cytadeli, trafił na Sybir i stamtąd uciekł.

Na drugim piętrze mieszkała ich córka Jadwiga Piotrowska z nastoletnią córką Hanią[1].

– Dziadek był lewicowy i był ateistą – opowiada mi Hanna Rechowicz.

Żydowskie dzieci mieszkały w suterenie i po obiedzie zwykle schodziły na dół, wolały tam spędzać czas ze sobą. Pozostałe posiłki spuszczano im na dół małą windą na korbkę.

Przez dom na Lekarskiej 9, który służył za „pogotowie opiekuńcze", przewinęło się pięćdziesięcioro dzieci. Jedne zostawały na kilka dni, inne na kilka tygodni. „Robiliśmy wszystko,

[1] Hanna mieszkała z mamą na Lekarskiej do 1944 roku, kiedy została wysłana do Sochaczewa. Opowiada: „Byłam w Szarych Szeregach, roznosiłyśmy gazetki. Kiedyś zaspałam na spotkanie u mojej drużynowej, a tam był kocioł, mama wtedy postanowiła wysłać mnie do Sochaczewa, do ciotki".

żeby to nie była przechowalnia" – opowiadała Piotrowska[2]. Ten czas był potrzebny na zorganizowanie nowego miejsca zamieszkania, załatwienie dokumentów, wyuczenie dzieci nowego nazwiska i modlitw, a także na usunięcie gettowej „szarości". Dzieci wożono latem nad Wisłę, żeby się poopalały. „Jadwiga Piotrowska powierzała mi swoich podopiecznych. Byłam jedną z tych osób, które »wystawiały na słońce« szare żydowskie dzieci, wyciągnięte po miesiącach ukrywania się w ciemnych zakamarkach. Jeśli się pojawiły takie szare na ulicy, wszyscy wiedzieli, kim są" – opisuje we wspomnieniach Magdalena Grodzka-Gużkowska[3].

Hanna Rechowicz:

– Była u nas zazwyczaj trójka–piątka dzieci. Plątały się po domu, płakały, krzyczały. Nie można im było za dużo pomóc ani ich przytulić. Były zbuntowane, przerażone, zrozpaczone, że zostały zabrane od swoich rodziców. Pamiętam dziewczynkę z warkoczami, może dziewięcioletnią, tak bardzo nieszczęśliwą.

Z Hanną Rechowicz spotykam się na Lekarskiej, mieszka w tym samym domu co jej matka i dziadkowie. Wchodzę do willi, której ściany są inkrustowane kamieniami, a wnętrze wygląda jak dom ze snów, trochę jak Schulzowskie Sanatorium pod Klepsydrą w filmie Wojciecha Hasa[4]. Nad poręczą schodów zwisa gałąź drzewa, przez którą trzeba się przedrzeć, żeby wejść do środka. A tam natykam się na wielkie połacie pokrytych kurzem płócien i kilkumetrowego pająka z papieru. Wszędzie freski, olbrzymie bukiety zasuszonych kwiatów, skórzane płaskorzeźby. Do salonu wchodzi się przez szafę.

[2] Wypowiedź J. Piotrowskiej, *Pogwarki socjalne. Spotkania z przeszłością* [w:] *Opieka Społeczna w Warszawie 1923-1947. Opracowania i materiały*, red. M. Gładkowska i in., Warszawa 1995, s. 148.

[3] M. Grodzka-Gużkowska, *Szczęściara*, Warszawa 2007, s. 107. Niestety jej opowieści o konkretnych przypadkach ratowanych dzieci są mocno koloryzowane.

[4] M. Cegielski, *Mozaika. Śladami Rechowiczów*, Warszawa 2011. Agnieszka Taborska pisze, że dom na Lekarskiej 9 „pokazuje, czym jest surrealistyczna estetyka" (A. Taborska, *Dom. O Gaberze i Hannie Rechowiczach*, dwutygodnik.com, styczeń 2012).

Na piętrze sanie ustawione na środku pokoju służą za krzesła. Każdy mieszkaniec Warszawy, jeśli tylko nie za młody, pamięta wielkie malarstwo ścienne w Supersamie czy w Domu Chłopa. To były dzieła Hanny i jej nieżyjącego już męża Gabriela Rechowicza, znanego jako „Gaber", a w Supersamie także malarza Edwarda Krasińskiego, który odwiedził ich kiedyś na Lekarskiej i spędził następne siedem lat w suterenie, tej samej, gdzie wcześniej ukrywane były żydowskie dzieci[5].

Hanna Rechowicz:

– Mojej mamie pomagała cała rodzina. Dziadek Ponikiewski. Siostra mamy, ciocia Wanda [czyli Wanda Ponikiewska, architektka], która woziła dzieci do punktu, skąd je zabierały zakonnice. Dalsza rodzina. Mój wuj, rozwiedziony z Wandą Wacław Świostek, który był dyrektorem banku rolnego. Ciocia Halina Jaworowska, która mieszkała w Alejach Ujazdowskich, gdzie wiele mieszkań zajęli folksdojcze, i mama wysyłała jej różne osoby do przenocowania. Tak samo w nagłych wypadkach posyłała kogoś do Sochaczewa do mojej cioci Ireny Świerzyńskiej. I często do kuzynki Hanki Olechnowicz. Dzwoniła, że ma paczkę, i one przychodziły po dziecko. Mieszkała razem z nami koleżanka mamy z Wydziału Opieki Halina Szlabakówna, ona też pomagała. W domu była zaufana służąca, która wiedziała, co się dzieje. Tak samo jak pielęgniarka Romana, niestety nie pamiętam jej nazwiska, która przychodziła do babci Ponikiewskiej i czasem pomogła kogoś przewieźć czy przenocować. To nie chodziło o Żydów. Mama była zaangażowana w opiekę nad dziećmi, kiedy trzeba było zająć się dziećmi żydowskimi, to się nimi zajęła.

– Nie było u nas w domu nastroju, że przyjdą Niemcy i wszystkich nas aresztują – opowiada dalej. – Dziadek był w Legionach, mam jego zaświadczenie z czasu pierwszej wojny: „Inżynier Ponikiewski jest bardzo odważny, pod ostrzałem rozminowuje

[5] M. Cegielski, A. Zakrzewska, *7 lat z Edkiem w suterenie. Rozmowa z Hanną Rechowicz*, „Gazeta Wyborcza", 29 maja 2010.

teren". Mama nigdy się nie bała, myślę, że już się taka urodziła. Ze wszystkiego umiała wybrnąć, bo była szaleńczo odważna. Zawsze zadowolona, wszystko brała za dobrą monetę. Nawet ja, która jestem nerwowa i nieodważna, na Lekarskiej się nie bałam. Zawsze u nas były psy i koty, w czasie wojny też.

Ten spokój i optymizm biją z oświadczenia, które Jadwiga Piotrowska złożyła w ŻIH-u, gdy wszczęto procedurę przyznania jej medalu Yad Vashem: „Jako pracująca w Wydziale Opieki mogłam bez podejrzeń przyjmować dzieci potrzebujące chwilowego schronienia"[6].

Jakby można było w czasie wojny robić cokolwiek, co by nie wzbudzało podejrzeń, a już szczególnie przyjmować żydowskie dzieci. Jej optymizm powodował zapewne, że nie dostrzegała rzeczywistości stosunków polsko-żydowskich w czasie okupacji. Mówiła po latach: „Kto więc donosił, szantażował, rabował? Nie było w tym antysemityzmu ani żadnej ideologii, po prostu bandyci"[7].

Opowiadała o swojej działalności najskromniej, jak można. Pytana, jak pomagała, zastrzegała zaraz: „Oczywiście nie działałam sama, pomagała mi cała rodzina"; „Chodziłam z początku do getta, ale żadnego dziecka sama nie przeprowadziłam"; „Nie było ich [dzieci] dużo, mieliśmy drugie wyjście przez ogród"[8].

Większość dzieci, które przeszły przez jej dom, trafiała później – za pośrednictwem Jana Dobraczyńskiego, jej przełożonego w Wydziale Opieki – do sierocińców klasztornych. Czasami odwoziła je sama; o jej przygodach, gdy transportowała żydowską dziewczynkę do Chotomowa, powstał film[9].

[6] J. Piotrowska, Oświadczenie z 23 marca 1987, AŻIH, sygn. 349/24/1903.

[7] R. Teyszerski, *50 razy kara śmierci. Rozmowa z Jadwigą Piotrowską*, „Kierunki", 11 maja 1986.

[8] P. Robinson, *Jadwiga. Just From Our Hearts*, „Teaching for Holocaust", Institute for Education and Research of Tulane University, New Orleans 1989, s. 25. Dziękuję Hannie Rechowicz za udostępnienie mi tego skryptu.

[9] *W cieniu nienawiści*, reż. Wojciech Żółtowski, 1985.

Jadwiga Piotrowska z córką Hanną, lata wojny

Irena Sendlerowa opisywała inną jej przygodę: „Pewnego razu mały chłopczyk żydowski, jej podopieczny, w warszawskim tramwaju zaczął płakać i skarżyć się po żydowsku. Wtedy ona zwróciła się do motorniczego – »Niech pan mnie ratuje«. »Wysiadać, jadziem do zajezdni, tramwaj zepsuty« zawołał motorniczy i podwiózł niebezpieczną pasażerkę pustym wagonem w bezpieczne miejsce”[10].

[10] I. Sendlerowa, *„Jaga”. Wspomnienie o Jadwidze Piotrowskiej*, „Słowo Żydowskie”, 15–29 lipca 1994. Jan Dobraczyński opisuje to samo zdarzenie,

Z oświadczenia siostry Antoniny Manaszczuk z zakładu w Turkowicach: „P. Jadwiga Piotrowska przysyłała z Warszawy telegram o umówionej treści, żeby »przyjechać po towar«. Wówczas jechałam do Warszawy i odbierałam na dworcu od p. Piotrowskiej po kilkoro dzieci. Wśród nich rozpoznawałam dzieci żydowskie, po semickim wyglądzie, a także po nieporadności lub odwrotnie – przesadnej gorliwości w odmawianiu, trzeba czy nie trzeba, pacierza"[11]. Także z relacji, którą złożył w latach sześćdziesiątych ksiądz Michał Kot z Sahrynia koło Turkowic, dowiadujemy się, że dzieci żydowskie znajdywała i przekazywała Jadwiga Piotrowska[12]. To najpewniej z jej pomocą Irena Sendlerowa przekazała małego Michała Głowińskiego do zakładu.

O przedwojennym życiu Jadwigi Piotrowskiej przeczytałam w książce Maxa Cegielskiego *Mozaika. Śladami Rechowiczów*. Jadwiga wyszła w latach dwudziestych za Janusza Korwina-Piotrowskiego, urodziła się im Hania. Ich związek trwał rok. Córka przechowuje zdjęcia mamy w wytwornych kreacjach, pod rękę z różnymi przystojnymi młodzieńcami. Według rodzinnych opowieści przyszedł moment, kiedy pan Ponikiewski oświadczył córce, już wówczas matce z małym dzieckiem, że nie da się spędzić całego życia na przymierzaniu wytwornych kreacji i tańcach z kolejnymi absztyfikantami w Café Klubie, po czym znalazł jej pracę w Wydziale Opieki[13].

– Ale mama była artystką z usposobienia i talentu – mówi mi Hanna Rechowicz. – Miała przed wojną pracownię haftów, wymyślała bardzo nowoczesne kompozycje.

ale przyznaje, że nie pamięta, której z pracownic Wydziału się to przytrafiło, i typuje Nonnę Jastrzębską (J. Dobraczyński, *Tylko w jednym życiu*, Warszawa 1970).

11 A. Manaszczuk, Oświadczenie z 11 listopada 1987, AŻIH, Teczka Ireny Antoniny Manaszczuk i Anieli Polechajłło, sygn. 349/24/1390.

12 Ks. M. Kot, Sahryń k. Turkowic, Relacja [w:] *Ten jest z ojczyzny mojej. Polacy z pomocą Żydom 1939–1945*, oprac. W. Bartoszewski, Z. Lewinówna, Kraków 1967.

13 M. Cegielski, *Mozaika*, dz. cyt.

W Wydziale Opieki zajmowała się umieszczaniem dzieci specjalnej troski w domach opieki i sierocińcach oraz kontaktami z ich rodzinami. W czasie wojny pracowała dalej, w Referacie Opieki Całkowitej nad Dziećmi. Tak jak Irena Sendlerowa i kilka innych koleżanek z Wydziału dostała przepustkę do getta.

„Dopóki żyła Gołębianka – pisała o Ali Gołąb-Grynbergowej – miałam kontakty z organizacjami żydowskimi. Ona bardzo blisko z nimi współpracowała. A poza tym chodziliśmy do Korczaka. Mieliśmy specjalne legitymacje wydawane przez władze niemieckie. Przedtem szczepili nas na wszystkie choroby – w getcie się niczym nie zaraziliśmy, a od tych wszystkich świństw mieliśmy gorączkę. Przeważnie nosiliśmy tam różne lekarstwa, jakieś odżywki. Co innego można było zrobić?"[14]

„Ja i moi koledzy z Wydziału Opieki – opisywała – znajdowaliśmy dzieci błąkające się po aryjskiej stronie i zabieraliśmy je dosłownie »z ulicy«, gdyż sporo ich stamtąd [z getta] uciekało, załatwialiśmy im aryjskie dokumenty, upychaliśmy »po dobrych ludziach«. Każdy z kolegów robił to jednak niemal na własną rękę, nie informując o niczym pozostałych, bo lepiej było zbyt dużo nie mówić i zbyt wiele nie wiedzieć. Wykorzystywaliśmy w tym celu swoje własne, służbowe i prywatne, kontakty i możliwości, takie np. jak »układy« w domach dziecka i sierocińcach przez znajome siostry zakonne"[15].

„Uosobienie miłości, ciepła i wiary, że dobro czyni dobro – pisała o niej Sendlerowa. – Mówiła, że jak musi ratować żydowskie dzieci, strach chowa do kieszeni"[16].

„Dzieci wyratowane z getta przebywały u nas po kilka dni przed umieszczeniem ich w miejscu stałego pobytu. Przypominam sobie dziewczynkę, którą, zawiniętą w koc, przerzucono przez mur odgradzający getto, inną przyniesiono w dużym

[14] Wypowiedź J. Piotrowskiej, *Pogwarki socjalne*, dz. cyt., s. 148. [15] Tamże.
[16] I. Sendlerowa, *„Jaga"*, dz. cyt.

koszyku. Przysyłano dzieci wyciągnięte z kanału. Trzeba było je umyć, ubrać i przygotować do życia" – opowiadała[17].

Po pojawieniu się dziecka w domu Piotrowska od razu je chrzciła. „W katolicyzmie w przypadku zagrożenia śmiercią można chrzcić wodą, sama je tak chrzciłam – opowiadała. – Mówiłam: »To już«, a one pytały: »To teraz już jestem taki, jak inni?«"[18].

„Dom Jagi był otwarty dniem i nocą dla ludzi z getta" – pisała Sendlerowa[19]. Poza małymi dziećmi, które przebywały na Lekarskiej tymczasowo, ukrywało się tam, już na stałe, dwoje nastolatków, Halina Złotnik[20] i Janek Drzewicki, którzy tak się zadomowili, że spędzali większość czasu na górze z całą rodziną i licznymi gośćmi. Dom był też przystanią dla ukrywających się dorosłych. Czasem tylko wpadali, czasem zostawali na noc. Hanna Rechowicz pamięta, że przychodzili często państwo Monatowie, a czasem nocował pan, którego poznała po wojnie jako męża Ireny Sendlerowej.

Pauline Monat opisała, jak do niej trafiła. Monatowie byli z Łodzi, a w czasie wojny znaleźli się w getcie w Kielcach. Kiedy zdecydowali się ukryć, przyjechali razem z córkami do Warszawy, bo tam nikt ich nie znał. Tyle że oni też nikogo nie znali. Jedynym ich kontaktem była ukrywająca się gdzieś w mieście siostrzenica. Czternastoletnia Halina Złotnik, ta, która zadomowiła się w domu na Lekarskiej. „Cieszyła się opieką tak serdeczną, jak można tylko w snach sobie wyobrazić" – pisze Monat[21].

[17] K. Głogowski, *W służbie humanizmu i patriotyzmu. Rozmowa z Jadwigą Piotrowską*, „Słowo Powszechne" 1968, nr 94.

[18] P. Robinson, *Jadwiga*, dz. cyt., s. 25-26.

[19] I. Sendlerowa, *„Jaga"*, dz. cyt.

[20] Piotrowska pisała o niej „Złotnicka", pewnie na takie nazwisko wyrobiła jej fałszywe dokumenty.

[21] P. Monat, Oświadczenie z 18 lutego 1964, AŻIH, Teczka J. Piotrowskiej, sygn. 349/24/1903. Wnioskując o przyznanie Piotrowskiej medalu Sprawiedliwych, Monat pisze tam: „To sprawa wielkiej wagi, by heroiczne czyny takich ludzi były znane na świecie. Pomagając Żydom, narażali się na podwójne niebezpieczeństwo: od nazistów i jeszcze bardziej od polskich chuliganów, którzy

Jadwiga Piotrowska przed wojną

Halina Złotnik po zakończeniu wojny miała dwanaście lat i napisała pamiętnik. Przeżyła getto w Głownie, przenosiny do getta warszawskiego, ukrywanie w składzie szmat w czasie deportacji, ucieczkę z getta razem z członkami placówki. Przenoszona z miejsca na miejsce przez krąg pracowniczek Wydziału Opieki, przebywała u Papuzińskich, u Izabelli Kuczkowskiej, u jej krewnej na Pradze, aż trafiła do Jadwigi Piotrowskiej. Halinka opisuje, że na widok obcego człowieka wchodzącego do mieszkania bladła i zamierała w przerażeniu, które musiało budzić podejrzenia, a gdy trafiła do Piotrowskiej, odtajała. „Starała się zastąpić mi matkę. Była dla mnie ogromnie dobra”[22]. Piotrowska znalazła dla niej miejsce w sierocińcu zakonnym w Łomnie.

„Monatowie nie potrzebowali pomocy finansowej ani mieszkaniowej, ale natomiast byli szczęśliwi, mogąc zawsze odwiedzić nas i znaleźć się w atmosferze prawdziwej przyjaźni” – opisuje Piotrowska w oświadczeniu dla Yad Vashem[23]. Tak samo drugie odwiedzające ich małżeństwo, Maria i Kazimierz Rapaczyńscy – „również nie potrzebowali materialnej pomocy, natomiast i oni przychodzili, żeby odetchnąć spokojem”[24]. To powraca w wielu wspomnieniach: móc po prostu przyjść do kogoś w odwiedziny, przez chwilę nie czuć się zaszczutym – to dawało siłę do wytrwania. A też Piotrowska nie poprzestawała na zapraszaniu w gości. Monatom znalazła mieszkanie do wynajęcia, ich córki wzięła najpierw do siebie, a po kilku tygodniach umieściła u sióstr w Chotomowie. Przyjęła też na jakiś

donosili na Żydów i na swoich współrodaków, którzy udzielali im schronienia. Nie mieli w tym żadnego własnego interesu. Może tylko by ocalić twarz Polakom, których większość nie odczuwała żadnego współczucia wobec losu, jaki zgotował Żydom Hitler”. Trudno zrozumieć, jak to możliwe, że oświadczenie nie zapoczątkowało procesu przyznania Piotrowskiej medalu Yad Vashem. Dostała go dopiero prawie ćwierć wieku później, w 1987 roku.

[22] H. Złotnik, Pamiętnik, AŻIH, 302/93/VII, kopia III. Duże fragmenty pamiętnika zostały opublikowane w książce T. Berenstein i A. Rutkowskiego, *Pomoc Żydom w Polsce 1939–1945*, Warszawa 1963.

[23] J. Piotrowska, Oświadczenie…, dz. cyt.

[24] Tamże. Przedwojenne nazwisko Rapaczyńskich: Rittigstein.

czas Felicję Banach, siostrę Monatowej, i znalazła jej mieszkanie. Umieściła niepełnosprawną umysłowo córkę Rapaczyńskich „u zacnej rodziny w Milanówku". Dziewczynka przeżyła wojnę, jej brat Stefan zginął w powstaniu – opisywała[25].

– Piotrowska tryskała energią, nie nerwową, tylko zorganizowaną – opowiada mi Joanna Majerczyk, córka Marii Majerczyk, która zaprzyjaźniła się z Piotrowską, gdy sama ukrywała się razem z córką w zakładzie sióstr w Chotomowie. – Wiem od mamy, że Jadwiga przekazywała jej pieniądze z Żegoty, które mama dalej przekazywała naszej ukrywającej się rodzinie[26].

Hanna Rechowicz:

– Mama pomagała późniejszemu mężowi Ireny, Zgrzembskiemu. Opowiadała mi, że ukrywał się jakiś czas koło bazaru Różyckiego. Odwiedziła go raz, a on mówi: „Patrzę na ulicę, ludzie chodzą, jedzą ciastka". Mama na to: „Ubierz się i zjemy ciastko". Poszli razem. Mama była bardzo odważna i trochę lekkomyślna.

6 maja 1944 roku Niemcy zaczęli przeczesywać domy przy Lekarskiej, jedni od strony Filtrowej, drudzy od Wawelskiej.

[25] Tamże. Andrzej, urodzony po wojnie syn Rapaczyńskich, zapamiętał, jak jego matka mówiła o pomocy udzielonej im przez Piotrowską. Z opowieści rodzinnych wynikało, że siostra cały czas ukrywała się z matką, więc w Milanówku musiała być krótko. „Gdy emigrowaliśmy w 1968 roku, moja matka poszła do Jadwigi Piotrowskiej się pożegnać. Nie spotykały się po wojnie, to był symboliczny gest" – mówił mi.

[26] „Poznałam ją w Zakładzie dla dziewczynek w Chotomowie – pisała Jadwiga Piotrowska o Marii. – Była kobietą o wielkiej inteligencji i wielkiej wartości charakteru. Nasza przyjaźń przetrwała wiele lat, aż do czasu jej śmierci" (J. Piotrowska, *Oświadczenie*..., dz. cyt.). Maria Majerczyk już na samym początku wojny, w listopadzie 1940 roku, umieściła w Chotomowie swoją córkę Joasię, która miała wyraźnie „zły wygląd". Pomogła jej w tym Helena Radlińska. Joasia była tam do marca 1945 roku, jej mama, która miała dobre „aryjskie papiery" i pracowała w niemieckiej firmie, odwiedzała ją co niedzielę. Wtedy poznała Piotrowską. Gdy Maria Majerczyk odwiedziła córkę w przeddzień powstania warszawskiego, została już w Chotomowie, a siostry zatrudniły ją jako kierowniczkę zakładu. W Chotomowie przechowało się kilkanaście żydowskich dziewczynek, dwie, w tym Joasia, były zamykane w schowku pod schodami, gdy przychodziła inspekcja (Rozmowa z J. Majerczyk, 2016).

Pod numerem 9 było kilkoro żydowskich dzieci, a także para znajomych podpadających pod ustawy norymberskie. Piotrowska opisywała: „Czekaliśmy na wejście Niemców, cichutko odmawiając Litanię. Stałam przy kuchni, trzymając nad piecem spisy umieszczonych w zakładach dzieci żydowskich, którym nadaliśmy inne imiona i nazwiska. Szykowałam się do wrzucenia ich w ogień. Tymczasem krzyki Niemców ucichły i nikt do naszego domu nie wszedł. Prawdopodobnie idący z jednej i drugiej strony myśleli, że dom został zrewidowany. Z innych mieszkań natomiast wywleczono pięciu mężczyzn i rozstrzelano zaraz na rogu Wawelskiej i alei Niepodległości"[27].

Ulica Lekarska nie wydawała się najlepszym miejscem do ukrywania Żydów. Była przedzielona wzdłuż drutem kolczastym: po jednej stronie mieszkały Niemki, pielęgniarki z niemieckiego szpitala wojskowego, po drugiej kwitła konspiracja. Wcześniej wiedziałam tylko o jednym takim miejscu na mapie Polski, warszawskim Żoliborzu, gdzie w wybudowanych przez PPS domach spółdzielczych mieszkali lewicowi inteligenci i robotnicy; przechowało się tam wyjątkowo wielu Żydów i było stosunkowo mało donosów. Ulica Lekarska okazała się drugą taką nadzwyczajną enklawą. Prawie w każdym domu ukrywano Żydów. Hanna Rechowicz wylicza:

– U nas było ich dużo, potem profesor Michałowicz z synem i synową ukrywali adwokata, dalej był Marian Falski, ten od *Elementarza*, którego żona była Żydówką i nic jej się nie stało w czasie wojny, Roman Feliński, architekt z żoną Żydówką, zamurował okno w jednym pokoju, tak by robiło wrażenie, że tam nie ma pomieszczenia. Sklep warzywniczy naprzeciwko w alei Niepodległości prowadziła dość prosta kobieta, przechowywała tam zimą w piwnicy żydowskie dzieci. Jedyne aresztowanie było w domu po drugiej stronie, doktor Garlicka i jej córka ukrywały się pod innymi nazwiskami, nie wiadomo, kto doniósł, ale to już nie była Lekarska.

[27] K. Głogowski, *W służbie*…, dz. cyt.

Zakład zakonny dla dziewcząt w Chotomowie, Pierwsza Komunia Święta. Na górze od lewej ukrywana tam Joanna Majerczyk, córka Marii, przyjaciółki Jadwigi Piotrowskiej, w środku siostra przełożona, po prawej wychowawczyni siostra Witolda, 1941

O tej ulicy mówiono przed wojną „masońska"[28]. Marian Ponikiewski, współzałożyciel spółdzielni mieszkaniowej, która zbudowała domy na Lekarskiej, był mistrzem Wielkiej Narodowej Loży Polski. Loża miała tu siedzibę, a sąsiadami w większości też pewnie byli masoni.

[28] M Cegielski, A. Zakrzewska, *7 lat z Edkiem…*, dz. cyt.

Jesienią 1944 roku mieszkańcy Lekarskiej zostali wraz z ludnością cywilną Warszawy wysiedleni z miasta. Piotrowska po powstaniu znalazła się w Sochaczewie, gdzie udało jej się nawiązać kontakt z Żegotą, dzięki czemu mogła wspomagać finansowo Żydów, którzy znaleźli się w okolicach Milanówka i Grodziska[29]. Gdy rodzina wróciła do Warszawy, zastała rozszabrowany dom i przekopany ogródek.

Hanna Rechowicz pokazuje mi drzewo w ogrodzie.

– To jabłonka, pod którą moja mama zakopywała dokumentację dzieci z ich prawdziwymi żydowskimi nazwiskami. Zakopała tam też inne cenne rzeczy, papiery, porcelanę. Po powstaniu zostaliśmy wysiedleni, miasto było palone dom po domu. U nas zachowała się tylko suterena. Mama mówiła, że nic nie ocalało, na całej naszej ulicy wszystkie ogródki były rozkopane, przegrzebane, domy okradzione.

Gdy wrócili do Warszawy i odbudowali zrujnowany dom, nadal była z nimi dwójka uratowanych, Halina i Janek. Piotrowska opisywała, że mieszkali u nich na prawach członków rodziny. Halina była żarliwą katoliczką, wciąż pytała, jak to możliwe, że Żydzi nie akceptują Jezusa, skoro był Żydem. „Chcieliśmy, żeby została z nami, ale przyjechał wujek i ją zabrał do Anglii" – opowiadała Piotrowska[30]. Janka zamierzała usynowić, jej ojciec uważał go za swojego wnuka. Ale też odnalazła się rodzina i Janek – a naprawdę Josek Buschbaum – wyjechał z Polski. Marian Ponikiewski jeszcze długie lata czekał na wiadomość od niego. Nigdy nie przyszła.

[29] I. Sendlerowa, *„Jaga"*, dz. cyt.

[30] P. Robinson, *Jadwiga*, dz. cyt.

Rozdział 9

Opuszczające umarłych wszy wpełzają mu na twarz

We wstępie do *Chleba rzuconego umarłym*, powieściowego *opus magnum* getta warszawskiego[1], Bogdan Wojdowski pisał: „Dla ścisłości muszę zanotować, że do mnie docierało nieraz stypendium Żegoty i nawet domyślam się, kto był łącznikiem stojącym najbliżej organizacji"[2].

Łącznikiem, czy raczej łączniczką, była Irena Sendlerowa. Przekazywała pieniądze Żegoty dla niego i jego siostry.

Bohater powieści ma jego imię – Dawid – i trzynaście lat, jak on, kiedy był w getcie[3]. Wojdowski nigdy nie opuścił tamtego

[1] Określenie Aliny Molisak, autorki znakomitej monografii Wojdowskiego (A. Molisak, *Judaizm jako los. Rzecz o Bogdanie Wojdowskim*, 2004). Jestem jej podwójną dłużniczką, wiele dowiedziałam się z jej książki, a także korzystałam z materiałów zgromadzonych przez nią w czasie pracy.

[2] B. Wojdowski, *Chleb rzucony umarłym*, Warszawa 1971, s. 6. W jego papierach zachowały się dwa życiorysy, w pierwszym opisuje, że stypendium Żegoty dostawał od Ireny Sendlerowej, pseudonim „Jolanta", która „przez krótki czas osobiście przechowywała moją siostrzyczkę" (B. Wojdowski, Życiorys niedatowany, prawdopodobnie z 1994 roku), w drugim: „Siostrze mojej, która żyje do dziś, bardzo pomogła p. Irena Sendlerowa, która trzymała ją u siebie jak własne dziecko, a potem umieszczała w różnych miejscach; związana z Żegotą miała na to środki, liczne kontakty. Wielu ludziom pomogła" (B. Wojdowski, Życiorys ze stycznia 1979 roku, wysłany izraelskiemu dziennikarzowi Alexandrowi Zviellemu; oba życiorysy pochodzą z archiwum prywatnego M. Iwaszkiewicz-Wojdowskiej; dziękuję jej serdecznie za zgodę na wykorzystanie dokumentów po mężu).

[3] „Książka jest mocno osadzona w autobiografii, ale zarówno w zamierzeniu, jak i w rezultacie – jest powieścią" – pisał Wojdowski (B. Wojdowski, Życiorys niedatowany, dz. cyt.).

czasu; przetwarzał go w literaturę. Popełnił samobójstwo w 1994 roku. Z Irką, jego siostrą, rozmawiałam wielokrotnie, choć niełatwo ją było namówić. Przez wiele dziesiątek lat nie chciała pamiętać, że jest Żydówką[4].

– Brat był Dawid, Danek, Bogdanek. Stąd Bogdan. Może powiem pani potem, jakie ja miałam imię, ale jeszcze nie teraz – mówiła przy pierwszej rozmowie.

– Wiem, była pani w Żydowskim Instytucie Historycznym, tam jest moje imię zapisane i pani je teraz zna. Ale niech pani go nie pisze, proszę panią – mówiła przy kolejnej.

Nie piszę, chociaż imię było takie ładne, łagodne i ciepłe.

Rodzinę wojna zastała w Warszawie, w domu na rogu Towarowej i Srebrnej, tuż przy torach kolejowych. Od frontu, na Srebrnej, mieścił się sklep tapicersko-dekoracyjny prowadzony przez ojca, a od zaplecza, na Towarowej, był pokój, całkiem spory, w kształcie litery L. Zanim go dokupili, Szymon Wojdowski mieszkał z żoną Edwardą i dwójką dzieci w pakamerze bez okien za sklepem. W mieszkaniu był kran z zimną wodą, na podwórku wspólna ubikacja. Za to ściany były obwieszone obrazami i białą bronią, Wojdowski miał duszę kolekcjonera. Po ślubie nauczył się od żony pisać i czytać po polsku, ale w domu mówili w jidysz[5].

Dawid, ten z książki Wojdowskiego, żyje w świecie opowieści biblijnych dziadka. Wspomina, jak w Rosz Haszanę chodził z nim w tłumie czarno ubranych Żydów nad rzekę, a polscy chłopcy biegli za nimi z kijami, oblewali wodą modlących się, wrzeszczeli: „Żydzie, Hitler idzie! Żydzie, Hitler idzie!”[6].

Dawid, ten z krwi i kości, pamiętał, że na święta żydowskie jeździli wielokrotnie do rodziny do małego miasteczka.

[4] Gdy w 2001 roku moja koleżanka z „Gazety Wyborczej” Magdalena Grochowska pisała reportaż o Irenie Sendlerowej, Irena Wojdowska zastrzegła sobie pełną anonimowość i występuje w nim jako „Anna” (M. Grochowska, *Lista Sendlerowej*, „Gazeta Wyborcza”, 9–10 czerwca 2001).

[5] Rozmowa z I. Wojdowską, 2014.

[6] B. Wojdowski, *Chleb rzucony*..., dz. cyt., s. 12.

Obchody Rosz Haszany musiały tam tak wyglądać, w ostatnich latach II Rzeczypospolitej żydowskie święta były częstym pretekstem do antysemickich zamieszek.

Dawid Wojdowski był wyjątkowo rezolutnym dzieckiem. Gdy się zakochał, jeździł codziennie pod dom Małki, swojej sympatii, która mieszkała kilka przystanków tramwajowych od niego. Małka Jasińska, po wojnie Alina Łubek, opowiadała mi, jak Dawid, pięcioletni, pożyczał tornister, żeby udawać, że tak jak ona chodzi do pierwszej klasy.

W 1939 roku Szymona Wojdowskiego powołali do armii. Bombardowanie torów nie ustawało, więc matka każdemu z dzieci dała walizkę do ręki i tak tułali się po rodzinie. Dawid miał mocny sen, wybuchy go nie budziły, ale Irka nabawiła się nerwicy żołądka[7].

„I pewnego dnia – pisał Bogdan Wojdowski – w oczach ludzi z tej i tamtej strony zaczęli murarze murować mur na Żelaznej i Siennej, i Wielkiej, i przez Bagno, i Próżną, i Grzybów, i Graniczną, i plac Żelaznej Bramy do Hal, zamykając tak dzielnicę południową. I to było małe getto. A dalej mur ciągnął się Chłodną do Ptasiej, Przechodnią do Długiej, Mylną do Przejazdu, Świętojerską do Ciasnej, Koźlą na Przebieg, przez Pokorną, Stawki, Dziką i Okopy, zamykając dzielnicę północną. Tam było duże getto"[8]. Dawid „krążył wokół placu Grzybowskiego, wzdłuż Ciepłej, Ceglanej, Prostej i na Walicowie, unikając dróg kończących się nagle u strzeżonych wylotów ulic. Ale gdziekolwiek się obrócił, tam wyrastał przed nim mur"[9].

W czasie przesiedlania, gdy Żydzi zamieniali się mieszkaniami z Polakami, którzy dotąd mieszkali na terenie powstającego getta, Wojdowscy zamienili się nie tak, jak trzeba (granice getta zmieniały się do ostatniej chwili). Pani Wojdowska znalazła się

[7] Rozmowa z I. Wojdowską, 2014.
[8] B. Wojdowski, *Chleb rzucony…*, dz. cyt., s. 56.
[9] Tamże.

Helena Rybak, 1935

z dwójką dzieci i wózkiem załadowanym tłumokami bez dachu nad głową. Spotkana przypadkiem na ulicy przyjaciółka jej siostry Helena Rybak wzięła ich do siebie, na Krochmalną 42[10]. W dwóch pokojach mieszkało tam już siedem osób, a wkrótce doszli jeszcze Szymon Wojdowski, który wrócił ze wschodu, i ciocia Bela, najstarsza córka najmłodszego brata jego babci, który był rabinem. Za chwilę, po wysiedleniu Żydów z małych miasteczek i wpakowaniu ich do już zapchanego getta, okaże się, że wcale nie mieli tak ciasno.

[10] H. Rybak-Zakrzewska, List do B. Wojdowskiego z 22 kwietnia 1989 (archiwum prywatne M. Iwaszkiewicz-Wojdowskiej). Wojdowski prowadził z nią korespondencję, w której wypytywał o czas okupacji, a kilka lat przed jej śmiercią nagrał z nią także rozmowę (B. Wojdowski, Rozmowa z H. Rybak-Zakrzewską przeprowadzona 25 sierpnia 1990 roku, opracowana przez B. Szwarcman-Czarnotę, archiwum prywatne B. Szwarcman-Czarnoty; dziękuję jej za udostępnienie maszynopisu). Nie zachowały się niestety listy Wojdowskiego do Rybak. Wielka strata; sądząc po jej odpowiedziach, pisał jej dużo o sobie. „List Twój jest tragiczny, ale takie też to żydowskie życie" – odpisywała mu na przykład 15 czerwca 1989 roku.

„Matka zamykała z niechęcią oczy i całe dni trwała bez ruchu twarzą do ściany. [Ojciec] pocieszał ją, jak mógł. A pociecha leżała na ulicy. Plotki, ślepe i kalekie płody nadziei roznoszone przez żebraków, dzikie pogłoski co dzień oblegające miasto, które sam z politowaniem odpychał od siebie, teraz puszczał w ruch. To było najtańsze lekarstwo. [...]

Matka wołała, że tego nie przetrzyma. Ale wstała po raz pierwszy od dłuższego czasu i zaczęła się niedołężnie krzątać.

– Boże, kiedy to się wszystko skończy?

A to się dopiero zaczęło"[11].

Póki getto było jeszcze otwarte, Wojdowska pracowała nielegalnie w sklepie z krawatami u pani Malanowskiej[12] na Marszałkowskiej – zdejmowała opaskę i udawała przed klientami Polkę. Gdy zamknęły się bramy, wymykała się sama albo posyłała Irkę z dzierganymi w getcie swetrami, które pani Malanowska wystawiała na sprzedaż[13].

„Po zamknięciu getta zaczął się straszliwy głód – pisała Helena Rybak wiele lat później do Bogdana Wojdowskiego. – Irka miała chyba osiem lat, wychodziła przez dziury w murach albo przelatywała wachę, dziecko zaopatrywało dom"[14].

Irka:

– Strasznego głodu nie pamiętam. Dużo się bawiłam w Indian z Bogdanem na strychu, a Niemcy zabraniali wchodzić na strychy. Włóczyłam się po ulicach, gdzie przechodziłam koło trupów dzieci z olbrzymimi głowami i z wychodzącą kiszką stolcową, leżących na bruku. Chodziłam przez kładkę łączącą małe getto, gdzie mieszkaliśmy, z dużym gettem,

[11] B. Wojdowski, *Chleb rzucony*..., dz. cyt., s. 62.

[12] Irena Wojdowska podaje takie brzmienie jej nazwiska, Helena Rybak w listach pisze „Marynowska". Prawdopodobnie chodzi jednak o M. Malanowską (jej imię nie jest podane, Irena Wojdowska też go nie pamięta), która w tym czasie prowadziła sklep z artykułami dla dzieci i galanterią przy Marszałkowskiej 116.

[13] Rozmowa z I. Wojdowską, 2014.

[14] H. Rybak, List do B. Wojdowskiego z 22 kwietnia 1989, dz. cyt. (z drobnymi poprawkami redakcyjnymi, tam gdzie bez nich tekst byłby trudno czytelny).

choć to nie było bezpieczne. Aleja Corso, tak mówili Żydzi i spacerowali tamtędy. Często wychodziłam na drugą stronę. Miałam na sobie swetry wydziergane w getcie, jeden na drugim, podwinięte rękawy, na to płaszcz. Zawoziłam je do sklepu tekstylnego pani Malanowskiej, a do getta szmuglowałam słoninę i chleb.

Takich małych szmuglerów jak Irka opisał w swojej książce Mietek Pachter, który sam, wtedy kilkunastoletni, zajmował się szmuglem na wielką skalę: „Dzieci te śmiały się śmierci w oczy, dla tych nie było strachu, ryzyka, deszczu, zimy, mrozu, nic nie ustraszało ich, wiedzieli, co czynią. Takie dziecko ratowało przecież całą rodzinę z głodowej śmierci. Siedziało to gdzieś w kącie, a w dogodnej chwili lecieli do ataku, tak można to śmiało nazwać. Towar ładowali do marynarki, wypełniając przestrzeń między podszewką a materiałem. Wyglądało to, jakby mieli skrzydła. Tak, to byli prawdziwi aniołowie – lecieli przez wachy, trzymając wątłymi rączkami towar, by podszewka czasami się nie rozerwała i towar by się nie wysypał. Ileż to razy policjanci na rozkaz niemca złapali takich biedaków i zaprowadziwszy ich do budki, zabierali im wszystko, jeszcze pobijając ich"[15].

Rodzice w końcu zabronili Irce wychodzić.

– Stałyśmy obie z mamą niedaleko bramy i mama mówi: „Wyjdź". Stuknęłam nogą w asfalt: „Nie! Ja sama wiem najlepiej kiedy!". Bo my, dzieci, wiedzieliśmy, kiedy jest ta dogodna chwila, żeby się wymsknąć. Rodzice się przestraszyli, że już nie jestem dzieckiem. A jeszcze jak zabrali mi na wasze chleb z plecaka, byłam tak zła, tak wściekle rozdrażniona, że mama uznała, że to zmienia mi psychikę.

Gdy rozmawiałam z nią o getcie, za każdym razem opowiadała, jak źle jej tam było z powodu Heleny Rybak, jakby zamknęła w niechęci do niej wszystkie złe wspomnienia.

[15] M. Pachter, *Umierać też trzeba umieć…*, Warszawa 2015, s. 67–68.

– Spałam w jednym łóżku z Bogdanem, podlewałam go w nocy i ona mnie zawstydzała. Prawiła morały, że jestem już duże dziecko. Nigdy jej nie lubiłam!

– Ale Helena Rybak wam obojgu potem uratowała życie. To nie jest powód, żeby kogoś lubić? – pytałam.

Ktoś zapamiętał Irkę, kiedy już się ukrywała po aryjskiej stronie, jako niewyrośniętą ośmiolatkę, która opowiada, jak to przeskakiwała gołe trupy dzieci na ulicy, „wszystko z nich zdzierano, po co to umarlakom?”[16]. Wojdowski opisywał te dzieci na chwilę przed śmiercią. „Za przechodniem obracały się nieśmiało suche czaszki, zapadłe oczodoły, ziemiste jamy na żółtej skórze, z których wydobywał się opar gorączki, żaru trawiącego wciąż jeszcze te szkielety gasnące, bezsilne, nieme. Życie uchodziło z nich, dopalało się cicho, jak garstka karbidu zwilżonego wodą”[17]. Z chirurgiczną precyzją portretował anonimowych żebraków na ulicach, ale też zaprzyjaźnione z nim dzieci i dorosłych w kolejnych fazach głodu i umierania. I sny swojego bohatera. „Opuszczające umarłych wszy, wszy uciekające rojnie z zimnych sztywnych ciał, wpełzają mu na twarz”[18].

„Część naszej rodziny w getcie z głodu umarła, babcia, ciotki, wujkowie” – pisał[19].

Dawid z getta nie wychodził. Nie miał odwagi, mówi Irka, a poza tym był obrzezany i rodzice się bali. To samo pisała Helena Rybak, gdy Wojdowski dopytywał o każdy szczegół życia w getcie: „Ty nie wychodziłeś, chłopcom było trudniej. Płakałeś, że jesteś darmozjadem, ale połykałeś książki”[20].

[16] W. Koszutska, Nagranie z 30 maja 1997, VHA, Interview Code: 31706.

[17] B. Wojdowski, *Chleb rzucony*..., dz. cyt., s. 141. [18] Tamże, s. 114.

[19] B. Wojdowski, Relacja z 21 sierpnia 1990 (archiwum prywatne M. Iwaszkiewicz-Wojdowskiej).

[20] H. Rybak, List do B. Wojdowskiego z 22 kwietnia 1989, dz. cyt. W życiorysie, który wysłał izraelskiemu dziennikarzowi, Wojdowski pisze, że przekraczał wachę, by kupować żywność po aryjskiej stronie (B. Wojdowski, Życiorys ze stycznia 1979, dz. cyt.).

W opowiadaniu *Plac Grzybowski* Wojdowski pisze o chłopcu, który boi się wyjść przez wachę i z którego wyśmiewają się siostra, kuzynka Belcia, ojciec. Jednego dnia nie wytrzymuje ich spojrzeń pełnych pogardy. „Tego dnia na ulicy Żelaznej długo oglądał czarne gzymsy mokrych kamienic, gołębie w szczelinach ścian, przechodniów bez przepustek stojących trwożnie przed wachą, ochlapanych do kolan kulisów, którzy prowadzili tędy swe riksze, drewniany most ponad ulicą Chłodną [...]. Zmierzchało już i mały, dając się unieść fali ogromnego żalu do wszystkiego, co żyje – środkiem ulicy wolno podszedł do strażnika i zdjął przed nim czapkę. Niemiec zachęcająco machnął głową, a mały, wiedząc, że już nie może się cofnąć, równym krokiem przeszedł na tamtą stronę"[21].

Przez chwilę chcemy wierzyć, że mu się udało, zanim dociera do nas, że „przejście na tamtą stronę" jest przejściem na stronę śmierci.

Ten sam wątek pojawia się w *Chlebie rzuconym umarłym*: „I Dawid wie, że dzisiaj nie pokona strachu. Już wie, że jest tchórzem. Tam czekają, a on wróci grzecznie i pokaże im puste ręce"[22]. W końcu udaje mu się przezwyciężyć strach, ale po aryjskiej stronie dociera do niego, że jego miejsce jest w getcie. „Po co się tu znalazł? Aby kupić trochę chleba? To było tak niedorzeczne, że zapragnął gorąco powrotu – natychmiast, tam, na te uliczki, gdzie wszyscy chodzą jawnie z opaską na ramieniu. Był sam i myśl, że mógłby się znaleźć z powrotem wśród swoich, otoczony ich twarzami, przejęła go tęsknotą i goryczą niezaznanego jeszcze z taką siłą osamotnienia. Po zdjęciu opaski został odepchnięty przez cały ten świat, na którym nie ma już dla niego miejsca"[23].

Helena Rybak przekraczała wachę wiele razy, miała świetną przepustkę: Polki, która prowadzi interesy w getcie. Patrzyła

[21] B. Wojdowski, *Mały człowieczek, nieme ptaszę, klatka i świat. Opowiadania zza muru*, Warszawa 1975, s. 48.

[22] B. Wojdowski, *Chleb rzucony...*, dz. cyt., s. 206. [23] Tamże, s. 215.

bezradnie, jak na dzieci, które z narażeniem życia wychodziły na aryjską stronę i wieczorem wracały z wyżebranym kawałkiem chleba czy kartoflem, napadały tuż przed bramą hordy smarkaczy i starszych szmalcowników. Cięli im palta żyletkami, wysypywały się ich marne trofea, „wszystko wypadało przed samym Niemcem, a potem męka tego dziecka, strach i bicie" – opowiadała[24].

Z zawodu przedszkolanka, z przekonań i ze stażu komunistka – działała w Komunistycznym Związku Młodzieży Polskiej i zdążyła wstąpić do Komunistycznej Partii Polski tuż przed jej rozwiązaniem – była zaprzyjaźniona z Idą Bark, siostrą Edwardy Wojdowskiej, która też komunizowała. Mimo swojsko brzmiącego polskiego nazwiska pochodziła z tradycyjnego żydowskiego domu, ale miała tak zwany świetny wygląd, stanowcze przekonania i zawrotną odwagę. Kursowała między gettem a aryjską stroną; do przepustki wkładała dziesięć złotych, na wszelki wypadek, gdyby któryś z policjantów chciał się przyczepić. Wynosiła z getta części maszyn drukarskich dla towarzyszy po aryjskiej stronie. Handlowała, by utrzymać swoją roczną córeczkę Danusię, ale także by wspomagać wielu ludzi w getcie, a później po aryjskiej stronie[25]. Promienny przykład pomocy udzielanej Żydom przez Żydów.

W sprawie grasujących pod bramami getta band zwracała się o pomoc do partyjnych towarzyszy: „Postawiłam sprawę, że wystarczy tylko trójka, czwórka ludzi, zbić mordy albo palnąć w nogi, żeby nie mogli chodzić, i oni się przestraszą. Na niektórych wachach zrobili to sami Żydzi. Absolutnie nie mogłam się tego doprosić"[26]. Któregoś razu, gdy chciała na jakiś czas wywieźć swoją córeczkę na wieś, żeby odetchnęła świeżym powietrzem, zorganizowała jej przerzut na rękach młodej dziewczyny,

[24] B. Wojdowski, Rozmowa z H. Rybak-Zakrzewską..., dz. cyt.

[25] Teczka osobowa Zakrzewska Halina, AAN, Zbiór akt osobowych działaczy ruchu robotniczego, sygn. 5951I. Patrz też: A. Molisak, *„Biała Helka" – portret komunistki*, „Midrasz" 2015, nr 3.

[26] B. Wojdowski, Rozmowa z H. Rybak-Zakrzewską..., dz. cyt.

a sama szła za nimi. Przez wachę przeszły bez trudu, ale zaraz za bramą pojawił się chłopiec, jedenasto-, może dwunastoletni. „Co za Mańka, to jest Hajka" – zagadnął Rybak, gdy ta zwróciła się do dziewczyny „Maniu". „Oddam ją Niemcom i oni zapłacą". Weszła z nim do najbliższej bramy. „Przyłożyłam w jedną stronę, w drugą stronę, aż mu ząb wyleciał. Przestraszyłam się strasznie tego, co zrobiłam, bo było to moje pierwsze bicie człowieka, i to nie dorosłego, tylko dziecka. Nigdy nie mogłam zapomnieć, to mnie często budziło po nocach" – opowiadała[27].

O snach tych, którzy wydawali Żydów, nic nie wiemy.

Bogdan Wojdowski opisał świat zaraz za bramą getta: „Skoro tylko dojrzeli w tłumie ścierpłą, ciemną od strachu twarz, zaraz biegli za jej właścicielem i wołali »Szapiro, daj na szmalec« albo krótko »Szmalec!«. Wzrok i węch nie myliły ich nigdy. Tropili swoją zwierzynę zajadle i cierpliwie. Szukali punktów zagęszczenia, ruchliwych miejsc spotkań. Jak myśliwi z żerowiska nie rezygnowali łatwo z przypadku. Polowali w pojedynkę i sforą na przystankach, w bramach i na ulicy. W okresie masowej deportacji i masowych ucieczek na tę stronę siadywali stadkami na chodniku pod murem i godzinami nie ruszali się z miejsca. Zwierzyna przychodziła sama […]. Dawałeś okup: potem mówiłeś »do widzenia« i szedłeś w swoją stronę. Oni mówili »do widzenia« i również szli w swoją stronę. Mało zostało prawdziwych słów, mało słów zachowało swój sens, nawet najbardziej zdawkowe"[28].

Bogdan odnalazł w getcie Małkę, swoją miłość z czasów przedszkolnych.

– Byliśmy bardzo blisko – mówiła mi. – Biliśmy się, przepraszaliśmy, odgrywaliśmy przedstawienia, jak bierzemy ślub. W getcie mieliśmy dużo wolności, dorosłym inne rzeczy były w głowie.

[27] Tamże.

[28] B. Wojdowski, *Najniższa cena*, „Przegląd Kulturalny", wrzesień 1957, przedruk: „Midrasz" 2014, nr 3.

Rodzicom Wojdowskim udało się za łapówkę dostać do brygad pracy, które wychodziły na zewnątrz. Pracowali w wytwórni puszek do konserw w okolicach placu Grzybowskiego. Szukali kogoś, kto mógłby wziąć ich dzieci. Nikt nie chciał, szczególnie chłopca. W końcu Szymona Wojdowskiego zagadnął stolarz, który kręcił się w pobliżu, nazywał się Grzybowski. Przypomniał się jako znajomy sprzed wojny, Wojdowski zlecał mu prace tapicerskie. Zaproponował, że może przyjąć jego dzieci za pieniądze.

Uciekaj i żyj – mówi dziadek do powieściowego Dawida. „Jak będą złorzeczyć na Żydów, milcz. Jak będą szydzili z Żydów, milcz. Zamknij oczy i uszy na wszystko. Zapomnij, kim jesteś, kim ojciec i matka twoja. Zapomnij, kim byli twoi dziadkowie. Niech ci powieka nie drgnie, kiedy zobaczysz swoich pędzonych do dołu. Odwróć się z tego miejsca i idź. Dawid, czy ty mnie słyszysz? Masz mieć kamień zamiast serca. Słyszysz? Wypędź z pamięci nas wszystkich. I żyj, amen”[29].

Irka i Bogdan wyszli z robotnikami idącymi na placówkę, wacha była przekupiona. W grupie było jeszcze kilkanaścioro dzieci[30]. Irka nie pamięta nic z tego przejścia. Bogdan zachował w pamięci pożegnanie z ojcem. „Nie ocalała nawet podobizna mojego ojca, nic, tylko ja i we mnie jego ostatnie słowa: »Uważaj, zostajesz sam«. Dotknięcie nieogolonej brody też pamiętam” – pisał w nieopublikowanych zapiskach[31].

Irka po tylu latach powtarzała mi wiele razy, wciąż z tym samym żalem:

– Nie mogłam darować rodzicom, że nie zostali z nami. Zostawili nas wśród obcych ludzi. Dlaczego mama ze mną nie wyszła? Mówiła świetnie po polsku, bo ojciec to kaleczył. Ja też miałam naleciałości. Ojciec miał akcent niezbyt czysty i te

[29] B. Wojdowski, *Chleb rzucony*..., dz. cyt., s. 290.

[30] B. Wojdowski, Relacja..., dz. cyt.

[31] B. Wojdowski, *Myśli, widoki, fragmenty*, niedatowane zapiski zgromadzone w teczce o tym tytule (archiwum prywatne M. Iwaszkiewicz-Wojdowskiej).

warunki zewnętrzne, ale mama mogła się przechować. Co ją trzymało? Solidarność z ojcem była ważniejsza?

Nie wiemy, co przesądziło o tym, że Wojdowscy zaryzykowali umieszczenie dzieci po aryjskiej stronie. Na taki krok decydowali się najczęściej Żydzi zasymilowani, a najlepiej – zasymilowani i zamożni, wrośnięci w polskie środowisko. Wojdowscy musieli wiedzieć, że szanse ich dzieci na przeżycie poza gettem są znikome, szczególnie obrzezanego syna, a jednak zaryzykowali. Bogdan miał wtedy prawie dwanaście lat, Irka – blisko dziesięć.

Przynieśli stolarzowi pieniądze i kosztowności. Dzieciom zawiesili na szyi szare woreczki. „W woreczku pod koszulą miałem, bo ojciec mi dał – pisał Wojdowski – fałszywą metrykę, obrączkę ślubną matki i parę złotych na chleb, w bucie ukryty banknot, może dwa, a może pięć dolarów, niewiele. Za te pieniądze kupowałem kawałek chleba i dawałem w tajemnicy młodszej siostrze, bo była głodna"[32].

Wojdowscy stracili pracę niedługo po wyjściu dzieci i odtąd matka krążyła między gettem a aryjską stroną, żeby coś zarobić. Ojciec ukrywał się na galeryjce w ich byłym sklepie na Srebrnej. Pewnego dnia, gdy trwała jeszcze w getcie wielka akcja, pani Wojdowska natknęła się w sklepie Malanowskiej na Helenę Rybak, która już od jakiegoś czasu funkcjonowała w aryjskiej Warszawie na fałszywych papierach. Rozmawiały bez wzbudzania podejrzeń, ot, dwie panie, które spotkały się w sklepie, szukając krawatów dla mężów, i opowiadają, co u nich słychać. Rybak próbowała przekonać Wojdowską, że krążenie między gettem a aryjską stroną zrobiło się zbyt niebezpieczne. Niech już lepiej spróbuje razem z mężem ukryć się tam, gdzie są dzieci. Co się z nimi stanie, jak ją złapią? Wojdowska nie mogła się zdecydować.

„Ze złością powiedziałam: »Daj adres dzieci, nic nigdy nie wiadomo« – opisywała po latach Wojdowskiemu tę ostatnią

[32] B. Wojdowski, Relacja…, dz. cyt.

rozmowę z jego matką. – Wiesz, że w tych strasznych czasach nikt nie chciał mieć cudzych adresów, bo nie był pewny, czy jak gestapo go złapie, będzie na tyle silny, żeby nie wydać adresu. To był ten mój szósty zmysł i dzięki temu żyjecie"[33].

Poszła ich odwiedzić. Przedstawiła się jako polska koleżanka ich matki. Znalazła je zagłodzone, brudne, zziębnięte, spały na wąskiej kozetce w nieogrzewanym korytarzu. Od tego czasu często do nich zachodziła. Bogdana zabierała na cały dzień do znajomej Ukrainki, która go podkarmiała. „Kiedy wieczorem cię odbierałam, pakowała ci do spodni jedzenie dla Irki. Nie brałeś paczki z obawy, że Grzybowski cię zbije, bo się skarżysz, że głodujecie" – opisywała mu[34].

Skończyła się wielka akcja. Rodzice Wojdowskich nie pojawili się u Grzybowskiego. „Po nieudanej próbie ukrycia się ojciec poszedł za matką do transportu i zginęli oboje prawdopodobnie w Treblince" – pisał Wojdowski[35]. Grzybowski postanowił wezwać granatowego policjanta, żeby zabrał dzieci.

Irka:

– Zerwał nam woreczki z szyi, rozrzucił kosztowności na toaletce. Chciał upozorować, że przyszliśmy kraść, i nas wydać.

Wtedy na progu stanęła Helena Rybak.

Każdy, kto przeżył, ma w pamięci jakiś zbieg okoliczności, który nie mógł się zdarzyć, a jednak się zdarzył i go ocalił. Było już późno, zbliżała się godzina policyjna. Rybak miała zanocować tuż obok, u towarzyszy z konspiracji, i postanowiła zajrzeć choć na moment. Grzybowski od progu zaczął krzyczeć, że ona też jest Żydówką.

Z jej listu do Bogdana Wojdowskiego: „Wiedziałam, że nie żartuje, że pójdzie za nami i odda nas w ręce gestapo. Nie

[33] H. Rybak, List do B. Wojdowskiego z 22 kwietnia 1989, dz. cyt.
[34] Tamże.
[35] B. Wojdowski, Życiorys z 14 sierpnia 1973 (archiwum prywatne M. Iwaszkiewicz-Wojdowskiej).

miałam nic do stracenia. Wiedziałam, że tylko atak, a nie obrona, może nas uratować"[36]. „Chodźmy na gestapo – powiedziała. – Mam spis rzeczy, pieniędzy i złota, które pan wziął od rodziców za przechowanie dzieci".

„Szantażysta się zląkł, zaczął przepraszać, że to był tylko żart, a ja nalegałam, jest późno, godzina policyjna, trzeba się spieszyć. Wreszcie mu oświadczyłam, że nie jestem sama, przed bramą chłopcy z organizacji czekają na mnie, wiedzą, dokąd poszłam, może to sprawdzić. Dzieci zabiorę, ale jutro już nie przyjdę sama, i proszę przygotować wszystkie rzeczy, które pan wziął, odliczając koszty utrzymania nędznego"[37].

Po wojnie okazało się, że dzieci Wojdowskich nie były jedyną ofiarą Grzybowskiego. Zaszantażował spotkaną na ulicy kobietę – rozpoznał ją, bo była, jak on, z Kalisza. Zapłaciła mu okup i przeżyła[38].

Helena Rybak kazała Bogdanowi biec na róg Żelaznej i Leszna, gdzie stróżował ich dawny dozorca z kamienicy na Srebrnej. Z Irką pobiegła na Sienną do pani Malanowskiej. Powiedziała jej, że rano przyjdzie Irkę zabrać. Malanowska, jak pisze Helena Rybak, „miała czym ryzykować": mieszkała z dorosłymi synami, którzy prowadzili w domu ożywioną działalność konspiracyjną. Mimo to rano oświadczyła, że dziecko jest zagłodzone, w takim stanie go nie odda, Irena zostanie u niej, póki nie wróci do formy.

Do zabrania był więc Bogdan. Gdy Rybak pojawiła się w stróżówce, już go tam nie było. Powiedział stróżowi, że go ta pani porzuciła, że wszyscy dorośli tak robią i że idzie jej szukać.

[36] H. Rybak, List do B. Wojdowskiego z 22 kwietnia 1989, dz. cyt.

[37] Tamże.

[38] Jadwiga Koszutska, która później opiekowała się dziećmi Wojdowskich, też była z Kalisza. Po wojnie jej siostra spotkała tę kobietę i skojarzyła, że opowiada jej o tym samym Grzybowskim, który o mało nie wydał Bogdana i Ireny (Rozmowa z I. Wojdowską, 2014).

Irka:

– Bogdan strasznie się bał, to było naprzeciwko bramy getta, dozorca pił z tajniakami. Nie wytrzymał czekania i dlatego rano wyszedł.

Helena Rybak w rozpaczy przemierzała ulice. Natrafiła na niego przed wystawą sklepu pani Malanowskiej. Gdy chodzili do znajomej Ukrainki, pokazywała mu, że w tym sklepie pracowała jego mama. „Nie wiedziałam, czy łajać cię, czy całować. Wepchnęłam cię do sklepu, do tylnego pokoiku, który służył za garderobę i kuchenkę. Malanowska[39] cię nakarmiła i wieczorem pojechaliśmy do mnie, do Wesołej"[40].

Opisała surrealistyczną scenę, jak w Wesołej o pierwszej w nocy Bogdan, który leżał w łóżku cały w bąblach od gnid, zapytał: „Ciociu, prawda, że Żydzi dali światu wielkich ludzi, Einsteina, Infelda?". Na co ukrywająca się tam Żydówka, krawcowa Wanda Wiłkomirska, odpowiedziała mu: „Einstein wychował się na kulturze niemieckiej, a Infeld na kulturze polskiej". „A Tuwim?" – zapytał Bogdan już ze łzami w oczach. „Też na polskiej". Rybak o mało nie wyrzuciła jej z domu.

Domek w Wesołej wynajmowała z ogłoszenia. Właściciel, wzruszony jej opowieścią, że jest żoną polskiego oficera więzionego w oflagu i została sama z córeczką, pobierał symboliczną opłatę (sam był w konspiracji, po wojnie siedział za AK). Domek szybko stał się miejscem schronienia dla kolejnych osób „na aryjskich papierach": Wiłkomirskiej, sąsiadki Rybak z getta, z córeczką Dziunią, Reni Szapiro i jej siostry Krysi, od czasu do czasu Zofii Skalskiej z synem Ernestem. „Myślałam tylko o tym, jak będę się tłumaczyła przed ludźmi, że uchowałam moje dziecko, a nie myślałam o innych" – tłumaczyła Wojdowskiemu[41].

Przed Bożym Narodzeniem znów trzeba było coś wymyślić. Irka nie mogła zostać u Malanowskiej, bo przyjeżdżali jej

[39] W oryginale „Marynowska", patrz wyżej.
[40] H. Rybak, List do B. Wojdowskiego z 22 kwietnia 1989, dz. cyt.
[41] B. Wojdowski, Rozmowa z H. Rybak-Zakrzewską..., dz. cyt.

krewni. Z kolei Helena Rybak chciała udawać przed właścicielem domku w Wesołej, że ma rodzinę, ależ oczywiście, do której jedzie na święta. I tak wszyscy zgromadzili się u znajomych Heleny po linii komunistycznej, Jadwigi Koszutskiej i Jadwigi Bilwin, mieszkających w Warszawie na Kole. Dla wielu tam obecnych były to pierwsze w życiu święta z choinką. Irka pamięta, że wydarzeniem były prezenty, które przyniósł Edward Landes (Lanota). Dostała sanki i książki, Bogdan łyżwy. Na obie Jadwigi, siostrę Jadwigi Koszutskiej Wandę i jeszcze jedną ukrywającą się kobietę także czekały paczki, a w każdej nylonowe pończochy (dodam, chociaż wiem, że nie ma to znaczenia dla tej opowieści, że Edward Lanota był mężem mojej ukochanej ciotki Hani, z domu Chany Rottenberg. Był oficerem sztabu Okręgu Warszawskiego Armii Ludowej i zginął w powstaniu warszawskim).

Na Nowy Rok 1943 Rybak z córką i z Bogdanem wrócili do Wesołej. Irka dołączyła do nich po kilku miesiącach. Pani Malanowska nie mogła jej dłużej trzymać, bo sąsiedzi zaczęli się dopytywać. W następnym mieszkaniu, u pani Jabłońskiej, która miała knajpę w Jeziornej, Irka też nie mogła zostać, bo przyuważyli ją goście i kiedy się upili, zagrozili właścicielce, że doniosą.

Tu wojenna historia Wojdowskich na chwilę przesuwa się w kierunku kryminału. Niedaleko domku w Wesołej ukrywała się na aryjskich papierach pewna kobieta z córką, Rybak kiedyś poznała jej męża. Córką zajmowała się Zosia, młoda dziewczyna zatrudniona jako niania. Pewnego dnia Zosia przybiegła do Heleny Rybak przerażona: jej chlebodawczyni właśnie wydała rodzinę żydowską, która się u niej zatrzymała, matkę, ojca i dwie córki. Jak się okazało, kobietę szantażował folksdojcz, który rozpoznał w niej Żydówkę. Była jego kochanką i żądał, by donosiła mu na Żydów. Rybak naradziła się z towarzyszami partyjnymi, dwoma braćmi. Uznali, że trzeba kobietę zlikwidować. Wysłali swoich chłopców. Ci wrócili i zameldowali, że nie mogli wziąć ze sobą broni palnej, bo w okolicy kręci się za dużo patroli niemieckich. Utrzymywali, że podcięli jej gardło i zakopali ciało, po czym jeszcze pół godziny udeptywali ziemię nogami. Tej samej nocy przybiegła Zosia. Jej chlebodawczyni jest w szpitalu w Rembertowie, mocno poharatana, ale żyje. Było jasne, że jak ją przesłuchają, wskaże Helenę, domyślając się, kto mógł ją „wystawić”[42].

Zarządzono natychmiastową ewakuację. Była noc, po godzinie policyjnej. Szli wzdłuż torów. Natrafili na chałupę kolejarza, zapukali. Powiedzieli, że zabłądzili. Przesiedzieli tam do pierwszego porannego pociągu[43]. Wysiedli na peronie w Warszawie, a tam policja niemiecka, granatowa policja, tajniacy, szmalcownicy. Helena Rybak miała ze sobą swoją dwuletnią Danusię, czwórkę ukrywanych dzieci, w tym dwóch obrzezanych chłopców, i żadnego pojęcia, gdzie się z nimi podziać[44].

Irkę i Bogdana zgodziły się wziąć obie Jadwigi, u których spędzali święta. Wynajęte mieszkanie, pokój z kuchnią w domach robotniczych, adres: Obozowa 82. Pisał o nich Wojdowski: „Mówiono: »murowane dokumenty«, ja takich nie widziałem, ale widziałem niezawodnych ludzi, którzy dla ocalenia cudzego istnienia narażali życie własne”[45].

[42] Już wcześniej wieczorem Zofia Skalska dowiedziała się, że jest poruszenie w okolicy, bo „mordowali jedną panią, to prawdopodobnie bolszewicy. Tylko że ona żyje” (B. Wojdowski, Rozmowa z Z. Skalską z 31 stycznia 1990, archiwum prywatne E. Skalskiego; dziękuję za udostępnienie mi spisanej rozmowy).

[43] Tamże.

[44] B. Wojdowski, Rozmowa z H. Rybak..., dz. cyt.; H. Rybak, List do B. Wojdowskiego z 12 lutego 1980, dz. cyt. Chłopcy z podziemia próbowali raz jeszcze zabić szantażystkę po tym, jak wyszła ze szpitala, i też tylko ją poranili, przeżyła (B. Wojdowski, Rozmowa z Z. Skalską..., dz. cyt.).

[45] B. Wojdowski, *Chleb rzucony*..., dz. cyt., s. 6. Wspominając we wstępie (datowanym na 3 stycznia 1971) ludzi, którym zawdzięcza życie, Wojdowski nie wymienia nikogo z imienia i nazwiska. Jest dla niego oczywiste, że publiczne ujawnienie, kim byli ci, którzy „dla ocalenia cudzego istnienia narażali życie własne”, może im tylko zaszkodzić.

Od prawej: Bogdan Wojdowski, Jadwiga Koszutska, Irena Wojdowska, Jadwiga Bilwin, z kartką Jacek – syn Wandy Koszutskiej, Marysia Andrzejewska ma na kolanach najmłodszą córkę Wandy Koszutskiej Ewę, za nimi stoją Felek Tych i Wanda Koszutska, siostra Jadwigi. I Felek Tych, i Marysia Andrzejewska ukrywali się u Wandy Koszutskiej; Miedzeszyn, 1943

Obie gospodynie, zwane przez małych Wojdowskich ciotkami, były komunistkami. Wiga Bilwin przed wojną pracowała z Korczakiem w Naszym Domu, w czasie wojny w opiece społecznej na Woli. Jadwiga Koszutska przerwała studia architektoniczne i działała w KPP, a potem w PPR-ze od początku jego istnienia. Była tam kierowniczką kolportażu, potem specjalistką od tak zwanej paszportówki, czyli wyrabiania dokumentów, instruktorką oświatową i organizatorką kobiecych jednostek bojowych AL [46]. Irka zapamiętała z domu na Obozowej walizki

[46] Teczka osobowa Koszutska Jadwiga, AAN, Zbiór akt osobowych działaczy ruchu robotniczego, sygn. 23890.

z podwójnym dnem, w których były plakietki i pieczątki do fałszywych ausweisów. Mieszkanie służyło też za punkt przerzutowy: stąd kierowano Żydów do partyzantki, a lekarze przeprowadzali operacje „aryzacji" nosów i napletków. „Tam przeżyłem małą operację plastyczną – pisał Wojdowski – którą wykonał chirurg Wilczer, Żyd ze Lwowa, ukrywający się w tym samym mieszkaniu. Sam chodziłem po lekarstwa i nici chirurgiczne do wskazanych mi składów aptecznych, bo tych operacji było więcej"[47].

Obie Jadwigi spały na wąskim łóżku, tylko takie się mieściło, Bogdan na leżance, Irka na zsuniętych krzesłach. I jeszcze nie wiadomo, gdzie zmieścił się kolejny gość: „Ktoś podał mi adres Jadwigi – pisała w oświadczeniu dla Yad Vashem Irena Tarłowska-Morawska, dawniej Szenberg, która Jadwigę Koszutską znała z czasu wspólnych studiów we Lwowie. – Żadnego adresu mieszkania [w Warszawie], w którym mogłabym się zatrzymać, nie miałam. Jadwiga przyjęła mnie w sposób tak naturalny, jakby szło o udzielenie noclegu turyście"[48].

Irka:

– Bogdan nie miał wtedy takich rysów jak później. Ja może bardziej, śniada cera, ciotki ubierały mnie w ciemne sukienki, żeby było mniej widać. W czasie wojny chodziło się w drewniakach, sandałki z drewna i pasek. Przyjaciel ciotek, Żyd, ale niepodobny, z zawodu szewc, wykombinował skórę w kolorze pomarańczowym. Nosiliśmy sandałki z pomarańczowym paskiem, wszyscy zwracali uwagę na pasek, nie na twarz.

47 B. Wojdowski, Relacja..., dz. cyt.

48 I. Tarłowska-Morawska (dawniej I. Szenberg), Oświadczenie dotyczące przyznania medalu Sprawiedliwej J. Koszutskiej z 15 lutego 1987 (AŻIH, Teczka J. Koszutskiej-Issat, sygn. 349/24/949). Odnotowano, że Koszutska nie zgodziła się na wypełnienie kwestionariusza Yad Vashem o swojej działalności: „Uważam bowiem, że w latach okupacji spełniałam jedynie ludzki obowiązek, udzielając pomocy innym" (tamże). Tarłowska była w getcie warszawskim, wyszła po wielkiej akcji w październiku 1942 roku (Wywiad B. Engelking z I. Tarłowską, *W końcu wyszłam zostawiając rodziców*... [w:] B. Engelking, *Na łące popiołów. Ocaleni z Holocaustu*, Warszawa 1993).

„Mówiono potocznie: »murowana meta« – opisywał Wojdowski życie na Obozowej. – Na pierwszym piętrze pięciu ukrywających się Żydów, w piwnicy kocioł z zacierem i aparat do destylacji samogonki. W piecu kaflowym broń, a w szufladzie niezamykanego stolika blankiety ausweisów, odbitki podpisów, próbki pisma »Warsztat kochanego fałszerza«. Rano zjawiała się robotnica od Wedla z kubełkiem kradzionej melasy. Dzwoniła, jak wszyscy, dwa dzwonki, pauza, dwa dzwonki, pauza, dwa dzwonki. Bimber o barwie przedniego koniaku niosłem do knajp na Płocką w dwóch blaszankach po niemieckim oleju, zawiniętych w worek. Trudno wyobrazić sobie wsypę w takim lokalu. Byłem jednym z pięciu ukrywających się tam Żydów i widziałem to. Pamiętam wysokość okupu i godzinę, o której miał być złożony”[49].

To było w lipcu 1943 roku, już po powstaniu i likwidacji getta. Irka przemierzała miasto z Koła do Hal Mirowskich. Wiadomo, zakupów nie wolno robić pod domem, by nie wzbudzać podejrzeń. Na nogach miała te sandałki z pomarańczowym paskiem, w oczach przebojowość, a w kieszeni dużo drobnych, by kupić cukier u kilku osób (wiadomo, zakupów nie wolno robić dużych) i jarzyny na zupę. Nie udało się. Czasami nic się nie udawało w rozsądnej cenie. To od początku był pechowy dzień.

Szmalcowników naprowadziła na mieszkanie Wiłkomirska, ta sama, która Bogdanowi tłumaczyła, że Einstein był wychowany w kulturze niemieckiej. Wynajmowała mieszkanie jako aryjka i obie Jadwigi pomagały jej się utrzymać, zatrudniając ją do szycia i gotowania. Tego dnia miały być pierogi z jagodami[50]. Gdy Wiłkomirska weszła do kamienicy, zorientowała się, że została namierzona. Poszła piętro wyżej, ale dalej nie było już mieszkań. Ściągnęli ją na dół, dwóch w cywilu i trzeci, granatowy policjant. Był środek dnia, obie Jadwigi były w pracy.

[49] B. Wojdowski, Od autora [w:] tegoż, *Chleb rzucony…*, dz. cyt., s. 6.

[50] O jej dalszych losach opowiadała mi Irena Wojdowska: „Wiłkomirska utrzymywała ukrywającego się męża, który nie wychodził. Romansował z inną Żydówką i z nią się ożenił po wojnie, a Wiłkomirska zginęła”.

Jakiś czas wcześniej Niemcy zrobili kocioł na Kole. Austriak, który oglądał dokumenty Irki i Bogdana, wrzeszczał, że są fałszywe, ale Wiga Bilwin swoim świetnym niemieckim przekonała go, że wszystko jest w porządku. Ze szmalcownikami nie szło tak łatwo.

Irka:

– Bogdan przebadany został w kuchni na tożsamość, wie pani jak. To był stygmat dla niego na całe życie. On mi tego nigdy nie powiedział, tylko ciotkom.

Szukali kosztowności, znaleźli dobytek, który schowała u nich Helena Rybak. Nie znaleźli pieczątek ani blankietów do kenkart, a może tylko nie wzięli, bo ich nie interesowały. Wiłkomirska umówiła się z nimi, że przyjdą później, kiedy zbierze pieniądze na okup.

Wróciły Jadwigi. Zapadła decyzja, żeby natychmiast opuścić mieszkanie. Nie było tylko miejsca dla Ireny Szenberg, która czekała na przerzut do partyzantki, więc została w mieszkaniu. Po zmroku ktoś jej przynosił jedzenie. Było gorąco, nie mogła ani otwierać okna, ani spuszczać wody, gromadziły się pluskwy z innych mieszkań, i tak przez wiele tygodni.

Wtedy Irka rozdzieliła się z Bogdanem.

– Zmieniałam miejsca i metryki. Mieliśmy z Bogdanem różne nazwiska i różne historie. Pamiętam tylko ostatnie moje nazwisko, Lewandowska, a Bogdana – Kamiński. Trzeba było wymazać jedną historię i nakładać drugą. Wymazałam wtedy imiona swoich babć i nie mogę sobie ich dziś przypomnieć, a przecież jedną babcię odwiedzaliśmy w getcie. Bogdan pisał, że się podziewał potem po różnych strychach, nie wiem. Prawdopodobnie pomagała mu wtedy Irena Sendlerowa.

„W latach wojny byłem parę razy szantażowany w tramwaju i na ulicy, ale mi się udało"– pisał[51]. Czy w opowiadaniu *Najniższa cena* opisał własną historię z tego czasu? Opowiadanie, nigdy nieprzedrukowane w żadnym jego zbiorze, ukazało się

[51] B. Wojdowski, Relacja…, dz. cyt.

w piśmie literackim w czasie odwilży. Pisane w pierwszej osobie, narrator jest w wieku małego Bogdana.

> Pamiętam jak dziś! Był grubo młodszy ode mnie, miał może dziesięć lat, a może jeszcze mniej, ten mój najmniejszy szmalcownik [...].
>
> Ci najmniejsi nie prowadzili naturalnie do bramy i nie pytali o dowody. Z nimi wszystko odbywało się na ulicy, na oczach przechodniów, policji, żołnierzy. Kiedy przypętał się jeden, zlatywała się jego śladem cała gromada, trudno się było opędzić, ściągali na kark gości „fachowych", działali jak sztafeta; ulice były nimi wybrukowane.
>
> [...] Zabiegł mi drogę powtórnie, zawołał stanowczo:
>
> – Daj mi szmalec.
>
> – Odczep się, bo oberwiesz w zęby.
>
> Był niższy i mniejszy ode mnie, mogłem sobie pozwolić na stanowczość. Zawsze byłem stanowczy wobec niższych i mniejszych od siebie. Miałem trzynaście lat i obycie z warszawską ulicą, któremu ufałem. I o ile pamiętam, niezbyt wiele w kieszeni. Nie stać mnie było na to, żeby opłacać każde swoje przejście miastem.
>
> Mały wsunął dwa palce pod zęby i przeraźliwie gwizdnął.
>
> Jakaś kobieta o pociągającej nalanej twarzy zatrzymała się i okazała swoje litościwe serce dziecku.
>
> – Czemu go bijesz, tego małego? – natarła z gniewem.
>
> – Ale słowo pani daję, że go nie ruszyłem. Sam się przyplątał.
>
> – A toś ty taki!
>
> – Jaki, proszę pani? – brnąłem dalej.
>
> – Żebym ci nie powiedziała – zagroziła kobieta.
>
> – Niech pani nie mówi – poprosiłem.
>
> Nie wiem, czemu to powiedziałem; wyrwało mi się czy nie chciałem tego słowa usłyszeć na ulicy z jej ust.

– Nie zdążyli was jeszcze wytłuc – powiedziała okrężnie i zmiażdżyła mnie wzrokiem, w którym kryły się uczucia święte, natchniona nienawiść[52].

Dalej mały naprowadza na niego „tyczkowatego dryblasa, drapieżnie łyskającego złotym ząbkiem", a za nim jeszcze jednego, który zabiera narratorowi wszystkie pieniądze, trzy tysiące złotych zaszyte w marynarce. Na koniec wyprawy przez miasto „przede mną stał mój najmniejszy szmalcownik, który ściągnął mi na łeb tamtych. Byłem pokonany. Pokonał mnie upór tego dziecka. Z przerażeniem wetknąłem rękę do pustej kieszeni, a znalazłszy drobne pozostawione mi na tramwaj przez szantażystę ze złotym ząbkiem, wyjąłem z obawą złotówkę i podałem desperacko małemu, ten ją przyjął i pobiegł, a ja zmiażdżony własną małością pomyślałem pełen żalu i pretensji do siebie, jak niewiele mogło mnie to wszystko kosztować!"[53].

Irena Sendlerowa załatwiła Irenie Wojdowskiej dwa tygodnie wakacji w domu dla sierot w Świdrze, a następnie mieszkanie u swojej koleżanki Marii Kukulskiej na Pradze. To mieszkanie służyło przez całą wojnę jako miejsce dla ukrywających się Żydów. Kiedy zrobiło się tam niebezpiecznie, wyekspediowano wszystkich do wynajętego za pieniądze Żegoty domku letniego w Świdrze. Nie było w nim kuchni, więc Kukulska gotowała dla nich na Pradze, a Irka woziła jedzenie.

– Kursowałam pociągiem podmiejskim z Dworca Wschodniego tam i z powrotem. Woziłam obiady w ciężkich glinianych garnkach. Ręce mi się urywały, byłam drobna. Wracały przekupki, które handlowały z Warszawą, i wiozły do swoich domów pachnące bułki. Miałam dwa marzenia: żeby ktoś po mnie wyszedł na dworzec i poniósł te garnki i żeby raz zjeść taką bułkę.

[52] B. Wojdowski, *Najniższa cena*, dz. cyt. Analiza opowiadania patrz: A. Molisak, *Szmalec i „żydowskie złoto"*, „Poznańskie Studia Polonistyczne" 2015, nr 25.

[53] B. Wojdowski, *Najniższa cena*, dz. cyt.

Po najściu szmalcowników na mieszkanie w Świdrze dzięki pieniądzom Żegoty wynajęto nowe, w Otwocku, tam przeprowadziła się też Maria Kukulska.

– Było podwójne łóżko i spałam w nogach pani Kukulskiej – opowiadała mi Irka, która lubiła mieć za złe (i nie lubiła Kukulskiej). – To było upokarzające, gorsze niż strach, że mogę wpaść, i gorsze niż noszenie garnków.

Po kilku miesiącach tej kwarantanny obie Jadwigi uznały, że można już wracać na Koło, i zabrały ze sobą Irkę i Bogdana. Gdy w ich mieszkaniu jak dawniej odbywały się zebrania młodzieżówki PPR-u, Irka i Bogdan byli wysyłani na pobliskie Boernerowo (wtedy były tam lasy i pola), żeby zbierali rośliny do zielników. Dopiero kiedy Irka zachorowała na zapalenie płuc i musiała leżeć, zorientowała się, że w domu spotykają się komuniści. Wyzdrowiała. Jadwigi załatwiły jej prześwietlenie, kupowały dwa jajka dziennie i na drugie śniadanie dostawała kogel-mogel.

– Ciotki mnie mierzyły na framudze drzwi, w czasie kuracji urosłam dwadzieścia centymetrów. Ten kogel-mogel zawdzięczałam pieniądzom Żegoty. Wtedy nie byliśmy tacy głodni, bo nam Żegota pomagała. Wcześniej jedliśmy czarny chleb z marmoladą z buraków albo z cebulą, a teraz kupowało się pokątnie olej tłoczony z fusami, kawałek boczku, podjadałam ten boczek, jak go kroiłam.

Kiedy wyzdrowiała, Jadwigi posłały ją do szkoły. Codziennie jeździła z Koła na Żoliborz, w czerwcu 1944 roku skończyła piątą klasę. Dyrektor szkoły prowadził też tajne komplety, na które uczęszczał Bogdan. Wiga Bilwin uczyła ich francuskiego, uznała, że będzie lepszy niż niemiecki, w którym mogłyby ich zdradzić jakieś naleciałości z jidysz. Musiało się znów zrobić niebezpiecznie, bo mali Wojdowscy opuścili Koło. W czasie powstania warszawskiego przebywali poza miastem.

Irka była na wsi u sadowników, którzy nie wiedzieli, że jest Żydówką (miejsce załatwione przez moją ciotkę Hannę Lanotę,

Bogdan Wojdowski, 1945

która po wyjściu z getta funkcjonowała na aryjskich papierach). Tam odszukała ją Wiga Bilwin. Znalazły też Jadwigę Koszutską i Hannę Lanotę, które walczyły w powstaniu w sztabie Armii Ludowej, i razem przedarły się do wyzwolonego Lublina. Tam Irka natknęła się na Irenę Sendlerową.

– To była pierwsza moja samodzielna decyzja w życiu – opowiada. – Irena zapytała, czy chcę z nią pojechać na Okęcie, gdzie pracuje w domu dziecka, ale ja będę z nią, na innych prawach. Wierzyłam, że w Warszawie będę mogła znaleźć rodziców, wierzyłam, że na pewno się odnajdą, przecież nie mogli nas zostawić samych. Irena mnie na Okęciu przedstawiała jako swoją córkę. Spałam z nią w jednym łóżku. Kiedy dostałam zapalenia zatok, Irena mi przykładała piasek, który grzała na patelni i sypała do swojej bawełnianej pończochy. Potem grałam aniołka w jasełkach. Pierwsze półtora roku spędziłam z Ireną, od mieszkania do mieszkania. Pamiętam długie rozmowy, wspólne spacery. Ona mnie poważnie traktowała. O wojnie nie rozmawiałyśmy, tylko o przyszłości.

Bogdan jeszcze przed wybuchem powstania dostał kontakt do warszawskiego szmuglera i jako jego pomocnik na trasie Warszawa–Ostrołęka w jedną stronę woził rąbankę, w drugą zamki od rusznikarza. To z nim trafił do wsi Leszczydół pod Wyszkowem i wynajął się tam do pasania bydła. Spotykał się też z grupą młodych Żydów partyzantów, którym przynosił wiadomości i żywność. Potem był znów w Warszawie, ukrywał się w pustej kamienicy na Zielnej koło Bagna, na terenie nieistniejącego już getta. W czasie powstania uciekł pod Ożarów[54]. Aż nadszedł 18 stycznia, „kiedy podreptałem polami na przełaj do Warszawy. Po śniegu brnęła bezładnie piechota z małymi, podartymi sztandarami, mijałem ją nie bardzo przekonany, że wojna się dla mnie skończyła"[55].

Dla Irki przeciwnie – wojna skończyła się definitywnie. Uczyła się w technikum chemicznym, działała w ZMP. Mieszkała na przemian u Jadwigi Bilwin albo u Jadwigi Koszutskiej, aż wyszła za mąż i na początku lat pięćdziesiątych wyjechała do Szczecina.

– Wyżywałam się w pracy zawodowej i społecznej, byłam tak zajęta, że zapomniałam – mówiła mi.

Oddalili się z Bogdanem od siebie zaraz po wojnie, potem mało mieli kontaktów.

Wojdowski po wojnie uczył się w internatach rozrzuconych po Polsce, najpierw w szkole rolniczej w Lubartowie, skąd uciekł, potem krótko w zawodowej szkole mechaniczno-elektrycznej w Lublinie, ale jeszcze w 1945 roku wyruszył na tak zwane Ziemie Odzyskane, chodził do szkoły w Karpaczu,

[54] Niewiele więcej poza tym wiadomo. Wojdowski opisał swoje ukrywanie się na trzech stronach wstępu do *Chleba rzuconego umarłym*, nieco więcej mówił w życiorysach, które pozostały w jego papierach, ale to wszystko informacje śladowe. Zarówno w jego powieści, jak i w opowiadaniach są jednak tropy prowadzące do ulic, które przemierzał, i do zdarzeń, które widział (patrz: A. Molisak, *Judaizm*..., dz. cyt.).

[55] B. Wojdowski, *Chleb rzucony*..., dz. cyt., s. 7.

aż wrócił do Warszawy i pomieszkiwał razem z Irką u jednej lub drugiej Jadwigi[56]. Skończył polonistykę. W 1952 roku przypadkiem, zaproszony gdzieś na obiad, spotkał Małkę.

– Łzy mu pociekły z oczu. Ja siedziałam koło męża, a przysięgaliśmy sobie, że zawsze będziemy dla siebie – opowiada mi Alina Łubek. – Miałam już dwójkę małych dzieci. Błagał, żebym została z nim, wyjedziemy razem do Izraela, on zaadoptuje dzieci. Uwielbia dzieci i nie może mieć własnych, miał operację po najściu szmalcowników i coś mu przy tym uszkodzono. Rwał się do pisania, ja mu odradzałam. Po co mu to? Uważam, że pisanie było dla niego niedobre, wracał do tego, co trzeba było zapomnieć.

Wojdowski w opowiadaniu *Ścieżka* opisał jej wyjście z getta i błąkanie się po podwarszawskich wsiach; nie ma w polskiej literaturze podobnie przejmującego, okrutnego opisu ukrywania się na wsi[57].

Pisał reportaże, felietony, recenzje teatralne. Pierwszy wybór opowiadań *Wakacje Hioba* miał się ukazać w 1957 roku, ale odwilż dobiegała końca, cenzura książkę zatrzymała i rozsypano gotowy skład[58]. Powieść o getcie warszawskim zaczął pisać w latach sześćdziesiątych, przeniósł się wtedy wraz z żoną Marią Iwaszkiewicz-Wojdowską do Podkowy Leśnej. Pierwsze

[56] Na kartach płac Jadwigi Bilwin, zatrudnionej przez Komitet Centralny PPR, z 1947 i 1948 roku Irena i Bogdan Wojdowscy figurują jako jej dzieci będące na jej utrzymaniu (Teczka osobowa Bilwin Jadwiga, AAN, Zbiór akt osobowych działaczy ruchu robotniczego, sygn. 384).

[57] B. Wojdowski, *Ścieżka* [w:] tegoż, *Mały człowieczek*..., dz. cyt. Wojdowski opisywał w kilku listach, że opowiadanie jest oparte na konkretnej historii, raz podał nazwisko Aliny Łubek (Rozmowa z A. Molisak, 2014). Ona sama jednak zaprzecza. „A jeżeli już – mówiła mi – musi to być połączenie historii dwóch ukrywających się dziewczyn, a nie tylko moja historia".

[58] Molisak dotarła do zapisów cenzorskich: „Jakie są główne dźwignie zbliżające Wojdowskiego do socjalizmu. Dał im wyraz w pierwszych opowiadaniach. Jest to żarliwe potępienie faszyzmu i antysemityzmu. Innych natomiast dźwigni niestety w twórczości jego nie spotykam. Nie ma bowiem w nim ani wiary w przyszły lepszy świat, ani też w altruizm" (AAN, Główny Urząd Kontroli Publikacji i Widowisk, teczka nr 603, cyt. za: A. Molisak, *Judaizm*..., dz. cyt., s. 50).

wersje tekstów pisał zawsze ręcznie, w zeszycie w kratkę. Poprawiał, przepisując na maszynie. *Chleb rzucony umarłym* przepisywał siedem razy, zajęło mu to pięć lat[59].

Dla Wojdowskiego, tak jak dla wielu ocalałych i wielu przyzwoitych ludzi, antysemityzm, który rozlał się szeroką falą w 1968 roku, był jak z koszmarnego snu. „Wrzaskliwie odmawiano takim jak ja prawa do polskości" – notował po latach[60]. O tym, co przeżył w czasie wojny, chyba nigdy nie opowiadał. Mało mówił nawet swojej żonie, chociaż należała do osób, do których miał zaufanie i które chciały słuchać[61]. Wolał sam stawać w roli słuchacza, rozmawiając z teściami,

[59] Zachował się jego dziennik z czasu pisania powieści, ale zawiera głównie uwagi o strukturze i melodii narracji, nie przywołuje wspomnień (B. Wojdowski, Dziennik 14 kwietnia 1969–5 grudnia 1971, archiwum prywatne M. Iwaszkiewicz-Wojdowskiej).

[60] Pisał o *Maniusiu Banym*, opowiadaniu o wozaku z Podkowy: „Pierwsze zarysy *Maniusia Banego* powstawały wtedy, kiedy pod koniec lat sześćdziesiątych głośno i wrzaskliwie odmawiano takim jak ja prawa do polskości. A przecież *Maniuś Bany* to *summa* dzisiejszej polskości! Takiego tomu [opowiadań] nadal nie ma w naszej mdłej współczesnej literaturze" (B. Wojdowski, Zapis z 13 kwietnia 1983, Brulion zawierający zapisy datowane od grudnia 1981 do 9 marca 1985, archiwum prywatne M. Iwaszkiewicz-Wojdowskiej; B. Wojdowski, *Maniuś Bany*, Warszawa 1980).

[61] Maria Iwaszkiewicz-Wojdowska była redaktorką w Czytelniku. Mówiła: „Ja tego człowieka szalenie kochałam. Ja go po prostu kochałam tak, że wszystko dla niego poświęciłam. Byłam żoną innego człowieka, bogatego. Miałam z nim syna i w jednej chwili rzuciłam to wszystko" (W. Susid, *Azyl w Stawisku – rozmowa z Marią Iwaszkiewicz o sprawach i ludziach z czasów Zagłady*, http://midrasz.home.pl/2000/lis/lis00_5.html, dostęp: 20 kwietnia 2015). Relacjonowała też swojej wnuczce Ludwice Włodek: „Jedna historia z tamtego czasu, którą mi opowiadał, szczególnie mną wstrząsnęła. Zamknęli go w jakimś pustym mieszkaniu na Zielnej. Ta ulica była jakiś czas w getcie, ale później została z niego wyłączona. Ktoś mu donosił jedzenie, było na czym spać. Powiedzieli mu tylko: nie wolno otwierać okna ani hałasować, żeby nikt się nie domyślił, że w tym mieszkaniu ktoś jest. A w tym mieszkaniu były straszne pluskwy. I te pluskwy wychodziły wieczorem, jak tylko robiło się ciemno. I żarły te biedne dziecko, bo 12 lat to jest jeszcze dziecko" (L. Włodek, *Rozmowa z Marią Iwaszkiewicz-Wojdowską*, http://www.sztetl.org.pl/pl/article/podkowa-lesna/16,relacje-wspomnienia/21854,rozmowa-z-maria-iwaszkiewicz-wojdowska/ [dostęp: 18 lutego 2015]). Historia o zamknięciu z pluskwami to historia Ireny Szenberg ukrywanej u Bilwin i Koszutskiej. Czy Wojdowski miał za sobą takie samo doświadczenie,

Bogdan Wojdowski, około 1968

Anną i Jarosławem Iwaszkiewiczami, o Żydach, którym pomagali w czasie wojny.

Irka pracowała jako laborantka w fabryce, entuzjastycznie przyjęła nową władzę (jeszcze w latach osiemdziesiątych, w stanie wojennym, była drugim sekretarzem PZPR-u w swoim zakładzie pracy) [62]. Już tyle lat temu przepadł PRL, a Wojdowska wciąż mówiła do mnie językiem z tamtego czasu:

czy też – jeśli już był gotów coś opowiedzieć – mówił tak naprawdę nie o swoich przeżyciach?

[62] I. Wojdowska-Grabska, IPN, Sz 468/36914.

– Ja byłam u badylarzy, a brat wtedy u chłoporobotników.

Jej mąż Andrzej Grabski, brat Tadeusza, osławionego twardogłowego z PZPR-u, pracował w komitecie miejskim, potem w wojewódzkim, aż na początku lat siedemdziesiątych został sekretarzem KW PZPR[63]. W 1968 roku przyjęła jego poglądy.

– Byłam chyba pod wpływem propagandy, tak że nie byłam nastawiona proizraelsko – tłumaczyła mi. – A mąż naprawdę myślał, był uczciwy, że syjoniści mają wyjechać. Byłam zadowolona, że nikt nie wie, że jestem Żydówką, tylko mężowi powiedziałam od razu, jak go poznałam. Moja ciocia pisała z Izraela nie na mój adres. Córce, kiedy skończyła osiemnaście lat, powiedziała Jadwiga Bilwin. Miałam do niej o to żal.

„Zaskoczona byłam ostatnim listem Irki, że wybiera się do Izraela, to pierwszy list – pisała Helena Rybak do Bogdana Wojdowskiego 22 kwietnia 1989 roku. – Zawsze dostawałam w kopercie tylko kartki z życzeniami i bez adresu zwrotnego. Cieszę się ogromnie, że się przełamała, pozbyła tego strasznego bagażu. To nie tylko za nią chodzi strach, takich jest wiele, wiedz, że nie byłam tchórzem, ale za mną też chodzi. Jak ktoś wychodzi z lasu, gdzie są dzikie zwierzęta, ogląda się za siebie, czy za nim nie lecą"[64].

[63] Katalog kierowniczych stanowisk partyjnych i państwowych b. PRL, http://katalog.bip.ipn.gov.pl [dostęp: 22 czerwca 2015], patrz też: J. Macholak, *Opozycja demokratyczna w latach 1968–1980 w świetle akt komitetu wojewódzkiego PZPR w Szczecinie* [w:] *Między Warszawą a regionem. Opozycja przedsierpniowa na Pomorzu Zachodnim*, red. K. Kowalczyk, M. Paziewski, M. Stefaniak, Szczecin 2008.

[64] H. Rybak, List do B. Wojdowskiego z 22 kwietnia 1989, dz. cyt. Dwa lata wcześniej Rybak pisała w liście zaadresowanym do Wojdowskiego i jego żony: „Znam dużo takich Irek, to strach za nią chodzi, strach to okropna rzecz. Nie uważam, że była złym człowiekiem, ale wypaczona przez strach. U siebie w domu rozmawiałam z nią i powiedziałam: ja ci życie uratowałam, ale twarz i honor musisz sama ratować, nikt cię w tym nie wyręczy. [...] Serdecznie pozdrów Irkę, powiedz jej, że jest *głasnost'* i prócz suchych pozdrowień może napisać list" (H. Rybak, List do B. Wojdowskiego i M. Iwaszkiewicz z 2 listopada 1987, archiwum prywatne M. Iwaszkiewicz-Wojdowskiej).

Irka po przejściu na emeryturę i śmierci męża wróciła do Warszawy, gdzie mieszka jej córka. Zaczęła regularnie przychodzić na spotkania Stowarzyszenia Dzieci Holocaustu. Sprawia czasem wrażenie przestraszonej, jakby się rozglądała, czy wokół nie ma dzikich zwierząt.

Helena Rybak z mężem, córką i urodzonym po wojnie synem w 1973 roku wyemigrowała do Szwecji. Danusia, którą udało jej się przeprowadzić zdrową i całą przez czas Holocaustu, zginęła w wypadku samochodowym. Bella Szwarcman-Czarnota, która widziała się z Heleną w Szwecji, zapamiętała ją jako kobietę udręczoną rozpaczą po śmierci córki, oschłą, z zaciśniętymi ustami[65]. Andrzej Zakrzewski, jej syn, ode mnie się dowiedział, jak bohaterska była jego matka w latach okupacji.

– Mama nigdy ze mną nie rozmawiała o tamtych czasach, urywała rozmowy, jeśli ktoś je zaczynał – opowiadał. – Dowiedziałem się, że jestem Żydem, gdy miałem dziesięć lat, przypadkiem, ktoś mi powiedział, rodzice potwierdzili. Mama miała alzheimera i kiedy zdarzały jej się przebłyski, w których próbowała nawiązać ze mną kontakt, ostrzegała: „Nie idź tą ulicą, bo tam wydają".

Bogdan też chorował. „Wołam, to słyszą mnie ci, których dawno nie ma. Słucham, to wołanie tych, którzy dawno odeszli" – pisał w dzienniku pod datą 30 kwietnia 1983 roku. Dużo pił, miał depresję, urojenia, był przez dłuższe okresy hospitalizowany[66].

– Mówił, że spotkał człowieka, który go w czasie okupacji szantażował – opowiadała mi Maria Iwaszkiewicz-Wojdowska. – Tłumaczyłam, że ten człowiek był już wówczas stary, nie może dzisiaj żyć. „A, to był jego syn", powiedział.

[65] Rozmowa z B. Szwarcman-Czarnotą, 2016.

[66] Nie był łatwy w kontaktach, to słyszałam od wielu osób. Alexander Zvielli z „Jerusalem Post" w liście do Aliny Molisak opisywał, jak przysłał do Warszawy producenta z Hollywood, którego namawiał na sfilmowanie *Chleba rzuconego umarłym*. „To było najdziwniejsze spotkanie w moim życiu – mówił mu później ten producent. – Wojdowski cały czas milczał" (A. Zvielli, List do A. Molisak z 12 lipca 1995, archiwum prywatne A. Molisak).

W ostatnim wydrukowanym tekście, *Judaizm jako los*, opisuje poczucie osaczenia, nienawiść, którą czuje wokół jako Żyd i jako ocalony i która daje pojęcie o sile obcości. Pisał, że „asymilacja jest ślepą uliczką, i tak zostaje się odrzuconym, odtrąconym" i jedyną drogą następnych pokoleń jest „schronić się na powrót w obrębie judaizmu". „Mimo spolszczenia nie zostałem wzorowym Polakiem i nikt mi na to nie pozwolił, wina leży po stronie Polski, nie mojej. Zwrot »Polak pochodzenia żydowskiego« używany od marca '68 nabrał dla mnie nieodwołalnie humorystycznej treści – jestem Żydem polskiego pochodzenia, to znaczy urodzonym w Polsce"[67].

W jego opowiadaniu *Wakacje Hioba* na studenckiej prywatce uczestnicy zauważają nieobecność gospodarza. „Odnaleziono go w szafie. W kącie korytarza, obok drzwi. Wisiał na krawacie między zimową jesionką i garniturem, tam gdzie miejsce na puste wieszaki"[68].

Wojdowski popełnił samobójstwo 21 kwietnia 1994 roku. Powiesił się u siebie w domu. To była jego czwarta próba samobójcza, z tych zapamiętanych przez żonę. Prosił, żeby go pochować na żydowskim cmentarzu.

Maria Iwaszkiewicz-Wojdowska:

– Zapytał mnie Czesław Miłosz: „Dlaczego?". Odpowiedziałam: „Nie wiesz, Czesiu, że Holocaust zabija?".

[67] B. Wojdowski, *Judaizm jako los*, „Puls" 1993, nr 62. Wojdowski pisał w 1989 roku do redaktora naczelnego „Tygodnika Powszechnego" Jerzego Turowicza: „Wychowałem się na kulturze polskiej, na Nałkowskiej, Dąbrowskiej, Borowskim, moje żydostwo ma charakter losowy i gettowy. Długi czas uważałem, że mogę pogodzić te sprawy w sobie, kiedy teraz dochodzę do 60-ki, oceniam w ciemnym świetle swoje całożyciowe złudzenia" (B. Wojdowski, List do J. Turowicza z 5 listopada 1989, archiwum prywatne M. Iwaszkiewicz-Wojdowskiej).

[68] B. Wojdowski, *Wakacje Hioba* [w:] tegoż, *Wybór opowiadań*, Warszawa 1981, s. 8.

Rozdział 10

Jakże nam jeszcze uciekać w mrok przed żaglem nozdrzy węszących nas

„Wyszłam piętnaście minut wcześniej" – wspominała Irena Sendlerowa[1]. 21 lipca 1943 roku gestapo wkroczyło do mieszkania państwa Zieleńczyków, gdzie często bywała. Aresztowali gospodarzy i ich dwie córki, Wandę i Jadwigę, urządzili kocioł, zabrali jeszcze trzy osoby[2].

Wanda Zieleńczyk pracowała w świetlicy dla dzieci i działała w młodzieżowych kręgach PPR-u. Pisała wiersze i piosenki. Najbardziej znaną *Pieśń partyzantów*, przemianowaną później na *Marsz Gwardii Ludowej*, śpiewałam na szkolnych akademiach w czasach PRL-u: „My ze spalonych wsi, / My z głodujących miast – / Za głód, za krew, / Za lata łez. / Już zemsty nadszedł czas! / Więc zarepetuj broń / I w serce wroga mierz!".

„Wspaniała działaczka, komunistka" – pisała o niej Sendlerowa[3]. Nie wiem, czy znała ją jeszcze sprzed wojny; jej ojciec Adam Zieleńczyk był profesorem w Wolnej Wszechnicy. Zaprzyjaźniła się z nią, przynosząc jej w 1941 roku informacje z getta. Przygotowywał je Adam Celnikier z grupą młodzieży, a Wanda umieszczała je w podziemnej prasie.

Dlaczego ją aresztowano? Z powodu czyjegoś donosu?

[1] I. Sendlerowa, *O działalności kół młodzieży przy komitetach domowych*, „Biuletyn ŻIH" 1981, nr 2.

[2] W. Bartoszewski, *1859 dni Warszawy*, Kraków 1982.

[3] I. Sendlerowa, *O działalności kół...*, dz. cyt.

Wanda Zieleńczyk,
lata trzydzieste

Z Wandą Zieleńczyk przyjaźnił się ksiądz Jan Twardowski. Opisuje w swoich wspomnieniach, jak przed wojną chadzali razem na długie nocne spacery po Warszawie: „Nawracała mnie na komunizm, a ja wtedy mówiłem jej o wierze. Były to czysto teoretyczne i śmieszne dyskusje"[4]. Ksiądz Twardowski słyszał, że Zieleńczykowie ukrywali u siebie Żyda, „ten człowiek popełnił samobójstwo. Wydało się wtedy, że udzielili mu schronienia"[5].

[4] Cyt. za: M. Grzebałkowska, *Ksiądz Paradoks. Biografia Jana Twardowskiego*, Kraków 2011, s. 95–96.

[5] J. Twardowski, *Autobiografia. Myśli nie tylko o sobie*, t. 1: *Smak dzieciństwa 1915–1959*, 2006, s. 177.

Ale według ustaw norymberskich Zieleńczykowie sami byli Żydami. Mógł ich wydać konfident gestapo, który przeniknął do kół młodzieżowych PPR-u[6]. Innym tropem jest nazwisko Wandy Zieleńczyk na jednej z list „Antyku" – referatu Centrali Służby Wywiadowczej Narodowych Sił Zbrojnych tropiącego powiązania komunistyczno-żydowskie. Wandę umieścili na liście zatytułowanej „Komuniści". Podali nazwisko i adres[7]. W innym meldunku „Antyku" z 1943 roku wypunktowane jest jej pochodzenie: „»Dziunia«, Żydówka, szczupła, wąskie czoło, niska brunetka, prawdziwe nazwisko Wanda Zieleńczyk"[8].

Niemcy rozstrzelali Wandę w ruinach getta miesiąc po aresztowaniu. Miała dwadzieścia trzy lata. Wraz z jej siostrą Jadwigą i rodzicami Judytą i Adamem Zieleńczykami zamordowali pięćdziesięciu mężczyzn i dwadzieścia kobiet, dwanaście z nich razem z dziećmi. Wszyscy byli aresztowani jako Żydzi[9].

Adam Zieleńczyk był bratem Stefanii, matki Krzysztofa Kamila Baczyńskiego. I Baczyńscy, i Zieleńczykowie zdecydowali

[6] Historyczka Maria Turlejska, siostra Wandy i Jadwigi, pisała, że w kołach młodzieżowych PPR-u działał „Wojtuś" z koła na Saskiej Kępie, zdemaskowany później jako agent gestapo, i to on wydał Zieleńczyków (M. Turlejska, *O wojnie i podziemiu. Dyskusje i polemiki*, Warszawa 1959).

[7] Antyk, referat Centrali Służby Wywiadowczej Narodowych Sił Zbrojnych, Raport z 28 kwietnia 1943, niepodpisany maszynopis, AAN, Delegatura Rządu RP na Kraj, sygn. 202/II-43. Na tej samej liście wymieniona jest, też jako komunistka, Stefania Sempołowska, obok jej nazwiska podano jej dokładny adres. Znana działaczka społeczna, aresztowana i szykanowana jeszcze przez władze carskie, była już wówczas schorowaną starszą panią (zmarła w 1944 roku), ale wciąż „przez jej na wpół sparaliżowane ręce przechodziły dokumenty i zasiłki dla ukrywających się, ściganych ludzi" (A. Berman „Borowski", *Ci, co ratowali...* [w:] *Ten jest z ojczyzny mojej. Polacy z pomocą Żydom 1939-1945*, oprac. W. Bartoszewski, Z. Lewinówna, Kraków 1967, s. 64). Znalazła u niej schronienie po wyjściu z getta lekarka Anna Margolis. Jej córka opisywała: „W nocy, kiedy łuna stanęła nad walczącym gettem, w domu, w którym mieszkała, odbywała się wesoła, szumna, hałaśliwa zabawa. Przykuta od miesięcy do łóżka Pani Stefania o własnych siłach stanęła na nogach. – PRZESTAĆ SIĘ BAWIĆ – krzyczała – LUDZIE SIĘ PALĄ!" (A. Margolis-Edelman, *Ala z elementarza*, Londyn 1994, s. 94).

[8] Antyk, referat Centrali Służby Wywiadowczej Narodowych Sił Zbrojnych, Raport niedatowany [1943], AAN, Delegatura Rządu RP na Kraj, sygn. 202/II-43.

[9] W. Bartoszewski, *1859 dni...*, dz. cyt.

się nie iść do getta. Głośny wiersz Baczyńskiego *Pokolenie*, ten, w którym padają zdania „Jakże nam jeszcze uciekać w mrok / przed żaglem nozdrzy węszących nas, / przed siecią wzdętą kijów i rąk", powstał 22 lipca 1943 roku. Dzień po aresztowaniu Wandy Zieleńczyk, jej siostry i rodziców, czyli jego kuzynek i wujostwa.

Przerabiałam ten wiersz przed wielu laty w szkole. Nikt nie wspominał (ani dziś nie wspomina), że jest w nim mowa o ukrywających się, tropionych przez szmalcowników Żydach. Tak jak nikt nie mówił, że znany wiersz Baczyńskiego *Niebo złote ci otworzę* („Jeno wyjmij mi z tych oczu / szkło bolesne – obraz dni, / które czaszki białe toczy / przez płonące łąki krwi") nie jest wierszem o powstaniu warszawskim. Był pisany wcześniej, po powstaniu w getcie. Datowany jest na 15 czerwca 1943 roku[10].

O żydowskim pochodzeniu Krzysztofa Kamila Baczyńskiego krytycy zajmujący się jego twórczością milczeli. Nie pasowało do wielkiego poety Armii Krajowej, symbolu pokolenia Kolumbów. Podobnie myślała jego matka. Marek Edelman opowiadał mi, jak odwiedził ją po wojnie i chciał jej wręczyć zapomogę z Jointu. Odmówiła, bała się, że zostawianie śladów ich żydostwa może zagrozić sławie jej syna jako polskiego poety[11].

Krzysztof Kamil Baczyński poległ w powstaniu warszawskim 4 sierpnia 1944 roku, rok po śmierci kuzynki. Czesław Miłosz,

[10] J. Lewandowski, *Wokół biografii Krzysztofa Kamila Baczyńskiego* [w:] tegoż, *Szkło bolesne, obraz dni… Eseje nieprzedawnione*, Uppsala 1991. Józef Lewandowski, historyk, który mieszkał w Szwecji, napisał pod koniec lat siedemdziesiątych o korzeniach Baczyńskiego i zwrócił uwagę na żydowskie konotacje jego wierszy. Zdaniem Michała Głowińskiego sprawa żydowskiego pochodzenia Baczyńskiego została przemilczana za sprawą jego kuzynki Anieli Kmity-Piorunowej, która była źródłem informacji o rodzinie dla Kazimierza Wyki, krytyka literackiego, autora książki o Baczyńskim wydanej na początku lat sześćdziesiątych. „Wyka zwraca uwagę, że niektóre jego wiersze się nie tłumaczą, bo Niemcy w 1942 roku nie traktowali Polaków w Warszawie aż tak okrutnie, a przecież były to wiersze pisane po wielkiej akcji w getcie" – mówił mi Głowiński (Rozmowa, 2017).

[11] A. Bikont, *My z Jedwabnego*, Warszawa 2004.

szkicując jego portret, przywołał scenę sprzed wojny w liceum Batorego: antysemicki incydent, w którym pięciu chłopców, w tym Krzysztof Kamil, biło się z resztą klasy w obronie kolegi[12]. „Musiał być doskonale świadomy, że miejsce jego jest w getcie, co narzucało niemożliwy do rozwiązania problem solidarności. Musiał też być świadomy, że poza braterstwem broni z jego równolatkami w AK kryje się ta sama proporcja, co w bójce szkolnej: pięciu na trzydziestu kilku, a i wśród tych pięciu tylko paru nie-Żydów. Spadkobierca polskiej poezji romantycznej, przede wszystkim Słowackiego, z pełną świadomością składał z siebie ofiarę ojczyźnie, wiedząc zarazem, że ta ojczyzna go nie chce" – pisał Miłosz[13].

Zieleńczykowie i Baczyńscy, którzy od początku wybrali życie po aryjskiej stronie, byli wyjątkiem nawet wśród w pełni zasymilowanych rodzin żydowskich.

Do takich wyjątków należała też Maria Proner i jej córka Jasia, najbliższa przyjaciółka Małgosi, córki Marii i Henryka Palestrów z Wydziału Opieki. Mieszkali po sąsiedzku przy Łowickiej na Mokotowie.

– Niemcy zapowiedzieli utworzenie żydowskiej dzielnicy mieszkaniowej. Ojca nie było już z nami, został zmobilizowany pod koniec sierpnia jako oficer rezerwy i jak się dowiedziałyśmy dużo później, zginął w Katyniu – opowiada mi Janina Pogonowska-Goldhar. – Mama przyszła do Palestrowej powiedzieć, że się przeprowadzamy, a Palestrowa na to: „To nie jest dzielnica mieszkaniowa. To jest koniec. Ja Jasi nie puszczę do getta". Mama została ze mną, cała reszta rodziny poszła do

[12] Bitym chłopcem był Jan Ryszard Bychowski, który zginął jako polski lotnik zestrzelony nad Niemcami w 1943 roku. Tuż przed śmiercią, 5 grudnia 1943, wysłał list do ojca Gustawa Bychowskiego o tym, że jeśli przeżyje, na pewno nie wróci do Polski: „Nie chcę nigdy więcej być obywatelem drugiej kategorii i nie chcę, by mój syn nie miał równych szans z innymi. Ale nade wszystko boję się poznania całej prawdy o reakcji społeczeństwa polskiego na zagładę Żydów" (J. R. Bychowski, *List do ojca*, „Zeszyty Literackie" 1991, nr 34).

[13] C. Miłosz, *Abecadło Miłosza*, Kraków 1997, s. 55.

getta. Palestrowa załatwiła nam papiery, uczyła mnie nazw ulic we Lwowie, bo według naszych nowych dokumentów byłyśmy stamtąd.

Palestrowie sami pochodzili ze Lwowa. Maria Szulisławska była sanitariuszką w oddziale Orląt Lwowskich w 1918 roku i tam poznała Henryka Palestra, lekarza, starszego od niej o prawie trzydzieści lat, wdowca. Pobrali się. Gdy weszli Niemcy, zdecydowała, że będą nadal mieszkali na Łowickiej. Zatarła ślady: w świadectwie jej ślubu z Henrykiem widniało nazwisko jego matki – Goldenberf. Przerobiła je na Gödenburg[14].

Po aryjskiej stronie znalazła się także babcia Jasi. Była kilkakrotnie szantażowana, za każdym razem udało się ją wykupić. Raz szmalcownicy przyszli, kiedy była z nią Jasia, i już obie prowadzili na gestapo. Jasia miała też przygody z rówieśnikami. Kiedy szła ulicą, kolega z klasy zawołał: „Żydówa idzie!". Oboje mieli po dwanaście lat. Poszła dalej, udając, że to nie o niej. Drugim razem była z dwiema koleżankami z klasy – chodziła do szkoły zawodowej, posługując się fałszywymi dokumentami. Jedna powiedziała do drugiej: „Weźmy ją na policję, podamy, że jest Żydówką. Dostaniemy za to jej zegarek i będziemy go nosić na zmianę". Ta druga ją wybroniła[15].

To, że Palester miał w papierach zniemczone nazwisko matki, mogło mu pomóc w oczach Niemców, ale nie zapobiegło

[14] M. Palester-Chlebowczyk, Nagranie z 30 lipca 1998, VHA, Interview Code: 46508. To, jaka była Palestrowa, dobrze ilustruje scena, którą Janina Pogonowska-Goldhar zapamiętała: „Chodziłam do szkoły zawodowej na moich fałszywych papierach. W siódmej klasie było bierzmowanie i po uroczystości wszyscy poszliśmy do kawiarni. To było na Starym Mieście niedaleko getta. Na schodach siedział żydowski chłopiec, już taki muzułmanin. Palestrowa go przyprowadziła do stolika, kupiła mu kakao. Wszyscy się w nas wpatrywali, ale nikt nie zareagował" (Rozmowa z J. Pogonowską-Goldhar, 2016).

[15] Janina Pogonowska spotkała koleżankę, która chciała ją wydać, gdy na czwartym roku studiów była sekretarzem komisji egzaminacyjnej, a tamta zdawała na medycynę. „Prawie zemdlała, kiedy mnie zobaczyła. Nie dostała się. Na pewno uznała, że przeze mnie, a chyba przez pochodzenie społeczne. Rodzice sklepikarze, jak się wtedy mówiło".

Maria Palester z córką Małgosią (po prawej) i Jasią Proner (Janiną Pogonowską), którą pomoże ratować, Warszawa, 1937

szantażowi. Szmalcownicy przyszli późną wiosną czy latem 1943 roku. Zastali państwa Pfeifferów, Kirschblumów i Mojżesza Basechesa. Palestrowie nie mieli pieniędzy, żeby się wykupić. Jedyną cenną rzecz, złotą papierośnicę, oddali już wcześniej, gdy został zaszantażowany syn Palestra z pierwszego małżeństwa, Roman. Szmalcownicy zabrali wszystkie pieniądze Pfeifferów i Kirschblumów[16].

– Nie da się opisać, co się działo u Palestrów – opowiadała mi Janina Pogonowska-Goldhar. – Zawsze byli jacyś Żydzi, w tym też krótko moi dziadkowie Salomea i Maurycy Asterblumowie. Była broń, którą trzymał ich syn Krzysztof. Małgosia nie wiedziała, że ich ojciec jest Żydem, matka powiedziała jej o tym dopiero po najściu szantażystów.

Po tym najściu Palestrowa znów postanowiła, że zostają na Łowickiej. I znów przechowywali Żydów. Mieszkała u nich

[16] M. Palester-Chlebowczyk, Nagranie…, dz. cyt.

młoda dziewczyna, Pesla Rozenholc z Kielc, zameldowana jako Jadwiga Konarska, gosposia. Kiedy ktoś pukał, brała kubeł i szmatę i udawała, że sprząta.

Córka Palestrów Małgosia obliczyła, że spośród dwudziestu Żydów, którzy przewinęli się przez ich mieszkanie, dziesięciu zginęło w wyniku szantaży[17].

Lęk przed szmalcownikami był tak paraliżujący, że powstrzymywał wielu Żydów przed szukaniem ratunku po aryjskiej stronie.

Z reguły przed wielką akcją Żydzi decydowali się opuszczać getto tylko na krótko, żeby coś załatwić czy dotrzeć do innego getta. Nawet gdy zaczęły się masowe wywózki do Treblinki, uciekinierzy często nie wytrzymywali napięcia – obrabowani przez szmalcowników, nie mieli za co przeżyć i wracali do getta. Po kwietniowym powstaniu 1943 roku nie było już dokąd wracać. Została tylko strona aryjska, gdzie ukrywający się Żydzi stawali się zwierzyną łowną. Nadszedł sezon wielkiego polowania.

Większość Żydów, która próbowała ratować siebie czy swoje dzieci, miała jakieś pieniądze. Byli w stanie kupić fałszywe dokumenty, wynająć skromny pokój, zapłacić za przetrzymanie dziecka. Tylko że ceny, gdy się było Żydem, szybowały bez litości. To przecież dlatego Basia Berman namawiała Dianę Blumenfeld, by przestała mieszkać u Borcińskiej i wynajęła pokój jako Polka, będzie dziesięć razy taniej. Jednak za plecami tych, którzy próbują samodzielnego mieszkania na polskich papierach, szybko ktoś z sąsiadów czy dozorca zaczyna szeptać i zaraz wszyscy szepczą[18]. Od tego tylko chwila do

[17] M. Grochowska, *Lista Sendlerowej*, „Gazeta Wyborcza”, 9–10 czerwca 2001.

[18] Basia Temkin-Bermanowa 6 maja 1944 notuje, że zmieniali z mężem mieszkania już siedem razy. Opisuje jedno z nich: gospodyni brała siedemset złotych miesięcznie za pokój. „Była porządnym człowiekiem. Tłumaczyła, że tak musi brać, bo ma córkę gruźliczkę, którą musi leczyć. Było to prawdą. Mieszkaliśmy tam trzy miesiące, ale pieniądze nam się skończyły”. Następny pokój był wynajęty „na nieświadomość” za sto pięćdziesiąt złotych miesięcznie, ale musieli

wizyty szmalcownika. Wykupienie się oznacza z reguły radykalne pomniejszenie środków. Pospieszne szukanie kolejnego mieszkania zwiększa niebezpieczeństwo, a potem znów złowrogie szepty, znów szmalcownicy i pętla się zaciska. Dla dzieci, które muszą zmieniać opiekunów, bo sąsiadka zaczęła patrzeć podejrzliwie, to dodatkowy koszmar. Straciły już raz rodziców, przywiązały się do opiekunów, jeżeli tylko okazali im trochę ciepła, i znowu są zabierane, i znowu muszą się uczyć, że mają inne imię, nazwisko, nie tam i nie wtedy się urodziły. „Proszę cioci, ile ja jeszcze będę miał mamuś?" – szlochał czteroletni chłopczyk, przewożony przez Irenę Sendlerową do kolejnego mieszkania[19].

Kto im pomoże? Kto ich wyda? Poza gettem los żydowski jest w dużej mierze w polskich rękach. Toczy się wojna polsko-żydowska i polsko-polska. Donos, który powoduje wkroczenie Niemców, oznacza śmierć nie tylko dla ukrywających się, ale może oznaczać także śmierć tych, którzy pomagają. Sami Niemcy raczej nie potrafią rozpoznawać Żydów. To standard wojennych żydowskich opowieści: Niemiec, który mówi, że na kilometr rozpozna Żyda, tylko że ten Żyd, dorosły czy dziecko, właśnie przed nim stoi. Gdyby los ukrywających się w mieście ważył się między tymi, którzy pomagają, a szmalcownikami, nie byłoby aż tak tragicznie. Ale między nimi rozciąga się szara sfera i to ona powoduje, że szanse przeżycia są tak nikłe. W szarej strefie są ludzie w tramwajach i na ulicy, są mieszkańcy kamienicy, którzy wypatrują niearyjskich rysów i prowadzą o tym sąsiedzkie rozmowy, są wynajmujący mieszkania Żydom, którzy żądają bajońskich sum. Władysława Marynowska, która opiekowała się żydowskimi dziećmi w Domu Boduena, opisywała,

udawać rodzeństwo. „Gospodarz, osobiście porządny człowiek, przestraszył się nielegalników lub zwęszył Żydów i wymówił nam" (B. Temkin-Bermanowa, *Dziennik z podziemia*, Warszawa 2000, s. 25).

[19] I. Sendlerowa, Wywiad I (z kwietnia 1985 roku) [w:] tejże, *Materiały zebrane w latach 1995-2003*, AŻIH, sygn. S/353/10.

że największe niebezpieczeństwo groziło ze strony matek karmiących, kobiet z marginesu społecznego, które przebywały w zakładzie. „»Karmicielki« nie ułatwiały nam życia – opisywała – niejednokrotnie szantażowały nas doniesieniami do gestapo"[20].

W Domu Boduena udało się bezpiecznie przechować wiele dzieci, ale ile dzieci i ilu dorosłych, którym Polacy pomagali z narażeniem życia, zginęło przez innych Polaków? To temat tabu, bardzo rzadko się pojawia w relacjach ratujących.

Żegota nie ustawała w alarmowaniu władz Polski Podziemnej. Już w grudniu 1942 roku w pierwszym liście do Pełnomocnika Rządu na Kraj, w którym przedstawiała założenia działalności Rady, zwracała się o wydanie specjalnej odezwy w sprawie zwalczania szantażu, co „jest konieczne z uwagi na jego masowy charakter", ale też „konieczność zahamowania moralnej dezorganizacji w społeczeństwie"[21].

Apelowała wielokrotnie:

„Życie tych resztek ludności żydowskiej – w większości pozbawionych mienia i dachu nad głową i tropionych jak dzikie zwierzęta – upływa pod znakiem głodu i zimna, w ustawicznym lęku o życie i w konieczności obrony przed plagą nikczemnych jednostek dopuszczających się szantażu"[22].

[20] W. Marynowska, *Z prac Komisji Historycznej Opieki Społecznej*, Materiały o W. Marynowskiej, MHŻP. Jest wiele świadectw mówiących o tym, jak bardzo dorosłe i ostrożne były już pięcio- czy sześcioletnie dzieci. Jednak w Domu Boduena przebywały głównie dzieci młodsze, a to było szczególnie niebezpieczne. Pracownicy wspominali po latach m.in. dziewczynkę o czarnych oczach i tlenionych włosach, co łatwo było zauważyć, która opowiadała, że pan policjant wyniósł ją w worku na kartofle, chłopca, który zapytany, jak ma na imię, odpowiadał: „Ja nie Icek, ja Jacek", czy dzieci, które bawiły się w łapanki i na okrzyk „Niemcy idą, Żydzi, chowajcie się!" biegły pod łóżka i zastawiały je krzesłami (A. Słomczyński, *Dom ks. Boduena 1939–1945*, Warszawa 1975).

[21] Pismo Tymczasowego Prezydium Rady do Pełnomocnika Rządu na Kraj, 29 grudnia 1942, AAN, Delegatura Rządu RP na Kraj, sygn. 202/XV-1. Jestem wdzięczna Władysławowi Bartoszewskiemu za udostępnienie mi fotokopii materiałów archiwalnych dotyczących Żegoty.

[22] Pismo Rady Pomocy Żydom do Pełnomocnika Rządu na Kraj w sprawie zwiększenia subwencji na akcje ratowania Żydów, styczeń 1943, cyt. za: T. Prekerowa,

„Poruszamy ponownie sprawę niezwykle pilną i palącą, dotyczącą walki z szantażem. Szerzy się bowiem szantaż w sposób potworny – zarówno pod względem rozmiarów, jak i formy. Nie ma dnia, aby się nie wydarzył szereg szantażów, aby nie obrabowano ofiary z ostatniego grosza i dobytku. Nie ma już prawie rodziny, poszczególnej osoby, która nie byłaby przedmiotem tego ohydnego procederu. Częste zaś, bardzo częste są wypadki, że te same rodziny lub osoby padają ofiarą dwukrotnych, trzykrotnych i w ogóle wielokrotnych szantażystów. Nie są odosobnione też wypadki kończące się śmiercią bądź samobójstwem, bądź likwidacją ofiar przez władze, w ręce których w związku z szantażem wpadają. Te nagminnie grasujące zbrodnie przekreślają, uniemożliwiają jakąkolwiek akcję pomocy Rady, a z drugiej zaś strony są przejawem szerzącej się gangreny demoralizacji"[23].

„Dotacje finansowe, choćby i najbardziej wysokie, nie wpłyną decydująco na akcję ratowania", jeżeli stosunek społeczeństwa do pomocy będzie „bierny lub co gorzej wrogi"[24].

Wiosną 1943 roku na ustach niedobitków warszawskich Żydów był Hotel Polski. Niemcy ogłosili, że Żydzi mający obce obywatelstwo mogą się zgłosić do hotelu przy Długiej 29, skąd zostaną wyekspediowani do „ojczystych" krajów. Wieść, że hitlerowcy chcą wymienić ich na internowanych za granicą Niemców, uwiarygodniała ten pomysł. Zaczęło się gorączkowe kupowanie fałszywych papierów. Hotel gromadził chętnych do wyjazdu przez całe lato 1943 roku, aż wypełnił się po brzegi. Mieszkało w nim około dwóch i pół tysiąca osób. Niektórzy przedzierali

Konspiracyjna Rada Pomocy Żydom w Warszawie 1942–1945, Warszawa 1982, s. 367.

[23] Pismo Rady Pomocy Żydom do Pełnomocnika Rządu na Kraj z 8 kwietnia 1944, AAN, Delegatura Rządu RP na Kraj, sygn. 202/XV-2.

[24] Pismo Rady Pomocy Żydom do Pełnomocnika Rządu na Kraj z maja 1944, tamże. W interwencji do pełnomocnika rządu, żeby potępił zabijanie Żydów przez oddziały leśne, podawali dane Żydowskiej Organizacji Bojowej o wymordowaniu dwustu ukrywających się Żydów z regionów częstochowskiego, radomskiego i kieleckiego.

się tam bez żadnych dokumentów, żeby choćby chwilę pożyć w ludzkich warunkach.

Na Hotel Polski zdecydował się Józef Zysman, ojciec Piotrusia i wuj Michała Głowińskiego. „Po tej stronie – pisała Sendlerowa – przeżywał straszne chwile, jak szantaże, brak lokum na najbliższą noc. W kontaktach z przyjaciółmi był tak subtelny, wrażliwy, aby nikogo swoją osobą nie urazić, że bardzo często, w ustawicznej konspiracyjnej gonitwie, nie wiedzieliśmy o jego nowych kłopotach. A coraz trudniej było o bezpieczne miejsca"[25]. Zysman poszedł do Hotelu z Henrykiem Szpilfoglem, swoim szwagrem i najbliższym przyjacielem, z którym się ukrywał i który jako jeden z nielicznych miał prawdziwe papiery.

– Mieliśmy rodzinę w Szwajcarii i ciocia Luda Hersch przysłała ojcu szwajcarski dokument – mówi Elżbieta, córka Henryka. – Ojciec został wywieziony do obozu, zginął prawdopodobnie w Auschwitz, a Józek najpewniej został zastrzelony na Pawiaku[26].

Do Hotelu Polskiego trafiły też dwie pary ukrywające się u rodziny Palestrów. Zdecydowali się na Hotel po najściu szmalcowników[27]. Zginęli, tak jak większość jego mieszkańców.

Hotel Polski okazał się dla wielu pułapką. Większość jego „gości" zginęła: wysłani do obozów, rozstrzelani na Pawiaku i w ruinach getta[28].

[25] I. Sendlerowa, *O działalności kół...*, dz. cyt.

[26] Elżbieta dodała, że dokument dużo kosztował, ale jej ojciec przed wojną zdeponował jakieś pieniądze w Szwajcarii. Z tego, co zostało, ciotka kupiła po wojnie jej mamie szwajcarski zegarek (Rozmowa, 2017).

[27] Relacja M. Palester-Chlebowczyk, AŻIH, Teczka M. Palester, sygn. 349/24/1692.

[28] G. S. Paulsson, *Utajone miasto. Żydzi po aryjskiej stronie Warszawy (1940–1945)*, przeł. E. Olender-Dmowska, Kraków 2007. „Część osób wywieziono do obozu w Vittel, gdzie dwukrotnie, w listopadzie 1943 i marcu 1944, nastąpiła wymiana internowanych. Późniejsze transporty z hotelu wysyłano do Bergen-Belsen i do Oświęcimia, pewną grupę rozstrzelano na Pawiaku. W sumie przez Hotel Polski przewinęło się ok. 4–5 tys. osób, spośród których przeżyło wojnę ok. 10%" – piszą B. Engelking i J. Leociak (*Getto warszawskie. Przewodnik po nieistniejącym mieście*, Warszawa 2001, s. 788). Może się wydawać, że akcja była skutecznym sposobem na wciągnięcie zamożniejszych Żydów w pułapkę, żeby ograbić ich z życia i pieniędzy. Jednak jak wynika z badań Agnieszki Haski,

„Sprawa Hotelu Polskiego – pisze Gunnar Paulsson, autor książki *Utajone miasto* – prowokuje kłopotliwe pytanie: dlaczego mimo powstania w getcie, mimo zrównania z ziemią dzielnicy żydowskiej, mimo ujawnienia prawdy o Treblince tak wielu Żydów zdecydowało się zaufać Niemcom?”[29]. Paulsson powołuje się na dzienniki Żydów, w których Hotel Polski nazywany jest „wyspą nadziei”, „promieniem światła”, i zastanawia się, co spowodowało, że „w sytuacji wyboru między zaufaniem Polakom a zawierzeniem bandzie patentowanych zbrodniarzy część Żydów wybrała to drugie”[30]. Uważa, że dla niektórych wybór Hotelu był równoznaczny z samobójstwem, a nie nadzieją na ocalenie. Przytacza na dowód wspomnienia Adiny Blady-Szwajger, która odprowadziła męża do Hotelu Polskiego wbrew temu, co podpowiadał jej rozsądek – uważała, że kierował nim impuls samobójczy[31].

Nie wiem, czym się kierował Zysman. Trudno mi sobie wyobrazić, że nie zabrałby ze sobą rodziny, gdyby liczył na przeżycie.

„Ze względu na swą dobroć, szlachetność postanowił oszczędzić przyjaciołom niebezpieczeństwa, związanego z ukrywaniem Żyda” – pisała o nim Sendlerowa[32]. W jej notatkach znajduje się poprzednia wersja tekstu z wykreślonym bardziej bolesnym zdaniem: „Wybrał drogę uwolnienia przyjaciół od swej osoby”[33]. Jeszcze wiele lat po jego śmierci, podejmując decyzje, zadawała sobie pytanie: „A co by zrobił Józek?”.

w pierwotnym zamierzeniu Niemców Hotel Polski najpewniej pułapką nie był: rzeczywiście zamierzali odesłać Żydów z dokumentami poświadczającymi zagraniczne obywatelstwo do krajów ich zamieszkania. Zdaniem Haski, gdyby państwa, których fałszywe paszporty mieli Żydzi zgłaszający się do Hotelu, potwierdziły ich obywatelstwo, udałoby się ich uratować. Zrobiła to Wielka Brytania i Żydzi, którzy podali, że są obywatelami angielskimi, oraz zgłosili się po tak zwane certyfikaty palestyńskie, ocaleli wysłani do Palestyny (A. Haska, *„Jestem Żydem, chcę wejść”. Hotel Polski w Warszawie, 1943*, Warszawa 2006).

[29] G. S. Paulsson, *Utajone miasto*, dz. cyt., s. 204–205. [30] Tamże, s. 205.

[31] A. Blady-Szwajger, *I więcej nic nie pamiętam*, Warszawa 1994.

[32] I. Sendlerowa, *O działalności kół...*, dz. cyt.

[33] I. Sendlerowa, Rękopis tekstu do „Biuletynu ŻIH” o działalności kół młodzieżowych [w:] tejże, *Materiały...*, dz. cyt., S/353/7.

Irena Sendlerowa, 1943

Żegota, mimo skromnych możliwości finansowych, wciąż się rozwija i rozbudowuje. Działają referaty mieszkaniowy (od 1 kwietnia 1943 roku) i terenowy dla ukrywających się na prowincji (od 1 lipca), teraz zostaje powołany referat dziecięcy[34].

[34] W październiku 1943 roku zacznie jeszcze działać referat lekarski.

Z protokołu posiedzenia Prezydium Rady Pomocy Żydom z 16 sierpnia 1943 roku: „Trojan proponuje utworzenie komisji składającej się z p. Izy, Jolanty, p. D. i pp. Mikołaja i Borowskiego dla spraw referatu dziecka. Uchwalono taką komisję"[35].

„Trojana" już znamy, to stojący na czele Żegoty Julian Grobelny.

Iza to Izabella Kuczkowska, związana z Zofią Kossak-Szczucką i jej Społeczną Organizacją Samoobrony pomagającą żydowskim dzieciom[36].

„Jolanta" to pseudonim konspiracyjny Ireny Sendlerowej.

D. to Aleksandra Dargielowa, kierowniczka jednego z warszawskich biur Rady Głównej Opiekuńczej, która dwoi się i troi, by jak najwięcej dzieci żydowskich nielegalnie ulokować pod opieką Rady lub w podległych jej zakładach. To ona zarejestruje jako polskie sieroty słynnych „papierosiarzy", czyli bandę żydowskich dzieci handlujących papierosami na ulicach Warszawy, co umożliwi im korzystanie ze stołówki RGO.

„Mikołaj" i „Borowski" to członkowie prezydium Żegoty Leon Feiner z Bundu i Adolf Berman z ŻKN-u[37].

Zaproszona na posiedzenie Aleksandra Dargielowa wyraża zgodę na prowadzenie referatu i na skontaktowanie jej z Kuczkowską i Sendlerową. Ich podopieczni będą teraz pod opieką referatu.

Dzieci, którym pomagają poszczególne partie wchodzące w skład Żegoty, pozostają nadal w ich pieczy, ale w sytuacjach awaryjnych – nowe mieszkanie, nowe papiery, nowe

[35] Protokół Posiedzenia Prezydium RPŻ z 16 sierpnia 1943, AAN, Delegatura Rządu RP na Kraj, sygn. 202/XV-2.

[36] SOS został powołany na przełomie 1942 i 1943 roku w wyniku porozumienia kilkunastu małych grup konspiracyjnych. Opieką społeczną zajmował się tam Wydział Ochrony Człowieka kierowany przez Zofię Kossak-Szczucką, do jego zadań należała też opieka nad Żydami (T. Prekerowa, *Konspiracyjna Rada*…, dz. cyt.).

[37] Na kolejnym posiedzeniu Prezydium ustalono, że Feiner i Berman będą opiekunami referatu dziecięcego z ramienia Żegoty (Protokół Posiedzenia Prezydium RPŻ z 16 sierpnia 1943, dz. cyt.).

dziecko – można się zgłosić po pomoc do referatu. Partie mogą też przekazać dziecko pod opiekę referatu, ale muszą wtedy wyasygnować pieniądze na jego utrzymanie[38].

Miałam w ręku oryginał rozliczenia z września 1943 roku, pierwszego miesiąca pracy referatu – dwie bibułki, każda wielkości połowy kartki z zeszytu, „Jolanta" jest wskazana jako odbiorczyni pieniędzy[39]. Natrafiłam na ten dokument w archiwum kibucu Lohamei Hagetaot w 2013 roku. Od tej pory archiwum Bermana zostało skatalogowane i w dużej mierze udostępnione w internecie. Wcześniej trudniej było coś znaleźć, ale jakie to było szczęście mieć do czynienia z oryginałem dokumentu czy listu!

Zestawienie podpisane jest przez „Teresę", czyli Aleksandrę Dargielową. Rozlicza się ona z otrzymanej od Rady sumy dwudziestu pięciu tysięcy złotych. Całość wydano, w tym „doręczono p. Jolancie 19 000". Jeżeli na jedno dziecko przypadało pięćset złotych, znaczyłoby to, że Sendlerowa dostała środki na utrzymanie trzydzieściorga ośmiorga dzieci. Czytamy na następnej bibułce: we wrześniu załatwiono trzydzieści sześć spraw, w załatwieniu – dwadzieścia dwie, razem – pięćdziesiąt osiem spraw.

Na tej samej karteczce jest rubryka: „Liczba dzieci": pięćdziesięcioro troje w zakładach miejskich (czyli najpewniej w Domu Boduena), dwadzieścioro dwoje – w instytucjach RGO, i pięćset – w zakładach społecznych (najpewniej chodzi tu o sierocińce przyklasztorne), razem pięćset siedemdziesięcioro pięcioro dzieci[40]. Towarzyszą temu szczegółowe uwagi („Mangcheimowa otrzymała 500 zł – zrzeka się", „Dr Lowenstein – nie może zrzec się") i bardziej ogólne: że trudno ustalić

[38] Zestawienie wpływów i wydatków Referatu Opieki nad Dziećmi z września 1943, AKLH, sygn. 5900. [39] Tamże.

[40] Te dane przytacza też Adolf Berman w książce *Mijemej hamachteret*, Tel Awiw 1971. Dziękuję Noamowi Rachmilevitchowi za przetłumaczenie mi fragmentów książek Bermana.

dokładnie liczbę dzieci w zakładach społecznych i ich nazwiska. Referat na podstawie posiadanej wiedzy stwierdza więc, że w klasztorach może być przechowywanych około pięciuset dzieci, chociaż nie zna dokładnie ich liczby ani w wielu przypadkach nazwisk.

Dargielowa określa potrzeby referatu na październik: sto dwadzieścia tysięcy złotych.

Zachowało się sprawozdanie Żegoty, z którego wynika, że referat dostał dwie trzecie tej sumy, a to dzięki temu, że organizacje żydowskie dołożyły pięćdziesiąt tysięcy do trzydziestu tysięcy wyasygnowanych przez Radę[41].

Sendlerowa odpowiada za przekazywanie pieniędzy swoim podopiecznym. „Sama miałam pod swoją opieką 9-10 mieszkań, gdzie ukrywali się Żydzi, których z ramienia Żegoty zaopatrywałam w pomoc pieniężną" – mówiła w wywiadzie z 1967 roku[42].

Wciągana też jest w bezpośrednie akcje Żegoty, kiedy potrzeba natychmiastowej interwencji, w większości przypadków chodzi o szybkie znalezienie nowego miejsca, bo dotychczasowe zawiodło.

„Kiedyś u takiej bardzo miłej nauczycielki, było tam troje dzieci i sąsiedzi donieśli na nią, ona była samotna, a zauważyli, że teraz tyle jedzenia w siatce nosi. Takie były podłe i wścibskie niektóre baby" – opowiadała[43].

„I jeszcze byli ci, którzy współczuli, ale nie włączali się w akcję pomocy, bo się po prostu bali, czemu trudno się dziwić. Były przecież wypadki, że ja z takim dzieckiem chodziłam od domu do domu, znajomi mi przecież dawali adresy, taki konspiracyjny łańcuch, gdzie ludzie płakali ze mną nad takim dzieckiem

[41] Sprawozdanie z działalności Rady Pomocy Żydom przy Pełnomocniku Rządu na Kraj za czas od grudnia 1942 do października 1943 r. włącznie z 23 października 1943, AAN, Delegatura Rządu RP na Kraj, 202/XV-2.

[42] J. Goldkorn, *...kto ratuje jedno życie ludzkie...*, „Prawo i Życie", 23 kwietnia 1967.

[43] I. Sendlerowa, Wywiad 1, dz. cyt.

w przedpokoju i nie przyjęli, »Proszę pani, to jest okropne, ja dam ubranie, dam pieniądze, dam jedzenie, ja się boję«. No niestety, wobec ludzkiego strachu nie można było nic zrobić"[44].

Opisała dwie sytuacje, kiedy została wezwana na pomoc przez Juliana Grobelnego.

„Kiedyś odwołał mnie od jakiejś bardzo ważnej pracy i sam przerwał zebranie prezydium RPŻ tylko dlatego, że otrzymał wiadomość, iż gdzieś w okolicy Wawra (adresu dokładnie nie miał) znajduje się dziewczynka, której matkę zamordowano w tak bestialski sposób, że dziecka tego od kilku dni nie można było w żaden sposób doprowadzić do stanu równowagi. Jechaliśmy pociągiem do Wawra, kiedy na Dworcu Wschodnim Niemcy urządzili »łapankę«. Z trudem uniknęliśmy aresztowania. Błagałam wówczas »Trojana«, aby się wrócił, tłumaczyłam, że ja sama postaram się dotrzeć do dziecka, że nie wolno mu się narażać (»łapanka« ta nastawiona była głównie na mężczyzn). Obruszył się: »Cóż to, macie mnie za takiego niedołęgę, który nie potrafi wymknąć się Niemcom?«". Odnaleźli dziewczynkę i Grobelny był dla niej tak czuły, że w końcu przytuliła się do niego i powiedziała: „Ja tu nie chcę być – niech pan weźmie mnie z sobą"[45].

Innym razem „polecił mi natychmiast pojechać z jakimś zaufanym lekarzem i z lekami do lasu między Otwockiem a Celestynowem, bo tam w dole ze śmieciami ukrywała się matka z niemowlęciem. Żywność donosiła jej nauczycielka z sąsiedniej wioski. Jednak niemowlę było bardzo chore i potrzebna była pomoc lekarska"[46].

We wrześniu 1943 roku Dargielowa zgłosiła na posiedzeniu Żegoty rezygnację z kierowania referatem dziecięcym (z powo-

[44] Tamże.

[45] I. Sendlerowa, *Ci, którzy pomagali Żydom. (Wspomnienia z czasów okupacji hitlerowskiej)*, „Biuletyn ŻIH" 1963, nr 45–46.

[46] I. Sendlerowa, *Julian Grobelny i jego żona Helena. Wspomnienie*, „Gazeta Wyborcza", 18 kwietnia 2003.

du nadmiaru pracy w RGO) i zaproponowała na swoje miejsce Irenę Sendlerową. Od początku października Sendlerowa była odpowiedzialna za referat, który obejmował wówczas opieką finansową dziewięćdziesięcioro dziewięcioro dzieci. Referat pomagał też nadal dzieciom, które nie dostawały stałych stypendiów, w tym dzieciom ukrywanym w klasztorach i w zakładach RGO, gdy potrzebna była nagła pomoc, bo dziecko trzeba było wywieźć i znaleźć nowe miejsce[47].

„Irenka nie ma czasu, nawet porządnie rękawiczek nie wkłada. Przecież to trzeba spokojnie każdy palec włożyć, a ona rach-ciach i już idzie" – martwiła się w rozmowach z przyjaciółkami pani Janina Krzyżanowska, nieświadoma, na jakie niebezpieczeństwo nieustannie naraża się jej córka[48].

– Mama Ireny była schorowaną na serce panią i leżała już wtedy cały dzień w łóżku. Przypuszczam, że nie wiedziała, co Irena robi – opowiadała mi Aniela Uziembło, która zapamiętała jej zamartwianie się o Irenę.

Kilkanaście dni po objęciu przez Sendlerową kierownictwa referatu dziecięcego, 18 października 1943 roku, do jej mieszkania na Ludwiki 6 wkroczyło gestapo. Mogę sobie wyobrazić

[47] Sendlerowa w oświadczeniu przygotowanym dla Teresy Prekerowej do jej książki o Żegocie podaje nazwiska osób, z którymi współpracowała. Wysyłaniem dzieci do klasztorów zajmowali się Jan Dobraczyński i Jadwiga Piotrowska. Kierowaniem do zakładów Rady Głównej Opiekuńczej – Aleksandra Dargielowa. Przy przyjmowaniu do Domu Boduena najaktywniej działały Maria Krasnodębska i Stanisława Zybertówna. Młodzież do partyzantki wysyłali Andrzej Klimowicz, Jadwiga Koszutska, Jadwiga Bilwin i Julian Grobelny. Znajdowaniem polskich rodzin dla dzieci zajmowali się Helena Grobelna, Maria Palestrowa, Stanisław Papuziński, Zofia Wędrychowska, Izabella Kuczkowska, Kazimiera Trzaskalska, Maria Kukulska, Wanda Drozdowska-Rogowiczowa, Wincenty Ferster, Janina Grabowska, Joanna Waldowa, Jadwiga Bilwin, Jadwiga Koszutska, Irena Schultz, Lucyna Franciszkiewicz i Helena Małuszyńska. Poza tym istniały rodziny, które przejmowały całkowitą opiekę nad dzieckiem, i trzeba było tylko im pomóc, gdy dziecko potrzebowało leków czy umieszczenia w szpitalu, czym zajmowali się lekarze Juliusz Majkowski, Mieczysław Ropek, Zofia Franio, Andrzej Trojanowski, Hanna Kołodziejczyk oraz pielęgniarka Helena Szeszko (T. Prekerowa, *Konspiracyjna Rada*…, dz. cyt.).

[48] Rozmowa z A. Uziembło, 2014.

przerażenie starszej pani i przerażenie córki, że matka tego nie przetrzyma.

W sprawozdaniu z działalności RPŻ z 23 października 1943 roku, pięć dni po jej aresztowaniu, czytamy o referacie dziecięcym: „Praca ta, zorganizowana pod fachowym kierownictwem, zaczyna się rozwijać pomyślnie”[49]. Czy do Rady nie dotarła jeszcze informacja, że Sendlerowa została aresztowana, czy też nie chcieli pisać o tym, nawet używając jej pseudonimu, w sprawozdaniu wysyłanym przez kuriera do Londynu, żeby nie narazić jej w razie wpadki?

Każde znajdujące się w dokumentach Rady optymistyczne sformułowanie podszyte jest rozpaczą i uprzytamnia boleśnie ograniczoną skalę całego przedsięwzięcia: „Rozwinięcie tej akcji – tak niezwykle ważnej – zależy jednak od większych funduszy, których Rada – niestety – udzielić nie może”. Przy takim dofinansowaniu „około 20–30 dzieci zdołał wspomniany referat ulokować w odpowiednich miejscach”[50]. Dwadzieścioro–trzydzieścioro dzieci to była kropla w morzu potrzeb.

Sendlerowa łączyła swoje aresztowanie z wpadką w lokalu na Brackiej 5. Właścicielka mieszczącej się tam pralni, która służyła za punkt kontaktowy, została aresztowana[51]. Jednak niedługo przed śmiercią Sendlerowa mówiła, że jak się okazało, do aresztowania doszło w wyniku donosu sąsiadki[52].

[49] Sprawozdanie z działalności Rady…, dz. cyt. W pisanym po wojnie tekście Berman, ewidentnie opierając się na treści tego dokumentu, dopisał do oświadczenia Żegoty postać Sendlerowej, „wybitnej działaczki podziemia »Jolanty«”, pod której „fachowym i energicznym kierownictwem, przy udziale szeregu innych działaczy podziemnych, akcja Rady Opieki nad dziećmi rozwijała się, mimo licznych trudności, pomyślnie” (A. Berman, Rada Pomocy Żydom, niedatowany maszynopis, AKLH, sygn. 6039).

[50] Sprawozdanie z działalności Rady…, dz. cyt.

[51] Wpadka na Brackiej 5 nie jest odnotowana w kompendium Bartoszewskiego rejestrującym każdy dzień okupowanej Warszawy (W. Bartoszewski, *1859 dni…*, dz. cyt.).

[52] A. Wolf, Nagranie z 17 lipca 2008, Materiały filmowe z lat 2005–2008 do filmu o Irenie Sendlerowej. O niebezpieczeństwie donosów na osoby ratujące Żydów opowiadał W. Bartoszewski w relacji dla Yad Vashem: „Jedyne zagrożenie, z jakim się spotkałem w czasie okupacji, takie zagrożenie ostateczne, nie

Na Ludwiki 6 przyszła akurat w gości i została na noc Janina Grabowska, mieszkająca kilka numerów dalej koleżanka z Wydziału Opieki i z konspiracji[53]. „Wpadło ich jedenastu. Gestapo odrywa deski z podłogi, wyrywa kafle z pieca, przy szalonych krzykach, popychaniach, wymyślaniach"[54].

Szczęśliwym zrządzeniem losu – jeżeli można tak mówić o zdarzeniu, którego Sendlerowa o mało nie przypłaciła życiem – nie było Adama Celnikiera, który czasem ją odwiedzał[55]. Kolejnym szczęśliwym trafem gestapowcy nie poszli do mieszkania Grabowskiej. Sprawdzili jej adres i uznali, że to niewinne sąsiedzkie odwiedziny? Mieli wyznaczone zadanie: doprowadzić na Szucha Sendlerową, i tego się trzymali? Nie wiem, kogo by tej nocy znaleźli w mieszkaniu Grabowskiej. Celnikier, który ukrywał się u niej po wyjściu z getta, mieszkał już gdzie indziej. Nie było też u niej Jerzego Kołakowskiego, działacza spółdzielczego poszukiwanego przez gestapo. Leszek Kołakowski twierdził co prawda, że ojciec był tam wtedy i że on sam, który odwiedzał go u Grabowskiej, pamięta dzień aresztowania Sendlerowej[56], ale Jerzego Kołakowskiego Niemcy aresztowali i rozstrzelali na Pawiaku pół roku wcześniej[57]. Z pewnością jednak byli tam jacyś nielegalnicy albo co najmniej bibuła.

było związane z moją pracą w AK, z moją pracą w prasie podziemnej, tylko z moją pracą w Radzie Pomocy Żydom. Tym zagrożeniem był donos ze strony Polaka, napisany tylko z tego powodu, z żadnego innego i jedyny przez cały czas wojny. Pod koniec wojny, w 1944, do policji bezpieczeństwa na Szucha wysłano donos, że Władysław Bartoszewski, zamieszkały w Warszawie przy ul. Mickiewicza 37 m. 14, pomaga Żydom i ma bardzo dużo pieniędzy" (W. Bartoszewski, Relacja z 20 października 1963 [w:] tegoż, *O Żegocie relacja poufna sprzed pół wieku*, Warszawa 2013, s. 26).

53 Sendlerowa wielokrotnie podawała, że aresztowano ją w dniu jej imienin, 20 października, i że nocowały u niej wówczas ciotka oraz Janina Grabowska, które przyszły na skromne przyjęcie.

54 I. Sendlerowa, Wywiad 1, dz. cyt.

55 Poznała go tam Aniela Uziembło (Rozmowa, 2013).

56 L. Kołakowski, *Czas ciekawy, czas niespokojny. Z Leszkiem Kołakowskim rozmawia Zbigniew Mentzel*, cz. 1, Kraków 2007.

57 Jerzy Kołakowski został aresztowany w maju 1943 i rozstrzelany 29 maja (Lista egzekucyjna z 29 maja 1943, AMWP, Akta Klubu b. Więźniów Politycznych Pawiaka, sygn. 233/65).

Sendlerowa trzymała na stole karteczki, na których były zapisane prawdziwe nazwiska dzieci i ich obecne adresy. „Dla mnie to, żeby te dzieci odnalazły się potem jako osoby żydowskiego społeczeństwa, było pierwszorzędną sprawą. Myślałam »parę lat będzie wojna, te dzieci będą Polakami, to jakim prawem?«. Czułam się patriotką żydowską dla tych dzieci" – mówiła[58]. W czasie wielogodzinnego przeszukania Janina Grabowska zdołała ukryć te listy pod ubraniem. Niemcy nie znaleźli też pieniędzy, kenkart ani metryk: znajdowały się pod posłaniem łóżka, które zawaliło się podczas rewizji.

Sendlerową przesłuchiwano w siedzibie gestapo w alei Szucha: „Katowali, żebym podała nazwę organizacji, kierownictwo, adres, wtedy limuzyną odwieziemy cię do domu. Pokazali mi tamtą listę donosów na mnie, wiem, że donosy te pochodziły z kół oenerowskich" – opisywała[59]. Nie miała przy sobie trucizny: „Organizacja chciała mi dać cyjanek, jeszcze jak byłam na wolności, ale ja nie chciałam wziąć, żeby nie zażyć go za wcześnie"[60].

Przewieźli ją na Pawiak. Trafiła do celi, gdzie było już pięć więźniarek. „Atmosfera była cudowna, żeby się nie wsypać, żeby zachować godną postawę i pomoc wzajemną"[61]. Pracowała na Pawiaku w pralni, ciężka robota, dopieranie potwornie brudnej bielizny; pocieszały się, że „Niemcy robią w gacie ze strachu". Po wojnie powracała wiele razy do sceny, którą widziała przez zakratowane okno na wewnętrznym dziedzińcu. Niemiec pokazał żydowskiemu dziecku cukierek – w więzieniu były kobiety z dziećmi – chłopczyk podszedł, a gdy odchodził z cukierkiem, Niemiec go zastrzelił.

[58] A. Wolf, Nagranie z 1 sierpnia 2007, dz. cyt.

[59] *Z Ireną Sendlerową z Żegoty rozmawia Anna Ćwiakowska*, „Nowiny Kurier", 17 czerwca 1983. [60] Tamże.

[61] Jest wiele książek wspomnieniowych z Pawiaka, ale niestety w żadnej nie znalazłam niczego o Sendlerowej, oprócz wzmianki, że była jedną z więźniarek pracujących w tak zwanej białej pralni (A. Czuperska-Śliwicka, *Cztery lata ostrego dyżuru. Wspomnienia z Pawiaka 1940–1944*, Warszawa 1968).

Szybko przekonała się, że jest pod opieką podziemia – już drugiego dnia do celi wkroczyła ekipa sanitarna, wśród której rozpoznała swoją koleżankę Jadwigę Jędrzejowską, pseudonim „Vika". Została doprowadzona do gabinetu dentystycznego; w plombie zęba umieszczono bibułkę, na której miała napisać, o co ją oskarżają.

Niemcy urządzają zbiorowe egzekucje w ruinach getta albo w miejscach publicznych. Niemal codziennie z Pawiaka wywożą grupy więźniów. 13 listopada zabierają Sendlerową wraz z dużą grupą aresztantów. Dzień wcześniej zamordowali trzysta osób, egzekucji dokonali przy Nowym Świecie i na Pradze. Na liście straconych tego dnia był poeta Andrzej Trzebiński[62].

„Jak mnie wieźli na rozstrzelanie, bardzo żałowałam, że już nigdy nie zobaczę Warszawy. Nie myślałam o mamie, o mężu w obozie" – opowiadała[63]. Dowieźli ich na Szucha, przy sprawdzaniu nazwisk zgłosił się gestapowiec, że ma ją zaprowadzić na dodatkowe przesłuchanie. Wyprowadził ją na róg Szucha i alei Wyzwolenia, oznajmił: „Jesteś wolna". Gdy powiedziała, że nie może chodzić po ulicy bez dokumentów, uderzył ją: „Ty parszywa bandytko, idź!". Dowlekła się do pobliskiej apteki, właścicielka wzięła ją na zaplecze, dała jej krople uspokajające, okrycie i pieniądze na bilet tramwajowy.

Tego dnia Niemcy rozstrzelali w ruinach getta stu dwudziestu więźniów Pawiaka[64].

Niespełna dwa tygodnie po uwolnieniu Ireny Sendlerowej, 25 listopada 1943 roku, gestapo aresztowało Jadwigę Sałek-Deneko, jej przyjaciółkę z Wolnej Wszechnicy, Wydziału Opieki i RPPS-u. Jadwiga była szefową kolportażu prasy RPPS-u i współpracowała z Ludomirem Marczakiem, muzykiem, który siedział przed wojną za komunizm, a teraz przechowywał w schronie piwnicznym kilkunastu Żydów[65].

[62] W. Bartoszewski, *1859 dni…*, dz. cyt.
[63] A. Wolf, Nagranie z 8 stycznia 2005, dz. cyt.
[64] W. Bartoszewski, *1859 dni…*, dz. cyt.
[65] M. Bartułd, Relacja [w:] *Ten jest z ojczyzny mojej*, dz. cyt.

– Jadwiga opiekowała się nimi, trzeba było wynosić nieczystości, przynosić wodę, to był nieprzystosowany lokal. Ktoś ich zadenuncjował – opowiadała mi Katarzyna Meloch[66].

Jadwiga Sałek-Deneko została stracona razem z grupą żydowskich kobiet w ruinach getta 6 stycznia 1944 roku.

Sendlerowa wyszła z Pawiaka dzięki operatywności Marii Palester.

Nie znały się dobrze. Spotkały się zimą na przełomie 1940 i 1941 roku. Ze względów oszczędnościowych w pomieszczeniach Wydziału palono w piecach co trzeci dzień, Sendlerowa przyszła się zagrzać do pokoju, w którym akurat było ciepło, i tak poznała Palestrową. „To było na Złotej, gdzie okna budynku wychodziły na małe getto – opisywała – i czasem razem patrzyłyśmy ze zgrozą na tamten świat”[67]. Przekazała jej kilkakrotnie pieniądze[68].

Gdy Piotrowska dowiedziała się o aresztowaniu Sendlerowej, najpierw próbowała zdobyć pieniądze od komórki PPS-u w zarządzie miasta, ale znajomy działacz domagał się gwarancji, że jeśli da na łapówkę, Sendlerową wypuszczą. „Palester się wtedy roześmiała: »Pan chyba ze mnie kpi. Jak mogę panu dać gwarancję?«. Trzasnęła drzwiami i poszła” – opisywała Sendlerowa[69].

Potem szczęśliwym trafem przez zaufanych ludzi dotarła do Żegoty, o której istnieniu nie wiedziała. Pieniądze uruchomił Julian Grobelny. Palestrowa miała przez kogo je przekazać. Już

[66] Meloch opowiadała mi: „Jadwiga Sałek była uczennicą mojej matki, która miała z nią lekcje greki i łaciny, była między nimi nieduża różnica wieku i się zaprzyjaźniły. To moja mama zaraziła Jadwigę lewicowością. Gdy działały jeszcze telefony w getcie, Jadwiga dzwoniła do nas. Wyprowadziły mnie z getta przyjaciółki mamy i dostarczyły do niej na Obozową 76. To niewielkie mieszkanie w bloku służyło też innym uciekinierom z getta, w tym mojej babci Michalinie Goldman. Zostałam potem przewieziona do sierocińca w Chotomowie. Jadwiga jeszcze przed aresztowaniem dała znać siostrom, żeby przeniosły mnie do innego zakładu, bała się wpadki i tego, że na torturach sypnie. Ale siostry mnie nie przeniosły, tylko wykreśliły ze spisu i trzymały dalej”.

[67] I. Sendlerowa, Wywiad 1, dz. cyt. [68] Tamże. [69] Tamże.

Jadwiga Sałek-Deneko,
lata trzydzieste

wcześniej, przy wyrabianiu dokumentów dla Jasi Pogonowskiej, przyjaciółki jej córki Małgosi, skorzystała z usług niejakiego Władysława Pozowskiego, który miał konszachty z Niemcami i za pieniądze załatwiał papiery, a także wyciągał ludzi z aresztów. Pliki banknotów schowane pod kaszą i makaronem przewiozła przez miasto czternastoletnia córka Palestrów[70].

[70] M. Grochowska, *Lista Sendlerowej*, dz. cyt. O pomoc Palestrowa poprosiła zaufanego sąsiada Andrzeja Klimowicza. Jego zakład galwanizacyjny przy Nowym Świecie był miejscem spotkań działaczy Żegoty. Z kolei Klimowicz, który był działaczem Stronnictwa Demokratycznego, zwrócił się do swojej partyjnej koleżanki Emilii Hiżowej reprezentującej SD w Żegocie. Hiżowa skojarzyła Sendlerową i skontaktowała się z Julianem Grobelnym. Powstało na świecie kilka zbeletryzowanych książek o Sendlerowej, w których do powszechnie przyjętej wersji jej życia dodano jeszcze bardziej emocjonujące wydarzenia i przejmujące dialogi, a też niemały zestaw bzdur. W jednej z takich książek Maria Palestrowa zna Pozowskiego, jako że urządza cotygodniowe partie brydża dla konfidentów gestapo i wówczas, korzystając z wesołej atmosfery, załatwia sprawy dla Żegoty. Dowiadujemy się też, że jej mąż Henryk Palester może być aresztowany przez Niemców, ponieważ był chrześcijaninem, ale przeszedł na judaizm (T. J. Mazzeo, *Irena's Children: The Extraordinary*

Sama Sendlerowa na użytek pisanych przez siebie życiorysów, udzielanych wywiadów i autoryzowanej biografii podawała różne informacje o swoim uwięzieniu, w tym różny czas pobytu na Pawiaku, od trzech do pięciu miesięcy[71]. Uwiarygodniała te opowieści rozmaitymi szczegółami, na przykład, że była wiosna, kiedy wyszła z aresztu (chociaż był listopad)[72].

To wiemy na pewno: była więźniarką Pawiaka między 18 października a 13 listopada 1943 roku[73]. Pracowała w pralni[74], zachowywała się dzielnie[75], była bita na przesłuchaniach[76]. Każdego dnia mogła się spodziewać rozstrzelania. Została wypuszczona dzięki łapówce, którą wpłaciła Żegota.

Story of the Woman Who Saved 2,500 Children from the Warsaw Ghetto, New York–London–Toronto 2016).

[71] Odpowiednio: trzy miesiące (T. Prekerowa, *Konspiracyjna Rada...*, dz. cyt.), sto dni (*Matka dzieci Holocaustu. Historia Ireny Sendlerowej*, oprac. A. Mieszkowska, Warszawa 2004), cztery i pół miesiąca (*Z Ireną Sendlerową z Żegoty...*, dz. cyt.), pięć miesięcy (I. Kowalska, Nieopublikowany wywiad rzeka z Ireną Sendlerową przeprowadzony w latach dziewięćdziesiątych, maszynopis, archiwum prywatne autorki).

[72] Ale pamiętała też rzeczywisty czas: niespełna miesiąc. Podała go przy wypełnianiu deklaracji ZBOWiD-u, a także wspominała swoje wyjście 13 listopada w prywatnym liście, pisząc, że dzień jej uwolnienia jest dniem pamięci o jej ojcu, który miał 13 listopada imieniny i „swoją 100% humanitarną postawą dał mi fundament pod moje ideały życiowe" (I. Sendlerowa, List do W. Rotenberg z 4 listopada 1991, AKLH, Kolekcja B. Elster, sygn. 29481).

[73] AMWP, Akta Klubu b. Więźniów Politycznych Pawiaka, sygn. 233/65.

[74] J. Jędrzejowska, Oświadczenie świadka w sprawie Ireny Sendlerowej z 13 lutego 1958, tamże.

[75] Deklaracja członkowska I. Sendlerowej z okazji wstąpienia do ZBOWiD-u, 1965, tamże.

[76] J. Jędrzejowska: „Przechodziła bardzo ciężkie przesłuchania, była bita, lecz nie zdradzała żadnych tajników konspiracyjnych" (Oświadczenie J. Jędrzejowskiej, poświadczone przez cztery osoby z zarządu ZBOWiD, z 21 września 1972, tamże). Marianna Malinowska pisze w swoim oświadczeniu, że Sendlerowa przenosiła grypsy. „Między innymi tą drogą otrzymałam dwa grypsy od mojego męża w 1944 roku, który siedział na Pawiaku na oddziale męskim, a ja na Serbii [oddział kobiecy], również zamknięta na Pawiaku" (M. Malinowska, Oświadczenie świadka z 7 listopada 1976, tamże). Trzeba jednak pamiętać, że oświadczenia składane w ZBOWiD-zie w wielu wypadkach służyły raczej załatwieniu rozmaitych uprawnień niż poświadczaniu prawdy historycznej. Malinowska i jej mąż siedzieli w więzieniu, gdy Sendlerowej już tam nie było.

Sendlerowa opowiadała: „Żegota zapłaciła za mnie pół miliona złotych"[77], „Ile wziął ten gestapowiec z tego pół miliona, ile ten Polak [Pozowski], tego się nigdy nie dowiemy"[78]. Po paru dniach ukazały się afisze z listą rozstrzelanych, na której widniało jej nazwisko, podawały je też megafony uliczne[79]. Poszła kupić lekarstwo dla matki, a tutaj klientka mdleje: „Ja widziałam tą panią na słupie, że jest rozstrzelana!"[80]. Przekupiony gestapowiec napisał w dokumentach, że ją rozstrzelał. „Musiał wtajemniczyć chociaż 2-3 kolegów. Jeden z kolegów go wydał i podobno on został za zdradę Rzeszy rozstrzelany, a tych dwóch kolegów za karę wysłano na front wschodni"[81]. Była raz w pociągu, który Niemcy zatrzymali w Skierniewicach i w którym przeprowadzali dokładną rewizję: „Spojrzałam przez ramię żandarma. I zamarłam. W wykazie osób poszukiwanych zobaczyłam: »Irena Sendler«"[82].

Żadna z tych historii nie jest prawdopodobna.

Władysław Bartoszewski:

– Niemożliwe, by Żegota zapłaciła pół miliona. Ta suma wzięła się może stąd, że tyle Żegota gotowa była wyłożyć dla ratowania Adolfa Bermana, którego Niemcy zgarnęli na ulicy na podstawie donosu, świetnie wiedząc, jak ważną postać żydowskiego podziemia mają w ręku. W przypadku Sendlerowej nie wiem, ile to mogło być, ale na pewno dużo mniej[83].

[77] *Z Ireną Sendlerową z Żegoty*..., dz. cyt.

[78] I. Sendlerowa, Wywiad 1, dz. cyt.

[79] *Matka dzieci Holocaustu*, dz. cyt. Sendlerowa musiała to opowiadać już wcześniej, bo żona Grobelnego Helena w oświadczeniu z 10 października 1970 roku o wydostaniu jej z Pawiaka pisze: „Tego dnia megafony okupanta podały listę rozstrzelanych, w tym nazwisko Sendlerowej" (Oświadczenie Heleny Grobelnej [w:] I. Sendlerowa, *Materiały*..., dz. cyt., S/353/6).

[80] A. Wolf, Nagranie z 12 sierpnia 2007, dz. cyt.

[81] I. Sendlerowa, Wywiad 1, dz. cyt.

[82] *Matka dzieci Holocaustu*, dz. cyt. Opowiadała tę samą historię Irenie Kowalskiej: „Nie przejęłam się tym, gdyż już byłam »Dąbrowska«" (I. Kowalska, Nieopublikowany wywiad..., dz. cyt.).

[83] W dokumentach Żegoty nie ma wzmianki o aresztowaniu „Jolanty". Sprawa Barbary Szymańskiej (ps. „Wanda"), aresztowanej współpracowniczki Rady,

Sekretarz Żegoty Adolf Berman 4 stycznia 1944 roku został zatrzymany przez szmalcowników w asyście granatowego policjanta, którzy dokładnie wiedzieli, kogo szukali i kogo znaleźli. Szantażyści chcieli pół miliona, udało się obniżyć cenę do dwustu tysięcy[84], na szantażystach został później wykonany wyrok podziemia.

Przewodniczący Żegoty Julian Grobelny został aresztowany 1 marca 1944 roku wskutek donosów – wpłynęły trzy: że jest ukrywającym się oficerem, że pomaga Żydom i że działa w konspiracji (o zarzutach dowiedziano się przez tłumaczkę gestapo w Mińsku Mazowieckim, umieszczoną tam z polecenia AK). Ledwo przeżył śledztwo, miał krwotok z płuc i z nerek. Jego żonie Helenie udało się go wykupić za pieniądze Żegoty – trzydzieści sześć tysięcy złotych – ale już nigdy nie doszedł do siebie. Ukrywał się w szpitalu na Woli, a potem w otwockim sanatorium[85].

Władysław Bartoszewski:

– Jako autor książek dokumentujących okupacyjną historię Warszawy przejrzałem wszystkie możliwe dokumenty, wszyst-

rzuca światło na fundusze, które Żegota mogła przeznaczyć na ratowanie ludzi. „P. Mikołaj wnosi, aby Rada uchwaliła pewną kwotę dla ratowania p. Wandy, sekretarki Rady–Lwów, która na posterunku wpadła w ręce niemieckie. Uchwalono na razie kwotę 10 000 zł" (Protokół posiedzenia Prezydium RPŻ, 5 października 1943, AAN, Delegatura Rządu RP na Kraj, sygn. 202/XV-2).

84 „Na rogu Alej Jerozolimskich podeszło trzech drabów, z rewolwerami i z okrzykiem: »Pan jest dr Berman«, obmacali go, a potem, szturchając, zawlekli do komisariatu. Tam wyglądało to już na ostatni akt. Mieli zabrać go na Szucha, obrewidowali, straszyli, ale po półgodzinnych awanturach zmiękli i gdy zaproponował forsę, zaczęły się targi. Od pół miliona doszli do 200 tysięcy złotych" (B. Temkin-Bermanowa, *Dziennik*..., dz. cyt., s. 27).

85 Większość współpracowników Żegoty miała niewyobrażalne szczęście. Chociaż groziły im donosy, szmalcownicy, przypadkowe rewizje i łapanki, przeżyli wojnę. Najbardziej niezwykła jest historia uratowania się Zofii Rudnickiej (Pauliny Hausman), kierowniczki biura Żegoty, i Leona Feinera, członka prezydium Rady. Wiosną 1944 roku Rudnicka przenosiła na sobie dolary, a Feiner ją ubezpieczał. Wpadli w łapankę. Wskoczyli do rikszy i kazali jechać wprost na Niemców obstawiających ulicę. Udawali pijanych, śmiali się, wykrzykiwali coś po niemiecku i machali do Niemców (T. Prekerowa, *Konspiracyjna Rada*..., dz. cyt.).

kie afisze czytałem, wszystkie teksty z megafonów znam. Nazwiska Sendlerowej, mogę to powiedzieć z całkowitą pewnością, wśród nich nie było. Nie podawali nazwisk kobiet[86]. Pewnie ktoś jej tak powiedział i uwierzyła.

Pierwszą noc po wyjściu z Pawiaka Sendlerowa spędziła u matki. Przyszła Janina Grabowska, radziła jej się ukryć. Irena wynajęła pokoik piętro wyżej, żeby w nocy schodzić do matki. „Ta pani wiedziała wszystko, że się ukrywam, to była jakaś przyzwoita kobieta, Rosjanka, żona polskiego oficera, który był w obozie"[87]. 1 lutego Sendlerowa siedziała wieczorem u matki: „pisałam jakiś artykuł do gazetki konspiracyjnej, jeszcze coś dopisywałam, chciałam godzinę jeszcze poczekać. Matka moja, jak każda matka, miała przeczucie, błagała mnie: już idź na górę. Kiedy ja poszłam na górę, ledwo w przedpokoju, drzwi się otworzyły na dole"[88]. Było ich trzynastu, wywalili

[86] „Niemal codziennie zabierają 1–5 kobiet [z Pawiaka]. Wiemy, że idą na stracenie, chociaż podobno nazwisk ich nie ogłaszają" (Meldunek z 19 listopada 1943 roku na cieniutkim skrawku bibułki podpisany „Wencki", AAN, Delegatura Rządu na Kraj, 202/II-17; „Wencki" to pseudonim Witolda Bieńkowskiego, członka Wydziału Spraw Wewnętrznych i kierownika Referatu Żydowskiego Delegatury Rządu na Kraj).

[87] I. Sendlerowa, Wywiad 1, dz. cyt.

[88] Tamże. Inna sąsiadka z domu przy Ludwiki 6, Barbara Jankowska-Tobijasiewicz, wówczas mała dziewczynka, opowiedziała po latach zmyśloną historię, że pamięta aresztowanie Sendlerowej (podała wszystkie „beletrystyczne" szczegóły, które podawała sama Sendlerowa): matka Sendlerowej, gdy nikt nie chciał przyjąć córki, miała poradzić Irenie, by zapukała do sąsiadki z parteru. „Dzwonek do drzwi. Wychodzę z pokoju i widzę, jak moja mama bez słowa wciąga Irenę Sendlerową do mieszkania. Obie małe, szczupłe upadły na kozetkę. Wszystko odbyło się błyskawicznie, bo obok mieszkał granatowy policjant. Trzy godziny później słychać znajomy huk buciorów. Do trzeciej nad ranem zrywali podłogi i dręczyli matkę Ireny. Umarła kilka tygodni potem" (*Irenę Sendlerową i Barbarę Ditrich – niezwykłe sąsiadki z ulicy Ludwiki wspomina Barbara Jankowska-Tobijasiewicz*, „Kurier Wolski", 28 stycznia i 11 lutego 2010). Sendlerowa miała mieszkać u Jankowskich przez następne dziesięć dni. Po przypisaniu sobie cudzych zasług jest czas na antysemickie miazmaty. Do mieszkania matki Sendlerowej sprowadziły się po niej dwie Żydówki z dziećmi, jedna ubrana bogato we francuskie sukienki, którą odwiedzał ktoś, chyba niemiecki oficer, a one „mimo swojego pochodzenia wcale się nie kryły i wychodziły normalnie na ulicę. Nikt też ich nie wydał" (tamże).

drzwi do mieszkania, brutalnie przesłuchiwali chorą matkę. Irena musiała zabrać ją z Ludwiki, mimo że dom był pod stałą obserwacją. Wyprowadziła ją z pomocą doktora Majkowskiego i przewożąc przez dwa szpitale, dojechała na Kawęczyńską 2, do mieszkania męża koleżanki Stefana Wichlińskiego. Matka niedługo potem zmarła. „Kilka minut brakowało, bym nie zastała już jej żywą, bo akurat miałam wyznaczone bardzo ważne spotkanie z uciekinierem z Treblinki, który dał mi materiały dla Żegoty"[89].

Wydaje mi się, że ta opowieść jest mocno zbeletryzowana. Nie było powodu, by trzynastu gestapowców wtargnęło do mieszkania jej matki, szukając Ireny, gdy jednocześnie, jak się okaże, trwała wymiana listów w sprawie przywrócenia jej do pracy.

Pisała też, że mieszkanie na Ludwiki 6 nachodzili bojówkarze Narodowych Sił Zbrojnych. „Po wyjściu z Pawiaka dwa razy do mego domu przychodziła bojówka z NSZ, chcąc mnie oddać w ręce gestapo, uniknęłam tego tylko dzięki pomocy pracownika fizycznego administracji domu, w którym mieszkałam, który mi ułatwił ucieczkę"[90].

Anna Krzyżowska, córka Marii Kukulskiej, u której ukrywał się Adam Celnikier, pamięta, że gdy tylko Sendlerowa wyszła z Pawiaka, zamieszkała z nimi[91]. Prawdopodobnie u sąsiadki na Ludwiki nocowała więc tylko czasami.

Komisaryczny burmistrz Warszawy Julian Kulski pisał 30 listopada 1943 roku do niemieckiego starosty Ludwiga Leista: „Mam zaszczyt wnosić o zezwolenie na ponowne zatrudnienie Ireny Sendlerowej, kontraktowego okręgowego opiekuna miejskiego VII Ośrodka Wydziału Opieki i Zdrowia, oraz na wypłatę

[89] I. Sendlerowa, Wywiad I, dz. cyt.

[90] I. Sendler-Zgrzembska, Ankieta aktywu partyjnego z 16 grudnia 1949, APW, Komitet Warszawski PZPR, Teczka osobowa Sendler-Zgrzembska Irena, sygn. 46158; także: I. Zgrzembska, Zeznanie [niedatowane], AKLH, Kolekcja A. Bermana, sygn. 87669.

[91] A. Krzyżowska, Nagranie z 25 lipca 1997, VHA, Interview Code: 31891.

Maria Palester w czasie wojny

wynagrodzenia za czas zatrzymania jej w areszcie". Informował, że Sendlerowa została zwolniona z Pawiaka 13 listopada, a jej dotychczasowe pobory wynosiły 509,85 złotych miesięcznie[92].

Widocznie łapówka załatwiła zarówno jej uwolnienie, jak i zapis w dokumentacji Pawiaka, że wychodzi *lege artis*. Imponujące, że dwa tygodnie po uwolnieniu jej z Pawiaka szefostwo Wydziału Opieki upomniało się o swoją pracowniczkę.

„Nie wnoszę żadnych zastrzeżeń przeciwko zgłoszonemu wnioskiem dalszemu zatrudnieniu wyżej wymienionej na służbie w Zarządzie Miejskim w W-wie i wypłaceniu jej

[92] Cytowany list, napisany po polsku, jest brulionem – na jego podstawie sporządzono oficjalne pismo w języku urzędowym, czyli po niemiecku, które zostało wysłane do Leista 1 grudnia 1943 (Archiwum Miasta Stołecznego Warszawy, zespół Burmistrza Komisarycznego, teczka nr 56; list odnalazł Jan Grabowski, patrz: J. Grabowski, *Przyczynek do biografii Ireny Sendlerowej (z dokumentów warszawskiego Ratusza)*, „Zagłada Żydów. Studia i Materiały", 2014, nr 10, t. 2).

poborów za okres jej uwięzienia" – odpowiadał Leist 14 kwietnia 1944 roku. Kulski dodał własnoręczną adnotację do dyrektora Wydziału Personalnego, „by skierować sprawę do właściwego załatwienia"[93].

Ale „właściwe załatwienie" nie było już możliwe. Irena Sendlerowa zniknęła. Stała się Klarą Dąbrowską, pielęgniarką, lat trzydzieści trzy[94]. Gdy wiosną 1944 roku zmarła jej matka, Irena nie mogła ze względów bezpieczeństwa być na jej pogrzebie[95].

„Cieszyłam się nią – opowiadała o matce, którą straciła, mając trzydzieści cztery lata. – Wydawało mi się, że odziedziczyłam jej stosunek do ludzi, prawość, prostolinijność i ogromną serdeczność dla ludzi bez względu na ich urodzenie czy wyznanie"[96].

Janina Krzyżanowska pielęgnowała pamięć tradycji rodzinnych i w czasie wojny spisała historię rodziny. Zapiski spłonęły w powstaniu warszawskim, ale córka wiele zapamiętała z jej opowieści. Tak jak tę o pradziadku Karolu Grzybowskim, który zesłany na Syberię za udział w powstaniu styczniowym, pracował przykuty do taczki z gruzińskim księciem i tam zmarł[97].

W notatce „Antyku", Referatu Żydowsko-Komunistycznego Centrali Służby Wywiadowczej Narodowych Sił Zbrojnych, sporządzonej 28 kwietnia 1944 roku, opisano Irenę Sendlerową: „Nos lekko orli, wyraz twarzy b. surowy, wzrost ca 160 cm,

[93] Tamże; adnotacja Kulskiego nosi datę 19 kwietnia 1944.

[94] I. Kowalska, Nieopublikowany wywiad..., dz. cyt. Irena Sendler mówiła Prekerowej, że miała też dokumenty na nazwisko Janina Makowska (Papiery T. Prekerowej, archiwum prywatne P. Szapiro; dziękuję za ich udostępnienie).

[95] Halinie Grubowskiej mówiła, że przed pójściem na pogrzeb matki przestrzegli ją przyjaciele. W autoryzowanej biografii Mieszkowskiej – że dała umierającej matce słowo honoru i że gestapo przyszło na pogrzeb i pytało o nią. Gdy ktoś powiedział, że córka zmarłej jest na Pawiaku, jeden z Niemców z wściekłością warknął: „Była, ale znikła!". Nie wydaje się to prawdopodobne, skoro jej uwolnienie było oficjalnie zarejestrowane i nawet przyznano jej pobory za czas uwięzienia.

[96] I. Kowalska, Nieopublikowany wywiad..., dz. cyt.

[97] *Matka dzieci Holocaustu*, dz. cyt.

oczy jasne, szatynka, zmieniła ostatnio kolor na rudy, włosy obcięte przy karku, mężatka. Mąż Mieczysław w oflagu, wykształcenie średnie i wyższe humanistyczne, zam. oficjalnie Ludwiki 6 m. 82, obecnie ukrywa się. Ubiera się elegancko, dysponuje dużymi kwotami. Była aresztowana przez gestapo pod zarzutem uprawiania działalności komunistycznej. Siedziała na Pawiaku ok. 4 tygodni, została zwolniona. Ostatnio gestapo znów się nią zainteresowało i poszukuje. Przed aresztowaniem pracowała w ośrodku zdrowia na Grochowskiej. Zdecydowana komunistka, oficjalnie jest w jakiejś organizacji kobiecej, z ramienia której wchodzi do SOS[98], pozoruje demokratkę nie mającą nic wspólnego z komuną. Posiada bardzo duże kontakty w środowiskach polskich, szczególnie na lewicy. Pracuje bezpośrednio z prof. Radlińską z Wolnej Wszechnicy"[99].

Na tej liście, tak jak na innych listach sporządzonych przez wywiad NSZ-etu, wskazane są osoby „podejrzane o działalność komunistyczną i/lub żydowskie pochodzenie"[100]. Zdaniem Tomasza Szaroty, który opublikował przytoczoną notatkę w „Polityce", Irena Sendlerowa musiała się tam znaleźć za kontakty z komunistami, a nie za pomoc Żydom czy za „i/lub żydowskie

[98] Sendlerowa nie działała w SOS-ie, czyli w grupie organizowanej przez Kossak-Szczucką, i – jak mówiła Annie Mieszkowskiej – nie ufarbowała sobie włosów (Rozmowa z A. Mieszkowską, 2017). Nie ma też żadnych przesłanek sugerujących, że Sendlerowa była aresztowana przez gestapo za działalność komunistyczną.

[99] Listy proskrypcyjne, na których wymieniona jest m.in. Irena Sendlerowa, znajdują się w aktach Delegatury Rządu RP na Kraj, AAN, sygn. 202/II-43. W ramach centralnej służby wywiadowczej NSZ-etu referat 4C, żydowsko-komunistyczny, sporządzał listy osób podejrzanych o działalność komunistyczną i/lub żydowskie pochodzenie. Gdy 7 marca 1944 roku nastąpiło połączenie NSZ-etu z Armią Krajową, doszło do rozłamu w Narodowych Siłach Zbrojnych – komórki wywiadu nie zgodziły się na scalenie. Delegatura rządu kontynuowała jednak z nimi współpracę za pośrednictwem Państwowego Korpusu Bezpieczeństwa, czyli podporządkowanej Delegaturze policji Polskiego Państwa Podziemnego (T. Szarota, *Listy nienawiści*, „Polityka", 1 listopada 2003; patrz też: K. Komorowski, *Polityka i walka. Konspiracja zbrojna Ruchu Narodowego 1939–1945*, Warszawa 2000).

[100] T. Szarota, *Listy nienawiści*, dz. cyt.

pochodzenie". To ostatnie wyjaśniała mu w liście: „Oświadczenia, że jestem pochodzenia żydowskiego, towarzyszą mi od dziecinnych lat. Jeżeli pragnę to wyjaśnić, to tylko dla prawdy historycznej. Przynależność bowiem do tego wspaniałego, ale ponad miarę nieszczęśliwego narodu, uważałabym za wielki zaszczyt"[101].

– Jest wiele list, a na nich dziesiątki nazwisk, trzy czwarte już nic nikomu dziś nie mówi – wyjaśnia Tomasz Szarota. – Dla NSZ-etu najważniejsze było to, czy podejrzany miał powiązania z komunistami szykującymi się do przejęcia władzy. A ponieważ w ich przekonaniu cała lewica była zażydzona, szukali informacji o tym, gdzie kryją się ludzie związani z podziemiem, którzy są żydowskiego pochodzenia, bo to oni będą chcieli przejąć po wojnie władzę dla komunistów. Na tym punkcie mieli fioła: że ktoś miał żonę albo matkę Żydówkę. Pomoc niesiona Żydom była z ich perspektywy mniej istotna.

Na liście obok nazwiska Sendlerowej widnieje jeszcze siedem innych. Aleksander Kamiński, legenda podziemia, autor *Kamieni na szaniec*, przedstawiony jako „żydofil" i „kryptokomunista". Kamiński miał stały kontakt z Żydowską Organizacją Bojową, był zaangażowany w rozmaite formy pomocy Żydom, a jeżeli chodzi o związki z komunizmem, to należał do komórki AK zajmującej się zwalczaniem komunistycznych wpływów. Izabella Kuczkowska, wskazana jako „ideowa komunistka" (miała pomagać na terenie getta „w organizowaniu pomocy Żydom – komunistom, pod kierownictwem Dwojry Steinbock, komunistki zlikwidowanej przez gestapo" i prowadzić centralny punkt rozdzielczy prasy komunistycznej), była podobnie jak Sendlerowa związana z RPPS-em i Żegotą, a jej dom służył jako pogotowie opiekuńcze dla żydowskich dzieci[102]. Stanisław

[101] I. Sendlerowa, List do T. Szaroty ze stycznia i lutego 1995, rękopis-brudnopis listu [w:] I. Sendlerowa, *Materiały*..., dz. cyt., S/353/16.

[102] O związkach Izabelli Kuczkowskiej z RPPS-em pisze Maria Turlejska, gdy przytacza tę listę (M. Turlejska, *O wojnie i podziemiu*, dz. cyt.).

Izabella Kuczkowska, 1941

Papuziński, określony jako „wybitny komunista", wywodził się, tak samo jak Sendlerowa, z grona wychowanków Heleny Radlińskiej i wraz z Zofią Wędrychowską, żoną, a raczej towarzyszką życia, zajmował się ratowaniem Żydów. W jej przypadku gestapo wyręczyło NSZ: Wędrychowska zginęła na Pawiaku dwa dni przed datą sporządzenia listy, na której figuruje jako osoba podejrzana. Wreszcie Henryk Dinter, kolejny wychowanek Radlińskiej (nie miał nic wspólnego z komunistami)[103], oraz Janina Petryka i Janina Wołłowicz, współpracowniczki Kuczkowskiej.

Bodaj wszyscy byli zaangażowani w pomoc Żydom. Czy Szarota ma więc rację, uważając, że Sendlerowa trafiła na tę listę za sympatie komunistyczne? Dlaczego wywiad NSZ-etu, znany

[103] „Nigdy ojciec mój nie był komunistą" – pisał w odpowiedzi na wydrukowany w „Polityce" artykuł Szaroty syn Dintera. Henryk Dinter należał przed wojną do PPS-u, w czasie wojny był w konspiracji w ZWZ, SP i AK, w Delegaturze Rządu RP na Kraj pełnił funkcję kierownika opieki społecznej na okręg łódzki (S. Dinter, List do redakcji tygodnika „Polityka" z 20 grudnia 2003).

z nienawiści do komunistów i Żydów, nie miał rozpracowywać środowisk pomagających uciekinierom z getta? Szarota uważa, że tego nie robił. Tę opinię podziela historyk Holocaustu Dariusz Libionka. Jego zdaniem, mimo że listy dotyczyły w pewnej mierze kwestii żydowskich (jak wytykanie, że Aleksander Kamiński miał matkę Żydówkę i że jest „żydofilem"), sprawą kluczową dla NSZ-etu była orientacja polityczna. Obaj historycy są też zgodni, że listy te nie były wyrokami śmierci, lecz wskazywały osoby „do rozpracowania".

– Gdyby się okazało, że podejrzani są bliscy przejęcia władzy, wtedy tak: rozwalimy ich albo przekażemy gestapo – mówi Szarota[104].

Jedną z list pod złowrogim tytułem *W robocie* otwiera „Widerszal Ludwik, Żyd", a obok nazwiska adres domu, w którym się ukrywał: ulica Asfaltowa. „Rozpracowanie na ukończeniu" – czytamy. Ludwik Widerszal, historyk, pracował w Biurze Informacji i Propagandy Komendy Głównej AK. Zginął 13 czerwca 1944 roku bratobójczo zamordowany przez narodowe podziemie.

[104] Podobny pogląd formułowany był już w latach pięćdziesiątych: „Kartoteka prowadzona przez »Antyk« miała na celu przede wszystkim przygotowanie rejestru osób przewidzianych do osadzenia w obozach odosobnienia w momencie ustąpienia okupanta" (W. Lechowicz, *Archiwum „Antyku"*, „Za Wolność i Lud" 1957, nr 6; cyt. za: M. Turlejska, *O wojnie i podziemiu*, dz. cyt.). Autor dowodził, że na liście „Antyku" znajdowali się czołowi działacze PPR-u i gdyby to były wyroki, zamordowano by ich w czasie wojny.

Rozdział 11

Jego fizjonomia nie bardzo przypominała aryjską

Ile mieszkań musiał zmienić po aryjskiej stronie? Jak znosił zależność od ukochanej? Miał „zły wygląd" i był obrzezany. Wyszedł z getta najpewniej w czasie wielkiej akcji[1], pomieszkiwał najpierw trochę u niej[2], trochę u jej sąsiadki.

Aniela Uziembło, która podczas okupacji odwiedzała Sendlerową, pamięta, że go u niej spotkała. Skojarzyła go sprzed wojny – tak jak ona przesiadywał w bibliotece publicznej przy ulicy Koszykowej. Przedstawił się jako Stefan Zgrzembski, na to nazwisko musiał mieć od początku wyrobione papiery. Nie wiedziała, że jest związany z Ireną. O tym, że w czasie wojny musiał się ukrywać, dowiedziała się po siedemdziesięciu latach ode mnie. „Złego wyglądu" nie zauważyła, pamięta tylko, że od czasu, gdy zwróciła na niego uwagę w bibliotece, trochę poszarzał, bo wcześniej przypominał jej Dawida z rzeźby Michała Anioła.

Przemieszkiwał też na Ludwiki 1, w sąsiedztwie, u Janiny Grabowskiej, tej, która była obecna przy aresztowaniu Ireny. O tym mieszkaniu Sendlerowa pisała, że ukrywali się tam

[1] Sendlerowa pisze, że wyszedł „po lipcu 1942" (I. Sendlerowa, *O działalności kół młodzieży przy komitetach domowych*, „Biuletyn ŻIH" 1981, nr 2).

[2] Sendlerowa mówiła Mieszkowskiej, że na jej balkonie postawiono przybudówkę, tak że kiedy ukrywał się u niej, mógł tam przeczekiwać wizyty gości (Rozmowa z A. Mieszkowską, 2017).

„inżynier żydowskiego pochodzenia, zajmujący się wyrabianiem granatów dla AL, wybitny działacz komunistyczny Jerzy Kołakowski, ojciec znanego filozofa Leszka Kołakowskiego, którego Niemcy poszukiwali listem gończym, i dziecko żydowskie. Poza tym był magazyn amunicji AL i moje archiwum Żegoty, zaszyfrowane karteczki ukrywanych w klasztorach dzieci żydowskich. Dla zamaskowania tych wszystkich nielegalności pędzono tam bimber, robiono to z myślą o ewentualnej wpadce, bo łatwiej byłoby się wytłumaczyć z pędzenia bimbru. Pewnego jesiennego popołudnia, w sąsiedztwie tego domu była fabryka tekstylna, wybuchł pożar. Nie zdążyliśmy się zastanowić, kiedy bramy zostały zamknięte, podwórko pełne niemieckich żandarmów, my byliśmy na poddaszu na trzecim piętrze bez jakichkolwiek szans ucieczki lub obrony. Żandarmi plądrowali cały dom, trzaskali drzwiami sąsiadów i wydawało się, że już się zbliżają do naszych drzwi. Do dziś nie rozumiem, jak to się stało, pewnie byli przekonani, że na strychu nikt nie mieszka, w każdym razie do nas nie doszli"[3].

Najdłużej Celnikier ukrywał się na Pradze, przy Markowskiej 15, u Marii Kukulskiej, koleżanki Sendlerowej, tej, do której później przyprowadziła też Irenę Wojdowską. Był tam już na pewno w kwietniu 1943 roku.

„Bez przerwy słyszeliśmy te strzały, okropnie to nasi współlokatorzy przeżywali, nie można było o niczym innym mówić, liczyło się dni" – wspominała czas powstania w getcie Anna Krzyżowska, córka Kukulskiej[4]. Najpierw ukrywały się u nich dwie „kulturalne panie", potem jeden pan adwokat, „ale był tak zalękniony, nie chciał spać w pokoju, spał w kuchni, był kilka miesięcy, myślę, że on zginął", i drugi pan „od cioci Trzaskalskiej, o bardzo semickim wyglądzie, wysoki, trzydzieści

[3] J. Goldkorn, *...kto ratuje jedno życie ludzkie...*, „Prawo i Życie", 23 kwietnia 1967. Ojciec Leszka Kołakowskiego, jak już pisałam, był działaczem spółdzielczym, a nie komunistycznym.

[4] A. Krzyżowska, Nagranie z 25 lipca 1997, VHA, Interview Code: 31891.

kilka lat, miły, też zalękniony". Aż zamieszkali na dłużej Adam i Leon.

„Prawdziwe imię jego było Stefan, ale mówiło się do niego Adam" – zapamiętała Anna, choć było akurat odwrotnie. Ciekawe, że chociaż miał już chyba wtedy papiery na nazwisko Stefan Zgrzembski, wciąż używał imienia Adam. Kiedy Irena Sendlerowa zaczęła się do niego zwracać nowym imieniem? I czy czasem mówiła do niego Adam, czy przekreślili raz na zawsze jego przeszłość i nigdy do niej nie wracali?

Adam mieszkał w jednym pokoju z „Leonem", czyli Mojżeszem Basechesem, lekarzem, specjalistą chorób płucnych[5]. „Miły, kochany człowiek, niepodobny do Żyda" – zapamiętała go Anna. Sendlerowa z kolei opisywała, że „miał szczególnie semicki wygląd". Pochodził ze Lwowa, w Warszawie znał Palestrów. Do Sendlerowej przyprowadziła go Maria Palester: „Był wtedy kompletnie załamany i Palestrowa uratowała go w chwili, kiedy usiłował popełnić samobójstwo"[6].

Anna Krzyżowska: „Małe mieszkanie, tych dwóch panów, moja ciocia Kazia Trzaskalska miała dziewczynkę Jadzię, Żydóweczkę, z 10–11 lat, spała na polowym łóżeczku 4–5 miesięcy jeszcze inna dziewczynka. Jak nie było gdzie, to do Marysi na Markowską"[7].

Ania prowadziła intensywne życie towarzyskie, przyjmowała koleżanki w pierwszym pokoju, gdzie było pianino. Dużo śpiewały, czasem potańczyły. Wiedziała, że ma ich nie wpuszczać ani do drugiego pokoju, ani do kuchni, ale nie wiedziała, z jakiego powodu te wszystkie osoby przewijające się przez ich dom muszą pozostać tajemnicą. Gdy skończyła szesnaście lat, mama wzięła ją na rozmowę. Adam i Leon to Żydzi, czy zgadza się, żeby nadal z nimi mieszkali? „Niech

[5] Miał okupacyjne papiery na nazwisko Leon Szarak (M. Palester-Chlebowczyk, Nagranie z 30 lipca 1998, VHA, Interview Code: 46508).

[6] J. Goldkorn, …*kto ratuje*…, dz. cyt.

[7] A. Krzyżowska, Nagranie…, dz. cyt.

zostaną, gdzie oni pójdą?" – odpowiedziała. Została wychowana inaczej niż jej rówieśnicy, przed wojną wracała ze szkoły z koleżanką Żydówką, którą inne dzieci traktowały jak trędowatą.

Któregoś dnia zaczęła się obława na Ząbkowskiej, widzieli ją z okien. „Adam zaciskał ręce w charakterystyczny sposób. Jakby weszli do mieszkania, sytuacja byłaby beznadziejna. [...] Jak widziałyśmy Niemca na podwórku, to stawałyśmy z mamą w korytarzu i się przytulałyśmy – opowiadała Anna. – Wchodzili na podwórko, ale do naszych drzwi nigdy nie zapukali"[8]. Pani Dmochowska, właścicielka domu, która miała fabryczkę cukierków, mówiła jej mamie: „Ja słyszę na górze kroki, ale o niczym nie chcę wiedzieć".

U Anny często przesiadywali dwaj młodzi chłopcy. Adam Celnikier szybko stał się mentorem całej trójki, czasem dołączali do nich inni koledzy. Przygotowywał im wykłady z historii starożytnej, z socjologii, dostawali od niego pisane na ich użytek skrypty.

Przyjaźń Anny z chłopcami zaczęła się od tego, że jeden z nich zaczepił ją w parku. Czy nie wie, jak by tu można zarobić parę groszy, bo on musi się sam utrzymać? Anna zaprosiła go do domu, zaczęli ze sobą chodzić. O tym, że jest Żydem, dowiedziała się wiele lat po wojnie. Jurek Keiner musiał sobie radzić sam: matkę wywieźli do Auschwitz, brata i ojca na Syberię. Przyjaciel rodziców załatwił mu „aryjskie papiery" na nazwisko Korczak. Jurek wyjechał z Krakowa do Warszawy, bezpieczniej było w miejscu, gdzie nikt cię nie zna[9]. Tak samo zrobił Jerzy Gross, jego kolega z Krakowa. Przypadkiem spotkali się w Warszawie i zaprzyjaźnili na śmierć i życie. Gdy Jurek Korczak zadomowił się na Markowskiej, zaczął tam przyprowadzać Grossa.

„Jurek i ja byliśmy blondynami" – opisuje w swojej autobiograficznej książce Yoram Gross, który zmienił imię po emigracji

[8] Tamże.

[9] J. Korczak, *Oswajanie strachu*, „Tygodnik Powszechny", 17 sierpnia 2003.

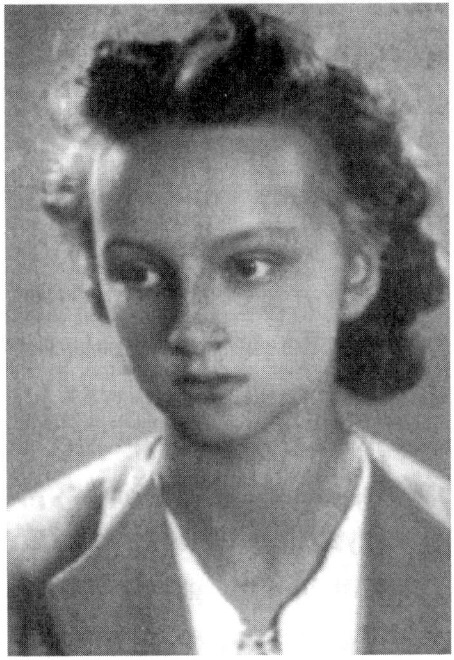

Anna Kukulska,
lata wojny

do Izraela – natomiast Adam i Leon „wprawdzie mówili pięknie po polsku, ale ich fizjonomia nie bardzo przypominała aryjską"[10].

Po paru miesiącach znajomości Adam powiedział, że mają kontynuować przerwaną naukę. On im zorganizuje komplety i za nie zapłaci. Wszystko jest załatwione, zamieszkają w domu dziecka w Otwocku jako asystenci wychowawców. „Adam, ale my jesteśmy, jak ty, Żydami" – odparł mu Jurek. „A to ciekawe – odpowiedział Celnikier. – Ja nie jestem Żydem, jakkolwiek zdaję sobie sprawę, że tak wyglądam. Moi pradziadkowie pochodzili z Rumunii, a tamtejsi ludzie są czarnowłosi". Ale dodał: „To są nasi ludzie. Tam wam się nic nie stanie"[11]. „Mama, tak jak ja i Natek [starszy brat Jerzego Natan], uważała, że to bardzo ważne, żebym się uczył – opisuje Yoram Gross – i skoro

[10] Y. Gross, *Wybrało mnie życie. Wspomnienia z czasów okupacji i nie tylko*, Kraków 2008, s. 90.

[11] Tamże, s. 91. Dom dziecka w Otwocku podlegał Radzie Głównej Opiekuńczej.

Adam zapewnia, że nie ma się czego obawiać, to na pewno wie, co mówi, bo sam jest Żydem i rozumie sytuację"[12]. Jerzy wyznał Adamowi, że ma matkę, siostrę i brata, którzy ukrywają się w Warszawie. Adam przyrzekł załatwić im po pięćset złotych miesięcznie. „To była wiadomość trudna do uwierzenia" – pisze Gross[13].

Odtąd *via* Irena Sendlerowa i Adam Celnikier czteroosobowa rodzina Grossów dostawała pieniądze z Żegoty.

Wojenne losy Grossów są dobrym przykładem historii zamożnych zasymilowanych Żydów z licznymi polskimi kontaktami. Oddali zaufanym osobom obrazy i kosztowności, które ci stopniowo dla nich wyprzedawali. Polski był ich językiem. Stać ich było na kupienie dobrych papierów i wynajęcie mieszkania. Mogliby przeżyć wojnę bez pomocy Żegoty, gdyby nie tropiący ich szantażyści, od których wielokrotnie musieli się wykupywać. Yoram swoje doświadczenie samotnego ściganego chłopca przetworzył wiele lat później, reżyserując przygody małego koali Bystrego Billa, bohatera znanego australijskiego serialu animowanego dla dzieci[14].

– Tata Billa gdzieś się zagubił, tak jak mój ojciec, który zginął na początku okupacji. Bill musi więc sobie radzić, tu coś udając, tam uciekając. Ale nikt w Australii nie wie, że to, co przeżywa Bill, jest moim własnym doświadczeniem – opowiadał mi[15].

Sendlerowa do mieszkania na Markowskiej sprowadziła też na jakiś czas Irkę Wojdowską (po wpadce u Jadwig na Kole). Irka, dziewczynka skłonna do buntu i niełatwa do oswojenia,

[12] Tamże, s. 92.

[13] Tamże. Ta historia jest też opisana w książce jego brata, Natana Grossa (N. Gross, *Kim pan jest, panie Grymek*, Kraków 1991).

[14] Postać Bystrego Billa stworzyła Dorothy Wall w serii książek, która ukazała się w Australii w latach trzydziestych. Gross na ich podstawie wyprodukował w latach dziewięćdziesiątych serial i film, które zdobyły widownię na całym świecie.

[15] O wizycie w Polsce Yorama wraz z rodziną powstał film (*Krakowiaczek ci ja*, reż. T. Magierski, 2011). Dziękuję Tomaszowi Magierskiemu za skontaktowanie mnie z Yoramem Grossem, kiedy przyjechał po raz ostatni do Warszawy.

nie lubiła różnych osób, które przyszły jej z pomocą, w tym Marii Kukulskiej, ale przywiązała się do Sendlerowej i Celnikiera.

– Był dobrze wykształcony i muzykalny. Uczył mnie przedwojennych szlagierów – opowiadała.

Spisane pogadanki Celnikiera na tematy socjologiczne, filozoficzne i historyczne Sendlerowa dostarczała także córce Palestrów.

– Zaczytywałyśmy się tymi skryptami – zapamiętała ukrywająca się przyjaciółka Małgosi Jasia Pogonowska-Goldhar. – Przygotowałyśmy się z nich na zajęcia na tajnych kompletach.

W połowie grudnia, po miesiącu kwarantanny od wyjścia z Pawiaka, Sendlerowa wróciła do swoich zajęć kierowniczki referatu dziecięcego Żegoty.

„Dla kamuflażu ustaliliśmy na jednym z posiedzeń – opisywała Maria Hochberg-Mariańska z krakowskiej Żegoty – że każdą wypłaconą Żydom sumę, tak na kwitach, jak i na wykazach, pisze się w jednostkach dziesięć w miejsce tysiąca i datę o dziesięć lat wstecz. Był to bardzo naiwny kamuflaż, a zwłaszcza nie wszyscy łącznicy, nie wszyscy podopieczni posługiwali się nim, jak to widać z kwitów. Prawdę mówiąc, na co się przydał ten cały kamuflaż, skoro na wielu kwitach, jakie były u mnie, sekretarz Rady dopisywał różne uwagi, np. obozy albo wprost »Płaszów«?”[16].

Ta zasada obowiązywała w całej Żegocie, nie tylko krakowskiej, ale nigdzie nie była ściśle przestrzegana. Komisja rewizyjna akurat o to dbała – zachowało się jej sprawozdanie, zgodnie z którym dzieciniec dostał „dwa tysiące trzysta osiemdziesiąt złotych”, zapomogi wahają się „od czterech do pięciu złotych” miesięcznie, a komisja rewizyjna spotkała się „14 lutego 1934 roku”[17].

[16] M. Hochberg-Mariańska [M. Peleg], *Wspomnienia. Komu bije dzwon*, maszynopis w języku polskim, niedatowany, AKLH, sygn. 12338.

[17] Sprawozdanie kasowe Rady Pomocy Żydom za IV kwartał 1943 roku złożone w Referacie Żydowskim Delegatury Rządu z 7 lutego 1944, AAN, Delegatura Rządu RP na Kraj, sygn. 202/XV-2.

Znaczy to, że referat dziecięcy – według sprawozdania komisji rewizyjnej z lutego 1944 roku – dostał w ostatnim kwartale 1943 roku dwieście trzydzieści osiem tysięcy złotych.

Na potrzeby referatu – jak zaznaczono w sprawozdaniu – przekazano sześć procent funduszy Żegoty. Objął opieką dziewięćdziesięcioro dziewięcioro dzieci. Oczywiście Żegota wydawała na ratowanie dzieci znacznie więcej, ale wiele działań realizowały inne struktury Rady i tak już pozostało, także po ustanowieniu referatu. Lepiej było nie dublować niebezpieczeństwa.

Sendlerowa była w stałym kontakcie z Julianem Grobelnym (do czasu jego aresztowania) oraz z Leonem Feinerem i Adolfem Bermanem. Ukrywała się, jak oni, co zwiększało bezpieczeństwo kontaktów.

„Wyrobiłam sobie taką pozycję w Żegocie, że nie bardzo trzymałam się tych wytycznych, bo uważałam, że są rodziny, którym nic nie potrzeba dać, i są rodziny, którym trzeba dać więcej niż tysiąc złotych”[18].

Gdy kończyłam pisać tę książkę, z podziwem przeglądałam uporządkowane już i w dużej części dostępne w internecie zbiory Adolfa Bermana zgromadzone w kibucu Lohamei Hagetaot. Wtedy znalazłam dokument, którego od dawna szukałam, jeszcze gdy przekładałam teczki w kartonach. Sprawozdanie z pracy Ireny Sendlerowej w referacie dziecięcym po jej wyjściu z Pawiaka. Pod tabelką zatytułowaną *Dzieciniec od 1 stycznia do 31 maja* nie ma podpisu „Jolanty”, ale można z dużą pewnością założyć, że to ona jest autorką tego bezcennego dokumentu.

Finansowanie dzieci zostało podzielone na pięć kategorii.

1. „Dzieci w zakładach [opiekuńczych] na rachunek zakładu lub własny”. W kolejnych miesiącach podana jest ta sama liczba – pięćset. Można wnioskować, jak poprzednio, że to

[18] I. Sendlerowa, Wywiad 1 (z kwietnia 1985 roku) [w:] tejże, *Materiały zebrane w latach 1995-2003*, AŻIH, sygn. S/353/10.

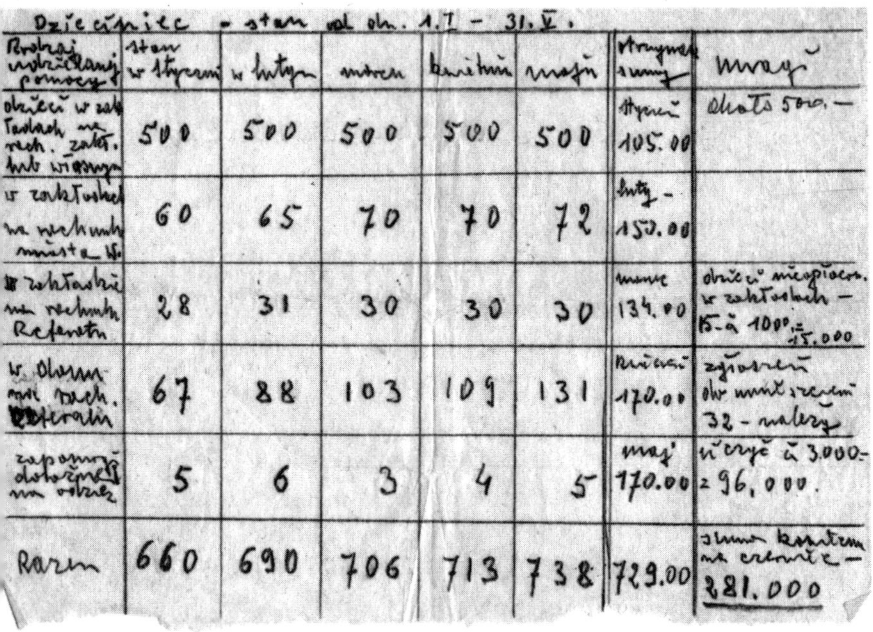

Dzieciniec – stan od dn. 1.I – 31.V.

Rodzaj udzielanej pomocy	stan w styczniu	w lutym	marcu	kwietniu	maju	otrzymane sumy	uwagi
dzieci w zakładach na rach. zakł. lub własnym	500	500	500	500	500	styczeń 105.00	około 500.—
w zakładach na rachunek miasta W.	60	65	70	70	72	luty 150.00	
w zakładach na rachunek Referatu	28	31	30	30	30	marzec 134.00	dzieci nieopłacone w zakładach – 15 à 1000.– = 15.000
w opiece na rach. Referatu	67	88	103	109	131	kwiecień 170.00	zgłoszeń [illegible] 32 – należy
zapomogi dodatkowej na odzież	5	6	3	4	5	maj 170.00	[illegible] à 3.000 = 96.000
Razem	660	690	706	713	738	729.00	suma kosztów na czerwiec – 281.000

Referat dziecięcy, Rozliczenie za styczeń–maj 1944

szacunkowa liczba dzieci, które znajdują się w zakładach, ale referat nie zna ani ich dokładnej liczby, ani nazwisk[19].

2. „W zakładach na rachunek miasta Warszawa". Ta liczba zwiększa się z sześćdziesięciorga w styczniu do siedemdziesięciorga dwojga w maju. To muszą być dzieci, które były

[19] Dokładnie ta sama liczba pojawiła się już w poprzednim sprawozdaniu. Sendlerowa podała, że grupa kobiet z Wydziału ma pod opieką około pięciuset dzieci umieszczonych w klasztorach i innych zakładach opiekuńczych (Adolf Berman, pisząc o dzieciach objętych opieką referatu dziecięcego, uwzględniał tę grupę, chociaż Żegota za nie płaciła). Skąd wzięła się ta liczba? Sendlerowa mogła podać ją tylko szacunkowo, gdyż – jak pisała Jadwiga Piotrowska – każda z kobiet zaangażowanych w pomoc działała na własną rękę i nie opowiadały sobie nawzajem o swoich działaniach. Wydaje mi się bezsporne, że Sendlerowa znacznie, ale to znacznie tę liczbę zawyżała. W relacjach jej koleżanek mowa jest zwykle o jednym dziecku, czasem dwojgu, które pomogły ratować, rzadziej o kilkorgu (bo było to już niezwykłym wyczynem; dom Piotrowskiej, przez który przeszło razem pięćdziesięcioro dzieci, był wyjątkiem). Często mowa przy tym o tych samych dzieciach, które przechodziły od jednej z kobiet do drugiej.

pod opieką kobiet z Wydziału Opieki i dzięki podpisowi Jana Dobraczyńskiego znalazły się w zakładach oficjalnie (oczywiście pod fałszywymi nazwiskami).

3. „W zakładach na rachunek Referatu Dziecięcego Żegoty". Było ich dwadzieścioro ośmioro w styczniu i trzydzieścioro w maju. Sendlerowa zaznacza, że za piętnaścioro zapłacono po tysiąc złotych miesięcznie (choć normalna stawka wynosiła połowę tej kwoty).

4. „W domach na rachunek Referatu". Sześćdziesięcioro siedmioro w styczniu i stopniowo coraz więcej – w maju dzieci jest prawie dwukrotnie więcej: sto trzydzieścioro jeden.

5. „Zapomogi doraźne na odzież" – pięcioro–sześcioro dzieci.

Referat dziecięcy miał do dyspozycji sto pięć tysięcy złotych w styczniu, ta suma wzrasta do stu siedemdziesięciu tysięcy w maju. Sendlerowa określiła potrzeby referatu na czerwiec na dwieście osiemdziesiąt jeden tysięcy złotych. Porównując to z działalnością podsumowaną w dokumentach z października 1943 roku, widać, że referat stopniowo się rozrastał. Jak wynika z rachunków (podzielenia wpływów referatu przez przyznawane sumy, z reguły po pięćset złotych na dziecko miesięcznie), udzielał z początku pomocy finansowej około stu dzieciom, w styczniu już ponad dwustu, a w maju ponad trzystu. Za chwilę powstanie warszawskie rozproszy całą sieć pomocy[20].

Sendlerowa pomieszkiwała to na Markowskiej, to u innych warszawskich koleżanek. Wszyscy na Markowskiej byli zgodni, że od czasu wypuszczenia jej z Pawiaka mieszkanie nie jest bezpieczne – za często bywała w nim przed aresztowaniem. Za fundusze Żegoty wynajęła więc domek w Świdrze. Tam przeniosła także Adama Celnikiera i Mojżesza Basechesa.

Pojechali wieczorem, przed godziną policyjną, ale już o zmierzchu. Problemem był wygląd Celnikiera. „Zabandażowany, że niby zęby go bolą, ja, mama, Irena, pan doktor,

[20] Referat dziecięcy, Rozliczenie za styczeń–maj 1944, AKLH, Kolekcja A. Bermana, sygn. 5882.

a za nami cała ta zgraja młodych chłopców, oni strasznie kochali Adasia, dyskusje filozoficzne, konspiracja" – opisywała Anna Krzyżowska[21]. Jej mama zdecydowała, że Anna zamieszka z nimi w Świdrze, tak będzie bezpieczniej. Irka Wojdowska dowoziła jedzenie, które przygotowywała na Markowskiej Kukulska. Dom w Świdrze, przeznaczony dla letników, nie miał kuchni.

Właścicielka domku zaczęła coś podejrzewać. Jej córka doniosła na policję. Pewnego dnia usłyszeli energiczne kroki na schodach. Za właścicielką wszedł granatowy policjant. „Tu Żydzi mieszkają".

Stojącą w drzwiach Anię policjant potrącił karabinem, zabrał Celnikiera i Basechesa. Ania pobiegła na dworzec zadzwonić do matki. „Jedna i druga strasznie zachorowała". „Nie chodź do tego domu. Uspokój się. Czekaj na mnie na dworcu".

Po czterech godzinach na peronie pojawiła się Kukulska z Sendlerową. Godzinę później Sendlerowa przyprowadziła z komisariatu Celnikiera i Basechesa. Wykupiła ich, nie wiadomo za ile. Błyskawicznie się spakowali i opuścili Świder.

W wywiadzie udzielonym w 1967 roku Sendlerowa opowiadała tę historię inaczej: „W Świdrze wynajęliśmy niedużą willę pod pensjonat. Oficjalnie ten interes prowadziła pani Zusman, obecnie mieszka w Izraelu. Była to starsza kobieta o wybitnie aryjskim wyglądzie, zaopatrzona w autentyczne dokumenty aryjskie. Pewnego wieczoru zjawili się szantażyści, oświadczając, że im wiadomo, że to melina żydowska, i żądali okupu. Oni już mieli swoje sposoby wyśledzenia ukrywających się Żydów. Rzeczywiście tego dnia przebywało tam pięciu mężczyzn, a ja znalazłam się przypadkowo dla załatwienia pewnych spraw. Oczywiście mieliśmy tylne wyjście, przez które wszyscy uciekliśmy do pobliskiego lasu. Pani Zusman przytrzymała ich przy drzwiach. Kiedy zorientowała

[21] A. Krzyżowska, Nagranie…, dz. cyt.

się, że nas już nie ma, zdecydowała się przejść do kontrataku, rozpoczęła z nimi kłótnię, jakim prawem szantażują samotną Polkę, chrześcijankę, groziła, że jeśli się nie wyniosą, ona sama pójdzie z nimi na komisariat policji niemieckiej. Te argumenty zbiły ich z tropu. Odeszli bez niczego, ale my musieliśmy zwinąć interes"[22]. Skąd się wzięła ta wersja wydarzeń? Czy Sendlerowa nie chciała ujawnić, że jej podopieczni zostali uwolnieni za pieniądze Żegoty w sytuacji, kiedy jednym z nich był jej ukochany? Ale przecież nie wymieniła jego nazwiska. Może po prostu z konspiracyjnego przyzwyczajenia uznała, że zawsze lepiej opowiedzieć coś trochę inaczej?

Wrócili na Markowską. „Miesiąc, dwa byliśmy tam pod wielkim strachem, Adam nocował kilka nocy u mamy brata, Michał też u jakichś znajomych" – opowiadała Krzyżowska[23].

Przez jakiś czas Celnikier ukrywał się wtedy w Otwocku u pani Balcerowiczowej.

– Dziwne połączenie osoby odważnej i despotycznej zołzy – opowiadał mi o niej Michał Głowiński, którego matka pracowała u Balcerowiczowej jako służąca polecona przez Sendlerową. – Nie wiedziała, kim jest moja matka. Ale sądzę, że o panu Adamie musiała wiedzieć[24].

Następne mieszkanie wynajęli dzięki pieniądzom Żegoty w Otwocku. Przeprowadziła się tam też Maria Kukulska.

Ostatniego dnia lipca Irena i Adam nocowali w Warszawie w mokotowskim mieszkaniu Palestrów na Łowickiej 51 m. 53[25]. Tam zastało ich powstanie.

[22] J. Goldkorn, *…kto ratuje…*, dz. cyt.

[23] A. Krzyżowska, Nagranie…, dz. cyt.

[24] Ukrywał się też u niej żydowski chłopiec Józek, o czym opowiada książka napisana przez jego babcię Helenę Szereszewską (*Mezuza i krzyż*, Warszawa 1993).

[25] Sendlerowa w pożegnaniu napisanym po śmierci Marii Palester wspomina, że Celnikier znalazł u niej schronienie. To jedyny raz, kiedy Sendlerowa podała chociaż jego prawdziwe inicjały. „Adwokat AC", pisała dalej, przeżył wojnę i „przez dwadzieścia lat pracował niestrudzenie nad kształceniem nowych kadr" (I. Sendlerowa, *Wspomnienie o Marii Palester*, „Fołks-Sztyme", 18 października 1991).

Irena Sendlerowa (pierwsza po lewej) na ulicy Łowickiej, gdzie zastał ją wybuch powstania warszawskiego, sierpień 1944

Po drugiej stronie ulicy, na Fałata 4, powstał punkt sanitarny, który z czasem zamienił się w szpital polowy. Sendlerowa, która przeszła szkolenie PCK, pracowała tam jako pielęgniarka. Mieszkańcy domu przy Łowickiej codziennie organizowali apel. Zgrzembski nie wychodził i Sendlerowa zostawała z nim na górze, gdy na dole trwało odliczanie[26].

12 sierpnia na ich podwórku pojawił się Niemiec w mundurze i kazał im iść za sobą. Przeprowadził ich, z rannymi na noszach zrobionych z drzwi, do sutereny sąsiedniego domu, niewykończonego i pustego. Do połowy września opiekowali się tam rannymi, nocą szukali jedzenia w okolicznych ogródkach i domach. Szybko skończyła się woda, jedna z sanitariuszek wyprawiła się przez Pole Mokotowskie i pod obstrzałem przyniosła dwa wiadra. W czasie jednej z wypraw po jedzenie Sendlerowa została ranna. Niemiecki dezerter, który też szukał zapasów po piwnicach, zadał jej bagnetem cios w nogę. Wywiązało się zakażenie.

[26] Maria Palestrowa opowiadała o tym Janinie Pogonowskiej (Rozmowa z J. Pogonowską-Goldhar, 2015).

Któregoś dnia w szpitalu polowym musieli amputować kobiecie rozerwaną odłamkiem rękę. Mieli dwóch lekarzy, z tym że szefowa szpitala doktor Maria Skokowska-Rudolf była specjalistką od gruźlicy dziecięcej, a doktor Henryk Palester epidemiologiem. W czasie operacji prowadzonej przez doktor Rudolfową – Sendlerowa podawała narzędzia, pozostałe pielęgniarki odganiały muchy – weszli Niemcy. Zabrali lekarkę[27].

W rozbudowanej relacji, którą Sendlerowa umieściła w swojej biografii opracowanej przez Annę Mieszkowską, uratował ich major Patz, który pojawił się na miejscu i w asyście czterech żołnierzy zabrał Skokowską-Rudolf do swojej kwatery. „Major Patz przyznał, że gotów był nas wszystkich zabić, ale widok przeprowadzonej operacji w tak niesamowitych warunkach, bohaterstwo i determinacja lekarki zaimponowały mu"[28]. Lekarka wróciła po dwóch godzinach, za nią żołnierze z koszami na bieliznę pełnymi chleba i środków opatrunkowych.

Słyszałam o „dobrych Niemcach" spotkanych w czasie wojny, ale żeby major Patz, czyli Sturmbannführer Martin Patz zwany rzeźnikiem Mokotowa, dowódca batalionu zapasowego SS, który dokonał masakry więźniów mokotowskich, miał ratować rannych, wychwalając przy tym bohaterstwo polskiej lekarki? Nie, to nie jest możliwe.

Swoją drogą, ciekawe, co by czuł ten Niemiec, który ich wyratował, gdyby wiedział, ilu było tam Żydów: doktor Palester i pielęgniarka Jadwiga Konarska (pod tym nazwiskiem ukrywała się u Palestrów osiemnastoletnia Pesla Rozenholc z Kielc; to ona wyprawiła się dzielnie po wodę), a wśród osób towarzyszących Adam Celnikier[29].

[27] *Matka dzieci Holocaustu. Historia Ireny Sendlerowej*, oprac. Anna Mieszkowska, Warszawa 2004. [28] Tamże, s. 216.

[29] R. Telman, Relacja o doktor M. Rudolf-Skokowskiej z 1963 roku, AŻIH, sygn. 301/5891.

Irena Sendlerowa jako sanitariuszka w czasie powstania warszawskiego

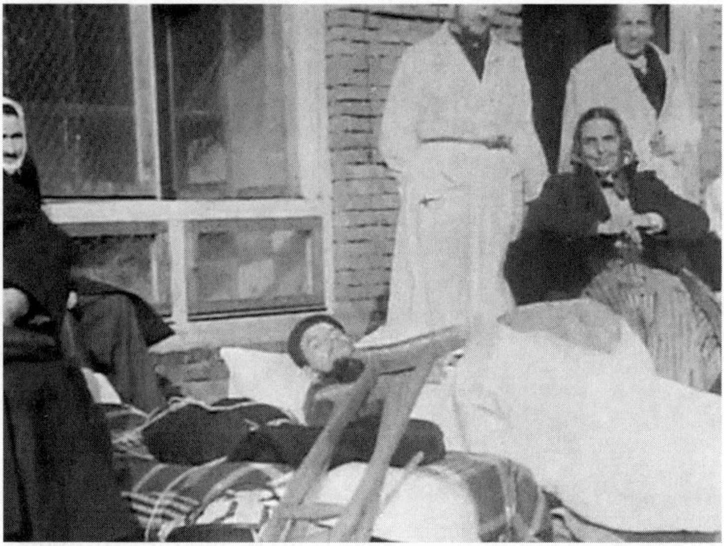

Punkt sanitarny w budynku Szkoły Głównej Gospodarstwa Wiejskiego, gdzie Irena Sendlerowa była sanitariuszką. Mężczyzna z obandażowaną szczęką to być może Adam Celnikier, wrzesień 1944

Sendlerowa pisała o Celnikierze (jak zwykle nie podając personaliów): „Jeden z naszych podopiecznych o urodzie semickiej, znający dobrze język niemiecki, też zasłużył wśród naszego grona na miano bohatera. Niemcom tłumaczył, że ci wszyscy chorzy i ranni to nie powstańcy, a ofiary przypadkowej strzelaniny, ale wypraszał u nich chleb. W końcu go zaaresztowali, a on im uciekł"[30].

Niemcy pomogli się im przenieść do budynku Szkoły Głównej Gospodarstwa Wiejskiego, ale niedługo ich stamtąd ewakuowano.

14 września 1944 roku opuścili Warszawę pod eskortą niemieckich samochodów. Był upał. Niemcy strzelali, gdy tylko ktoś nie mógł iść dalej. Cały szpital, sto pięćdziesiąt osób:

[30] I. Sendlerowa, Wywiad 1, dz. cyt.

chorzy, matki z niemowlętami, samotne dzieci, szli razem. Palester z żoną i córką (ich syna Krzysztofa nie było z nimi, walczył, zginął tydzień później w powstaniu jako żołnierz „Parasola"), Adam Celnikier jako chory, z zabandażowaną głową. W drodze na Dworzec Zachodni, z którego odjeżdżały pociągi do obozu w Pruszkowie, udało się im przekupić żandarmów i skręcić na Okęcie. Tam zajęli stare baraki, w których Niemcy więzili Żydów, a potem jeńców. Stworzyli zaimprowizowany szpital pod kierownictwem doktor Rudolfowej[31].

Sendlerowa pisała o „opiekunie koła młodzieży w getcie", który przypadkiem znalazł się z nimi na Okęciu: „Uczył nas filozofii i kazał wierzyć w dobro Człowieka"[32]. Łatwo znów rozpoznać Adama Celnikiera. Jeszcze we wrześniu 1944 roku, gdy tylko zainstalowali się na Okęciu, zorganizowali razem tajny kurs dla pracowników społecznych, który on prowadził (oczywiście pod nazwiskiem Zgrzembski)[33].

Jedna z ocalonych, Róża Telman, która złożyła zeznanie o działalności doktor Rudolfowej, wymienia dwudziestu Żydów, których lekarka przechowała w szpitalu albo powierzyła dobrej opiece w drugim szpitalu na Okęciu. „Sytuacja dr Rudolfowej była o tyle trudna, że szpital znajdował się w bezpośrednim sąsiedztwie posterunku żandarmerii i gestapo, jak również był pod obserwacją jednego z ogniw NSZ. Jedynym oparciem w tej pracy dr Rudolfowej była tow. Irena Zgrzembska-Sendlerowa"[34].

[31] Przemówienie ob. Szulisławskiej-Palester Marii z 31 marca 1946, „Opiekun Społeczny" 1946, nr 3-4.

[32] I. Sendlerowa, Wywiad 1, dz. cyt.

[33] *Uroczystość zakończenia Kursu dla Pracowników Społecznych*, „Opiekun Społeczny" 1946, nr 3-4.

[34] Róża Telman wymienia: Karol Ryder, doktor Palester z córką, Stefan Zgrzembski, rodzina Filińskich (trzy osoby), siostry Rudzińskie (dwie osoby), Wanda Rabińska, Jadwiga Konarska (czyli Pesla Rozenholc), rodzina Wierchowiczów (matka z dwiema córkami; matka była ukrywana jako chora, córki jako pielęgniarki), Olga Łada, Pawłowski, pianista z żoną, dwoje dzieci, Stefan i Irenka Wojdowska, występująca jako przybrana córka Sendlerowej, i sama Róża Telman, ukrywana jako sprzątaczka (R. Telman, Relacja..., dz. cyt.).

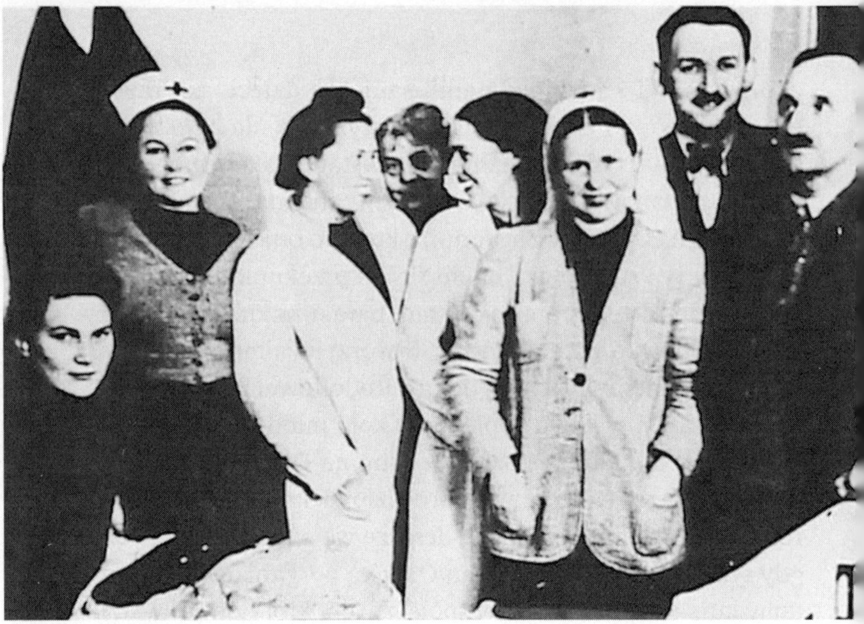

Szpital na Okęciu. Od prawej Zygmunt Rudolf, Adam Celnikier, Irena Sendlerowa, jesień 1944

Telman opisuje dalej: „1. Na skutek denuncjacji zabrali Stefana Zgrzembskiego, który miał semickie rysy, do obozu w Pruszkowie. Tow. Rudolfowa i tow. Sendlerowa udały się na teren obozu i pomogły go uwolnić. Po krótkim czasie Zgrzembski wrócił do szpitala; 2. Sanitariuszka Stawarska, myjąc małego »Stefanka«, zauważyła, że jest on obrzezany. Dr Rudolfowa zmusiła Stawarską do milczenia i dziecko przeżyło wojnę; 3. Przedstawicielka NSZ zażądała od tow. Rudolfowej wydania »Żydów«, podając konkretne osoby. Tow. Rudolfowa przysięgła i ręczyła swoją głową, że wskazane osoby, jak np. dr Palester to Ormianin, którego zna ze Lwowa, jako krewnego rodziny Tarasiewiczów, Zgrzembski to Węgier, a Konarska – mimo wschodnich rysów – jest wyznania rzymsko-kat."[35].

[35] Tamże.

Wszyscy oprócz Henryka Palestra dotrwali do końca wojny. On zginął w grudniu 1944 roku potrącony przez niemiecką ciężarówkę. W ostatnich godzinach życia odmawiał hebrajskie modlitwy[36].

[36] Ku zdumieniu Marii Palester, która nie wiedziała, że mąż je zna. Wezwany znajomy ksiądz odmawiał jednocześnie modlitwy po łacinie i udzielił mu ostatniego sakramentu (M. Palester-Chlebowczyk, Nagranie..., dz. cyt.).

Rozdział 12

Ja nie chcę wrócić do Żydów

Sztajn Estera (Tucholska Teresa)
Wiek: 15 lat
Rodzice: Aron, Fejga
Miejsce ukrywania czy okolice:
Warszawa, ul. Belwederska 20/2
Opiekun: Sendlerowa[1]

Płachta papieru, na której wśród wielu innych wpisane są w odpowiednich rubrykach dane Estery / Teresy, to fragment listy sporządzonej przez Centralny Komitet Żydów w Polsce w 1946 roku. Sformułowanie „miejsce ukrywania" nie jest zbyt adekwatne. Chodzi o adresy zamieszkania dzieci, które zostały u swoich wojennych polskich opiekunów. Część z tych dzieci można by określić jako ukrywające się, ale tylko w tym znaczeniu, że ich wojenni rodzice chcą je zatrzymać, więc chowają je przed żydowskimi instytucjami, które tych dzieci poszukują. Nie jest to jednak przypadek Tereski. Sama zdecydowała, że „nie chce wrócić do Żydów". Mieszka u Ireny Sendlerowej, która pomogła jej przeżyć, a po wojnie zgłosiła do Komitetu, że opiekuje się żydowską dziewczynką. Stąd mają jej adres.

[1] Lista dzieci, które przeżyły w ukryciu z pomocą chrześcijan, podzielona według województw, gdzie były ukrywane, 1946, AYV, dokumenty World Jewish Congress (AWJC) 0.37/32 i 0.6/1226.

Estera Sztajn (późniejsza Teresa Körner), przed wojną

Zanim w 1942 roku dostała od księdza papiery po zmarłej Teresce Tucholskiej, nazywała się Chaja Estera Sztajn[2]. Jej rodzice Fejga i Aron Sztajnowie mieli sklep z artykułami bławatnymi w Cegłowie. I dwie córki. Estera miała dziesięć lat, kiedy zaczęła się wojna, Jochewet – sześć.

Pod koniec lat trzydziestych w ich miasteczku zamieszkał Julian Grobelny, „Trojan", późniejszy przewodniczący Żegoty. Chorował na gruźlicę, kupił majątek w Cegłowie, skąd było blisko do sanatorium. On i jego żona Helena utrzymywali ze Sztajnami przyjazne sąsiedzkie stosunki.

Poznałam w Izraelu piątkę przyjaciół Teresy (została przy swoim okupacyjnym imieniu). Wszyscy pochodzą z Polski, wszyscy przyjechali do Izraela po wojnie. Nie rozmawiali z nią nigdy o tym, co przeżyła (ani co sami przeżyli). Mówili o niej z zachwytem, opowiadali, jaka była pogodna,

[2] W przedwojennym spisie adresowym widnieje sklep bławatny L. Fajgenbauera i A. Szteyna w Cegłowie; w dokumentach nazwisko pisane jest „Sztajn".

przyjazna, towarzyska[3]. Z zachwytem opowiadali też o niej jej dwaj synowie.

– Nasz dom był bardzo wesoły w porównaniu z innymi domami ocalonych. Mama nie przechowywała złych wspomnień i zawsze szukała jakiejś optymistycznej wersji. Po wyjściu od lekarza, który wykrył u niej raka i dał cztery miesiące życia, oznajmiła nam: „Zmieniamy lekarza". Żyła jeszcze siedem lat. Przed śmiercią wszystko do niej wracało. Zatrudniliśmy wtedy akupunkturzystę, żeby ją od tego uwalniał. Inni mieli koszmary całe życie.

Matka nie mówiła im nigdy o wojnie, zaczęła odpowiadać dopiero na pytania wnuków, gdy mieli przygotować pracę domową o przeżyciach dziadków.

Oglądam ją na taśmach Fundacji Shoah[4]. Usta pomalowane na czerwono, kręcone blond włosy, sukienka w kwiaty, fotel w kwiaty. Wygląda bardzo polsko.

„Ja nie mogę mówić" i zaczyna płakać. Tak rozpoczyna się nagranie. Płacze, gdy opowiada: „Tata miał dwunastu braci, mieszkali w różnych wsiach dokoła, wszyscy zginęli. Mama miała chyba sześcioro rodzeństwa, wszyscy zginęli". „Chcę powiedzieć coś związanego z moim zawodem" – mówi i znowu płacze. „Tacie brakowało jednego zęba, trójki. Jak byłam mała, to pytałam: »Tato, gdzie jest twój ząb?«. Tata powiedział, że kiedy był młody, służył w Rosji w wojsku, w areszcie go uderzyli i ząb wypadł. Więc zawsze mówiłam tacie, że jak będę duża, to zostanę dentystką i zrobię mu tego zęba. To było malutkie miasteczko i prości ludzie, nie bardzo potrafili czytać; moja mama i tata trochę tak. Poszła plotka po całej wsi, że córka Arona chciałaby być dentystką. Miałam cztery lata i wszyscy się z tego śmieli. A potem, kiedy po latach zaczęłam chodzić do szkoły, kupili mi tornister i nikt oprócz mnie nie wiedział, jak

[3] Rozmowy z J. Pogonowską-Goldhar, K. i D. Marienstrassami, J. Moszer, K. Małowieską, 2014–2016.

[4] T. Körner, Nagranie z 8 września 1996, VHA, Interview Code: 19794.

go otworzyć, ja jedyna. Wtedy poszła plotka po wsi, że chyba rzeczywiście zostanę doktorem"[5].

Rodzinę Sztajnów Niemcy wygnali, tak jak innych Żydów z Cegłowa, do getta w Mrozach, przed wojną żydowskiej miejscowości letniskowej. Sztajnowie załatwili wcześniej u księdza metrykę dla Estery na nazwisko Teresy Tucholskiej i zdeponowali ją u Juliana Grobelnego. Ojciec chciał wysłać córkę do sierocińca sióstr zakonnych, widocznie Grobelny im to zaproponował, ale Estera nie zgadzała się na rozstanie[6].

Przyszła jesień 1942 roku, czas likwidacji małych gett. Mrozy są w połowie drogi między Warszawą a Treblinką. Jak wiele małych gett i to nie było ogrodzone, granice oznakowano tylko tablicami ostrzegawczymi, ale co to zmieniało? Dokąd pójść, gdzie się schować? A jeśli ginąć, to czy nie lepiej razem?

Aron Sztajn uważał, że trzeba próbować przetrwać. Gdy stało się jasne, że Niemcy lada dzień przystąpią do likwidacji getta, uzgodnił z żoną, że kiedy tylko się ściemni, ona ma uciec z Esterą do lasu i dotrzeć do Grobelnego, a on dołączy do nich z młodszą córką następnego dnia. Estera zasnęła w lesie, obudził ją płacz matki, która nad ranem usłyszała strzały. Getto zostało zlikwidowane. Był 30 listopada 1942 roku.

Na drodze spotkały dawną klientkę z ich sklepu. Matka poprosiła ją, by się dowiedziała, co stało się z Aronem i Jochewet. Kobieta wróciła, powiedziała, że widziała pana Sztajna – jest niedaleko, w niemieckim majątku w Kuflewie. Prosił, żeby wszystko, co mają cennego, złoto, kosztowności, ale też ubrania, zostawiły u niej na przechowanie i dołączyły do niego. Oddały jej, co miały, i poszły do Grobelnego po metrykę. Zatrzymał je, umieścił w oborze, wieczorami przynosił jedzenie, ale wkrótce

[5] Tamże.

[6] Historię Estery / Tereski relacjonuję na podstawie jej dwóch zeznań: nagrania dla VHA (T. Körner, Nagranie…, dz. cyt.) i dla Yad Vashem (T. Körner z domu Esterstein, Zeznanie z 28 października 1965, AYV, sygn. 03/2824; jej nazwisko rodowe jest tu podane błędnie jako zbitka imienia i nazwiska).

musiały uciekać, ktoś zauważył Esterkę. Dotarły do Kuflewa. Było tam trochę Żydów z getta w Mrozach, ale Arona Sztajna nikt nie widział. Śmiali się z jej naiwności.

Spędziły tam dwa miesiące. Matka znów skontaktowała się z Polką spotkaną wcześniej na drodze. Ta ją uspokoiła: Aron jest w obozie, ale nie w Kuflewie, tylko w Mieni. Pojechały, ale tam też nikt nie widział Arona, znowu dziwili się naiwności pani Sztajnowej.

To wersja opowiadana przez Teresę. Inna niż wersja Ireny Sendlerowej.

„Nie pamiętam dziś roku, ale były to dni, kiedy Niemcy »wykańczali« podwarszawskie getta. Otrzymałam polecenie udania się do »Trojana« poza Warszawę, do Cegłowa, gdzie miał on mały domek z ogródkiem – pisała. – Chodziło o umieszczenie jednej małej dziewczynki, która cudem uniknęła śmierci przy likwidacji pobliskiego getta, gdzie wymordowali jej całą rodzinę. Dziewczynka, będąc świadkiem mordu rodziców i starszego rodzeństwa, doznała szoku. »Trojan« chciał, aby dziecko wyjątkowo dobrze trafiło”[7].

Niemcy wykańczali podwarszawskie getta jesienią 1942 roku, kiedy Sendlerowa nie znała jeszcze Grobelnego. Mimo to jej wersja wydaje mi się bliższa prawdy niż wersja opowiadana przez Teresę. Tyle że Sendlerowa nie pojechała po nią wtedy, poznała ją o wiele później[8], a o tym, że dziewczynka widziała śmierć swoich najbliższych, musiał jej opowiedzieć Grobelny. Konkretnych historii dzieci, które sama uratowała, Sendlerowa opowiadała niewiele. Najczęściej wspominała właśnie Teresę: „Dziewczynka żydowska Teresa Stein ze wsi Cegłów przeżyła

[7] I. Sendlerowa, *Ci, którzy pomagali Żydom. (Wspomnienia z czasów okupacji hitlerowskiej)*, „Biuletyn ŻIH” 1963, nr 45-46. Sendlerowa się pomyliła, Estera / Tereska nie miała starszego rodzeństwa, tylko młodszą siostrę.

[8] W innym miejscu Sendlerowa mówiła: zajęłam się Teresą w czasie, gdy „codziennie nocowałam u innych przyjaciół”, zatem po wyjściu z Pawiaka (I. Kowalska, Nieopublikowany wywiad rzeka z Ireną Sendlerową przeprowadzony w latach dziewięćdziesiątych, maszynopis, archiwum prywatne autorki).

wielki szok: na jej oczach zabito tatę i młodszą siostrę, a potem mamę"[9]; „Przeżyła rzecz najstraszniejszą: widziała, jak zastrzelono jej rodzinę"[10]; „Ojciec i młodsza siostrzyczka zginęli w wyjątkowo straszny sposób na jej oczach. Dziewczynka była ogromnie zszokowana. Niemcy otoczyli całą wieś, likwidowali wszystkich, na jej oczach, ona poszła do sklepu, tam był domek z ogródkiem, i to ją uratowało"[11]; „Niemcy na oczach Tereski zamordowali jej ojca i siostrę. Matki w tym czasie nie było – wyszła do sklepu"[12].

Deportacja Żydów z Mrozów była z pewnością prowadzona z bezwzględną brutalnością, jak wszystkie wywózki. Przed wysłaniem na śmierć Niemcy w asyście polskiej granatowej policji upokarzali i torturowali swoje ofiary, część z nich rozstrzeliwali już na miejscu, w pobliskich rowach, które kazali im kopać, albo na kirkutach. To były rzezie. Towarzyszyły im szloch, krzyki, zawodzenie. W drodze z getta do torów kolejowych, zanim przerażonych ludzi wepchnięto do wagonów towarowych, które jechały do Treblinki, znów ich bito, znęcano się nad nimi, strzelano[13].

Czytałam wielokrotnie dwie relacje Teresy Körner złożone przez nią w odstępie dwudziestu lat: pierwszą, spisaną po polsku dla Yad Vashem, i drugą, nagraną po hebrajsku dla archiwum Fundacji Shoah. Trochę się od siebie różnią, ale tak jest z większością relacji. Zastanawia mnie jednak, że w obu są zaskakujące luki. Skoro ojciec przeżył, co się stało z Jochewet? Jak to możliwe, że jej matka spędziła dwa miesiące w obozie pracy, nie szukając młodszej córki? Może Teresa, tak jak

[9] I. Sendlerowa, *Zofia i Stanisław Papuzińscy. Wspomnienie*, „Gazeta Wyborcza", 26 listopada 1999.

[10] E. Wilk, *Matka Jolanta od tonących*, „Polityka", 30 września 1995.

[11] I. Sendlerowa, Wywiad I (z kwietnia 1985 roku) [w:] tejże, *Materiały zebrane w latach 1995–2003*, AŻIH, sygn. S/353/10.

[12] I. Kowalska, Nieopublikowany wywiad…, dz. cyt.

[13] O likwidacji małych gett w okolicach Warszawy można przeczytać w: *Prowincja noc. Życie i zagłada Żydów w dystrykcie warszawskim*, red. B. Engelking, J. Leociak, D. Libionka, Warszawa 2007.

relacjonowała Sendlerowa, widziała śmierć ojca i siostry, ale matka łudziła ją opowieściami, żeby zatrzeć wspomnienia?[14] Synowie Teresy mówili mi, że za każdym razem podawała inną wersję śmierci swoich bliskich.

Zostały w obozie w Mieni. Estera pracowała przy kopaniu rowów, matka dostała pracę w kuchni. Było sporo takich obozów w okolicach Warszawy, dochodziły z nich niepokojące wieści i coraz trudniej było się łudzić, że Niemcy mają wobec zgromadzonych tam Żydów inne plany niż wywózka do Treblinki. Trzy matki z dziećmi uciekły, nie miały się gdzie podziać, wróciły. Zostały rozstrzelane na oczach obozowych dzieci. (Teresa nie podaje, czy była świadkiem egzekucji). Raz dziennie dawano jeść i choć panował głód, jej matce udawało się coś odkładać na jeszcze gorsze czasy. „Głodni ludzie ukradli nam to jedzenie i mama powiedziała: »Jak już Żydzi kradną Żydom, to jest bardzo źle. Czas uciekać«”[15].

Na przełomie 1942 i 1943 roku matka wymknęła się z nią do koleżanki w nadziei, że ta weźmie do siebie Esterkę. Ale kobieta bała się je wpuścić. Wystawiła tylko na śnieg miskę z gorącą wodą, żeby matka mogła umyć córkę. Innym razem Estera była tak chora, że nie mogła pójść do pracy, więc matka ukryła ją w baraku. Dziewczynkę wywęszył pies. Starszy Niemiec, który go trzymał na smyczy, podszedł, przykrył ją starannie i poszedł dalej. Zaproponował matce, że ułatwi im ucieczkę. Mówiła, że nie mają dokąd pójść. W końcu skontaktowała się z Grobelnym, który obiecał, że coś dla nich znajdzie. Niemiec wyprowadził Esterę z obozu, doszedł z nią w pobliże stacji kolejowej w Mieni i kazał jej biec. Na peronie czekał ksiądz z Cegłowa. Pamiętała go, znał jej dziadka, a ją przeganiał, bo biegała po kościele i nie chciała uklęknąć. Dał jej dyskretny znak, że ma wsiąść do

[14] Teresa Körner zeznawała: „Moją młodszą siostrę zabrali do pociągu do Treblinki. Ojciec próbował chyba uciec i go zastrzelili, nie wiem, może ona zginęła zastrzelona z ojcem, ale chyba w transporcie” (T. Körner, Nagranie…, dz. cyt.).
[15] Tamże.

pociągu. Przechodząc, podał jej bilet, usiadł w innym przedziale. Wysiadła za nim, ktoś do niej podszedł. Tak trafiła do domu dziecka Helenów w Międzylesiu. Ten sam ksiądz kilka tygodni później wywiózł jej matkę do Warszawy.

Helenów był niezwykłym miejscem założonym przez Helenę i Kazimierza Dłuskich, siostrę i szwagra Marii Curie-Skłodowskiej, a prowadzonym przez PPS-owskie Robotnicze Towarzystwo Przyjaciół Dzieci. W czasie wojny odbywał się tam przerzut broni i ludzi do partyzantki, ukrywali się działacze PPS-u. Teresa opowiadała, że tylko administrator i jego żona wychowawczyni wiedzieli, kim jest[16].

Dzieci z sierocińca chodziły do pobliskiej szkoły, ona z nimi. Miała luki w edukacji, które budziły podejrzenia, umiała liczyć tylko w jidysz, więc jej opiekunowie zadecydowali, że nie będzie się uczyć. Pretekstem była ciężka zima, a ona nie ma ciepłych majtek. Dzieciom wydało się to jednak dziwne. „Zaczęły mnie szantażować" – opisuje. I wtedy wydarzyła się historia z paltem.

Jednego wieczoru koleżanka poprosiła o pożyczenie palta, którym Teresa okrywała się w nocy, gdy chciała wyjść do ubikacji. „Tam jest coś twardego" – dziewczynka zwróciła się do niej z pogróżką w głosie, gdy wróciła. Teresa, czujna dwunastolatka, która wiedziała, że koleżanki mogą ją w każdej chwili zadenuncjować, powiedziała, że też musi do łazienki. Pobiegła piętro wyżej do pomieszczeń gospodarczych sierocińca, wypruła

[16] Musiał to być Kazimierz Młynarski, który w zeznaniu złożonym dla ŻIH-u w 1946 roku mówił, że opiekował się na prośbę Grobelnego dwiema dziewczynkami pochodzącymi z Cegłowa, Jagą i Teresą. Nazwisk nie znał, obie przeżyły wojnę. Wspomina też Irenę Sendlerową: „Oprócz Grobelnego utrzymywałem kontakt także z »Jolantą« (nazwiska nie znam)" (Relacja K. Młynarskiego, AŻIH, sygn. 349/24/5200). Jak dowiedziałam się z korespondencji Heleny Grobelnej, „Kazimierz Młynarski, przyrodni brat tow. Tomasza Arciszewskiego, b. Premiera Rządu w Londynie, zamieszkał na Boernerowie i pracował w RTPD w Helenowie k/Anina. Posiadał własną grupę podopiecznych i sporo ulokowaliśmy dzieci w zakładzie" (H. Grobelna, List do T. Prekerowej z czerwca 1978, Papiery T. Prekerowej, archiwum prywatne P. Szapiro).

pierścionek, który w podszewce zaszyła jej mama, znalazła igłę z nitką i wszyła na to miejsce drucik. Udawała, że śpi, gdy koleżanki rozpruwały jej palto.

Słuchała, co inne dziewczynki opowiadały o spowiedzi, i też spisała wszystkie swoje grzechy. Już je miała księdzu przeczytać, ale się rozpłakała. „Jestem Żydówką i boję się" – wyszeptała. Ksiądz poradził, żeby naśladowała we wszystkim inne dziewczynki, a do niego przychodziła, jak do spowiedzi, żeby porozmawiać. „Jak się bardzo bałam, to biegłam do kościoła. Jeszcze dziś lubię wejść do kościoła katolickiego, bo czuję się tam bezpiecznie"[17].

Nikomu więcej w czasie wojny nie zdradziła, kim jest.

Wiele lat później, gdy wyjeżdżała z mężem do Izraela, urzędnik zapytał ją o nazwisko. „Teresa Tucholska". „A skąd?" „Z Kołomyi koło Wilna". „Gdzie to jest?" „Na północy". To był odruch: jak ktoś cię odpytuje z życiorysu, masz zmyślać.

Jeszcze jedna osoba o niej wiedziała, Irena Zarzycka, autorka popularnych książek romansowych związana przed wojną z Wolną Wszechnicą. Była rezydentką w Helenowie. Pewnego dnia zabrała ją do swojego pokoju na górę. Był kwiecień 1943 roku. Pokazała jej łunę nad miastem. Powiedziała: „Nie bój się, ja cię nie wydam". Potem obie patrzyły w grozie i w milczeniu, jak pali się getto.

Niedługo potem Zarzycka uciekła z nią do lasu, zabrawszy też chłopca, Józia Sztarkera. Oboje jego rodzice pracowali niedaleko w katolickim sierocińcu, matka, niemowa, była tam praczką (Żydzi, którzy nie mówili dobrze po polsku, udawali czasem niemowy)[18]. Zarzycka oddała Józia rodzicom, a Teresę przeprowadziła bocznymi dróżkami do Starej Miłosnej. Przyjęło ją serdecznie starsze małżeństwo. Teresa dowiedziała się

[17] T. Körner, Nagranie…, dz. cyt.

[18] Młynarski, który w sierocińcu opiekował się Teresą, zeznawał, że miał pod opieką Maurycego Sztarkera z żoną i synem oraz jego bratanka (Relacja K. Młynarskiego, dz. cyt.).

później, że Niemcy weszli do zakładu zaraz po ich ucieczce. Widocznie ktoś dał cynk i w sierocińcu wiedzieli, że przyjdą. Szukali konkretnych dzieci, chłopca i dziewczynki, których niedawno przyjęto, podobno dzieci Żydówki i Niemca. Teresa pamiętała, że rozstrzelali je na miejscu w obecności innych dzieci.

Jej nowy opiekun Tomasz Arciszewski, przywódca podziemnego PPS-u i były poseł na Sejm, jako przewodniczący Robotniczego Towarzystwa Przyjaciół Dzieci był blisko związany z Helenowem. Teraz razem z żoną sam ukrywał się na fałszywych papierach. Rok później został przerzucony na Zachód, by zostać premierem rządu na uchodźstwie[19].

Któregoś dnia pani Arciszewska zaprowadziła Teresę na stację kolejową w Aninie. Tam czekała na nią młoda kobieta. To była Irena Sendlerowa.

Nieco zmienioną wersję ich spotkania opisywała Sendlerowa po latach w liście do Teresy: „Każdego roku w dniu Twoich urodzin przypominam sobie okoliczności naszego poznania. Na drodze polnej między Aninem a Wawrem. Ja szłam z Grobelnym, zaprzyjaźnionym z Twoimi rodzicami, a naprzeciw pan Zaremba[20], przewodniczący Polskiej Partii Socjalistów, szedł z Tobą. Pan Grobelny bowiem umieścił Cię na kilka miesięcy przedtem u pana Zaremby (razem byli w partii PPS), pan Zaremba musiał opuścić Polskę i dlatego, z konieczności, Grobelny musiał Ciebie od niego odebrać i dając mi Ciebie, w moje ręce podkreślił: »To jest córka moich przyjaciół, opiekuj się nią specjalnie dobrze«"[21].

Sendlerowa załatwiła jej miejsce na letnich koloniach RGO w Świdrze. Gdy ją tam zawoziła, wręczyła jej małą pustą

[19] W nocy z 25 na 26 lipca 1944 roku Arciszewski został przez Kair przerzucony do Londynu.

[20] Sendlerowa pomyliła Arciszewskiego z Zygmuntem Zarembą, też zasłużonym PPS-owcem.

[21] I. Sendler, List do T. Körner, niedatowany [2007?], archiwum prywatne M. i R. Körnerów. Dziękuję synom Teresy Körner za udostępnienie mi korespondencji ich matki.

walizkę, cała akcja odbyła się pewnie w pośpiechu[22]. Teresa nie zżyła się z innymi dziewczynkami. Nie lubiły jej i skorzystały z byle okazji, by oskarżyć ją o kradzież. Otworzyły jej walizkę, żeby znaleźć dowód, ale niczego nie znalazły. Pusta walizka natychmiast nasunęła kolonijnym dzieciom podejrzenie, że Tereska jest Żydówką. Po kilku dniach pojawiła się Sendlerowa. Przewiozła ją do Warszawy i umieściła jako nianię dla kilkumiesięcznego Tomka w domu Papuzińskich przy Mątwickiej 3.

„Ich dom miał wyrobioną opinię »Zakątka szczęścia«" – pisała Sendlerowa. Umieściła tam Tereskę, by „jej cierpiące serduszko zaczęło oddychać trochę normalniej"[23].

„To była bardzo dziwna rodzina" – opisywała po latach Teresa[24].

W jej pamięci dom na Mątwickiej zachował się jako miejsce, gdzie było jej źle i gdzie musiała ciężko pracować jako niańka, sprzątaczka i kucharka. „Wieczorem dosłownie kładłam się na podłogę, taka byłam zmęczona. Wykorzystywali mnie do ostatka" – opisywała[25].

Relacje ukrywany–ukrywający z reguły nie należały do łatwych. Pewnie Papuzińscy kazali jej robić to, co każdej wiejskiej dziewczynie, która w tamtych czasach pracowała u rodziny z miasta, tyle że Teresa nie była do tego przyzwyczajona. Starsi od niej synowie Papuzińskich próbowali przerabiać z nią wieczorami program szkolny, ale zasypiała na siedząco.

Pewnego razu Papuzińskich odwiedził Grobelny. Zapytał, czy mogą przejąć nad nią pełną opiekę. Nie żyje już ani jej matka, ani ciotka – powiedział i się rozpłakał[26]. Teresa nie przyjęła tego do wiadomości.

[22] W nagraniu dla VHA walizkę dała jej Sendlerowa, w zeznaniu dla Yad Vashem – Arciszewscy.

[23] I. Sendlerowa, *Zofia i Stanisław Papuzińscy. Wspomnienie*, dz. cyt.

[24] T. Körner, Zeznanie…, dz. cyt. [25] Tamże.

[26] Sendlerowa pisała, że „matka Teresy po kilku miesiącach ukrywania się zginęła z rąk kapusiów" (I. Sendlerowa, Wywiad 1, dz. cyt.).

Na Mątwickiej kwitła konspiracja. Zofia Wędrychowska, przed wojną kierowniczka biblioteki na Ochocie, prowadziła w domu tajną wypożyczalnię książek. Odbywały się tam też zbiórki harcerskie – synowie Papuzińskich należeli do Zawiszaków, najmłodszych harcerzy Szarych Szeregów. 22 lutego 1944 roku chłopcy razem z kolegami urządzili nieopodal domu ćwiczenia z bronią. Zauważyli ich dwaj Niemcy, pobiegli za nimi. Chłopcy wpadli do mieszkania na Mątwickiej, bo można było z niego wyskoczyć przez okno na drugą stronę, ale już przy drzwiach wywiązała się strzelanina. „Nas, małe dziewczynki, ktoś wepchnął do bocznego pokoju – zapamiętała Joanna Papuzińska-Beksiak, która miała wtedy pięć lat. – Pamiętam to wepchnięcie, ale nie wiem, może mi się majaczy, że to być może któryś z tych Niemców nas wepchnął i myśmy tam siedziały? Moja siostra Ewa weszła pod łóżko, a ja też jakoś tam przycupnęłam. Słyszałyśmy strzały"[27]. Niemcy ruszyli po posiłki. Ktoś zawiadomił Wędrychowską, która przybiegła z pracy. Mniejsze dzieci rozparcelowała, wydając dyspozycje, gdzie i do kogo mają trafić. Sama została, by opatrzyć rannych chłopców, ciężko postrzelonego ukryła na strychu. Buda z Niemcami przyjechała, kiedy zmywała krew ze schodów. Znaleźli chłopca, zabrali ich oboje. Chłopiec umarł w drodze, Wędrychowską gestapo przesłuchiwało na Szucha, potem przewieźli ją na Pawiak. Sendlerowa bezskutecznie próbowała uruchomić kontakty, dzięki którym sama wyszła stamtąd przed paroma miesiącami. Zofia Wędrychowska została rozstrzelana 26 kwietnia 1944 roku[28].

Teresa zapamiętała, że podczas akcji na Mątwickiej Wędrychowska kazała jej z małym Tomkiem jechać do swojej matki do Otwocka. Teresa serdecznie nie cierpiała babci Wędrychowskiej,

[27] Rozmowa z J. Papuzińską, 13 stycznia 2012, Archiwum Historii Mówionej, Ośrodek Karta.

[28] Sendlerowa opowiadała, że w czasie rewizji u Wędrychowskiej Niemcy znaleźli dokument z jej nazwiskiem, więc dla bezpieczeństwa wyjechała na dwa tygodnie do wuja do Nowego Sącza (I. Sendlerowa, Wywiad 1, dz. cyt.).

u której zamieszkali. Pewnie nie pomyślała o niej nigdy jako o zrozpaczonej kobiecie, która właśnie straciła córkę. Wkrótce dotarły tam inne dzieci Papuzińskich. Przeprowadzili się razem do Anina.

Joanna Papuzińska-Beksiak:

– Mama wiedziała, że małe dzieci trzeba rozdzielić między starszych, każdemu dała adres. Mnie się wydaje, że Teresa dostała adres na Akademickiej koło placu Narutowicza, u Izabelli Kuczkowskiej. Stamtąd pojechaliśmy wszyscy do Anina. Babcia była inwalidką, mocno starszą, urodzoną w siedemdziesiątych latach XIX wieku; szorstka, zasadnicza, typu „co masz zrobić jutro, zrób dziś". Jak pojawił się w polu widzenia ktoś, kogo nie akceptowała, to mówiła „ta żydowica", to była dla niej taka kategoria jak ladacznica.

Jesienią 1944 roku, gdy weszli Rosjanie, Teresa handlowała z nimi papierosami, żeby trochę zarobić. Usłyszała jidysz, zagadała do żołnierzy. Chcieli ją ze sobą zabrać, ale wystraszyła się, że „oddadzą ją Żydom". Nie chciała już nigdy więcej być Żydówką. Babcia Wędrychowska wysłała wnuki do domu dziecka w Stoczku, ale „ja nie byłam jako normalne dziecko, tylko jako służąca"[29]. Gdy kierowniczka domu przenosiła ośrodek do Gostynina, wzięła ją ze sobą. Był 1946 rok, Teresa chodziła tam do szkoły, a kierowniczka pytała: „Ty już teraz nie musisz być Polką, czy nie chcesz do nich wrócić?". Niemal siłą wypchnęła ją do Warszawy. Przekonała argumentem: „Sprawdzisz, może ktoś z twojej rodziny przeżył". Znalazła jej adres Ireny Sendlerowej.

Teresa zatrzymała się u niej. Poszła do Centralnego Komitetu Żydów Polskich. Nikt z jej rodziny się nie zgłosił, nikt o nią nie pytał. Gdy wychodziła, jakaś kobieta powiedziała do drugiej: „Oj, jaka ta dziewczyna podobna do Olgi". Teresa wybuchnęła płaczem, dotarło do niej to, czego nie chciała zaakceptować. Wiedziała, że jej mama używała po aryjskiej stronie imienia Olga.

[29] T. Körner, Zeznanie…, dz. cyt.

Kobieta ukrywała się u tego samego gospodarza, co matka i ciotka Teresy, mieszkały w jednym pokoju. „One dostawały skądś pieniądze – opowiedziała Teresie. – Same już nie miały nic". Któregoś miesiąca wysłannik z pieniędzmi się nie pojawił. Czy to była wpadka, czy zabrakło funduszy? Jeśli Fejga Sztajn i jej siostra były pod opieką Grobelnego, utrzymywała je zapewne Żegota. Gospodarz zaprowadził je na posterunek. Tereska zapytała o jego nazwisko, ale kobieta nie odpowiedziała. Ona sama płaciła, przeżyła. Czy na zwolnione łóżka zostali przyjęci następni Żydzi, którzy mieli pieniądze? [30]

Sendlerowa porozumiała się w sprawie Teresy z Komitetem, a ten wysłał dziewczynkę do żydowskiego domu dziecka w Zatrzebiu koło Falenicy. Dostała ładne ubrania; domy żydowskie miały pieniądze z Jointu, więc nie było tam tak biednie jak gdzie indziej. Ówczesna wychowanka Zatrzebia Maria Thau opisywała po latach tamtejsze dzieci: Marek, który był w Oświęcimiu, miał numer na ręce. Heńkowi, który błąkał się po wsiach, matkę zamordowali już po wojnie bandyci. Krysia, która ukrywała się w grobowcu, po wyjściu nie umiała chodzić. Władek przez długie miesiące mieszkał w psiej budzie. Zosia była w klasztorze i chciała zostać zakonnicą. Niektóre dzieci Thau określa tylko inicjałem: A. podobno gwałcono, kiedy nie miała jeszcze pięciu lat, w nocy wybiegała z łóżka i wyrywała się wychowawczyni, wyjąc i gryząc. S. krzyczała do innych dzieci w grupie: „Wyście zamordowali Pana Jezusa. Ja tu nie chcę być!". T. nie chciała wrócić do Żydów[31].

Wiele z tych dzieci czas spędzony w Zatrzebiu wspomina jako jedne z najlepszych lat swojego życia, ale nie T., czyli Tereska.

[30] „Dla niektórych ukrywanie Żydów to był zawód – mówi Barbara Engelking. – Jest drogo, wszystko na kartki, żywność trzeba zdobyć na czarnym rynku, ludzie kombinują na wiele sposobów, szukają rozmaitych środków utrzymania, i to jest jeden z nich. Umawiasz się na jakąś cenę, potem ją podnosisz. Wykorzystywanie okazji do wzbogacenia się to jeszcze nie szmalcownictwo. Ale bywało krokiem w procesie ulegania pokusie i demoralizacji. Jak ten Żyd już nic nie ma, to się go pozbywam i biorę następnego".

[31] M. Thau (Weczer), *Powroty*, Kraków 2002.

Uciekła stamtąd szybko, zostawiając nowe ładne ubrania. Złapała okazję do Warszawy. Miała szesnaście lat i twarde postanowienie. „Nie będę w żadnym żydowskim domu dziecka. Nie wrócę do Żydów" – oświadczyła Sendlerowej.

„Wtedy okazało się, kim ona jest – opowiadała Teresa Körner w zeznaniu dla Yad Vashem. – Zabrała mnie do siebie do domu i otoczyła opieką, dosłownie jak matka. Mieszkałam u niej. Zgłosiła do Komitetu Żydowskiego, że ja jestem u niej"[32].

To dlatego „Sztajn Estera (Tucholska Teresa)" figuruje w spisie trzystu dzieci, które „znajdują się u chrześcijan".

„Zapisali mnie do gimnazjum Królowej Jadwigi – opowiadała. – Chodzili na wywiadówki, wzięli mi korepetytorkę, ubierali mnie tak, że to wszystko, co Komitet im na mnie dawał, z pewnością nie wystarczało"[33].

Ale ich relacje nie były łatwe. Irena Wojdowska zapamiętała, że kiedy odwiedzała Zgrzembskich w mieszkaniu na Belwederskiej, Teresa, starsza od niej, musiała ją potem odprowadzać na przystanek i zimą Sendlerowa zadawała zawsze to samo pytanie: „Tereska, czy włożyłaś ciepłe majtki?"[34]. Teresa zwykle coś odburkiwała, a gdy Sendlerowa raz ją spytała, „czemu jest tak nieprzychylna i wroga", odpowiedziała: „Nie mogę zrozumieć, kto cię upoważnił, żebyś mi zastąpiła matkę"[35].

Teresa nie odwiedziła nigdy Papuzińskich, dopiero w latach dziewięćdziesiątych zjawiła się u Joanny Papuzińskiej-Beksiak, znalazła ją w książce telefonicznej.

[32] T. Körner, Zeznanie…, dz. cyt. [33] Tamże.

[34] „Byłam zazdrosna o Teresę, dlatego to zapamiętałam" – mówiła mi Irena Wojdowska.

[35] E. Wilk, *Matka Jolanta…*, dz. cyt. Sendlerowa opowiadała Mieszkowskiej, że po latach dostała list od Teresy, która pisała: „Wiesz, dlaczego byłam dla Ciebie taka niedobra, opryskliwa, nieposłuszna? Bo Twoja dobroć targała moje serce rozpaczą. Myślałam wtedy – kto Ci dał prawo zastąpić mi moją matkę?" (A. Mieszkowska, *Prawdziwa historia Ireny Sendlerowej*, Warszawa 2014, s. 183). Körner mówiła o tym wiele razy: „Chciała zastąpić mi matkę, co mnie wtedy bardzo denerwowało" (wypowiedź do broszury *Tour to Poland 08.01.09–15.01.09* opublikowanej z okazji serii koncertów Raanana Symphonette Orchestra zorganizowanych w Polsce na cześć Ireny Sendlerowej).

Teresa Körner, po wojnie

– Zapytałam ojca, dlaczego Tereska się tak urwała – opowiadała mi Joanna Papuzińska-Beksiak. – Ojciec powiedział: „To oznaka zdrowia, to jest konieczne, oni muszą oderwać się od swoich doświadczeń wojennych, nie pielęgnować ich. Muszą zapomnieć, że zostały uratowane".

Teresa mieszkała u Zgrzembskich do czasu, kiedy urodziło im się pierwsze dziecko. „Mieszkali w dość ciasnym mieszkaniu, no i zdawałam sobie sprawę, że już starczy"[36].

Sendlerowa – w przeciwieństwie do wielu – była pewna: dzieci żydowskie muszą wrócić do swojego narodu. Teresa pamiętała, że Zgrzembski uczył ją, co to znaczy być Żydówką[37].

[36] T. Körner, Zeznanie..., dz. cyt.
[37] Rozmowa z M. i R. Kornerami, 2015.

Kiedy postanowiła się wyprowadzić, namówili ją na bursę dla studentów żydowskich na warszawskiej Pradze. Tam Teresa poznała swojego przyszłego męża Feliksa Körnera.

Ich synowie podarowali mi karton z listami, żebym poszukała jej korespondencji z Sendlerową. Natknęłam się tam na tużpowojenne listy, które pisali do siebie Teresa i Feliks, a ich synowie pozwolili mi je przeczytać. Ze zdumieniem dowiadywali się ode mnie o swojej matce (sami nie czytają po polsku). Przede wszystkim, że nie zawsze była taka promienna, jak ją zapamiętali. Przeciwnie, nieszczęśliwa i zagubiona bazgrała na kartkach: „Dlaczego ja się boję śmierci? Gdybym się nie bała, byłoby mi lepiej. Przy pierwszej lepszej okazji poszłabym tam, gdzie są moi rodzice". Wyciągnął ją z tego ich przyszły ojciec.

„Mój kochany Teresik – pisał do niej – żądam i proszę Cię, wydawaj codziennie na jedzenie tyle, ile potrzebujesz. Kupuj sobie jajka, masło, szynkę, czekoladę, owoce itp. Kotunia, przecież ja muszę się Tobą opiekować, przecież nie mam nikogo więcej na całym świecie"[38]. Gdy Feliks pisze, że jest dla niego jedyna na świecie, dokładnie to ma na myśli. Przeżył wojnę w Związku Radzieckim. Kiedy wrócił, nie zastał nikogo ze swoich bliskich. „Teresiczku najdroższy – pisał cztery lata później – chciałbym, żeby Ci było dobrze ze mną, żebym potrafił zatrzeć w Twojej pamięci koszmar przeszłości. Chciałbym usłyszeć od Ciebie, że świat jest piękny"[39]. Ona mu opisywała swoją eskapadę do Cegłowa. „Pamiętasz, jak Ci mówiłam, że śniła mi się mama i mówiła, żebym odebrała zegar? Najpewniej będziesz się śmiać, że wierzę w sny. Ja wprawdzie nie wierzę w nie, ale b. często śnią mi się rodzice i dają mi pewne wskazówki"[40]. Było już pięć lat po wojnie, ale ona marzyła o swojej dawnej poduszce. Wiedziała, komu jej mama oddała

[38] F. Körner, List do T. Tucholskiej z 17 lipca 1950, archiwum prywatne M. i R. Körnerów.

[39] F. Körner, List do T. Körner z 10 września 1954, tamże.

[40] T. Tucholska, List do F. Körnera z 30 lipca 1950, tamże.

rzeczy na przechowanie. Odnalazła tego chłopa, wróciła do akademika z poduszką[41]. Więcej tam nie pojechała[42].

Teresa skończyła technikum dentystyczne, a potem stomatologię. W 1957 roku razem z Feliksem wyjechali do Izraela. „Przed wyjazdem pani Sendlerowa przyszła do mnie na stację. Jak była dla mnie serdeczna, świadczy fakt następujący: ja wyjeżdżałam w zimie, wtedy bez jest strasznie drogi, a ona mi przyniosła bez"[43].

Sendlerowa poprosiła ją wtedy o jedno. Ale to już nie należy do historii Teresy Körner. To część historii Ireny Sendlerowej.

[41] Tamże.

[42] Körner zatarła w pamięci nawet tę wizytę. Wielokrotnie mówiła synom, że nigdy nie była w stanie pojechać do Cegłowa (Rozmowa z M. i R. Körnerami, 2015).

[43] T. Körner, Zeznanie..., dz. cyt.

Rozdział 13

Ponieważ moje dzieci są Żydami i mam kłopoty od sąsiadów

„Ten, kto widział Warszawę 17 stycznia 1945 roku, nie mógł jej ocenić inaczej, jak umarłe miasto i miasto umarłych. Dopalające się szczątki domów zniszczonych przez barbarzyńcę jeszcze na chwilę przed odwrotem, gruzy, mnóstwo niepogrzebanych ciał" – opowiadała Irena Sendlerowa w grudniu 1945 roku na zjeździe naczelników opieki społecznej w Łodzi[1].

Kilka lat później wspominała powojenne miesiące pracy w Wydziale: „Mróz, brak zupełny mieszkań, a mimo to do Warszawy ciągną setki tysięcy jej mieszkańców. Rząd ogłasza, że Warszawa zostaje nadal stolicą, tylko że nikt nie ma gdzie spać, nie ma co jeść i nie ma w co się ubrać, a trzeba działać, i to szybko"[2]. Urzęduje na ulicy Bagatela 10, gdzie „w lokalu bez drzwi, bez okien, bez żadnych mebli, bez atramentu i obsadek" mieści się Wydział Opieki. Pracownicy, sami głodni i w połatanych ubraniach, dzień i noc próbują organizować pomoc. Kiedy znajdują lokal na nowy ośrodek opieki, odgruzowują tylko pomieszczenia i zaraz wysyłają tam setki odwszonych uciekinierów, choć nie zorganizowano jeszcze łóżek[3].

[1] Referat I. Sendlerowej na Zjeździe Naczelników Opieki Społecznej, Łódź, 17–20 grudnia 1945, Zbiór Ireny Sendlerowej-Zgrzembskiej 1945–1957, APW, sygn. 72/2024/01.

[2] I. Sendlerowa, Brudnopis (z licznymi skreśleniami i poprawkami) przemówienia zdającego sprawę z działalności Wydziału Opieki Społecznej w latach 1945–1947, 1947, tamże.

[3] Tamże.

Irena Sendlerowa
w biurze opieki społecznej przy ulicy Bagatela 10, lipiec 1949

Sendlerowa do pracy wyrusza co rano z Okęcia, gdzie nadal mieszka.

Jeszcze w czasie wojny zasiliła szpital na Okęciu środkami Żegoty, które dostała od Adolfa Bermana na utrzymanie przebywających tam Żydów, dorosłych i dzieci[4]. Jednak z powodu błyskawicznej wymiany pieniędzy szybko znów nie było jak wyżywić trzystu osób, które znalazły u nich schronienie. Sendlerowa postanowiła szukać pomocy w Lublinie, u nowo powołanego rządu. Dotarła tam wojskowymi ciężarówkami, które zatrzymywała po drodze. Od tak zwanego rządu lubelskiego dostała zapomogę już w nowych złotych. Odwiedziła też w szpitalu umierającego na raka Leona Feinera z Żegoty.

[4] Kontakt udało jej się nawiązać przypadkiem – w podmiejskim pociągu spotkała znajomą z kręgów Żegoty Władysławę Michałowiczową, która podała jej adres Bermana w Milanówku.

To wtedy zabrała ze sobą z Lublina Irkę Wojdowską, z którą nie rozstanie się przez następny rok. Jest też już oficjalnie z Adamem Celnikierem, który został przy okupacyjnym nazwisku.

Szpital na Okęciu zaczyna funkcjonować jako Dom Dzieci Warszawy. Kierowniczką zostaje Maria Palester[5], Sendlerowa pomaga jej organizować ośrodek. Dom przyjmuje kolejne fale dzieci, głównie polskich, ale też żydowskich. Najpierw, w listopadzie 1944 roku, przybywają dzieci ewakuowane w czasie powstania warszawskiego na wieś, gdzie na ogół żyły w fatalnych warunkach. „Dzieci smutne, zaniedbane, nieufne" – opisywała Maria Palester[6]. W styczniu i lutym 1945 roku – małe dzieci zgubione przez rodziców w czasie powstania i przygarnięte przez obcych ludzi. „Dziecko w tym czasie było nabytkiem cennym, chroniło bowiem niejednokrotnie od obozów w Rzeszy. Z chwilą wkroczenia Wojsk Polskich i Radzieckich dzieci te były już przygodnym opiekunom niepotrzebne – przychodziły niejednokrotnie ze śladami pobicia, przerażone i wyczekujące"[7]. Potem zjawiła się „najtragiczniejsza fala, fala powracających z obozów niemieckich dzieci zawszonych, bosych, chorych, które były świadkami gwałtów i zbiorowych mordów, które nie

[5] Jej zastępczynią została Maria Pogonowska (E. Teleżyńska, *Po drugiej stronie bramy*, „Zagłada Żydów. Studia i Materiały" 2011, nr 7). Córki Palestrowej i Pogonowskiej, Małgosia i Janina, przebywały w domu dziecka prowadzonym przez ich matki. Janina zapamiętała stamtąd takie zdarzenie: „W związku z rocznicą powstania w getcie w kwietniu '47 Maria Palestrowa poleciła nam, grupie 6 licealistek, wziąć udział w uroczystości, która miała miejsce w świeżo odrestaurowanym Teatrze Polskim. Ku zaskoczeniu mojemu i Małgosi trzy z nich odmówiły wstania, gdy zarządzono minutę ciszy dla uczczenia pamięci bojowników i ofiar. Po powrocie opowiedziałyśmy o tym. Palestrowa się wściekła i kazała dziewczynom opuścić Dom. Był to dla nas wstrząs. Byłyśmy oburzone na postępowanie naszych koleżanek, ale one nie bardzo miały dokąd pójść. Po wielkiej awanturze i w wyniku mojej i Małgosi interwencji Palestrowa zgodziła się na ich pozostanie (czy może powrót po kilku dniach). Po tym incydencie nasze stosunki z koleżankami bardzo się popsuły" (Nieopublikowany pamiętnik, archiwum prywatne J. Pogonowskiej-Goldhar; dziękuję bardzo za jego udostępnienie).

[6] Przemówienie ob. Szulisławskiej-Palester Marii z 31 marca 1946, „Opiekun Społeczny" 1946, nr 3-4. [7] Tamże.

umiejąc jeszcze mówić dobrze – opowiadały o krematoriach"[8]. Sendlerowa zapamiętała dziewczynkę trzy-, może czteroletnią, która pytała ją, czy mamę bardzo bolało, jak ją palili[9].

Część wychowawców uważa, że dzieci żydowskie i polskie powinny się chować wspólnie. Sendlerowa jest temu zdecydowanie przeciwna, i tak wystarczająco bolesne są sytuacje, które żydowskie dzieci muszą przeżywać, gdy wychodzą poza obręb swojego sierocińca i konfrontują się z otoczeniem. Ma kontakt z żydowskim domem dziecka w Otwocku i wie, że wychowankowie wracający ze szkoły słyszą po drodze okrzyki „*Jude!*". „Być może, że były to słowa powiedziane przez dzieci nieświadomie, dla zabawy – opowiadała – lecz raniły one swoich rówieśników. Również dorośli wciąż nie rozumieli sytuacji uratowanych dzieci. Te słowa wypowiadały nie tylko dzieci"[10]. Przytacza sprawę sądową o wydanie kilkorgu dzieciom żydowskim ich metryk z prawdziwymi nazwiskami. Sędzina, aby upewnić się, czy dwunastoletni chłopiec jest rzeczywiście Żydem, kazała mu opuścić spodnie[11].

Pracownicy Domu na Okęciu wydają pismo „Opiekun Społeczny". Wskrzesili tytuł, który wychodził przed wojną przy Wolnej Wszechnicy, nawet szata graficzna jest taka sama. W komitecie redakcyjnym Sendlerowa, dużo pisze też Stefan Zgrzembski. Śmiem podejrzewać, że jego teksty są drukowane, bo komitet redakcyjny uwielbia Irenę i wie, jak bardzo jej na tym zależy. Z otwierającego numer tekstu Zgrzembskiego w „Opiekunie" z grudnia 1946, zatytułowanego *Chrystus wśród ludzi*: „Każdy, kto nie uniesie się pozaintelektualnym mistycyzmem lub symboliką pewnych wydarzeń – zgodzi się z tym, że droga wskazana przez Chrystusa jest jedyną możliwą drogą do realizacji wskazanych przez Niego ideałów, na konieczność

[8] Tamże.

[9] I. Kowalska, Nieopublikowany wywiad rzeka z Ireną Sendlerową przeprowadzony w latach dziewięćdziesiątych, maszynopis (archiwum prywatne autorki). [10] Tamże. [11] Tamże.

realizacji których godzą się na ogół wszyscy"[12]. Za to artykuły Sendlerowej są pełne pasji, ale też rzetelnych analiz stanu opieki społecznej[13].

Na przełomie marca i kwietnia 1945 roku w Domu na Okęciu zjawia się elegancki pan w kurtce z amerykańskiego demobilu. Przedstawia się: Mieczysław Sendler, wyszedł z oflagu, szuka żony[14].

Ktoś zaprowadził go do pokoju, wskazał łóżko, na którym siedziała dziewczynka o wyraźnie semickich rysach: „Pani Irena jest w pracy, ale jest córeczka".

– Nie dał po sobie nic poznać. Podszedł do Irki Wojdowskiej, przytulił, siedział przy niej na posłaniu. Pamiętam tę scenę – opowiadała mi Janina Pogonowska-Goldhar, której łóżko stało nieopodal łóżka Irki. – Irena wróciła z Warszawy po południu, chodzili przed domem, ona mu coś tłumaczyła, po czym on się zebrał i poszedł.

Irena Sendlerowa z polecenia Jerzego Albrechta z Komitetu Centralnego PPR-u zostaje zastępczynią naczelnika Wydziału Opieki Społecznej Zarządu Miasta. Nie wiąże się z tym poprawa warunków życia: po wojnie było biednie, nawet jeśli miało się dobrą państwową posadę. Jej przedwojenna szefowa Maria Uziembło oddaje Sendlerowej swój przydział materiału.

– Był paskudny, ale ona potrzebowała jakiejkolwiek sukienki do pracy – opowiadała mi Aniela Uziembło.

Nie mieszka już na Okęciu, tylko w Warszawie. Najpierw w częściowo zburzonym domu na Siennej, gdzie wodę nosi się z piwnicy i długo gotuje, bo ma kolor zielony, a potem w dwóch

[12] S. Zgrzembski, *Chrystus wśród ludzi*, „Opiekun Społeczny" 1946, nr 9–10. Albo też: „Nowy układ sił społecznych, nowa struktura życia zbiorowego zespołów ludzkich – państw, narodów, ludów, będzie właśnie treścią, która w ostatecznym wyniku sama sobie wypracuje najwłaściwszą formę bytowania" (tegoż, *Ważki symbol*, „Opiekun Społeczny" 1946, nr 3–4).

[13] I. Sendlerowa, *Bijemy na alarm*, „Opiekun Społeczny" 1946, nr 5–6.

[14] Został zwolniony z oflagu 15 lutego 1945 roku (I. Sendler-Zgrzembska, Ankieta aktywu partyjnego z 16 grudnia 1949, APW, Komitet Warszawski PZPR, Teczka osobowa Sendler-Zgrzembska Irena, sygn. 46158).

kolejnych mieszkaniach w alei Niepodległości. Tak zapamiętała Irka Wojdowska, która przeprowadzała się razem z nią.

Sendlerowa nie tylko doraźnie pomaga powracającym zewsząd warszawiakom (co już by wystarczyło), ale także organizuje od nowa system opieki społecznej w zrujnowanym mieście – według zasad Heleny Radlińskiej[15]. Opisuje powojenne dramaty wymagające interwencji: plagę wałęsających się dzieci, które piją, utrzymują się z kradzieży, rozbojów i nierządu i za nic nie chcą chodzić do szkoły[16].

W grudniu 1945 roku awansuje na stanowisko naczelniczki Wydziału i dostaje przydział na mieszkanie na Belwederskiej. Przenosi się tam z Irką i Stefanem.

Wielu Żydów, którzy przeżyli wojnę, chciało zapomnieć, budować nowe życie, spotkać nowych ludzi, którym będą się mogli przedstawić nowym nazwiskiem. Nie kontaktowali się z Polakami, którzy pomogli im przeżyć, nie umieli wrócić do czasu, kiedy byli tropioną zwierzyną. Zgrzembski, choć pozostał przy zmienionym nazwisku i nie opowiadał, że jest Żydem, lgnął do ludzi, z którymi przeżył wojnę. Gdy tylko Sendlerowa dostała mieszkanie, odnalazł koczujące w Garwolinie kątem u kuzynki Marię Kukulską i jej córkę Anię. „Nie rozstaniemy się już nigdy" – oświadczył i sprowadził je na Belwederską. Dostały jeden pokój z dwóch, które przydzielono Sendlerowej[17]. Chciał też zaadoptować Irkę, jednak ona się nie zgodziła[18].

– Irena i Stefan byli bardzo rodzinni – mówiła mi. – Ale ja chciałam moich rodziców.

[15] Sendlerowa pisze o opiece społecznej, że nie jest już jałmużnictwem ani akcją charytatywną, od kiedy jednostka „zaczęła być równorzędnym kontrahentem w stosunkach społecznych" (I. Sendlerowa, *Dzieje rozwoju nowoczesnej opieki społecznej*, „Opiekun Społeczny" 1947, nr 2).

[16] I. Sendlerowa, Przemówienie na sesji Stołecznej Rady Narodowej miasta st. Warszawy z 24 października 1953, APW, Zbiór Ireny Sendlerowej-Zgrzembskiej…, dz. cyt., sygn. 72/2024/10.

[17] A. Krzyżowska, Nagranie z 25 lipca 1997, VHA, Interview Code: 31891.

[18] Rozmowa z I. Wojdowską, 2014.

Sendlerowa spotyka się z Adolfem Bermanem, który pełnił teraz funkcję przewodniczącego Centralnego Komitetu Żydów w Polsce, najważniejszej organizacji żydowskiej lat powojennych. Przekazuje mu swoją zaszyfrowaną kartotekę: wszystko, co wie o uratowanych dzieciach, o ich prawdziwych i przybranych nazwiskach, o tym, gdzie mogą się znajdować[19]. Prosi tylko, by nie odbierać dzieci siłą: „Pan da bardzo mądrą kobietę od was, a ja wydeleguję do tej pracy bardzo mądrą instruktorkę, żeby jeździły wszędzie po tych sierocińcach i zakonach i sprawy przeprowadzały rozsądnie i łagodnie, bo inaczej to będzie tragedia i dla dzieci, i dla ich opiekunów"[20].

„Berman zrobił rzecz straszną. Nazajutrz posłał swoich ludzi i siłą zabierał te dzieci. Działy się dantejskie sceny. Kłóciłam się o to z Bermanem do trzeciej nad ranem"[21]. Opowiadała o powojennych dramatach: dziesięcioletnia dziewczynka tak się bała wyjazdu do Palestyny, że chciała popełnić samobójstwo; młoda Żydówka przywdziała habit zakonnicy ku rozpaczy rodziny; siostra zakonna poszła się wyspowiadać z przechowywania Żydów i ksiądz nie dał jej rozgrzeszenia[22].

„Kiedy skończyła się wojna, poszliśmy z Dobraczyńskim do gminy żydowskiej, żeby pomogli zakonom, bo było bardzo ciężko – opowiadała Jadwiga Piotrowska – ale wtedy usłyszeliśmy, żeśmy pokradli dusze tych dzieci i właściwie zrobiliśmy więcej złego niż dobrego"[23]. (Tak im powiedział jakiś młody człowiek z Jointu. Po kilku miesiącach Joint zaczął łożyć na żydowskie

[19] Mówiła o tym w oświadczeniu dla ŻIH-u z 1963 roku, w którym wymienia swoich współpracowników. Widnieje tam jej odręczny dopisek: „Zaszyfrowana kartoteka oddana w 1945 Adolfowi Bermanowi, który wyjechał do Izraela w 1946 r. (Kibuc Bohaterów Getta)" (Zeznanie Ireny Sendlerowej z 26 kwietnia 1963, AŻIH, sygn. 301/6313).

[20] *Z Ireną Sendlerową z Żegoty rozmawia Anna Ćwiakowska*, „Nowiny Kurier", 17 czerwca 1983.

[21] Tamże.

[22] E. Wilk, *Matka Jolanta od tonących*, „Polityka", 30 września 1995.

[23] Wypowiedź J. Piotrowskiej, *Pogwarki socjalne. Spotkania z przeszłością* [w:] *Opieka Społeczna w Warszawie 1923–1947. Opracowania i materiały*, red. M. Gładkowska i in., Warszawa 1995, s. 149.

dzieci, które zostały w zakonach)[24]. Ale ta zadra „tkwi w nas do dziś – opowiadała. – Minęło już ponad czterdzieści lat, a ja wciąż się rozliczam we własnym sumieniu z tą sprawą. Czy naprawdę byłoby lepiej, gdybyśmy te dzieci posłali na śmierć? Czasami to nawet modlę się, by jakiś mądry rabin zdjął ze mnie wreszcie to brzemię"[25].

Organizacje żydowskie nie miały wątpliwości, że dzieci powinny zostać „zwrócone narodowi żydowskiemu". Ale dla sióstr zakonnych, które je przechowały, nie było to oczywiste. Gdy do Turkowic po Michała Głowińskiego przyjechała matka, siostry nie wahały się go oddać. Jednak kiedy po dzieci nie zgłaszał się nikt z bliskiej rodziny, namawiały je w dobrej wierze, by zostały u nich. Ludwik Brylant opowiadał mi:

– Siostra Róża mówiła: „Pojedziecie, nie znacie nikogo. Zginiecie na wojnie, a myśmy tyle trudu w was włożyły i po co? Zamkniemy ciebie i siostrę, żeby was Żydzi nie wzięli".

Wzięliby ich, znalazłam Brylanta i jego siostrę na liście poszukiwanych dzieci[26]. Brylant pamięta, że do Turkowic przyjechało kiedyś trzech panów, zabrali kilkoro małych dzieci, on z siostrą nie chcieli z nimi jechać. Siostra Róża ich przekonała. Do pełnoletności mieszkali w domach dziecka, on potem pracował w wojsku i policji, jego siostra była krawcową. „Może jednak żałuję, że nie wyjechałem" – mówi dziś[27].

Leszek Kołakowski wspominał spotkanie z chłopcem, którego widywał u Janiny Grabowskiej, kiedy jego ojciec ukrywał się u niej razem z Adamem Celnikierem. „Spotkałem go

[24] J. Dobraczyński, *Tylko w jednym życiu*, Warszawa 1970.

[25] R. Teyszerski, *50 razy kara śmierci. Rozmowa z Jadwigą Piotrowską*, „Kierunki", 11 maja 1986.

[26] Lista dzieci, które przeżyły w ukryciu z pomocą chrześcijan, podzielona według województw, gdzie były ukrywane, 1946, AYV, dokumenty World Jewish Congress (AWJC) 0.37/32 i 0.6/1226. Znajdują się na niej m.in.: Brylant Zdzisław, 14 lat, i Brylant Dorota, 16 lat, oraz podany jest adres: „Turkowiec, pow. Hrybieszów, w sierocińcu".

[27] K. Meloch, *Brylant… to jest żydowskie nazwisko* [w:] *Dzieci Holocaustu mówią…*, t. 3, Warszawa 2008.

przypadkowo, rozpoznał mnie na ulicy w Warszawie. On strasznie dużo wysiłku włożył, aby odnaleźć swoją młodszą siostrę, która była wzięta przez kogoś, kto ją miał ukryć. Nie wiedział, przez kogo, i wszystkich sposobów się chwytał, żeby to ustalić, ale siostry nie odszukał"[28]. Rozmawiałam z tym chłopcem, czy raczej z prawie osiemdziesięcioletnim panem, który był kiedyś tym chłopcem. (Nie podaję nazwiska na jego prośbę). Nikt mu nie został oprócz siostry. Po wojnie chodził do Ireny Sendlerowej i błagał ją o pomoc. Dowiedział się w końcu, że siostra była w pogotowiu opiekuńczym u Jadwigi Piotrowskiej, która znalazła jej polską rodzinę. Przysięgła nowym rodzicom, że biorą dziewczynkę na zawsze, że nikt się po nią nie zgłosi. Dotrzymała przysięgi. Pewnie im nie powiedziała, że to żydowskie dziecko. Zdołał się jedynie dowiedzieć, że mieszkają na Grochowie. Jeździł tam i wpatrywał się w twarze dziewczynek, ale czy by ją poznał, nawet gdyby jakimś zrządzeniem losu przeszła obok? Nigdy jej nie odnalazł, zresztą po jakimś czasie przestał szukać, uznając, że nie miałby prawa po tylu latach burzyć jej życia[29]. Ile dzieci żydowskich, które przeżyły wojnę, nie zostało nigdy odnalezionych? Autor książki o Domu Boduena pisał, że wskutek powstania warszawskiego dzieci z Domu były przewożone do różnych ośrodków i że ledwie kilkoro z nich udało się po wojnie odnaleźć i przekazać żydowskim krewnym[30].

Sendlerowa w 1945 roku odwiedziła przełożoną Zgromadzenia Sióstr Franciszkanek Rodziny Maryi Matyldę Getter[31]

[28] L. Kołakowski, *Czas ciekawy, czas niespokojny. Z Leszkiem Kołakowskim rozmawia Zbigniew Mentzel*, cz. 1, Kraków 2007, s. 54.

[29] Rozmowa z Z.M., 2015.

[30] A. Słomczyński, *Dom ks. Boduena 1939–1945*, Warszawa 1975.

[31] Matylda Getter była matką prowincjalną franciszkanek Rodziny Maryi, której podlegał m.in. zakład w Chotomowie, gdzie przechowało się kilkanaście żydowskich dziewczynek. Została odznaczona pośmiertnie medalem Sprawiedliwych. „W pojedynczych zgromadzeniach akcja ratowania dzieci żydowskich prowadzona była odgórnie przez władze generalne" – pisze Ewa Kurek i wymienia dwa zakony, w tym franciszkanki (E. Kurek, *Dzieci żydowskie w klasztorach. Udział żeńskich zgromadzeń zakonnych w akcji ratowania dzieci żydowskich w Polsce w latach 1939–1945*, Zakrzewo 2012, s. 62).

i poprosiła o spisanie relacji na temat przechowywania w podległych jej domach zakonnych żydowskich dzieci. Przełożona odpowiedziała pytaniem: „A skąd pani wie, jaka Polska będzie?”.

„Bardzo często myślałam potem o przełożonej Getter. Bo kto by się spodziewał, że ta partia urządzi taki pogrom” – opowiadała Sendlerowa po latach. „Pogrom?” „W sześćdziesiątym ósmym roku. To było naprawdę nie do pomyślenia”[32].

Sendlerowa nie wyobrażała sobie, że nowy ustrój posłuży się ochoczo antysemicką retoryką, ale nie miała wątpliwości, że antysemityzm jest dramatycznym problemem społecznym powojennej Polski. 30 marca 1946 roku byli działacze Żegoty: Arczyński, Berman, Rek i Bartoszewski, zakładają Ogólnopolską Ligę do Walki z Rasizmem. Ma „przeciwdziałać antysemityzmowi i przekonywać o jego szkodliwości moralnej i politycznej dla Polski i dla Polaków”[33]. Sendlerowa zostaje jej skarbnikiem[34]. „Ogólnopolska Liga” – brzmi imponująco, choć to w istocie mała, niewiele znacząca organizacja, „walka z rasizmem” – brzmi asekuracyjnie, bo lepiej nikogo nie urazić, nazywając rzecz po imieniu. Próbują przekuć w działanie smutek, przerażenie i bezradny sprzeciw przyzwoitych ludzi, patrzących, jak Żydzi, których pomogli uratować, stają się po wojnie obiektem wzmożonej nienawiści, napadów, zabójstw[35].

W oświadczeniu założycielskim apelują o „przebudowę duszy narodu”. Następne oświadczenie, wydane ledwo trzy miesiące później, po 4 lipca 1946 roku, zawiera już konkrety. „Polacy! Stała się w Polsce rzecz straszna! Rzecz ohydna!” – piszą o pogromie kieleckim. Piętnują „nikczemne bzdurne i oszczercze

[32] Zapiski E. Janickiej z rozmowy z I. Sendlerową z 28 listopada 2003 (archiwum prywatne E. Janickiej).

[33] W. Bartoszewski, *Powstanie Ligi do Walki z Rasizmem w 1946*, „Więź” 1990, nr 4. [34] Tamże.

[35] Piszą: „Całe zło moralne i barbarzyństwo hitleryzmu streszcza się w haśle: rasizm, antysemityzm, pogrom. Tu, jakby w soczewce, skupiło się to wszystko, co w człowieku jest złem, co jest w nim nocą i zbrodnią: wyjęcie społeczności ludzkiej spod prawa do życia, dlatego tylko że żyje” (tamże).

kłamstwa o porywaniu dzieci chrześcijańskich"[36]. Jadą do prymasa Hlonda z prośbą, by księża napominali wiernych. Nie zostają przez niego przyjęci. Zostawiają list, w którym zwracają się do Episkopatu z prośbą o zabranie głosu. Pozostaje bez odpowiedzi[37]. Episkopat nikczemnych kłamstw o porywaniu dzieci chrześcijańskich nie potępi.

Liga, kontynuująca idee Żegoty, była ostatnim miejscem, które skupiało w tej sprawie przedstawicieli różnych opcji politycznych[38]. Bardzo aktywny w Lidze (jak we wszystkim, co robił) Władysław Bartoszewski został aresztowany pod koniec 1946 roku. Wkrótce wielu członków Ligi się wycofuje, a władze komunistyczne przejmują organizację do własnych celów. Liga zajmie się głównie tępieniem imperializmu amerykańskiego[39].

Irena Sendlerowa zostaje w 1946 roku odznaczona Złotym Krzyżem Zasługi za ratowanie Żydów w czasie okupacji. Jest to pierwsze z wielu odznaczeń przyznanych jej w czasach PRL-u[40].

Pracuje nieprzerwanie od rana do nocy, także w niedziele i święta. Przenosi na Pomorze Zachodnie bezdomnych koczujących w dawnych halach fabryki Polus na Pradze, a w opróżnionych budynkach tworzy kompleksowy ośrodek pomocy ze żłobkiem, domem dla ludzi starych, którzy nie mają dokąd wrócić, szkołą dla pracowników społecznych i biblioteką. Przedwojenne doświadczenie pracy z prostytutkami wykorzystuje,

[36] Odezwa z lipca 1946, tamże.

[37] M. Komar, *Władysław Bartoszewski. Skąd pan jest? Wywiad rzeka*, Warszawa 2006.

[38] Tak ją określał W. Bartoszewski (Rozmowa, 2014).

[39] Protokół posiedzenia Rady Naczelnej Ligi do Walki z Rasizmem z 14 kwietnia 1949, Liga do Walki z Rasizmem. Zarząd Główny i Zarządy Okręgowe w Bydgoszczy i Ostrowie Wielkopolskim, 1947–1952, AAN, RG 15.343, sygn. 360.

[40] Inne odznaczenia: Złota „Syrenka" za zasługi dla Warszawy (1955), Medal 10-lecia (1955), kolejny Złoty Krzyż Zasługi (1956), odznaka „za wzorową pracę w służbie zdrowia" (1958), Krzyż Kawalerski Polonia Restituta (1963) (I. Sendlerowa, Kwestionariusz osobowy, Archiwum Medycznego Studium Zawodowego w Warszawie, oraz jej akta paszportowe z 1972 roku, IPN, BU 1010/47489).

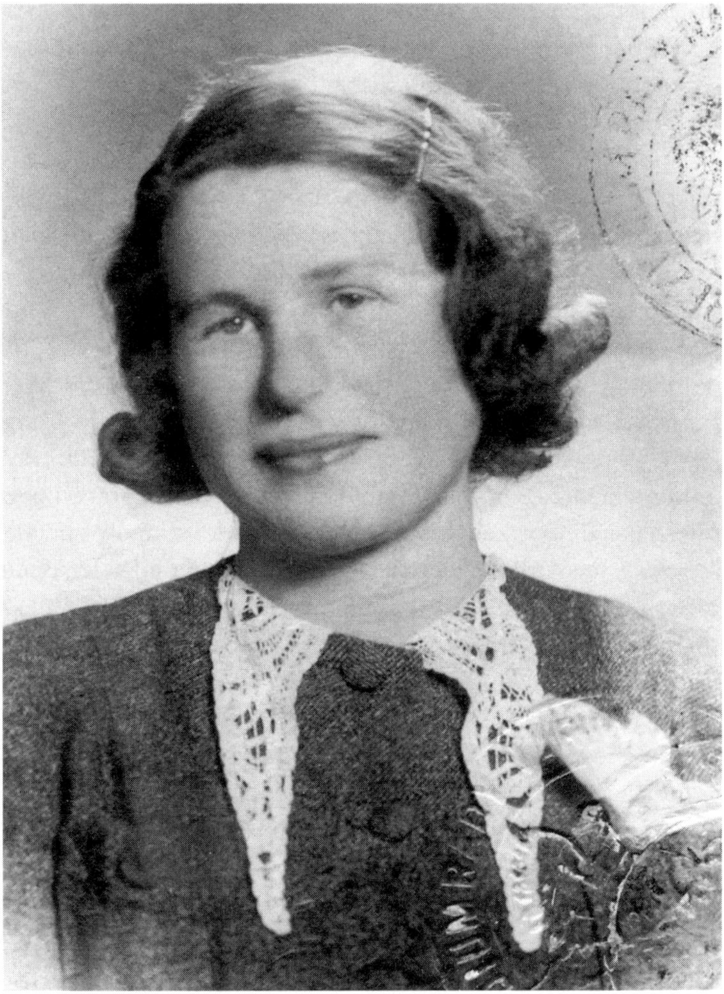

Irena Sendlerowa, lata czterdzieste

próbując zaradzić pladze „gruzinek" – dziewczyn uprawiających prostytucję w gruzach stolicy.

Jest skuteczna i ostra. Na zakończeniu kursu dla pracowników społecznych w lipcu 1946 roku wygłasza przemówienie: „Pamiętam, że nigdy nie byłam dla was miła. Zawsze przychodziłam pełna pretensji, żalu, gróźb. Przyznaję: chwilami opadały mi ręce. A jednak wytrwaliście. Pokonaliście wszystkie przeszkody. Znieśliście i mróz, i głód, i moje nagany. Zdaliście egzaminy, i to muszę powiedzieć, że lepiej niż się spodziewałam"[41]. Urzędników, którzy stają na jej drodze, atakuje, pisząc o „skostniałym, zrutynizowanym, bezmyślnym »urzędoleniu«" przedstawicieli „ozonowo-sobiepańskich czasów"[42].

Helena Radlińska, która mieszka w Łodzi i do której Sendlerowa jeździ konsultować swoje plany, namawia dawną studentkę, żeby pisała u niej doktorat o roli pomocy społecznej na podstawie swojej działalności konspiracyjnej, ale Irena jest zbyt pochłonięta bieżącą pracą. W sprawozdaniu z trzyletniej działalności Wydziału widać jej ogromną pracę i bezmierną skalę potrzeb: „W domach dziecka i starców znikają już obdarte sienniki i łachmany. Dzieci śpią na łóżkach, choć nie zawsze dla każdego dziecka jest łóżko oddzielne"[43]. Do tego dochodzą rozliczne funkcje społeczne. W Stołecznej Radzie Narodowej jest przewodniczącą komisji do spraw wdów i sierot. Działa w Lidze Kobiet. W późniejszych latach zostanie jeszcze radną w Stołecznej Radzie Narodowej, przewodniczącą tamtejszej Komisji Zdrowia, członkinią zarządu warszawskiego Towarzystwa Przyjaciół Dzieci i Towarzystwa Szkoły Świeckiej.

Z początkiem 1946 roku od Sendlerowej wyprowadza się Irka Wojdowska. Pierwsza była zbyt opiekuńcza, druga zbyt krnąbrna. Zaraz potem jej miejsce zajmie Tereska, kiedy ucieknie z żydowskiego domu dziecka. Im też nie będzie ze sobą łatwo. Teresa wyprowadzi się po roku, gdy Sendlerowa będzie w zaawansowanej ciąży.

[41] Przemówienie ob. Sendlerowej Ireny z 6 lipca 1946, „Opiekun Społeczny" 1946, nr 3-4.

[42] I. Sendlerowa, *O propagandę Opieki Społecznej*, „Opiekun Społeczny" 1947, nr 5-6.

[43] I. Sendlerowa, Brudnopis..., dz. cyt.

„Uprzejmie proszę o udzielenie wyprawki dziecięcej ob. Irenie Sendlerowej, Naczelnikowi Wydziału Opieki Zarządu Miejskiego – czytamy w piśmie Wydziału Opieki Społecznej Centralnego Komitetu Żydów Polskich ze stycznia 1947 roku. – Dzięki bohaterskiej postawie Ireny Sendlerowej kilkadziesiąt dzieci żydowskich co najmniej zostało uratowanych"[44].

Dwa tygodnie przed przyjściem na świat dziecka Sendlerowa napisała na swoim wojennym zdjęciu dedykację: „Dla mojego Dziecka. Tak wyglądała Twoja Mamusia po »wyjściu« z Pawiaka – więzienia niemieckiego w r. 1943"[45]. Przedziwny prezent na początek życia.

Gdy w marcu 1947 roku urodziła im się córka Janina, rodzice dopełnili formalności. Sendlerowa przeprowadziła rozwód z poprzednim mężem[46], a Celnikier wystąpił oficjalnie o zmianę nazwiska[47], tak że Irena Sendlerowa mogła się stawić 12 września 1947 roku z nim jako Stefanem Zgrzembskim w Urzędzie Stanu Cywilnego. Oświadczyli, że „zrodzone przez nich w pożyciu przedślubnym dziecko płci żeńskiej, ur. 31 marca 1947 r. w Warszawie, uznają za własne"[48]. Świadkami były Maria Palester i Halina Nowak[49]. Zgrzembski podał, że jego

[44] Korespondencja wewnętrzna Wydziału Opieki Społecznej CKŻP, list podpisany przez Zofię Szymańską z 24 stycznia 1947 (AŻIH, sygn. 303/VIII/238). Zachował się też w ŻIH-u list o jakiejś późniejszej paczce: „Uprzejmie dziękuję za przysłanie mi w miesiącu maju r.b. paczki dla mojej córeczki" – pisze Sendlerowa (I. Sendlerowa, List do Zarządu „Joint" w Warszawie z 11 lipca 1947, AŻIH, sygn. 350/1265).

[45] Dedykacja z 15 marca 1947, cyt. za: A. Mieszkowska, *Prawdziwa historia Ireny Sendlerowej*, Warszawa 2014, s. 25.

[46] Akt małżeństwa Ireny Krzyżanowskiej i Mieczysława Sendlera z 24 października 1931, sygn. IV-121/253/1931, z adnotacją o rozwiązaniu małżeństwa wyrokiem z dnia 23 czerwca 1947, sygn. I.2.6.265/47

[47] Akt zmiany nazwiska z Celnikier Adam na Zgrzembski Stefan z dnia 7 czerwca 1947, na podstawie postanowienia Prezydenta m.st. Warszawy, USC, sygn. 014/3007/AN-3/92/47.

[48] Akt małżeństwa Ireny Stanisławy Krzyżanowskiej i Stefana Zgrzembskiego z 20 września 1947, USC, sygn. III/328/1947.

[49] Tamże. I. Sendlerowa wymienia Halinę Nowak wśród osób, które pomagały ratować żydowskie dzieci (Papiery T. Prekerowej, archiwum prywatne P. Szapiro).

ojciec Izaak nie żyje, a miejsce zamieszkania matki jest mu nieznane[50].

Jego matka w tym samym czasie podawała w ankiecie prowadzonej przez jedną z instytucji żydowskich, że jej syn Adam jest za granicą. Czy to możliwe, że ponad dwa lata po wojnie jeszcze się nie odnaleźli? Jak wynika z *Karty informacyjnej o osobach ocalałych* sporządzonej przez Centralny Komitet Żydów w Polsce, Leokadia Celnikier z domu Szpilrajn mieszkała zaraz po wojnie w Świdrze pod Warszawą ze swoją teściową, osiemdziesięcioletnią Heleną Celnikier. Helena zmarła 30 grudnia 1946 roku. Czy to możliwe, że nie zobaczyła przed śmiercią wnuka?[51]

Leokadia Celnikier podaje dwa adresy: na ulicy Słowackiego i na ulicy Górnej. Mieściły się tam żydowskie domy dziecka, w których pracowała[52]. Po ich zamknięciu dzieci przewieziono do żydowskiego domu dziecka w Krakowie. Tam przeniosła się też Leokadia Celnikier i tam pracowała do końca życia. Zmarła w 1952 roku.

– Fajna, dobra, mądra kobiecina, tolerancyjna – opowiadała mi o niej Fryda Aronowicz, która należała wtedy do grupy średnich dziewczynek, a jej wychowawczynią była Leokadia Celnikier.

Janina Zgrzembska pamięta, jak jej matka mówiła: „Warszawskie niebo było za małe, aby pod jednym niebem mieszkała babcia Leokadia i jej syn". Ale też, że „bapsia Lola", jak ją nazywała, odwiedzała ich w Warszawie i zdążyła zobaczyć jej brata Adama, który urodził się w 1951 roku[53]. Dlaczego

[50] Akt małżeństwa Ireny Stanisławy Krzyżanowskiej i Stefana Zgrzembskiego, dz. cyt.

[51] Odpis skrócony aktu zejścia Heleny Celnikier urodzonej Polakiewicz z 16 stycznia 1946 [w:] Wniosek Celnikierowej Heleny o uznanie za zmarłą Rozalię vel Rojzę Bem, APW, Sąd Grodzki, sygn. 334146 (Rozalia / Rojza była siostrą Heleny, wniosek po śmierci Heleny wycofała Leokadia, stąd dołączony do niego akt zgonu).

[52] Celnikier Helena, AŻIH, sygn. 303/V/425: C 514 i C 518; Celnikier Leokadia, AŻIH, sygn. 303/V/425 – C 518.

[53] A. Mieszkowska, *Prawdziwa historia…*, dz. cyt.

Irena Sendlerowa ze Stefanem Zgrzembskim i córką Janiną w Radości, lato 1948

Adam Celnikier nie mógł się porozumieć z matką? Czy syn miał kłopot z tym, że matka pracuje w żydowskim domu dziecka? Czy matka miała kłopot z tym, że syn rozstał się ze swoją żydowską przeszłością? Nigdy się nie dowiem, czy wzruszyło ją to, że nadał swojemu synowi swoje dawne imię Adam, czy przeciwnie, przestraszyło. W żydowskim obyczaju nadaje się dzieciom imiona tylko po bliskich zmarłych, nie po żyjących.

Irena Sendlerowa pisała o swoim mężu w liście do Natana Grossa: „Nie podjął po wojnie pisania rozprawy doktorskiej, bo zastał na uniwersytecie atmosferę antysemicką. Czuł się Polakiem, a Polska zamykała przed nim wszystkie drzwi. Żydzi mieli do niego pretensję, że odszedł od nich. Oni tego nie lubią i mają swoje bardzo istotne racje. Gdyby bowiem nie byli tak rygorystyczni i nie mieli tak bezwzględnie twardych wymagań, to po tysiącach lat przestaliby być narodem. Miał więc Adam rozdartą jaźń. Duchowo był załamanym Człowiekiem. Szukał ustawicznie jakiejś sensownej drogi wyjścia, ale co krok napotykał na przeszkody nie do pokonania"[54].

Tymczasem ona zdążyła już wstąpić do partii. „Niniejszym gorąco popieram kandydaturę towarzysz Ireny Sendlerowej na członka PPR – czytam w oświadczeniu z 11 stycznia 1947 roku podpisanym przez Helenę Płotnicką. – Złożenie przez nią obecnie deklaracji jest tylko aktem dopełnienia formalności, gdyż sercem i duszą jest od dawna z nami. Jestem bardzo szczęśliwa, że właśnie mnie przypada w udziale wprowadzenie jej w nasze szeregi". Dwa dni później Irena Sendlerowa podpisuje deklarację członkowską Polskiej Partii Robotniczej[55].

W tym samym 1947 roku Sendlerowa wchodzi w skład władz partyjnych jako członkini Sekcji Opieki Społecznej przy Wydziale Socjalno-Zawodowym KC PPR[56].

Co ją skłoniło do tak radykalnego opowiedzenia się za nową władzą? Do PPR-u przystąpiła część jej przyjaciół, co z pewnością wpłynęło na jej decyzję. „Miałam sporo osób bliskich mi, którzy byli komunistami. Byli to wspaniali, zacni ludzie" – pisała[57]. Popierała też wprowadzane w życie reformy społeczne, zgodne z jej lewicowymi poglądami. Ale być może przesądził strach przed antysemityzmem? Pchał on ku nowej władzy wielu Żydów: komuniści wydawali się im jedyną realną siłą

[54] I. Sendlerowa, List do N. Grossa z grudnia 1994, AE UMK, AE/NG/XII.

[55] Drugim wprowadzającym był Jan Rutkiewicz. Oświadczenie J. Rutkiewicza z 13 stycznia 1947: „Popieram kandydaturę towarzysz Ireny Sendlerowej na członka PPR, gdyż znam ją od początku naszej wspólnej pracy, od chwili oswobodzenia Warszawy, jako wybitnie uzdolnionego i uspołecznionego organizatora o poglądach polityczno-społecznych zgodnych z ideologią naszej partii". W deklaracji Sendlerowej z 13 stycznia 1947 jest tylko rutynowa formuła: „Proszę o przyjęcie mnie do PPR, zobowiązuję się być czynnym członkiem partii i wyrażam gotowość wcielania w życie zasad programowych PPR" (APW, Komitet Warszawski PZPR, Teczka osobowa Sendler-Zgrzembska Irena, sygn. 46158).

[56] I. Sendler-Zgrzembska, Ankieta aktywu…, dz. cyt.

[57] I. Sendlerowa, List do T. Szaroty ze stycznia i lutego 1995, rękopis-brudnopis listu [w:] I. Sendlerowa, *Materiały zebrane w latach 1995–2003*, AŻIH, sygn. S/353/16.

polityczną nieobciążoną grzechem antysemityzmu i gotową mu się przeciwstawić.

Gdy w 1946 roku zamknięto Władysława Bartoszewskiego, o jego uwolnienie starało się kilku członków dawnej Żegoty: Zofia Rudnicka, Adolf Berman, Tadeusz Rek[58]. Częściej jednak spotykał się ze strachem dawnych kolegów, tak z Żegoty, jak z innych organizacji konspiracyjnych, którzy – gdy wyszedł na wolność – przechodzili na drugą stronę ulicy, żeby nie musieć się z nim witać[59].

Sendlerowa w kwestionariuszu partyjnym podała, że „była uwięziona za działalność w Radzie Pomocy Żydom (komunistycznej)"[60].

Władysław Bartoszewski:

– Skoro była w PZPR, to czy jej zależało, żeby pisać, że działała przy Delegaturze Rządu Rzeczypospolitej Polskiej na Kraj, wyklętego rządu londyńskiego? A Arczyńskiemu zależało? A Rekowi zależało? Nie, bo oni poszli w stronę nowej władzy. Ich sprawa, ja tego nie osądzam, ja tego nie oceniam. Sendlerowa mnie po wojnie unikała. To można zrozumieć. Była działaczką partyjną, była przestraszona, bo miała drugiego męża Żyda. Ja tego nie piętnuję, tylko stwierdzam.

Adolf Berman w 1950 roku wyjechał do Izraela, był posłem i działał w partii komunistycznej, która nie miała tam wielkiego powodzenia[61]. W tekście o działalności Żegoty pisał, iż „niemal

[58] Tadeusz Rek był też tą osobą, która w 1947 roku uprzedziła Stefana Korbońskiego, Delegata Rządu na Kraj, że zostanie aresztowany. Korboński z żoną zdążyli uciec z Polski (E. Matuszewska, *Prawdziwe życie. Rozmowa z Zofią Korbońską*, „Tygodnik Solidarność", 10 listopada 1989).

[59] Rozmowa z W. Bartoszewskim, 2014.

[60] Kwestionariusz dla członków i wstępujących do PPR z 13 stycznia 1947, APW, Komitet Warszawski PZPR, Teczka osobowa Sendler-Zgrzembska Irena, dz. cyt. W kolejnych kwestionariuszach podawała, że należała do Rady Pomocy Żydom, już bez przymiotnika „komunistycznej", ale z kolei w ankiecie partyjnej z 16 grudnia 1949 roku podaje enigmatycznie, że od 1942 roku „pracowała w Komitecie Żydowskim jako kierowniczka działu opieki nad dzieckiem".

[61] Do wyjazdu Adolf Berman działał w CKŻP i był posłem na Sejm, a jego żona Basia Temkin-Bermanowa, z zawodu i pasji bibliotekarka, zbierała ocalałe

nikt z członków i współpracowników Rady nie poszedł po wyzwoleniu na służbę reakcji" i że „służyli Polsce Ludowej"[62]. Rzeczywiście, część ludzi Żegoty zajęła dość wysokie stanowiska przy nowej władzy albo weszła do Sejmu: Ferdynand Arczyński – poseł, Irena Sendlerowa – naczelniczka wydziału, Tadeusz Rek – poseł, Maurycy Herling-Grudziński – sędzia Sądu Najwyższego („Zerwałem z nim wszelkie kontakty" – mówił mi jego brat Gustaw).

Sendlerowa twierdziła w późniejszych latach, że została wcielona do PZPR-u jako członkini PPS-u w 1948 roku i tak „znalazłam się niezamierzenie w nowej partii"[63]. Mówiła też: „Po 1948 roku złożyłam legitymację partyjną, mając z tego powodu wiele przykrości"[64].

Wydział Opieki kierowany przez Sendlerową ma przyjąć rezolucję, że „podejmie walkę klasową", czyli „energiczne kroki w kierunku wyeliminowania spod opieki społecznej elementu obcoklasowego"[65]. W papierach służbowych Sendlerowej, które oddała w latach siedemdziesiątych do archiwum miasta, rezolucja jest opatrzona wystukanym na maszynie podpisem: „Naczelnik wydziału Irena Zgrzembska, 18 października 1948", ale samego podpisu nie ma. Przeciwnie, jest jej odręczna notatka dodana, kiedy oddawała papiery do archiwum: „Nie podpisałam". Tyle że ze sprawozdania Wydziału wynika, że wszystkie te działania podjęto. „Dokonywano kolejnych weryfikacji, tak by wypadał z opieki »element obcoklasowy«, ale

książki w języku hebrajskim i w jidysz. Berman przyjeżdżał czasami do Polski, aż w latach siedemdziesiątych stał się *persona non grata*. Było tak przynajmniej w latach siedemdziesiątych, kiedy to figurował w *Indeksie osób niepożądanych w PRL* (Notatka służbowa z 3 sierpnia 1976, Zapisy ewidencyjne i materiały archiwalne dot. Adolfa Bermana, IPN, BU 1268/7134U).

[62] A. Berman, Rada Pomocy Żydom, niedatowany maszynopis, AKLH, sygn. 6039.

[63] *Matka dzieci Holocaustu. Historia Ireny Sendlerowej*, oprac. A. Mieszkowska, Warszawa 2004, s. 253.

[64] Tamże.

[65] Rezolucja Wydziału Opieki Społecznej Zarządu Miasta Stołecznego Warszawy z 18 października 1948, Zbiór Ireny Sendlerowej-Zgrzembskiej 1945–1957, APW, sygn. 72/2024/01.

ostatnia kontrola partyjna na terenie żłobków prowadzona przez naszą partyjną towarzyszkę stwierdziła, że znajdują się w nich dzieci »sklepikarek«. Winne są bezpartyjne opiekunki przesiąknięte duchem dobroczynności, dlatego wymagane jest przeprowadzenie nacisku klasowego"[66]. Wydział ma się też zająć przeprowadzeniem ankiety mieszkaniowej, tak żeby usunąć z miasta „element pasożytniczy obcoklasowy"[67].

Od 1949 roku (dokładniej od zjazdu zjednoczeniowego w końcu 1948 roku, na którym powstała Polska Zjednoczona Partia Robotnicza) w Polsce Ludowej pełną parą wprowadzano system sowiecki. Odsuwano ludzi z przedwojennym stażem, stanowiska obejmowały nowe niedokształcone kadry. Obowiązywały wyśrubowane normy i współzawodnictwo pracy, trwały nieustające kontrole, panował wszechobecny strach.

Irena Sendlerowa w czasie wolnym od pracy zawodowej udziela się w partii. Jest przewodniczącą Sekcji Opieki Społecznej przy Komitecie Warszawskim PZPR[68], członkinią Sekcji Opieki Społecznej przy Wydziale Socjalno-Zawodowym Komitetu Centralnego PZPR[69] oraz Komisji Dziecka Wydziału Oświatowego KC[70], zostaje także zgłoszona do dwóch podsekcji w KC: opieki społecznej oraz dzieci i młodzieży[71].

[66] Sprawozdanie Wydziału Opieki Społecznej Zarządu Miasta Stołecznego Warszawy, niedatowane [1948], tamże. [67] Tamże.

[68] Sekcja podlega Wydziałowi Socjalnemu KW PZPR, który daje jej wytyczne, na przykład „skontrolować polityczne oblicze pielęgniarek" czy „przeprowadzić czystki wśród dyrektorów szpitali z przeszłością AK-owską" (Stenogram posiedzenia Wydziału Socjalnego KW PZPR z 17 października 1949 [w:] Stenogramy posiedzeń Sekcji Opieki Społecznej KW PZPR, APW, Komitet Warszawski PZPR, sygn. 730).

[69] Stenogram posiedzenia Sekcji Opieki Społecznej przy Wydziale Socjalno-Zawodowym KC PZPR z 26 kwietnia 1949, AAN, KC PZPR w Warszawie, sygn. 237. Przedyskutowanie tez o „walce z nierządem" – Sendlerowa jest na liście obecności, ale protokół nie wymienia nazwisk dyskutantów.

[70] Stenogram posiedzenia Sekcji Opieki Społecznej przy Wydziale Socjalno-Zawodowym KC PZPR z 31 stycznia 1949, tamże.

[71] Kwestionariusze członka / kandydata Partii, koło Wydziału Zdrowia PZPR, z 17 lutego 1949 i 1 marca 1949, APW, Komitet Warszawski PZPR, Teczka osobowa Sendler-Zgrzembska Irena, dz. cyt. Między kwestionariuszami przybyło

Wydział Socjalno-Zawodowy KC PZPR wydaje dokument *Rola i zakres działania Opieki Społecznej. Tezy ogólne*, zawierający nowe dyrektywy pracy na tym polu. Potępia między innymi „dobroczynność religijną", której celem jest „utrwalenie ideologicznej władzy kościoła nad masami pracującymi"[72]. To wyraźny sygnał, że trzeba przejąć ośrodki prowadzone przez siostry zakonne. Już wcześniej odebrano im niezależność, zostały podporządkowane Caritasowi, teraz to nie wystarczy.

Czytam w stenogramie zebrania Sekcji Opieki Społecznej Komitetu Warszawskiego PZPR, któremu szefuje Sendlerowa: „Towarzyszka Sendlerowa-Zgrzembska naświetla sprawę Caritasu i zaznacza, że instytucja ta działa pod płaszczykiem nieobowiązującego już konkordatu z Watykanem, tak że kontrola jest utrudniona, gdyż na razie polityka idzie po linii niezadrażniania stosunków, co nie wyklucza, że pewne ośrodki będziemy likwidowali przez przejmowanie ich pod zarząd innych instytucji"[73]. Towarzyszka Palester proponuje, by „do Caritasu przekazywać tylko dzieci niedorozwinięte"[74].

Kolejne zebrania służą wydawaniu dyrektyw mających upodobnić strukturę opieki w Polsce do modelu radzieckiego[75]. Sendlerowa przekazuje decyzję Komitetu Centralnego,

jej stanowisk partyjnych. W tym z marca Sendlerowa wymienia, że jest członkinią egzekutywy komitetu partyjnego (zapewne chodzi o komitet koła Wydziału Zdrowia PZPR), przewodniczącą Sekcji Opieki KW oraz członkinią Sekcji Opieki Wydziału Zawodowo-Socjalnego KC i Komisji Dziecka Wydziału Oświatowego KC. Łącznie cztery wysokie stanowiska partyjne.

[72] *Rola i zakres działania Opieki Społecznej. Tezy ogólne*, AAN, KC PZPR w Warszawie, sygn. 237.

[73] Protokół posiedzenia Sekcji Opieki Społecznej KW PZPR z 3 marca 1949, Zespół KW PZPR – Wydział Socjalny. Materiały Wydziału Socjalnego KW PZPR 1949, 30/XVI-I, t. I, APW, Komitet Warszawski PZPR, sygn. 730.

[74] Tamże. „Tow. Sendlerowa-Zgrzembska zaznacza, że w instytucjach opiekuńczych nie ma elementu robotniczego i musimy [to] przełamać i wprowadzić ludzi przeszkolonych i robotników". Dalej: „Sendlerowa stwierdza, że dzisiejsza dyskusja dała nam bardzo dużo, gdyż naświetliła jasno stanowisko wobec Caritasu" (tamże).

[75] W dyskusji o żłobkach Sendlerowa podaje za przykład żłobek na ulicy Leszno, który „jest urządzony i wyposażony na wzór żłobków radzieckich"

że placówki opiekuńcze będą kontrolowane przez rady składające się z „aktywu partyjno-przyfabrycznego”[76]. Omawia, jak wśród pracowników opieki społecznej zorganizować akcję „O”, czyli „współzawodnictwo pracy, które z wielkim rozmachem i osiągnięciami rozpoczęli robotnicy przy swoich warsztatach pracy”[77]. Na następnym zebraniu „tow. Zgrzembska potępiła brak dyscypliny partyjnej”, ponieważ członkowie sekcji spóźnili się na posiedzenie, tłumacząc się koniecznością udziału w zebraniach przygotowujących obchody 1 Maja, oraz nie przedstawili sprawozdań z akcji „O”. Ustalane są zasady wprowadzania trójek partyjnych[78].

O swojej pierwszej pracy – w latach trzydziestych w Sekcji Pomocy Matki i Dziecku pod kierunkiem Marii Uziembło – Irena Sendlerowa pisała z zachwytem w dedykacji dla jej córki: „Była to jedyna instytucja w Polsce, w której nie obowiązywały listy obecności. Praca była oparta na zaufaniu całego zespołu”[79]. Teraz współtworzy system, który jest dokładnym przeciwieństwem tamtego wzoru. Tak ważna dla niej Radlińska odsunęła się od dawnych zajęć, nie akceptowała bowiem stalinowskich porządków. Nie wiem, czy Sendlerowa nadal ją odwiedzała i próbowała przedstawiać jej swoje racje. Chyba nie, bo wydaje się, że nie zwykła dyskutować o swoich wyborach ani ich konsultować. Wiem za to, że z dwiema dawnymi współpracowniczkami, jedną z czasów przedwojennych,

(Protokół posiedzenia Sekcji Opieki Społecznej KW PZPR z 10 marca 1949, tamże).

[76] Protokół posiedzenia Sekcji Opieki Społecznej KW PZPR z 14 kwietnia 1949, tamże.

[77] Protokół posiedzenia Sekcji Opieki Społecznej KW PZPR z 28 kwietnia 1949, tamże.

[78] Byli to trzej członkowie partii wydelegowani do określonych działań, którzy kontrolowali innych, ale też siebie nawzajem. „Do sekretarzy kół PZPR mają zostać przesłane wykazy imienne towarzyszy pracujących w instytucjach opiekuńczych, tak by trójki partyjne przekazywały uchwały i rozporządzenia wychowawcze Komitetu Centralnego” (tamże).

[79] Dedykacja I. Sendlerowej dla A. Uziembło w książce *Matka dzieci Holocaustu*, dz. cyt.

drugą – wojennych, zerwała wtedy znajomość z powodu rozbieżności poglądów politycznych.

– Irena była bardzo partyjna – opowiadała mi Aniela Uziembło. – Tłumaczyła mojej mamie, że Amerykanie zrzucają stonkę ziemniaczaną na Polskę.

– Irena Sendlerowa oburzała się, jak Roman Palester może pracować w Wolnej Europie – mówił mi Michał Głowiński[80].

– Naczelnik to było stanowisko z szoferem – mówiła mi koleżanka Sendlerowej ze Stowarzyszenia Dzieci Holocaustu. – Była wspaniała, bohaterska, ale też bardzo apodyktyczna, tak słyszałam. Herod-baba, której współpracownicy się bali.

Uważała, że spór o to, jak ma wyglądać kształcenie pielęgniarek, najlepiej rozstrzygnie Komitet Centralny PZPR. W liście zaadresowanym do KC za pośrednictwem Podstawowej Organizacji Partyjnej przy Ministerstwie Zdrowia pisała: „Proszę o wytyczne do swojej pracy, w jakim zakresie należy uwzględniać interesy grup zawodowych niepokrywające się z ogólnym dobrem społecznym"[81]. Na teczce, w której przechowała ten list, jest jej dopisek: „Większość dowodów o strasznej atmosferze panującej w Ministerstwie, ludziach zajmujących stanowiska, którzy są pod względem moralno-etycz. i politycznym nieodpowiedzialni, a wręcz szkodliwi – przekazałam KC i KW PZPR"[82].

Na konferencji pracowników opieki społecznej w kwietniu 1949 roku, której przewodniczy, wstaje towarzysz ze Związku Niewidomych: „Trzeba walczyć ze szkołami prowadzonymi przez zakony. Z Lasek wychodzą dzieci – kaleki fizyczne i umysłowe, należałoby je jak najprędzej wyrwać" (na szczęście zakład dla niewidomych w Laskach, jedna z najpiękniejszych

[80] Kompozytor Roman Palester, syn z pierwszego małżeństwa Henryka Palestra, wybrał emigrację i został w 1952 roku szefem działu kultury sekcji polskiej Radia Wolna Europa.

[81] I. Sendlerowa, List do członków KC, niedatowany, brudnopis [w:] tejże, *Materiały…*, dz. cyt., S/353/23.

[82] I. Sendlerowa, Notatka [niedatowana], tamże.

instytucji w Polsce, jakoś przetrwał). „Towarzyszka Zgrzembska, kończąc zebranie, oświadczyła, że opieka społeczna nie może iść w tyle. Po odśpiewaniu *Międzynarodówki* zebranie zakończono" – czytam w protokole[83].

Po zaledwie trzech miesiącach Sendlerowa zrezygnowała z funkcji przewodniczącej Sekcji w Komitecie Warszawskim „z powodu choroby i nadmiaru pracy w sekcji KC"[84]. Czy rzeczywiście miała tam tyle pracy? Brakuje dokumentów poświadczających jej obecność na posiedzeniach Komisji KC, więc może z członkostwa w niej też zrezygnowała? Może zatem był to tylko pretekst, żeby się wycofać? Może zorientowała się, że model sowiecki, który ma wprowadzać, zniszczy to, co z wielkim wysiłkiem zorganizowała? Wiedziała, że opieka społeczna powinna się zajmować rodziną jako całością, tymczasem nowe władze przekazują sprawy związane z małymi dziećmi do Ministerstwa Zdrowia, ze starszymi do Ministerstwa Oświaty, a w gestii pomocy społecznej pozostawiają ludzi starszych i niedołężnych. Sendlerowa opowiadała później, że próbowała z tym walczyć, ale bezskutecznie[85].

Jej drugie dziecko, syn Andrzej, urodziło się 9 listopada 1949 roku. Zmarło jedenaście dni później[86].

Sendlerowa wiązała jego śmierć z tym, że gdy była w ciąży, przesłuchiwało ją UB, ponieważ pracowali u niej ludzie z AK-owską przeszłością.

Mówiła: „Były na mnie donosy, że ukrywam wśród pracowników aktywnych działaczy Armii Krajowej. Wielokrotnie wzywano mnie do Urzędu Bezpieczeństwa. Grożono mi

[83] Stenogram posiedzenia Sekcji Opieki Społecznej przy Wydziale Socjalno-Zawodowym KC PZPR z 1 kwietnia 1949, AAN, KC PZPR w Warszawie, sygn. 237.

[84] Stenogram posiedzenia Sekcji Opieki Społecznej przy Wydziale Socjalno-Zawodowym KC PZPR z 16 maja 1949, tamże.

[85] *Matka dzieci Holocaustu*, dz. cyt.

[86] Akt urodzenia Andrzeja Zgrzembskiego z 9 listopada 1949, USC, sygn. I/14539/1949; Akt zgonu Andrzeja Zgrzembskiego z 20 listopada 1949, USC, sygn. VII/3595/1949.

nieustannie. Cudem w tych okropnych stalinowskich czasach uniknęłam aresztowania"[87]. O groźbie aresztowania miała jej opowiedzieć Żydówka, żona szefa UB, której w czasie wojny uratowała życie. „Był już nakaz aresztowania ciebie, co wówczas równało się wyrokowi śmierci. Pewnego dnia mój mąż był chory. Przyszli do niego podwładni pracownicy w celu omówienia pilnych i ważnych spraw. Wchodząc do pokoju z kawą, usłyszałam końcowe zdanie męża: »Wobec tych dowodów trzeba aresztować Irenę Sendlerową«. Po wyjściu tych osób opowiedziałam mężowi historię swego ukrywania się w czasie wojny i twoją rolę w uratowaniu mi życia. Ze łzami w oczach wybłagałam u niego cofnięcie decyzji aresztowania"[88].

Bohaterowie tej opowieści: Irena Majewska-Paszkowska, która przed wojną nazywała się Rebeka Mozes, a w czasie wojny ukrywała się w Warszawie, i jej mąż Zbigniew Paszkowski, już nie żyją[89], ale historia wydaje się całkowicie zmyślona: nie tak wyglądały sprawy aresztowań w okresie stalinizmu, nie ma też po niej śladu w archiwach IPN-u. Niewykluczone, że Sendlerowa była przesłuchiwana, wzywano bowiem także osoby partyjne, ale zarzuty wobec niej nie mogły być zbyt poważne, skoro nadal zajmowała wysokie stanowiska.

W przeciwieństwie do niej Zgrzembski nie przyjął nowej Polski tak entuzjastycznie. Z listu Ireny Sendlerowej do Natana Grossa: „Nigdy nie zaakceptował Polski po r. 1945. 17 stycznia 45, kiedy armia radziecka wkraczała na Okęcie, gdzieśmy wtedy pracowali w szpitalu PCK – płakał rzewnie. Mówił z przeogromną rozpaczą, że pierwsza okupacja się skończyła, a zaczęła się druga!"[90].

Czy namawiała go do wstąpienia do partii? Pewnie tak, skoro razem z Marią Palester wielokrotnie (i za każdym razem

[87] *Matka dzieci Holocaustu*, dz. cyt., s. 253. [88] Tamże, s. 254.

[89] I. Majewska-Paszkowska, IPN, BU 1535/17138; Z. Paszkowski, IPN, BU 0194/1496, t. 1.

[90] I. Sendlerowa, List do N. Grossa z grudnia 1994, dz. cyt.

bezskutecznie) namawiały na to Marię Pogonowską, której mąż zginął w Katyniu[91].

Stefan Zgrzembski przez pierwsze lata pracował w Państwowej Komisji Planowania Gospodarczego, poza tym uczył nauki o Polsce i świecie współczesnym w Liceum imienia Królowej Jadwigi, gdzie prowadził też koło marksistowskie. W ankiecie partyjnej z 1949 roku żona pisała o nim: „Do partii nie należy, ale ma przekonania wybitnie marksistowsko-leninowsko-stalinowskie"[92]. Może chciała go w ten sposób chronić?

W marcu 1950 roku Sendlerową usunięto ze stanowiska naczelniczki Wydziału Opieki Społecznej Zarządu Miasta. Dostała posadę kierowniczki wydziału socjalnego w Związku Inwalidów[93]. W czasach PRL-u nazywało się to odstawieniem na boczny tor. Mało prestiżowa była chyba też jej następna praca – w wydziale socjalnym Ligi Kobiet, dokąd przeszła w 1952 roku. Liga zajmowała się w tym czasie protestowaniem przeciw agresji amerykańskiej w Korei i „zacieśnianiem więzi między radzieckimi a polskimi kobietami"[94], ale niewykluczone, że Sendlerowa robiła tam też coś pożytecznego; nie udało mi się natrafić na żadne dokumenty. Jednocześnie od 1950 do 1956 roku była przewodniczącą Komisji Zdrowia Rady Narodowej Warszawy[95]. W 1953 roku awansowała do funkcji naczelnika w Ministerstwie Oświaty[96]. Co tam robiła, nie wiem.

[91] Rozmowa z J. Pogonowską-Goldhar, 2015.

[92] I. Sendler-Zgrzembska, Ankieta aktywu…, dz. cyt.

[93] Pełniła tam funkcję kierowniczki Wydziału do spraw Produktywizacji i Pomocy (AAN, Związek Inwalidów Wojennych RP, Zarząd Główny w Warszawie, sygn. 27).

[94] „Biuletyn Informacyjny Zarządu Głównego Ligi Kobiet", lipiec 1950. Patrz też: N. Lubik-Reczek, *Liga Kobiet – organizacja „reprezentująca" interesy kobiet w Polsce Ludowej. Zarys działania*, „Środkowoeuropejskie Studia Polityczne" 2013, nr 4.

[95] Zaświadczenie Jerzego Albrechta, ministra finansów, z 10 września 1965 [w:] I. Sendlerowa, *Materiały*…, dz. cyt., S/353/4.

[96] Ministerstwo Oświaty mieściło się w alei Szucha, w budynku, w którym w czasie wojny urzędowało gestapo. Sendlerowa opowiadała: „Przydzielono mi pokój, w którym gestapowcy mnie torturowali. Nie wytrzymałam i po paru dniach poprosiłam o zmianę pokoju" (*Z Ireną Sendlerową z Żegoty*…, dz. cyt.).

Wypisując kolejne sygnatury w Archiwum Akt Nowych i w Archiwum Państwowym, przerzucając setki teczek i kilogramy dokumentów, do ostatniej fiszki byłam przekonana, że natrafię na jej ślad w latach 1950–1955. Nie natrafiłam. Nie znalazłam też protokołów posiedzeń podsekcji KC PZPR, których była członkinią (nie wiem do kiedy; jest jeden dokument z 1959 roku, w którym odnotowana została jej obecność)[97]. Znalazłam sprawozdania dotyczące domów dziecka, które, jak się zdaje, podlegały jej w tym czasie. Szaleństwa stalinizmu, rzecz jasna, ich nie omijały. Według dyrektyw partyjnych wychowankom domu dziecka trzeba było podnieść poziom ideologiczny, uczyć ich składać samokrytykę, zwiększyć liczbę przydomowych działek miczurinowskich. Dzieci słuchają komunikatów radiowych o przebiegu choroby Stalina, transmisji z uroczystości pogrzebowej, przygotowują referaty o zmarłym wodzu rewolucji[98].

Sendlerowa nie pojawia się w materiałach, do których sięgnęłam (to pewnie przypadek, wiele akt z tego okresu jest wybrakowanych), za to wielokrotnie znajduję Stefana Zgrzembskiego. Pewnie to ona załatwiła mu pracę wizytatora w Ministerstwie Oświaty, a jego wiedza prawnicza była też wykorzystywana do rozmaitych ekspertyz. Nic politycznego, sprawy w rodzaju rozstrzygania sporów kompetencyjnych między jednostkami administracji terenowej.

Zgrzembski kontrolował domy dziecka i internaty, jeżdżąc od województwa gdańskiego i szczecińskiego po zielonogórskie[99]. Jego sprawozdania tchną bezbrzeżnym smutkiem.

[97] Protokół posiedzenia Prezydium Komisji Socjalnej KC PZPR z 4 lutego 1959, AAN, KC PZPR w Warszawie, sygn. 34. Posiedzenie dotyczyło sytuacji w Polskim Towarzystwie Pielęgniarek. Jej obecność nie musi jednak oznaczać, że była wtedy członkinią Komisji KC, mogła zostać zaproszona na to konkretne zebranie.

[98] Referat na Sekcję Opieki nad Dzieckiem Konferencji Sierpniowej 1953 r. w Zagórzanach, Wytyczne na rok 1953 i 1954, AAN, Ministerstwo Oświaty w Warszawie 1944–1966, sygn. 3621.

[99] Kontrola z podróży odbytej przez inspektora ministra oświaty S. Zgrzembskiego w okresie 19–28 listopada 1952 roku w woj. gdańskim; Kontrola przygotowań do roku szkolnego na placówkach opieki całkowitej województwa

Z każdej wizytacji pozostają dziesiątki zapisanych kartek w linię, staranne pismo, dużo skreśleń i poprawek. Widać, jak bardzo stara się każdą sprawę opisać rzetelnie i ze zrozumieniem. Po wizytacji w domu dziecka pisze o wychowankach w wieku przedszkolnym: „Dzieci potłuczone, ze strupami na twarzach i głowach, zapewne z pogryzienia przez wszy, biją się, na co przeważnie nikt nie zwraca uwagi. Stale wyciągają rączki do odwiedzających, nie do wychowawczyń"[100]. O starszych chłopcach: „Odzież nieporządna, postrzępiona, brudna nieprawdopodobnie. Nie ma żadnych zajęć świetlicowych. W jednym przypadku akt sodomii ze świnią"[101]. Wyobrażam sobie, jak wyglądały te jego wizytacje: kolejne przesiadki, czekanie w padającym śniegu na autobus, który godzinami nie pojawia się na horyzoncie, noc w hotelu robotniczym, gdzie zarzygane schody i pijackie awantury, kontrola internatu, którego personel podkrada jedzenie, bo chce wyżywić własną rodzinę, a dzieci chodzą zaniedbane i głodne. Zgrzembski szczegółowo opisuje konflikty i nadużycia w wizytowanych miejscach. Dwie dziewczynki ze Szkoły Podstawowej numer 1 w Żaganiu chciały się utopić ze strachu przed egzaminem z matematyki. Ich nauczyciel matematyki, a jednocześnie kierownik szkoły, wyzywa je i poniża[102]. „Brak osiemnastu metrów firanek, czternastu metrów chodnika. Obywatel Wymaz nie umiał wyjaśnić powstałych braków. Uważa, że wszystkiemu winna ob. Śniegocka"[103]; „Byłą kierowniczkę kuchni

zielonogórskiego, dokonana przez inspektora ministra oświaty S. Zgrzembskiego w okresie 20–21 lipca 1953; Podsumowanie z podróży służbowej odbytej przez inspektora ministra oświaty S. Zgrzembskiego na terenie woj. szczecińskiego z 10–17 września 1953, AAN, Ministerstwo Oświaty w Warszawie 1944–1966, sygn. 3621.

[100] Kontrola z podróży odbytej przez inspektora ministra oświaty S. Zgrzembskiego w okresie 19–28 listopada 1952 roku w woj. gdańskim, dz. cyt.

[101] Tamże.

[102] Kontrola przygotowań do roku szkolnego na placówkach opieki całkowitej województwa zielonogórskiego, dokonanej przez inspektora ministra oświaty S. Zgrzembskiego w okresie 20–21 lipca 1953, dz. cyt.

[103] Tamże.

kierownik pochwycił na gorącym uczynku wynoszenia kilku słoi szmalcu gęsiego"[104]. Musi się domyślać, że personel okradający dzieci ma poparcie lokalnych władz i jego krytyka to wołanie na puszczy. Jego sprawozdania, do bólu pragmatyczne, traktują o remontach, nierozliczaniu kosztorysów, złym wyżywieniu, nie ma w nich śladu pleniącego się wszędzie martwego języka propagandowych zaklęć. Na kilkuset stronach sporządzonych ręką Zgrzembskiego znalazłam jedną wzmiankę o reprymendzie ideologicznej udzielonej kierowniczce domu dziecka[105].

Ich małżeństwo się nie układało. W liście do Natana Grossa Sendlerowa opisywała, jak „bardzo, bardzo" był trudny, podkreślając jeszcze podwójne słowo „bardzo": „Umysł miał ukształtowany tak głęboko i wszechstronnie, a obok genialnego umysłu – jakże nieczęste w życiu zjawisko – był nad wyraz ogromnie prawym, szlachetnym człowiekiem, ale o bardzo, bardzo trudnym do współżycia usposobieniu. Był bardzo zmienny w nastrojach. Czarujący i uroczy człowiek, w jednej chwili czyniła z niego ponurego jakaś wewnętrzna siła, która odpychała go od ludzi. Był wówczas zamknięty w sobie, nieopanowany, wybuchający, z pretensjami o wszystko. Było to prawdopodobnie wynikiem przeżyć w piekle getta"[106].

– Był trudny dla Ireny na co dzień. W tamtych czasach wszyscy tacy byliśmy, ci, którzy się uratowali – mówiła mi Janina Pogonowska-Goldhar. – Inteligentny, ale ciężki człowiek, nerwowy, zarozumiały. Irena mówiła, że się rozwodzą, potem się schodzą, potem znów rozwodzą, i tak to trwało.

[104] Tamże.

[105] Tamże. Kierowniczka tego domu dziecka musiała go zdenerwować, gdy na wstępie powiedziała mu o jakimś dziecku, że jest nieślubne, a na zakończenie wydała wystawną kolację dla wizytatorów. Zgrzembski pisze, że „zupełnie zaniedbano tam prace w zakresie kształtowania podstaw naukowego światopoglądu", w tym nie ma działek miczurinowskich, natomiast „w pokoju kierowniczki ściany ozdobione są dewocjonaliami, a wizytator Cuchanowicz znalazł w jednej z sypialni kartkę z częścią tekstu dziesięciorga przykazań biblijnych" (tamże).

[106] I. Sendlerowa, List do N. Grossa z grudnia 1994, dz. cyt.

Stefan Zgrzembski po wojnie

Męczyły go dzieci. Dwa lata po śmierci Andrzeja urodził im się jeszcze Adam.

– Zamykał się w gabinecie, mogłam czasami pobawić się pod biurkiem, pod warunkiem że się nie odezwę – opowiadała mi Janina Zgrzembska. – A mamy nigdy nie było w domu. Swoje uczucia, swój czas oddawała innym, a ze mną i z bratem uprawiała pedagogikę telefoniczną: kontrola dotycząca zjedzonego posiłku, odrobionych lekcji. Kiedy szłam do pierwszej klasy, ani mama, ani ojciec nie mieli dla mnie czasu, odprowadzała mnie przyjaciółka mamy.

Andrzej Wolf, który w latach 2005–2008 filmował Irenę Sendlerową, nakręcił też rozmowę z jej córką. Zapytał Janinę Zgrzembską, jak by się chciała przedstawić. „Ja się przedstawiam, że jestem zwyczajną córką niezwyczajnej matki". „Ale miałaś niezwyczajnie zdolnego i mądrego ojca" – wtrąca Sendlerowa. „Szkoda, że odziedziczyłam po nim bardzo niewiele" – replikuje Janina Zgrzembska. „Jak był mądry, tak był nieznośny" – dodaje Sendlerowa[107].

„Trudno jest być córką matki, z którą się nie miało kontaktu, jak się było dzieckiem – opowiada dalej Janina. – Zupełny rozdźwięk między mną a mamą. Mama prowadziła życie wśród ludzi. Ja nie potrafię tak myśleć tolerancyjnie o całym świecie. Działania społecznikowskie mnie nie interesują. Może dlatego że zawsze słyszałam od mamy »podziel się z koleżanką«, »podziel się z tą dziewczynką«, »daj dziecku zabaweczkę, bo ono nie ma«. Moja mama dzieli się całą sobą z całym światem. Niezwyczajność mojej mamy polega na tym, że wszystkie dzieci miały mamę, a ja mamy nie miałam. Miałam gosposię"[108].

W papierach służbowych, które Irena Sendlerowa oddała do archiwum miasta, jest jej przemówienie na sesji Stołecznej Rady Narodowej z jesieni 1953 roku. Stalin już nie żyje, ale

[107] A. Wolf, Nagranie z 11 maja 2007, Materiały filmowe z lat 2005–2008 do filmu o Irenie Sendlerowej. [108] Tamże.

Janina Zgrzembska (około siedmiu lat) i jej brat Adam (około trzech)

jaskółki odwilży jeszcze do Polski nie docierają. Powieść Erenburga o tym tytule, która stanie się odwilży znakiem, wyjdzie u nas na początku 1955 roku. W liczącym dwadzieścia kilka stron tekście, w którym Sendlerowa relacjonuje drobiazgowo problemy warszawskiej opieki zdrowotnej i społecznej, nie ma już jednak nic z obowiązującej wciąż nowomowy. Jest bodaj jeden odnośnik do rzeczywistości politycznej, i to złośliwy, o gospodarce centralnej, która powoduje, że ambulatorium dentystyczne przy szkole podstawowej w Wilanowie otrzymało tylko borki do zębów dużych rozmiarów[109].

Irena Sendlerowa nigdzie nie opowiedziała o 1956 roku. Można sobie jednak wyobrazić, jakim szokiem był dla niej i jej

[109] I. Sendlerowa, Przemówienie na sesji Stołecznej Rady Narodowej miasta st. Warszawy z 24 października 1953, APW, Zbiór Ireny Sendlerowej-Zgrzembskiej…, dz. cyt., 72/2024/10.

przyjaciół zaangażowanych w budowę nowego ustroju referat Chruszczowa. Z pewnością większość jej dawnych znajomych z kręgów przedwojennej inteligencji lewicowej przyjęła destalinizację z ulgą i nadzieją. Za publikację przełomową, kończącą okres sowietyzacji w wychowaniu i prowadzeniu domów dziecka, uważa się tekst jej kolegi z akcji ratowania żydowskich dzieci Stanisława Papuzińskiego[110]. Chociaż szlachetna pani Palester, dzięki której Sendlerowa została wyratowana z Pawiaka, jeszcze w stanie wojennym kłóciła się ze swoją córką Małgorzatą – tą, która jako czternastoletnia dziewczynka zaniosła dolary na wykupienie Sendlerowej – że racja jest po stronie generała Jaruzelskiego.

Odwilż 1956 roku szła w parze z odmrożeniem antysemityzmu[111].

– W 1956 roku miałam dziewięć lat, ale przez mgłę pamiętam, że było wybijanie szyb – wspominała mi Janina Zgrzembska.

– Irena mi opowiadała, że wołali za nią „matka Żydów" i rzucali kamieniami w okna jej mieszkania – mówiła mi Renata Skotnicka-Zajdman.

To po tym zdarzeniu, gdy żegnały się na dworcu, Sendlerowa zwróciła się z prośbą do swojej dawnej podopiecznej Tereski.

Z oświadczenia Teresy Körner złożonego w Yad Vashem: „[Irena Sendlerowa] mnie prosiła, żebym ja się zorientowała w Izraelu, czy – ponieważ jej dzieci są Żydami, a ona ma kłopoty od sąsiadów – mogłaby się tutaj urządzić. O tym ja jeszcze z nią rozmawiałam u siebie w domu. Kiedyś ona urządziła choinkę u siebie w domu i polskie dzieci rzucały kamienie, że tu Żydy mieszkają. Ponieważ mąż też zaczął ją opuszczać, więc ona mnie prosiła o dowiedzenie się, jakie są warunki w Izraelu, ona by chciała przyjechać. Gdy przyjechałam do Izraela,

[110] S. Papuziński, *Wychowanie na placówkach*, „Dom Dziecka" 1958, nr 2, cyt. za: A. Kołakowski, *Reorientacja celów wychowania dzieci osieroconych w Polsce*, „Przegląd Pedagogiczny" 2012, nr 1 (*Dziecko w Polsce w XX wieku*).

[111] Patrz: P. Machcewicz, *Polski rok 1956*, Warszawa 1993.

pierwszy rok był bardzo ciężki. Napisałam p. Sendlerowej, że byłoby jej tu bardzo ciężko"[112].

Teresa Körner wysłała jeszcze potem do Sendlerowej kilka listów, ale ani razu nie poparła jej planów wyjazdowych. Na żaden nie dostała odpowiedzi. Uznała, że Sendlerowa obraziła się na nią, uważając, że odmawia jej pomocy.

Adam Celnikier – Stefan Zgrzembski wyprowadził się z domu w 1957 roku, ich dzieci miały dziesięć i sześć lat. Zmarł cztery lata później na wylew, miał czterdzieści dziewięć lat[113].

[112] T. Körner, Zeznanie z 28 października 1965, AYV, sygn. 03/2824. Irena Wojdowska pamięta z kolei, jak Sendlerowa mówiła jej, że mąż namawiał ją na wyjazd do Izraela, ale było to tuż po wojnie (Rozmowa z I. Wojdowską, 2014).

[113] Zmarł 27 stycznia 1961 roku. W akcie zgonu w rubryce „żona" figuruje Irena z domu Krzyżanowska (Akt zgonu Stefana Zgrzembskiego z 27 stycznia 1961, USC, sygn. V/117/1961). W „Życiu Warszawy" ukazały się m.in. kondolencje od pracowników Ministerstwa Oświaty: „Podwładni z Ministerstwa wyrażają kondolencje Towarzyszce Mgr Irenie Zgrzembskiej".

Rozdział 14

Biją Żydów, zakładamy nową Żegotę

„Podobno pracuje w spółdzielczości na Pomorzu Zachodnim. Przynależność partyjna – nie wiem, bo nie mam kontaktu" – pisała o Mieczysławie Sendlerze w ankiecie dla aktywu partyjnego w 1949 roku[1]. Dziesięć lat później spotkała go przypadkiem na ulicy w Warszawie[2]. W 1961 roku pobrali się po raz drugi[3].

Była wtedy dyrektorką departamentu w Ministerstwie Zdrowia[4], potem przez kilkanaście lat pełniła funkcję wicedyrektorki różnych techników dla pracowników medycznych[5]. Mało wiadomo o jej pracy w szkole, ale ta jedna opowieść – znalazłam ją w nagraniach, które nie weszły do filmu dokumentalnego Andrzeja Wolfa – pozwala ją w tych latach zobaczyć.

W technikum „była dziewczyna na praktyce, która się z chorym położyła do łóżka i cała szkoła się trzęsła, przecież chory mógł od tego umrzeć. Było zebranie. Ja zawsze jak miałam jakąś trudną sprawę z młodzieżą, to wzywałam rodziców, choć

[1] I. Sendler-Zgrzembska, Ankieta aktywu partyjnego z 16 grudnia 1949, APW, Komitet Warszawski PZPR, Teczka osobowa Sendler-Zgrzembska Irena, sygn. 46158.

[2] Rozmowa z R. Skotnicką-Zajdman, 2013.

[3] Akt małżeństwa Ireny Zgrzembskiej z Mieczysławem Sendlerem z 28 lutego 1961, USC, sygn. V/212/1961. Pobrali się 28 lutego 1961 roku, miesiąc po śmierci Stefana Zgrzembskiego, z którym Sendlerowa od kilku lat już nie mieszkała, ale nie miała przeprowadzonego rozwodu.

[4] Od 1958 do 1962 roku.

[5] Akta osobowe Sendler Irena, Archiwum Medycznego Studium Zawodowego w Warszawie.

była to szkoła dla dorosłych. Ale uważałam, że to jest ważne, żeby wiedzieć, skąd takie dziecko jest, z jakiego środowiska. Wezwałam ojca. Chłop ze wsi, biedota, zimno, miał takie cerowane palto, on mówił: »Bieda i sześcioro dzieci, jak się cieszymy, że Jola skończy za dwa miesiące szkołę, tam znajdzie pracę, u nas będzie trochę lepiej«. Jak zobaczyłam to palto zacerowane i te jego oczekiwania, to wiedziałam, że muszę ją obronić przed Radą”[6].

Elżbieta, kuzynka Michała i Piotra, pamięta z lat sześćdziesiątych niedzielne obiady u wujostwa, państwa Głowińskich: po obiedzie na herbatę przychodziła czasami Sendlerowa.

– W naszej rodzinie nigdy nie wspominaliśmy wojny – opowiada mi. – Rozmowy o wojnie słyszałam tylko wtedy, kiedy przychodziła Irena. To był najważniejszy czas w jej życiu. Szybko wychodziłam, bo nie chciałam tego słuchać ani nie chciałam, żeby tego słuchał mój mały synek.

O swojej roli w Żegocie Sendlerowa napisała pierwszy raz w 1963 roku dla „Biuletynu Żydowskiego Instytutu Historycznego”. Mnóstwo tam informacji: pierwsze spotkanie z Grobelnym, nazwiska współpracowników, nazwy klasztorów, które udzielały schronienia. Tu i ówdzie pobrzmiewa stylistyka tamtego czasu: „W tych ciasnych suterenach i poddaszach warszawskiego proletariatu u zaszczutego strachem dziecka getta w matczynych pieszczotach spracowanej ręki robotnicy serduszko to tajało i do niedawna przerażone oczy zaczynały inaczej patrzeć na świat”[7]. W tym samym roku składa w ŻIH-u oświadczenie o osobach, które z nią współpracowały w ramach akcji Żegoty, wymienia dwadzieścia dziewięć osób (dodaje, że trzeba doliczyć do tego piętnaście osób, które zginęły w czasie wojny) i, co imponujące, przy każdej podaje adres, domowy albo miejsca pracy[8].

[6] A. Wolf, Nagranie z 8 stycznia 2005, Materiały filmowe z lat 2005–2008 do filmu o Irenie Sendlerowej.

[7] I. Sendlerowa, *Ci, którzy pomagali Żydom. (Wspomnienia z czasów okupacji hitlerowskiej)*, „Biuletyn ŻIH” 1963, nr 45–46.

[8] Zeznanie I. Sendlerowej z 26 kwietnia 1963, AŻIH, sygn. 301/6313.

Jest w grupie pierwszych Polaków odznaczonych medalem Sprawiedliwych wśród Narodów Świata, przyznawanym przez Instytut Yad Vashem od 1963 roku. O przyznanie jej odznaczenia wystąpili Jonas Turkow, Adolf Berman i Józef Zysman-Ziemian[9]. W 1965 roku razem z Ireną Schultz odebrała medal w ambasadzie Izraela (do zasadzenia drzewka w Yad Vashem zostanie zaproszona dopiero dwadzieścia lat później)[10].

Po przeczytaniu w izraelskiej gazecie artykułu Turkowa o zasługach Sendlerowej po raz kolejny napisała do niej Teresa Körner. Tym razem otrzymała z Warszawy odpowiedź[11] i odtąd już regularnie korespondowały. Sendlerowa pisała o rozwodzie ze Zgrzembskim, o ponownym ślubie z pierwszym mężem, o tym, że ma na utrzymaniu dwoje swoich dzieci, męża, który prawie nie pracuje, i jego syna z poprzednią żoną. Ciężko pracuje i żyje w złych warunkach materialnych. Syn poważnie zachorował i musi leżeć[12] (gdy miał trzynaście lat, okazało się, że cierpi na wrodzoną niedomykalność zastawek aorty).

W latach sześćdziesiątych Mieczysław Sendler pracował w Ośrodku Naukowo-Badawczym Zjednoczenia Gospodarki Rybnej[13], a wcześniej w spółdzielni rybołówstwa na Pomorzu

[9] Oświadczenia A. Bermana z 28 maja 1965, J. Turkowa z 26 lipca 1965, J. Zysmana-Ziemiana z 15 czerwca 1965. Medal został jej przyznany na sesji komitetu 19 października 1965 (AYV, Files of the Department for the Righteous Among the Nations, Irena Sendler, 153).

[10] Instytut Yad Vashem, jak tłumaczyła mi Gili Diamant z tamtejszego działu Sprawiedliwych, nie dysponuje funduszami, by zapraszać na uroczystość przyznawania medalu. Uroczystość jego wręczenia odbywa się z reguły w ambasadzie izraelskiej najbliżej miejsca zamieszkania odznaczonego. Jeżeli Instytut zostanie powiadomiony, że odznaczony będzie w Izraelu, może zorganizować uroczystość posadzenia drzewka, co w przypadku Ireny Sendlerowej nastąpiło w 1983 roku.

[11] T. Körner wysłała też wtedy list do Yad Vashem: „Przed paroma tygodniami przeczytałam w gazecie tekst Turkowa o Sendlerowej. Odczułam potrzebę napisania, bo u tej kobiety znalazłam schronienie w czasie wojny" (T. Körner, List z 26 lipca 1965, tamże).

[12] T. Körner, Zeznanie z 28 października 1965, AYV, sygn. 03/2824.

[13] Akta paszportowe I. Sendlerowej z 1972 roku, IPN, BU 1010/47489.

Zachodnim i dostał tam dom. Gdy wzięli ślub, pojechał go sprzedać. Opiekę nad jego synem przejęła Irena, która była zresztą z chłopcem spokrewniona: Sendler po wojnie ożenił się z jej kuzynką, której matka na dodatek była chrzestną Ireny. Iskrzyło między synem Sendlera a jej synem, Irena sobie nie radziła. Oddała chłopca do domu dziecka na Kole. Nigdy już się między nimi nie ułożyło.

Drugie małżeństwo Sendlerowej z pierwszym mężem też się rozpadło. Rozwiedli się w 1971 roku[14].

Teresie Torańskiej, która przymierzała się do napisania biografii Sendlerowej, syn Mieczysława opowiadał o żalu i złości do swojej dawnej macochy[15].

Po śmierci Teresy Torańskiej dostałam od jej męża Leszka Sankowskiego adres, pod którym oboje go odwiedzili. Został mi w pamięci rozpaczliwy widok kamienicy naprzeciw warszawskiego cmentarza na Powązkach, bez prądu i wody, za to z mnóstwem walających się po podwórku butelek, i równie smutny widok mężczyzny leżącego w kącie zagraconego pokoju, niezdolnego do rozmowy.

W kwietniu 1967 roku ukazał się w „Prawie i Życiu" wieloszpaltowy tekst Józefa Goldkorna o Irenie Sendlerowej pełen szczegółów dotyczących jej działalności okupacyjnej[16]. Obok, na tej samej stronie ideolog partyjnego antysemityzmu Tadeusz Kur wychwala książkę Władysława Bartoszewskiego i Zofii Lewinówny *Ten jest z ojczyzny mojej* o Polakach ratujących Żydów: „Naród polski nie zawiódł. Choć płacił za to ogromną cenę krwi. Męczeńska krew polska mieszała się w jednym strumieniu z męczeńską krwią żydowską". A dalej opluwa „wychowanego

[14] Akt małżeństwa Ireny Zgrzembskiej i Mieczysława Sendlera z 28 lutego 1961, USC, sygn. V/212/1961, z adnotacją o rozwodzie wyrokiem z dnia z 28 stycznia 1971, USC, sygn. XIC 5237/71.

[15] T. Torańska na spotkaniu w Centrum Badań nad Zagładą Żydów 21 października 2010. Rozmowa z L. Sankowskim, 2015.

[16] J. Goldkorn, *...kto ratuje jedno życie ludzkie...*, „Prawo i Życie", 23 kwietnia 1967.

na polskim chlebie" Jerzego Kosińskiego, który w *Malowanym ptaku* chciał „zmyć piętno kainowej zbrodni z czoła Niemców, usiłując odpowiedzialnością za hitlerowskie ludobójstwo obciążyć inny męczeński naród świata – Polaków"[17].

Sprawiedliwi pierwszy raz tak wyraziście zaistnieli wtedy w świadomości publicznej. Propagowanie tezy, że Polacy masowo ratowali Żydów, było integralną częścią ówczesnej antysemickiej propagandy. Do tego stopnia, że w 1968 roku spisywaniem list Polaków ratujących Żydów zajmowała się Służba Bezpieczeństwa[18]. Opowieści o Sprawiedliwych towarzyszył przekaz o żydowskiej niewdzięczności.

Sendlerowa nie mogła wiedzieć, w czyim towarzystwie ukaże się w artykule Goldkorna.

Kampania antysemicka ruszy pełną parą dopiero na sygnał dany przez I sekretarza partii Władysława Gomułkę dwa miesiące później. „Agresja Izraela na kraje arabskie spotkała się z aplauzem w syjonistycznych środowiskach Żydów", a „każdy obywatel Polski powinien mieć tylko jedną ojczyznę – Polskę Ludową"[19], mówił 19 czerwca 1967 roku w Sali Kongresowej. Za hasłem Gomułki: „Nie chcemy piątej kolumny w Polsce", poszło wyrzucenie z pracy, z wojska, z uczelni i z kraju tysięcy osób z żydowskimi korzeniami. Także Józefa Goldkorna, autora tekstu o Sendlerowej.

Goldkorn, który przeżył wojnę w Kazachstanie, a po powrocie do Polski był dziennikarzem „Fołks-Sztyme", pisma wydawanego w jidysz, w latach sześćdziesiątych zbierał materiały do książki reportażowej o Polakach ratujących Żydów. Książka była już złożona do druku w wydawnictwie Jidysz Buch, ale zaczęła się marcowa nagonka i Goldkorn zrezygnował z jej

[17] T. Kur, *Ten jest z ojczyzny mojej*, „Prawo i Życie", 23 kwietnia 1967.

[18] Wykaz Polaków ukrywających Żydów w czasie okupacji hitlerowskiej i korespondencja 1939–1945, IPN, BU 1804/52.

[19] D. Stola, *Kampania antysyjonistyczna w Polsce 1967–1968*, Warszawa 2000, s. 208.

publikacji. Książka, łącznie z rozdziałem o Irenie Sendlerowej, nigdy nie ukazała się w Polsce, wydano ją wiele lat później w jidysz w Izraelu i w tłumaczeniu na niemiecki[20].

Syn Goldkorna, Włodek:

– Ojciec traktował Sendlerową jak świętą, jak dowód na istnienie dobra i może też Boga.

W 1968 roku nie żył już dawno Grobelny (zdążył jeszcze w 1944 roku zostać starostą w Mińsku Mazowieckim, zmarł w grudniu tego roku), więc prasa zgłosiła się do wdowy po nim. Ze starszej schorowanej pani wyduszono stwierdzenie, że zdecydowała się mówić o pomocy Polaków udzielanej Żydom „po głębszym zastanowieniu się i przemyśleniu różnych faktów, w związku z nagonką ze strony elementów reakcyjnych na społeczeństwo polskie"[21]. Z kim „przemyślała różne fakty"? Z nasłanym esbekiem czy z nasłanym redaktorem, a może z oboma? Wyobrażam sobie, jak „po głębszym zastanowieniu", czy raczej głębszym zastraszeniu, nie zgodziła się na sformułowanie „nagonka ze strony elementów syjonistycznych", ale przy „reakcyjnych" – uległa.

Nie ma żadnej wypowiedzi Sendlerowej z 1968 roku, która wspierałaby ówczesną propagandę. A nie wyobrażam sobie, by na nią też nie naciskano[22]. Jadwiga Piotrowska, jej przyjaciółka z pracy i z konspiracji, uległa zatrutym oparom tamtego czasu. W wywiadzie dla „Słowa Powszechnego" opowiada, jak „Polacy z najgłębszym wzruszeniem byli

[20] Y. Goldkorn, *Umglejblech un doch. Reportażn*, Tel Awiw 1981; J. Goldkorn, *Im Kampf ums Überleben – Jüdische Schicksale in Polen 1939–1945*, übersetzt von R. Fisch, Konstanz 1996.

[21] H. Grobelna, List wysłany do redakcji łódzkiego „Głosu Robotniczego" 5 kwietnia 1968, zatytułowany *Wspomnienia o Julianie Grobelnym*, Teczka H. i J. Grobelnych, AŻIH, 349/24/687.

[22] W jej papierach znajduje się rękopis opracowania o kołach młodzieży w getcie z objaśnieniem: „Tekst był pisany jesienią 1967 i wówczas go redakcja chciała tak okroić, że nie zgodziłam się na to, bo to byłby fałsz historii" (I. Sendlerowa, *Materiały zebrane w latach 1995–2003*, AŻIH, sygn. S/353/7).

Irena Sendlerowa z Heleną Matysiak w Orminge koło Sztokholmu, 1969

przejęci powstaniem [w getcie]" i „panowała między nami pełna solidarność"[23]. Autor wywiadu Krzysztof Głogowski rozpoczyna go stwierdzeniem, że rozmowa będzie dotyczyć „strasznego losu Żydów, któremu nieraz ponad miarę swoich możliwości i sił starali się ulżyć Polacy – współobywatele", a na koniec podsumowuje: „To, co Pani powiedziała, świadczy najlepiej, że nam, Polakom, nie można zarzucać antysemityzmu, bowiem w tamtych strasznych latach okupacji potrafiliśmy się zdobyć na heroizm".

Antysemicka kampania dociera pod strzechy. Artykuł Goldkorna czytają na lekcji uczennice pierwszej klasy zawodowej szkoły handlowej w Poznaniu i dostają jako pracę domową napisanie listu do bohaterki tekstu. „Czy ludzie ci zdawali sobie sprawę, że ratując życie tamtych ludzi, jest pani narażona na śmierć? – dopytują. – Czy ludzie, którym udzielała pani pomocy,

[23] K. Głogowski, *W służbie humanizmu i patriotyzmu. Rozmowa z Jadwigą Piotrowską*, „Słowo Powszechne" 1968, nr 94. Kolejne cytaty – tamże.

pamiętają o pani, czy odwiedzają panią?" Zastanawiające, że Sendlerowa przechowała te listy, chociaż kontekst musiał być dla niej oczywisty – tu bohaterscy Polacy, a Żydzi może okazali się niewdzięczni. Widać wzruszyło ją, że jakieś dziewczynki dowiedziały się o niej i jej odwadze[24].

Opowiadała, że nie zgodziła się wziąć udziału w audycji radiowej o tym, jak Polacy ratowali Żydów, i że zwolniono ją za to z pracy[25]. Innym razem mówiła: „Posądzono mnie, że po wygraniu przez Izrael jednej z wojen ze światem arabskim radośnie triumfowałam w pokoju nauczycielskim" i to miało się stać bezpośrednim powodem zwolnienia[26]. Ale pismo odwołujące ją z funkcji wicedyrektorki nosi datę 18 maja 1967 roku[27], a wojna sześciodniowa toczyła się między 5 a 10 czerwca 1967 roku.

Zanim została zwolniona, rozpoczęła starania o rentę. Zgłosiła się do doktora Juliusza Majkowskiego, tego, który załatwił jej przepustkę do getta. Zaświadczył on, że w czasie okupacji i później badał ją wielokrotnie, stwierdzając zaostrzające się objawy niedokrwienia serca oraz objawy lękowe i depresyjne[28]. Czy jakieś opary moczaryzmu unosiły się już nad szkołą, tak że obawiając się, że ją wyrzucą, poprosiła Majkowskiego o zaświadczenie? A może rzeczywiście chciała przejść na rentę, bo dużo wtedy chorowała?

24 I. Sendlerowa, *Materiały…*, dz. cyt., sygn. S/353/4.

25 Sendlerowa opowiedziała to Jadwidze Zachczyńskiej, z którą przyjaźniła się od powojennych lat, i jej córce Pauli Sawickiej, gdy ją odwiedziły w 1968 roku (Rozmowa z P. Sawicką, 2016).

26 *Matka dzieci Holocaustu. Historia Ireny Sendlerowej*, oprac. A. Mieszkowska, Warszawa 2004, s. 252.

27 Szkoła przy ulicy Hożej 88, gdzie Sendlerowa pracowała, wielokrotnie zmieniała nazwę, w 1967 roku była Państwową Szkołą Medyczną Techników Farmaceutycznych. Sendlerowa pracowała tam następnie jako nauczycielka kontraktowa i jako kierowniczka szkolnego zespołu metodycznego, a od 1982 roku jako bibliotekarka. Skończyła pracę w 1983 roku (Akta osobowe Sendler Irena, Archiwum Medycznego Studium Zawodowego w Warszawie).

28 Zaświadczenie dra J. Majkowskiego z 10 maja 1967 [w:] I. Sendlerowa, *Materiały…*, dz. cyt., sygn. S/353/4.

Na kartce do Michała Głowińskiego z 27 kwietnia 1967 roku pisała: „Jestem przykuta tak do łóżka, że nawet do telefonu podejść nie mogę”[29]. Jak pamięta jego kuzynka Elżbieta, zdawało się wtedy, że Sendlerowa jest śmiertelnie chora. Na serce umarły jej babcia i matka, obie w stosunkowo młodym wieku. Matka Piotra, ich kuzyna, znalazła jej kardiologa.

– Dzięki właściwej diagnozie postawił Irenę na nogi na następne trzydzieści lat – opowiada mi Elżbieta. – Dowiedziałam się przypadkiem, że ten lekarz niedługo później wyjechał z Polski w ramach marcowej emigracji, czyli był Żydem, i zrobiło mi się przyjemnie, że to Żydzi przedłużyli Irenie życie, chociaż odrobinę się jej odwdzięczając. W 1968 roku wezwała do siebie Piotra. „Nie bój się – powiedziała mu – już się umówiłam z moimi łączniczkami, że ukryjemy was, jak będzie trzeba”.

Janina Zgrzembska: „Miała leżeć, miała odpoczywać. Wstała z łóżka, podeszła do telefonu, zadzwoniła do jednej ze swoich łączniczek z czasów drugiej wojny światowej, pani Jagi Piotrowskiej, i powiedziała: »Jaga, biją Żydów. Zakładamy nową Żegotę«”[30].

„Pod wpływem rozmowy z Panią wyzwalam się z przeraźliwego uczucia, że ojczyzna mnie nie chce” – pisała do niej Ruta Sakowska z ŻIH-u, która kontaktowała się z nią wtedy, zbierając materiały o warszawskim getcie[31].

Michał Głowiński:

– Jej się załamał świat w okresie marcowym. Na wszystkie kłamstwa reagowała alergicznie, wiedziała, ile trudu ją kosztowało umieszczenie gdziekolwiek jednego Żyda. Jej najbliżsi przyjaciele powojenni, nazywali się Matysiakowie, wyjechali

[29] Korespondencja M. Głowińskiego, Biblioteka Narodowa, Mi-Mu, sygn. AKC 18333.

[30] *Irena Sendlerowa: niewygodny świadek historii*, rozmowa z J. Zgrzembską, 2014, nagranie dla Muzeum Historii Żydów Polskich Polin.

[31] R. Sakowska, List do I. Sendlerowej z 25 października 1968 [w:] I. Sendlerowa, *Materiały*..., dz. cyt., S/353/2.

Irena Sendlerowa,
lata siedemdziesiąte

po 1968 roku. Ona przejęła strach żydowski, takie odnosiłem wrażenie[32].

Pisała o tym czasie do Natana Grossa: „Nasze dzieci, mimo zdanych b. dobrze egzaminów, nie dostały się na studia. Oficjalnie z braku miejsc, a naprawdę za to, że ich Mama była opiekunką Żydów. Jestem urodzona w Warszawie i dotarłam do prawdy przez starych znajomych. Córka była już na liście przyjętych i zdjęta!!! Mimo to, na szczęście, wśród rzesz Polaków antysemitów znajdują się i ludzie, ci więc dzieciom pomogli"[33].

Historię, jakoby jej dzieci nie przyjęto na studia, żeby ją ukarać za ratowanie Żydów, opowiadała wielokrotnie, można chyba powiedzieć – zawsze, ilekroć dłużej z kimś rozmawiała. „Nie byłam w stanie wytrzymać ich pytań »Mamo, co ty takiego

[32] Chaja Lena z domu Szulin i Matias Szapiro, po wojnie Helena i Mieczysław Matysiakowie. Oboje ocaleli z Holocaustu, on był do 1954 roku pracownikiem Urzędu Bezpieczeństwa (Wykaz alfabetyczny Żydów polskich sporządzony w marcu 1946 roku na podstawie kart rejestracyjnych Wydziału Ewidencji i Statystyki Komitetu Warszawskiego Centralnego Komitetu Żydów Polskich, AŻIH, sygn. 303/V/514).

[33] I. Sendlerowa, List do N. Grossa z 12 lutego 1995, AE UMK, AE/NG/XII.

zrobiłaś, że my tak cierpimy?«"[34] Miał ją prześladować sam rektor Zygmunt Rybicki. Kiedy poszła do niego interweniować w sprawie córki, zemdlała w toalecie.

– Często mi to opowiadała – mówi Elżbieta Janicka. – Przeżywała to za każdym razem: jak można było mścić się na córce za to, co ona robiła w czasie wojny.

W innej wersji interweniowała u zastępczyni dziekana, która za pierwszym razem przyjęła ją serdecznie, twierdząc, że zaszło nieporozumienie. Trzy dni później rozmawiała z nią na stojąco, tłumacząc, że „sprawa jest bardzo skomplikowana". Sendlerowa miała zemdleć pod jej gabinetem. „Na Pawiaku nie byłam tak załamana jak po tej rozmowie" – mówiła dziennikarce „Gazety Wyborczej"[35].

Musiała w to wierzyć.

Janina Zgrzembska – jak sama opowiada – zdawała w Warszawie na psychologię i zwyczajnie zabrakło jej punktów. Przyjęto ją w Poznaniu, nie zaliczyła pierwszego semestru i wróciła do Warszawy. Skończyła zaocznie polonistykę i jako studia podyplomowe – edytorstwo[36].

Adam Zgrzembski próbował się dostać na bibliotekoznawstwo i podobnie jak siostra nie zdał.

Michał Głowiński:

– Poprosiłem jedną panią docent o łaskawość, opowiadając jej, kim jest Irena Sendlerowa. Obiecała pomóc. Ale on nie zdał już na etapie anonimowych pisemnych testów, na to nie było mocnych. Skończył studia zaoczne i pracował jako bibliotekarz.

W szkole, gdzie wcześniej była wicedyrektorką, Sendlerowa dostała od jesieni 1967 roku część etatu – pracowała jako nauczycielka, kierowniczka zespołu metodycznego, w końcu bibliotekarka. Tym, co ją zaprzątało przede wszystkim, była choroba jej syna.

[34] E. Wilk, *Matka Jolanta od tonących*, „Polityka", 30 września 1995.

[35] M. Grochowska, *Lista Sendlerowej*, „Gazeta Wyborcza", 9–10 czerwca 2001.

[36] A. Mieszkowska, *Prawdziwa historia Ireny Sendlerowej*, Warszawa 2014.

Jej świat powojenny to byli ludzie, których ratowała albo którzy razem z nią ratowali Żydów. Janina Zgrzembska wymieniała mi listę częstych gości: Janina Grabowska, Jaga Piotrowska, Stanisław Papuziński, Irena Schultz, obie panie Palestrowe – Maria i Małgorzata, Maria Rudolfowa z mężem Zygmuntem.

W latach siedemdziesiątych Sendlerowa dowiedziała się, że Jerzy Korczak, jeden z chłopców, którym Celnikier urządzał pogadanki w mieszkaniu na Markowskiej, będzie miał odczyt w Ministerstwie Obrony Narodowej. Przyszła, nie zmienił się, łatwo go było poznać. Czy on też ją poznał? Przekazała mu kartkę z prośbą o kontakt. Nie odezwał się[37]. „Nie mam pretensji, rozumiem, Jurek nie chce odświeżać bolesnych ran" – mówiła, ale było jej przykro[38].

– Tego zdarzenia nie pamiętam – mówił mi Korczak. – A po wojnie nikogo nie chciałem szukać, bo chciałem zapomnieć. Tak bardzo, że zapomniałem.

Dopiero gdy stała się sławna, napisał o niej wspomnienie. Zresztą kompletnie zmyślone[39].

[37] I. Sendlerowa, List do N. Grossa z grudnia 1994, dz. cyt.

[38] Rozmowa z Y. Grossem, 2014.

[39] Jerzy Korczak pisał o Celnikierze: „Jego aż nosiło, rwał się do działania, kipiał energią. Dużo zdrowia i nerwów kosztowało panią Irenę, aby wyznaczać mu zadania, w których był przydatny, nie wystawiając nosa poza cztery ściany. Pomagał więc przy rozdzielaniu zapomóg, sortował dokumenty, główkował, w jaki sposób i gdzie lokować coraz większą liczbę podopiecznych »Jolanty«". A później: Adam, „który nigdy nie tracił wiary, że wojnę uda się przeżyć, siedział w rogu pokoju na krześle i tępo patrzył przed siebie. Ledwo zauważył moją obecność. – Irena… Już wiesz… – mruknął. – Jest na Szucha, a może już na Pawiaku. Są starania, żeby ją wydobyć" (J. Korczak, *Oswajanie strachu*, „Tygodnik Powszechny", 17 sierpnia 2003). Oczywiście Jurek przychodzący w gości do Kukulskich nie mógł widzieć Adama Celnikiera pochylonego nad dokumentami Żegoty, nie miał pojęcia, kim jest, kim jest odwiedzająca go kobieta ani że siedziała na Pawiaku. Dowiedział się tego wszystkiego od Yorama Grossa w późnych latach dziewięćdziesiątych (Rozmowa z Y. Grossem, 2015). Korczak przeżył wojnę, ponieważ z całkowitą dezynwolturą udawał kogoś innego i opowiadał nieprawdopodobne historie z takim tupetem, że mu wierzono. To mu zostało i po wojnie, dużo zmyślał, był z tego znany wśród przyjaciół.

Wielu z tych, którzy ukrywali się w czasie wojny, ukrywało się nadal długo po jej zakończeniu. Opowiadali inną wersję swojego życia mężowi, żonie, dzieciom, przyjaciołom. W liście do Teresy Körner z 1989 roku Sendlerowa prosiła, żeby Teresa zgodziła się wystąpić w filmie o uratowanych, bo w Polsce nikt nie jest gotów na pokazanie twarzy[40]. „Wiele spośród tych rodzin [u których ukrywały się żydowskie dzieci] zginęło, wywędrowało, nie wróciło z wojennych tułaczek – opowiadała Sendlerowa w latach osiemdziesiątych. – Szukałam i szukałam, wiele nie znalazłam. I dlatego mówię, że jest w Polsce dzisiaj jeszcze sporo tych dawnych żydowskich dzieci ocalonych z getta, lecz o tym nie wiedzą, a niektórzy, co wiedzą i mogliby powiedzieć – nie chcą i milczą"[41].

O przyjaciółce, która po wojnie nikomu nie powiedziała, że jest Żydówką, napisała w cytowanym tu wielokrotnie tekście o kołach młodzieżowych w getcie, który ukazał się w 1981 roku w „Biuletynie ŻIH-u". „Rachela zmarła 21 stycznia 1981 roku na zawał serca. Tajemnicę swoją zabrała do grobu"[42].

„Biuletyn" jest pismem naukowym, referencyjnym, wymienione przez Sendlerową nazwiska są cytowane w publikacjach naukowych o getcie warszawskim[43]. Jednak w żadnych innych źródłach nie można znaleźć wzmianki o dwójce z siedmiu opisywanych przez nią działaczy kół młodzieżowych: o Janie Izaaku Kiernicelu ani właśnie o Racheli Rozenthal[44].

[40] „Ciebie gorąco proszę, w imię pamięci, przyjaźni twojego taty z Grobelnym, abyś kilka słów powiedziała w tym duchu, że ratowała Cię Żegota" (I. Sendlerowa, List do T. Körner z marca 1989, archiwum prywatne M. i R. Körnerów).

[41] *Z Ireną Sendlerową z Żegoty rozmawia Anna Ćwiakowska*, „Nowiny Kurier", 17 czerwca 1983.

[42] I. Sendlerowa, *O działalności kół młodzieży przy komitetach domowych*, „Biuletyn ŻIH" 1981, nr 2.

[43] W tym w książce: B. Engelking, J. Leociak, *Getto warszawskie. Przewodnik po nieistniejącym mieście*, Warszawa 2001.

[44] Pięcioro pozostałych to Ewa Rechtman, Ala Gołąb-Grynbergowa, Józef Zysman, Estera Markinówna i Romana Wisznacka (I. Sendlerowa, *O działalności kół…*, dz. cyt.).

Kiernicela łatwo było rozszyfrować jako Adama Celnikiera, gorzej z Rachelą.

Dochodziłam do niej długą drogą. Najpierw zelektryzowała mnie wiadomość rzucona mimochodem w rozmowie przez biografkę Sendlerowej Annę Mieszkowską, że Rachela z tekstu w „Biuletynie ŻIH-u" była żoną Adama Celnikiera.

Jak mogła nazywać się naprawdę? W archiwum Urzędu Stanu Cywilnego szukałam aktu ślubu Celnikiera. Nie znalazłam. Na szczęście śluby odnotowywał „Głos Gminy Żydowskiej". Tam Janina Milner i Adam Celnikier zostali zapisani jako jedna z par, które pobrały się w grudniu 1937 roku[45].

Czy Sendlerowa, jak się okazuje zaprzyjaźniona z Janiną, była wśród zaproszonych gości? Chyba nie, raczej nie zapraszało się nieżydowskich przyjaciół na ślub pod huppą.

Z akt meldunkowych wynika, że Janina i Adam Celnikierowie zamieszkali przy ulicy Bałuckiego, gdzie zameldowali się razem z pomocą domową[46]. W październiku 1940 roku, tuż przed zamknięciem getta, przenieśli się na Chłodną 26. Wcześniej była tam zameldowana Janina, więc może wprowadzili się do jej rodziców Ludwiki i Szmuela Hersza Milnerów.

Pobrali się dwa lata przed wojną. W czasie wojny Celnikier był już z Ireną. Czy mieszkał jeszcze wtedy z żoną? Sendlerowa podaje dwa adresy kół młodzieży, które prowadzili. On – na Elektoralnej 22, ona – na Pawiej.

Kiedy stało się jasne dla żony Celnikiera, że mąż związany jest z jej przyjaciółką? Jak niezwyczajne musiały być te kobiety, że udało im się zachować przyjaźń?

[45] „Głos Gminy Żydowskiej", styczeń 1938. Kiedy już znałam jej nazwisko, mogłam dotrzeć do innych dokumentów, np. uniwersyteckich (J. Milner, AUW, sygn. Ac UW/RP 101).

[46] „Zam. ul Bałuckiego 18. Lokal nr 6 zajmuje od 28.01.1938 r. Adam Celnikier, syn Izaaka i Leokadii, ur. 15.12.1912, aplikant adwokacki wraz z Celnikier Janina, córka Szmuela Hersza i Ludwiki – przy mężu, ur. 23.05.1912 r., wyznanie mojżeszowe". Celnikier na Bałuckiego został zameldowany po raz drugi, gdy wyszedł z więzienia w 1940 roku (APW, Zbiór Ksiąg Meldunkowych, sygn. 1261, Domowa Książka Meldunkowa ul. Bałuckiego 18).

Sendlerowa opisuje w „Biuletynie ŻIH-u", że poznała ją na początku lat trzydziestych, studiowały razem polonistykę i razem działały w Związku Polskiej Młodzieży Demokratycznej. Wskutek antysemickich burd na uniwersytecie jej przyjaciółka coraz mocniej odczuwała, że nie ma dla niej miejsca w polskim społeczeństwie. Po skończeniu studiów uczyła w szkole żydowskiej, do której chodziły ubogie dzieci z Dzikiej, Wałowej i Nalewek. W getcie prowadziła tajne nauczanie i przewodziła kołu młodzieży, które opiekowało się małymi dziećmi. Młodzi ludzie z jej koła pojawiali się w „kącikach dziecięcych" Centosu, organizowali zabawy, teatrzyki, naukę kultury żydowskiej. Sendlerowa pisze: „Mawiała nieraz: »Nie wiem, co będzie jutro, ale wiem, co jest dziś, moje dzieci się śmieją, klaszczą w rączki, przytupują w kole«. Zrozumieć to może ten, kto znał warunki życia w getcie. Ten tylko może ocenić, ile pracy, trudu, nieludzkich wysiłków, samozaparcia trzeba było, aby nieszczęsnym, zabiedzonym, udręczonym i umęczonym dzieciom stwarzać takie warunki, aby się mogły śmiać, bawić, choćby tylko dzisiaj"[47].

W lipcu 1942 roku jej rodzina trafiła na Umschlagplatz. „Ubóstwiała rodziców. Ten cios załamał ją do tego stopnia, że była bliska obłędu. Uradziliśmy, że najlepiej będzie, jak zacznie wychodzić z getta z brygadami pracy na stronę aryjską. Sądziliśmy, że ta jakaś »inność« – niepatrzenie ustawicznie na sceny mrożące krew w żyłach, obcowanie przez cały dzień z zupełnie innym otoczeniem – może ją uchroni przed desperackim czynem. Z początku nie chciała o tym słyszeć, broniła się, nie chciała zostawić swoich dzieci i swojej młodzieży. Kiedy nasze argumenty nie trafiały zupełnie do przekonania, oni znaleźli sposób, mówili: »Pani nie może teraz być z dziećmi, bo pani jest smutna, to by bardzo źle podziałało na nasze maluchy. One, patrząc na panią, straciłyby spokój«. To ją przekonało! Zaczęła wychodzić

[47] I. Sendlerowa, *O działalności kół…*, dz. cyt. Dalsze cytaty – tamże.

do pracy z tzw. szmaciarzami". Pewnego dnia, w trakcie segregowania starych ubrań przy ulicy Grójeckiej, ktoś rzucił hasło: „Nie wracamy do getta!", i jej brygada się rozpierzchła. „Nie wiadomo, co stałoby się wówczas z dzielną Rachelą, gdyby znowu nie przypadek, wielki sojusznik okupacyjnych dziejów każdego z nas" – opisywała Sendlerowa. Spotkała ją przypadkiem, idąc do lokalu konspiracyjnego tuż obok. Znalazła jej lokum, ale nie na tyle bezpieczne, by Rachela mogła dłużej w nim zostać; zmieniała mieszkania jeszcze kilka razy.

W jednym z nich poznała chłopca, „który zakochał się w bardzo ładnej, dobrej i miłej dziewczynie, noszącej już oczywiście inne imię i nazwisko [...]. On zupełnie nie znał jej pochodzenia. Swoją miłością i dobrocią powoli, powoli rehabilitował w jej oczach młodzieńców spod znaku ONR-u, którzy za czasów studenckich nie bardzo po rycersku postępowali ze swą koleżanką". Rachela – opisywała Sendlerowa – poszła ze swoim chłopcem do partyzantki i kontakt się urwał. Gdy spotkały się po wojnie, Sendlerowa usłyszała od niej: „Pamiętaj, że Rachela zginęła tam, za murami, razem z całą rodziną, tu żyje zupełnie inny człowiek".

„Po czym pierwszy raz widziałam ją płaczącą. Płakała długo, jakby we łzach chciała utopić swą tragiczną przeszłość, wszystkie tamte złe dni. Łzami żegnała się z domem rodzinnym, swoim życiorysem, z przeszłością. Nigdy nie wraca do rozmów na te tematy. Przed spotkanymi znajomymi z dawnych czasów udaje kogoś innego. Ze mną, jedyną osobą znającą jej przeszłość, łączy ją specyficzna bliskość. Są okresy, kiedy mnie unika. Czasem nie widujemy się po dwa, trzy lata. Są to okresy, w których udaje się jej zapomnieć choć trochę o przeszłości. Jest wtedy szczęśliwa i cieszy się dzisiejszą rzeczywistością. Czasem jednak nachodzi ją bezgraniczna tęsknota za utraconymi bliskimi, rodzeństwem, rodzicami, za środowiskiem, w którym wzrastała od dziecka. Wówczas odwiedza mnie, szuka ze mną kontaktu. Moja osoba łączy się z jej domem rodzinnym, przypomina bliskich, łączy się z trudnymi do wymazania z pamięci – tamtymi czasami. Dobrze ją rozumiem! Szanuję jej rozdwojoną jaźń. Nigdy jej nie narzucam swego towarzystwa, bo wiem, że jeśli mnie unika, to znaczy, że jest szczęśliwa, bo żyje życiem męża, córki, swego obecnego otoczenia".

Nigdy nie opowiedziała mężowi ani córce, kim jest.

Janina Milner, przedstawiana przez Sendlerową jako Rachela Rozenthal, miała polsko brzmiące imię i nazwisko, więc mogła je podać przy wyrabianiu fałszywych dokumentów. Ten jeden element z jej przeszłości wędrował razem z nią, dlatego udało mi się odnaleźć jej papiery w Instytucie Pamięci Narodowej. Zachowały się tam akta paszportowe Janiny Chylareckiej z domu Milner[48].

Chłopak, którego poznała w ukryciu, nazywał się Witold Franciszek Chylarecki. Kiedy już znałam jej nazwisko po drugim mężu, mogłam wrócić do Urzędu Stanu Cywilnego po ich akt ślubu. Według sfałszowanych dokumentów pobrali się w Sarnach na Wołyniu 25 września 1942 roku. Janina zachowała w fałszywych papierach imię matki, ojca Samuela Hersza zamieniła na Stanisława.

Akt ślubu został wydany dokładnie dziewięć miesięcy przed narodzeniem ich córki Marii Bożeny[49]. Dokument jest ewidentnie podrobiony, Rachela nie mogła być we wrześniu na Wołyniu. Musieli się znać z Witoldem ledwie kilka tygodni, gdy zaszła w ciążę. Byli małżeństwem do końca życia[50].

W zachowanych notatkach do tekstu dla „Biuletynu" jest późniejszy dopisek Sendlerowej: „W okresie nasilającego się w Polsce antysemityzmu w r. 1968 Rachela spowodowała

48 Akta paszportowe J. Chylareckiej, IPN, BU 763/73737.

49 Akta paszportowe W. Chylareckiego, IPN, BU 763/53532. Podaje, że córka urodziła się 26 czerwca 1943 roku w Ostrowi Mazowieckiej.

50 Adam Celnikier zapewne nigdy się nie rozwiódł ze swoją pierwszą żoną – rozwodu nie było już jak przeprowadzić, ponieważ Janina od 1942 roku posługiwała się sfałszowanym świadectwem ślubu z nowym mężem.

wyjazd córki do Londynu"[51]. Jak się to Janinie Chylareckiej udało, jeśli nie powiedziała córce, że jest Żydówką? W podaniu o paszport mąż Janiny pisał, że chce pojechać do córki, i podawał jej adres: najpierw w Anglii, potem w Stanach Zjednoczonych. Szukałam pod tym adresem Marii Bożeny w amerykańskiej książce telefonicznej, znajdywałam jej kolejne numery i adresy, gdy się przeprowadzała, ale nie udało mi się do niej dotrzeć.

Czy Sendlerowa myślała też o swoim życiu, kiedy pisała, że Rachela zabrała swoją tajemnicę do grobu? Nie opowiadała, że jej mąż jest Żydem, nawet bliskim przyjaciołom[52]. Nie rozmawiała z dziećmi o pochodzeniu ich ojca. Janina Zgrzembska dowiedziała się o tym jako dorosła osoba.

– Zrobiło to na pani wrażenie, że pani ojciec był Żydem? – pytałam ją.

– Nie.

– Nie zmieniło to niczego w pani myśleniu o sobie?

– Nie. Co to miało zmienić? Byliśmy tak wychowani, że nie liczy się rasa ani pochodzenie. Ja mam z jednej strony szlacheckie pochodzenie, po mamie, a ze strony ojca – mieszczańskie. I taka jestem, szlachecka i mieszczańska.

Irena Sendlerowa pisała do Tomasza Szaroty w liście, którego brudnopis oddała do archiwum ŻIH-u: „W związku z szerzącą się »famą« o moim żydowskim pochodzeniu towarzyszą mi przez całe życie wielkie niebezpieczeństwa, jak na przykład w czasie okupacji jeden z kolegów z pracy w Wydziale Zdrowia wobec kilkunastu osób powiedział: »Sendlerowa, takich jak wy, to po wojnie my będziemy wieszać na latarni przed ratuszem« (po wojnie był członkiem PZPR i cenionym prokuratorem), nie powiesił mnie, bo zapewne bał się wykazać swych zamiarów ze

[51] Tekst był pisany w roku 1967, dopisek jest z 1981 roku, kiedy został po latach opublikowany.

[52] Nawet Halinie Grubowskiej, samej ocalałej z Holocaustu, która przez dziesięć lat przychodziła do niej co tydzień (Rozmowa z H. Grubowską, 2014).

względu na to, że słyszało jego plan kilka osób. Jednak otrzymywałam już po wojnie na swoim biurku w pracy anonimy o treści »ty Żydówico, wynoś się jak najprędzej do Palestyny (Izraela), bo jak nie wyjedziesz, to ci zabijemy twoje ukochane dzieci«. Anonimy wrzucałam do kosza jako jedynego i właściwego miejsca na tego rodzaju »dokument«, myśli były jednak pełne żalu, że tak wiele mamy drańslwa wokół siebie, a w sercu bardzo duży, ogromny lęk o dzieci, lęk, który towarzyszy mi do dziś. Antysemityzm przecież istnieje nadal. W innych trochę formach, chwilami maskowany lub trochę tuszowany, ale istnieje i ustawicznie zagraża nie tylko naszej kulturze, ale jest wielkim niebezpieczeństwem dla poszczególnych osób czy rodzin".

Ten akapit przepisała do listu do Natana Grossa (czy też odwrotnie), dodając: „Absolutnie nie zgadzam się z Pana tezą, że wszystko, co dotyczy pochodzenia, trzeba wszem i wobec ogłaszać. Prawdę winna znać bezwarunkowo każda rodzina. To się właśnie należy przodkom, ale naszemu społeczeństwu? Za jaką cenę? Czy naprawdę potrzebna jest ta prawda?"[53].

[53] List do Szaroty jest datowany „styczeń i luty 1995", a list do Grossa – 12 lutego 1995, więc prawdopodobnie było odwrotnie: Sendlerowa po napisaniu do Natana Grossa dodała ten fragment jako wstawkę do przygotowywanego listu do profesora Szaroty.

Rozdział 15

Łatwiej było ukryć duży czołg niż małe żydowskie dziecko

„Jestem już starym, schorowanym człowiekiem, więc odkładanie tego jest raczej niewskazane – pisała Irena Sendlerowa w marcu 1983 roku, składając podanie o paszport na wyjazd do Izraela. – Szkoda byłoby, aby jeszcze jednego – mojego – drzewka brakowało w Izraelu. Ma to bowiem swoją dużą wymowę dla naszej Ojczyzny”[1].

Yad Vashem zaprosiło ją na uroczystość posadzenia drzewka w 1981 roku. MSW przyznało jej wtedy paszport, ale „Komenda Stołeczna MO nie zrealizowała” postanowienia – tak wynika z jej papierów paszportowych, które znajdują się w Instytucie Pamięci Narodowej. Czytamy tam: „Powód odmowy: wyjazd do Izraela”[2]. Polska nie utrzymywała kontaktów dyplomatycznych z Izraelem i wydania paszportu z reguły odmawiano[3]. Podanie złożyła jeszcze dwa lata później, znowu dostała odmowę. Tym razem jednak pomogła interwencja[4].

[1] I. Sendler, Kwestionariusz paszportowy z 18 lutego 1983, IPN, BU 1010/47489.

[2] I. Sendler, Kwestionariusz paszportowy z 18 marca 1981, tamże.

[3] Wcześniej Sendlerowej wydawano paszporty na wyjazdy do Szwecji w związku z leczeniem syna. Tymczasem z reguły podaje się, niezgodnie z prawdą, że Sendlerowej latami odmawiano paszportu. Czytałam nawet, że „komunistyczne władze trzynaście razy odmówiły jej paszportu i wizy” (*Historia Ireny Sendlerowej* [w:] *Ceremonia wręczenia Nagrody Ireny Sendlerowej, 23 października 2013*, broszura Fundacji Centrum Taubego Odnowy Życia Żydowskiego w Polsce).

[4] Sendlerowa dostała odmowę 31 stycznia 1983 roku, a 21 lutego zmieniono decyzję na pozytywną i udzielono reprymendy podwładnym: „Zgodnie z dec.

Uroczystość posadzenia drzewka w Yad Vashem, 1983. Oprócz Ireny Sendlerowej Teresa Körner, jej synowie i współpracownik Żegoty Andrzej Klimowicz

Na zdjęciu z uroczystości jest w jasnobrązowym kostiumie w pepitkę, spódnica za kolano, patki kieszeni marynarki w ciemniejszym zamszowym brązie, w tym samym brązie kołnierz, bardzo szykownie. Ten wyjazd był dla niej szczęściem i ukojeniem. Fetowana, podziwiana, odnowiła więzi z wojennymi podopiecznymi oraz zaprzyjaźniła się z dawną łączniczką Żydowskiej Organizacji Bojowej Wandą Rotenberg. Utrzymywały już długie lata czuły kontakt listowny.

Kochana,

Zupełnie nie rozumiem, dlaczego od 8 m. milczysz? Ja wysłałam już kilka kart, książkę o „Żegocie" i nie miałam żadnego potwierdzenia, czyś to otrzymała? Widocznie jesteś o „coś" na mnie obrażona, tylko że ja nie wiem o co. Bywa jednak czasem tak, że bez złej intencji ktoś coś źle zrozumie i wychodzi źle. Musiało więc chyba i mnie coś takiego się wydarzyć, jakiś lapsus linguae, jak mawiali Rzymianie. Jest mi w każdym razie bardzo, bardzo przykro, wiesz bowiem, jak Cię szanuję, jaką mi jesteś bliską Osobą, więc cierpię bardzo. Winę jednak przypisuję sobie, choć moje intencje zawsze i wszędzie były jak najlepsze. Nigdy nie zapomnę przyjęcia w Twojej szkole, to moje najlepsze przeżycia w waszym kraju.

Ja jeszcze nie mogę ochłonąć z wrażeń, jakie u Was przeżyłam, choć po powrocie mam b. urozmaicony tu czas:

- 15 IX rozstałam się ze Szkołą
- Bardzo, bardzo choruję
- 5 I jest ślub mojego syna[5].

Naczelnika Wydziału II BP proszę wydać paszport. Dlaczego poprzedniego paszportu nie wykonano?". Z notatki odręcznej w jej papierach paszportowych dowiadujemy się, że „w sprawie interweniował u gen. Rusina prof. Żelosławski z Instytutu Podstawowych Problemów Marksizmu KC" (Niedatowana notatka dołączona do zgody wydanej 21 lutego 1983, tamże).

[5] Po ślubie Adam z żoną zamieszkali u Sendlerowej w trzypokojowym mieszkaniu przy placu Na Rozdrożu.

Bardzo dużo dostaję listów z prośbami o pomoc w odnalezieniu bliskich. Różne czynię posunięcia, aby ludziom pomóc, ale po 40 kilku latach są to sprawy prawie zupełnie beznadziejne.

Tulę Cię do serca, pozdrów swoją rodzinę i przyjaciół, na czele z p. Jonasem Turkowem.

Twoja oddana „Jolanta"

(Kartka z grudnia 1983).

Kochana,

Mało pisuję, bo fatalna była zima. Ustawiczne choroby mnie gnębiły. Może teraz wraz z ciepłem będzie trochę lepiej? Bardzo mnie zmartwiła choroba p. Jonasa. Czy tak jest źle, że nie zrozumie mego listu? A co zatem jest z Marysią[6]? Odpisz mi, Kochanie, na te pytania.

(Kartka z kwietnia 1987).

Droga, Kochana Wando!

Z ciężkim sercem piszę ten list! Nie wiem, jak Was przepraszać za kłopot, który Wam sprawiam swoim bólem. Wiem, że od 2 lat Małgosia Palester działa wśród oddanych mi osób w Izraelu o pomoc materialną dla ratowania mego syna. Od niej też wiem, że sprawa ta bardzo leży Wam na sercu – ale jest trudna do zrealizowania.

Zawsze się boję aspektu – „ja Wam ratowałam dzieci – to teraz Wy mi pomożecie ratować moje dziecko". Na samą taką myśl ból rozdziera mi serce. Nie w takim aspekcie proszę o pomoc. Proszę w aspekcie przyjaźni i z tego tytułu ośmielam się prosić! Oprócz waszych starań pragnę prosić Yad Vashem o pismo do Gminy Żyd. w Sztokholmie, która jest podobno w bardzo dobrej sytuacji materialnej.

[6] Chodzi o Jonasa Turkowa i jego córkę Margaritę. Sendlerowa używa jej okupacyjnego imienia.

Dlaczego o to obecnie proszę jako pilną sprawę: syn był na kolejnej kontroli (co 6 m.) w szpitalu w Polsce i orzekli znaczne pogorszenie. Chcieli go od razu operować. A od lat (choruje od 23 lat) moi przyjaciele lekarze, m.in. Małgosia Palester i inni, kategorycznie odradzają przeprowadzenie tej operacji tutaj.

Jeszcze raz, Kochana, najmocniej Cię przepraszam i proszę o pomoc.

Wasza oddana Irena

(List z 4 lipca 1987)[7].

Droga, kochana Wando,

Janka mi powiedziała o śmierci Turkowa. Proszę zapal (o ile u Was jest taki zwyczaj) na Jego grobie świeczkę lub połóż kwiatek w moim imieniu. A co z Jego córką? Czy ona w ogóle żyje?[8] Jaki był Jego koniec? Dużo mnie z nim w getcie łączyło i przecież Medal [Sprawiedliwych] zawdzięczam tylko jemu. Smutno mi było, bo ubył mi znowu ktoś bliski.

Tulę Cię najczulej do serca.

Twoja kochająca Irena

(List z 20 stycznia 1989).

Kochana,

Najlepiej zilustruje Ci, co i jak jest tu u nas, powiedzonko mojej 3,5-letniej wnusi Agusi z dnia wczorajszego: „U nas zepsuty telefon, tam w bloku nie ma windy, u cioci Janki zimne kaloryfery. Oj! Tu naprawdę ciężkie życie". Natomiast w życiu publicznym atmosfera b. ciepła. Dzieją się wielkie, wspaniałe rzeczy.

[7] Sendlerowa zwróciła się do Żydowskiego Instytutu Historycznego, by wystąpił o pomoc do gminy żydowskiej w Sztokholmie. 4 lipca 1987 pisała do dyrekcji ŻIH-u: „Proszę mi wierzyć, że z ciężkim sercem prośbę tę zanoszę do szanownej Dyrekcji, ale rozpacz targa moje matczyne serce" (Teczka I. Sendlerowej, AŻIH, sygn. 349/175). ŻIH zwrócił się do szwedzkiej gminy 7 sierpnia 1987 (tamże).

[8] Chodzi o Margaritę.

Od lewej: Irena Sendlerowa, Wanda Rotenberg i Andrzej Klimowicz, Warszawa 1981

Pamiętaj zawsze o nas.

Dużo serdeczności od Ireny.

(Kartka z listopada 1989 po utworzeniu „solidarnościowego" rządu z Tadeuszem Mazowieckim jako premierem).

Droga, kochana Wando,

Adam był 2–7 11 br. w Szwecji na badaniach i lekarz tamtejszy po kontroli stwierdził, że od roku zeszłego stan serca nie uległ pogorszeniu. Adam wrócił szczęśliwy!!!

Kilka dni temu ukończyłam 80 lat, kompletny brak koordynacji między ciałem a duchem, bo ciało robi kompletną klapę. A duch ma lat 20! i mocno reaguje na to, co się w Polsce dzieje. A dzieje się b. dobrze i źle!!! Tak żałuję, że zdrowie nie pozwala stanąć mi w 1. szeregu do walki o to nowe.

Wandeczko, b. b. Cię kochamy! Tulę Cię do serca najczulej.

Twoja kochająca Irena

(List z 18 lutego 1990).

Droga, kochana Wandziu!!!

Do ostatniego kresu wyczerpania nerwowego doprowadza nas sytuacja waszego nieszczęsnego kraju!!!

(Kartka z grudnia 1990)[9].

Droga, kochana Wandziu,

wszelkie moje starania o połączenie od pięciu dni nie przyniosą skutku. Żyjemy więc w ogromnym niepokoju o Ciebie, Twoją rodzinę i przyjaciół. Czy w liczbie trzydziestu osób rannych nie znajdujecie się? Dramat wasz dotknął najboleśniej nasze serca, tym bardziej że nie mamy możności pomocy, a ta niemoc najbardziej boli. Bomby trafiające w was, uwierz mi, trafiają w nasze serca!!!

Wierzymy jednak, że dobro zwycięży, jesteśmy z wami bezustannie.

Wasza Irena

(List z 21 stycznia 1991, po ataku rakietowym Iraku na Izrael).

Droga, kochana moja Wandziu,

Wzruszona jestem twoją troską o mnie. 2 listy dostałam, ale przez rękę prawą nie mogłam pisać. Po zdjęciu gipsu do ciebie 1-szej piszę. Nie martw się, Kochanie, o mnie, ponieważ od lat cierpię na szesnaście bardzo poważnych chorób, jestem już zahartowana i przyzwyczajona do bólów.

Twoja Irena

(Kartka z 11 września 1991).

Droga, kochana Wandziu!!!! 7 rano.

Tak mnie wzruszył Twój telefon, Kochanie, przed chwilą, że od razu zasiadłam do porozmawiania z Tobą. Taka

[9] W związku z toczącą się wojną w Zatoce Perskiej w Izraelu obawiano się, że Irak zaatakuje Izrael bronią chemiczną.

bardzo jesteś dla nas, dla całej mojej rodziny dobra, wynagradzasz nam obojętność wielu ludzi, którzy w miarę posuwającej się mojej starości powoli opuszczają mnie lub opuścili już zupełnie. Tak to w życiu przecież bywa, że jak się ludziom „służy" – to są, a jak przychodzi starość, niemoc, to „grono bliskich" kurczy się!!!

Ja w zasadzie to zagadnienie znam b. dobrze, ale czasem zadziwia mnie obojętność niby to przyjaciół – a jakże dalekich ludzi, ale tak już jest.

Na tym dość ponurym tle mojej rzeczywistości Twoje przywiązanie, Twoja dobroć – przeważają te bolesne rozczarowania – i słonko świeci w moje okno. I dziś właśnie rano, przed chwilą – takie ciepłe, kochane, promienne słoneczko – czyli Twój kochany głos – zajaśniało w moim dość mrocznym życiu. A dlaczego mrocznym? Bo właściwie wszystko mnie w życiu zawiodło!!! Te moje młodzieńcze, pełne humanitaryzmu ideały legły w gruzach i to 2 razy (1 raz to PPS, a 2 – to „Solidarność") – i życie rodzinne (2 b. nieudane małżeństwa).

Teraz – u schyłku życia – robię „rachunek sumienia" przed samą sobą, doszukując się przede wszystkim winy swojej. I o ile w sprawach społeczno-politycznych nie mogę uznać swoich win – bo przecież hasła i wielkie idee PPS były piękne, zdaje mi się, że moja droga obrana w latach młodzieńczych była słuszna, to potem, po r. 1945, widoczna jest wielka wina niedostrzeżenia wśród pięknych haseł – ponurej, jakże mrocznej prawdy!

Ta ślepota moja, jak i wielu innych – to ciężka wina. Oczywiście, można znaleźć wiele argumentów usprawiedliwiających akceptację tego stanu rzeczy – ale po analizie głębokiej – trzeba uznać swoje winy.

W sprawach rodzinnych – to już jasno widzę swoje wielkie, wielkie winy. Tak więc dziś, rozpamiętując całe życie, musi ono wypaść 100% na niekorzyść.

Do tego ww. dochodzi żal moich dzieci o to, że wg ich pamięci nigdy za ich dziecinnych lat nie było mnie w domu, teraz, kiedy mają – Janka 44 lata, a Adam 40 – pamiętają samo zło – „Całe dnie patrzyliśmy w okno – czy nie wracasz do nas, do domu, ale ciebie nie było!!!". I oni nigdy mnie, np. dziś, nie pocałują, bo mówią: „Teraz chcesz nas całować – a gdzie byłaś?? jak myśmy byli mali i czekaliśmy na Twe pocałunki?? – to ty byłaś na rozmaitych zebraniach?". Tak więc znikąd ani krztyny ukojenia!!!

Bardzo Cię, Najdroższy Przyjacielu, przepraszam za te smutne wywody, ale wpłynęło na to zapewne i to, co się u nas w Polsce dzieje. Przecież nie mogę w żaden sposób akceptować ani skrajnego nacjonalizmu, ani komunizmu, o którym już teraz wszystko prawdziwie wiemy.

O polityce – wszystko wiesz ze środków masowego przekazu, ja muszę unikać rozmów na ten temat, bo od razu daje mi znak moja 16-ta choroba: ciśnienie 200/120.

Tulę Cię, Najdroższa, do serca najczulej,

Twoja kochająca Irena

(List z 14 listopada 1991).

Droga, kochana Wando,

Wierz mi kochana, że wśród moich codziennie (od roku) bezsennych z bólów nocy myśli moje krążą nieustannie wokół was. Buntuje się serce z niesprawiedliwości, która ciągle wam towarzyszy.

Twoja kochająca Irena

PS Z polityką u nas coraz gorzej! Ja i cała moja rodzina jesteśmy przerażeni. Gdyby dzieci były młodsze, Janka ma 44 lata, Adam 40, to chyba by wyemigrowali. Teraz to za późno. Smutno bardzo.

(List z 1991).

Droga, kochana moja Wando,

U nas waśnie i niezgoda, naród skłócony, „Solidarność" rozbita, jutro zupełnie niepewne. Mamy wielki żal do przywódców „Solidarności", że nas tak b. zawiedli.

Przesyłam Ci nie tylko swoje najlepsze myśli – ale i najgorętsze zapewnienia o tym, że cały Wasz kraj jest mi bliski na równi z moją własną ojczyzną, a tak naprawdę, to więcej Was kocham, bo jesteście od nas wiele bardziej nieszczęśliwi.

Wasza Irena

(Kartka z listopada 1991).

Droga i Kochana Wandziu,

W tym bałaganie, który przeżywamy tu w Polsce pod każdym względem, czasem już nerwy 82-letniej, znękanej życiem kobiety nie wytrzymują tego – i gubię się „sama w sobie" i „sama z sobą". Twoje bardzo ciepłe słowa, ale jednocześnie jakieś bardziej od mojego realne spojrzenie na rzeczywistość pozwoliło mi bez histerii spojrzeć na siebie, i za to właśnie ogromnie dziękuję i jestem bardzo, bardzo wdzięczna.

A teraz mam do Ciebie ogromną prośbę, właśnie, Wandziu, do Ciebie, abyś zechciała w dyskusji [na międzynarodowej konferencji Dzieci Holocaustu w Jerozolimie] poruszyć temat, który od lat chodzi mi po głowie, a raczej w sercu i w duszy mam go, bohaterowie matczynych serc. Przecież niezliczone ilości żydowskich matek w czasie II wojny światowej czasem całymi tygodniami, a nawet i miesiącami uczyły swoje dzieci, wbijały im do ich dziecinnych główek, że one nie są ich Matkami!!! One były u matek tylko służącymi lub przekonywały najżarliwiej i gorąco, że były tylko ich sąsiadkami. I te „nauki" trwały i musiały trwać z reguły bardzo długo, aż w maleńkiej główeczce dziecka powstawał jakiś zamęt, chaos. Matki dalej, choć coraz bardziej u kresu swych sił psychicznych, w imię jednak nadziei uratowania dziecka utrwalały je w tym koszmarnym kłamstwie.

Czy z tych tragedii matczyno-dziecięcych wyciągnięto jakieś wnioski? Czy ludzkość choć w minimalny sposób wyciągnęła z tego wniosek, że wobec tego narodu, który przeżył to piekło bez precedensu w historii, nie można stosować takich samych kryteriów jak wobec innych? Czy świat wyciągnął z tego jakiekolwiek wnioski, jak zasiadający przy stołach w Waszyngtonie wielcy znawcy od polityki światowej, tej, co to nam niby ma dać spokój, stawiają znak równości pomiędzy Izraelczykami a Palestyńczykami? Nie!!! Świat o niczym się nie dowiedział, niczego dalej nie wie, co przeżyła żydowska matka i jej żydowskie dziecko. A więc „kochany, dobry" świecie, nie stawiaj nigdy znaku równości między Izraelczykami a Palestyńczykami, bo stawiając ten znak, twa ręka wyznacza nową zbrodnię.

Ja już pisać nie mogę, bo ile razy zaczynam (i tak jest od lat już wielu), to od razu kończy się na konieczności wezwania pogotowia ratunkowego. Nigdzie nie pojadę, bo nie mogę sama zejść z pięciu schodków swojego parterowego mieszkania, ale głowa jakoś pracuje jeszcze względnie dobrze i wiele wspomnień z tamtych dni nie daje mi spokoju. Ten kongres jest naprawdę dobrym miejscem do poruszenia tych spraw, a Ty najwspanialszym orędownikiem.

Na razie tulę Cię najczulej i najtkliwiej.

Ściskam całą Waszą piękną rodzinę.

Twoja, Wasza Irena

(List ze stycznia 1992).

Droga Kochana Wando!!!

Dziś mam dobry dzień, bo Adam telefonował ze Szwecji, gdzie jest od kilku dni na badaniach. Lekarz tamtejszy orzekł, że z operacją można jeszcze poczekać.

Najlepsze myśli dla Ciebie, Rodziny, Kraju,

Irena Wasza

(Kartka z 6 grudnia 1993).

Droga, Kochana Wando!!

Przepraszam, że ja bardzo rzadko pisuję, ale nawał chorób zupełnie uniemożliwia mi „jako takie" normalne życie. W grudniu byłam w 3 szpitalach: zawał serca i frontalny atak cukrzycy. Choruję na nią od dwudziestu pięciu lat, do tej pory była to dość łagodna forma, przy lekach i odpowiedniej diecie. Teraz lekarze w szpitalu orzekli, że te straszne ataki – albo mam cukru przeszło 300, a za kilka godzin 60 – są spowodowane jakimiś stresami, których cukrzyca nie znosi.

A stresy były straszne: lekarze szwedzcy orzekli pogorszenie stanu Adama. Zalecają operację. Janka 1 grudnia 1995 roku straciła pracę. Po 25 latach pracy w jednej instytucji została zwolniona!!

Bardzo czule Cię pozdrawiam, Ire.

(List z 1 lutego 1996).

Droga Wando!

W te uroczyste dni 50-lecia powstania państwa Izrael – myślami jestem teraz z Wami, z Tobą – kochana!!!

Kiedy po przyjeździe od Was [w 1983 roku] dziękowałam byłemu uczniowi mojej znajomej, urzędnikowi wysoko postawionemu w aparacie partyjnym, za pomoc w uzyskaniu paszportu i wręczyłam mu obraz Chagalla, powiedziałam „Warto pojechać do Izraela, aby móc zobaczyć, co można zdziałać w ciągu 40 kilku lat. Powinni to zobaczyć nie tylko ludzie przychylnie nastawieni do Waszego narodu, jak i wszyscy antysemici".

À propos tego ww. Pana. Dokładnie nie znałam Jego miejsca pracy, ale mniemam, że był wysoko postawiony w partii stąd, bo jak 1 dnia urzędniczka w biurze paszportowym ze 100% odrazą do mnie (że ja chcę jechać do Izraela) cisnęła mi wręcz b. ordynarnie kartę (pismo) odmowy wyjazdu – tak nazajutrz ta sama urzędniczka, po interwencji owego pana, ze 100% uśmiechem i ugrzecznionym tonem wręczyła mi paszport.

Notabene paszportu nie dawano mi przez dwadzieścia lat, mimo zaproszeń z Yad Vashem[10]. Szczęśliwa, że go wreszcie dostałam, poprosiłam „swego" mocodawcę, aby wyjawił mi powody odmowy. Zrazu nie chciał, ale w końcu wyjaśnił tajemnicę:

Jak 20 lat przedtem na akademii z okazji powstania w getcie – akademię organizował Wydział Historii Polskiej Akademii Nauk z panem prof. Madajczykiem na czele – wszyscy zaproszeni przez 2 dni bałwochwalczo chwalili się, jak to „ONI" pomagali powstańcom – nie wytrzymałam i zabrałam głos.

Mówiłam, że to, co tu słyszę, nie bardzo „pasuje" do rzeczywistości z tamtych czasów. Albowiem pewne jest, że w okupowanej Warszawie dużo łatwiej było znaleźć miejsce w salonie, gdzie by pod dywanem został ukryty duży czołg, niżby się znalazło miejsce dla jednego małego dziecka żydowskiego[11].

[10] Yad Vashem po raz pierwszy zaprosiło Sendlerową w 1981 roku. Wcześniej nie składała podania o wyjazd do Izraela, wyjeżdżała kilka razy do Szwecji. W jej dokumentach zachowała się informacja, że opóźniano wydanie jej paszportu w 1969 roku, kiedy miała towarzyszyć synowi, który jechał do Szwecji na leczenie. W kwestionariuszu paszportowym, który wypełniała w 1981 roku, zaznaczyła, że nie zdarzyła jej się wcześniej odmowa przyznania paszportu (Akta paszportowe I. Sendlerowej z 1972 roku, IPN, BU 1010/47489).

[11] Niestety nie udało mi się odnaleźć protokołu tego zebrania ani w archiwach PAN-u, ani w IPN-ie (gdzie miał duże szanse się znajdować: pracownicy

No i za to ukarano mnie – nie dając przez 20 lat paszportu, zawsze z adnotacją, że „dla dobra i bezpieczeństwa Polski" mam odmowę[12].

Po co to właściwie napisałam? Tak jakoś „wyszło" – a miał być cały list o waszych sukcesach.

Chwała Wam Wszystkim!!! Jak się teraz te 50 lat świętuje, to mimo wielkiej radości i szczęścia myśl natarczywa zaćmiewa tę radość i to szczęście tym ciągle nabrzmiałym niebezpieczeństwem ze strony Palestyńczyków.

Pytasz zawsze troskliwie w listach o moje zdrowie, nigdy nie pisałam, bo nie lubię biadolić, ale w tym to histerycznym nastroju powiem tylko jedno zdanie, gnębi mnie trzydzieści jeden chorób (rozpoznanych od wielu lat w szpitalach). Jak się cierpi, to wie tylko Bóg i ja!!! Robię zawsze dobrą minę do złej gry, poza tym mam bardzo dużo zmartwień rodzinnych, wymienię tylko jedno. Adam trzy lata temu zarówno przez lekarzy szwedzkich, jak i polskich był zakwalifikowany do operacji. Nie tylko że nie poddał się operacji, ale wziął drugi etat w pracy, wychodzi z domu o 7 rano, a wraca o 20, 21, bez jedzenia, bez chwili wytchnienia. Mówić na ten temat nie pozwala absolutnie.

Tulę Cię najczulej do serca.

Twoja Irena (Jolanta)

(List z 29–30 kwietnia 1998).

PAN-u byli częstym obiektem inwigilacji i takie zebranie było zapewne nagrywane).

[12] Jak opisałam, Sendlerowej nie odmawiano przez dwadzieścia lat paszportu, po 1968 roku kilkakrotnie jeździła do Szwecji. Tomasz Szarota, który był na opisanej tu sesji PAN-u w 1968 roku, zapamiętał wielu uczestników i wiele wystąpień, ale nie kojarzy stamtąd Sendlerowej (Rozmowa z T. Szarotą, 2014). Cytat o czołgu, dla którego łatwiej było znaleźć miejsce niż dla małego żydowskiego dziecka, znajduje się w papierach Sendlerowej przygotowanych na konferencję, ale znacznie późniejszą: międzynarodową konferencję ku czci Sprawiedliwych w 1993 roku (I. Sendlerowa, *Materiały zebrane w latach 1995–2003*, AŻIH, sygn. S/353/12).

Kochana!

Nie jestem w stanie nic pisać. Nie dzwoń do mnie.

Irena

(List bez daty, po śmierci syna. Adam Zgrzembski umarł na serce 23 września 1999 roku, miał czterdzieści osiem lat).

Droga, Kochana Wando,

Wybacz, że rzadko pisuję, ale jestem ciągle w kompletnym odrętwieniu, cios, który mi los zgotował, jest coraz bardziej przeze mnie odczuwalny. Każdego dnia jest mi trudniej żyć bez Adama i tak już będzie do końca mego życia.

Tulę Cię najczulej do swego serca.

Twoja Irena, ta dawna „Jolanta"

(Kartka z 13 kwietnia 2000).

Droga Wando,

Bo nieprawdą jest, że czas goi rany. Przed rokiem, kiedy dotknęło mnie największe nieszczęście, jakie może spotkać matkę, kiedy przeżywa swoje Dziecko – byłam w jakimś odrętwieniu – półprzytomna do tego stopnia, że TO, co się stało, nie docierało całkowicie do mnie. Teraz, po roku mój ból wzmaga się każdego dnia i coraz trudniej żyć mi bez Adama.

Śledzę codziennie to, co się u Was dzieje, i rzecz jasna, że myślami jestem stale z Wami i przy Was.

A więc tulę Cię najczulej do mego udręczonego serca i proszę o pamięć

Twoja „konspiracyjna kuma", to znaczy Irena Sendlerowa = „Jolanta"

(Kartka ze stycznia 2001)[13].

[13] Cytowane we fragmentach listy są częścią obszernej korespondencji między Sendlerową a Wandą Rotenberg z lat 1983-2001 (AKLH, Kolekcja B. Elster, sygn. 29620).

Rozdział 16

Grupa moich koleżanek nie stanowiła charakterystycznego przekroju

„Nie ustają protesty społeczeństwa polskiego przeciwko wyświetlaniu we Francji filmu *Shoah*. My oceniamy film jednoznacznie – jako spóźnioną obrzydliwą pomoc dla faszyzmu" – deklarował dziennik „Rzeczpospolita" w maju 1985 roku[1]. A oto tytuły w gazetach regionalnych: *Oszczerstwa, Potwarz, Nikczemność, Obelga narodu polskiego*. „Te pomówienia są zatruciem źródeł naszej świadomości narodowej" – martwił się tygodnik „Gromada – Rolnik Polski"[2]. Film *Shoah* Claude'a Lanzmanna, na świecie uznany za arcydzieło, w Polsce przedstawiany był jako antypolski paszkwil[3].

Jak najbardziej na czasie jest więc film Wojciecha Żółtowskiego *W cieniu nienawiści* o Polce ratującej żydowskie dziecko. Jest to ekranizacja okupacyjnego opowiadania *Ewa* Jana Dobraczyńskiego, zrealizowana w zespole Profil, noszącym w środowisku filmowym ksywkę „Ułani Rakowieccy" (jako że kręcą filmy o ułanach na polecenie z ulicy Rakowieckiej, gdzie urzędowało Ministerstwo Spraw Wewnętrznych).

[1] Cyt. za: A. Bikont, *A on krzyczał: „Wszyscy jesteście kapo"*, „Gazeta Wyborcza", 4 października 1997. Szymon Szurmiej, przewodniczący Towarzystwa Społeczno-Kulturalnego Żydów w Polsce, złożył oświadczenie do ambasady francuskiej: „Społeczność żydowska jest głęboko zbulwersowana tą filmową prowokacją i antypolską kampanią" (tamże).

[2] Tamże.

[3] W telewizji polskiej pokazano półtoragodzinną wersję dziewięcioipółgodzinnego filmu. Została tak spreparowana, by wykazać, że głównym wątkiem filmu jest polski antysemityzm.

Trwają obrady komisji kolaudacyjnej[4]. Uczestniczy w nich założyciel i kierownik artystyczny zespołu Profil Bohdan Poręba, czołowy partyjny antysemita. Jest Maciej Giertych z rady konsultacyjnej przy generale Wojciechu Jaruzelskim. Jest też Irena Sendlerowa[5].

Film ma odpierać oskarżenia Lanzmanna. Jego przesłanie jest proste: Polacy pomagali Żydom[6]. Bohaterka ratująca Żydów to zwyczajna Polka, jedna z nas. Nie wyróżnia się odwagą ani doświadczeniem, przeciwnie: to trzpiotka, która dba o stroje, a przy tym jest histeryczna, rozedrgana i przestraszona – ma pretensje do mieszkającej u niej ciotki, że ta konspiruje i naraża dom, a w Wydziale Opieki, gdzie pracuje, trzyma się z dala od podziemia. Jest zarazem troskliwą matką, skupioną na małym synku, i żarliwą katoliczką. Bohaterką staje się mimo woli[7].

Przypadek zderza ją w tramwaju z nieznajomą, która błaga ją o zajęcie się przez kilka dni jej córką. Nie jest w stanie płacić kobiecie, u której zostawiła dziewczynkę, musi znaleźć jej nowe mieszkanie. Podaje adres. Bohaterka reaguje przerażeniem i bezradnością, ale otrząsa się z odrętwienia, by ratować dziecko. Dziewczynka ma wielkie, smutne, ciemne oczy i grube, czarne warkocze. Kobieta odbiera ją od szantażystki w zamian za własny złoty łańcuszek z krzyżykiem, ukrywa dziewczynkę u siebie w domu, a potem zawozi do klasztoru. Wykazuje się wybitną odwagą i przytomnością umysłu. Gdy zatrzymuje ją tłok w pociągu i nie może wysiąść na ostatniej stacji w Generalnym Gubernatorstwie, a dopiero na następnej, już w Rzeszy, wchodzi do poczekalni z napisem „Tylko dla Niemców", gdzie

[4] Stenogram posiedzenia komisji kolaudacyjnej filmu *W cieniu nienawiści*, reż. W. Żółtowski wg scenariusza J. Dobraczyńskiego i W. Żółtowskiego, z 21 grudnia 1985, Archiwum Filmoteki Narodowej, sygn. A-344, poz. 424.

[5] Sendlerowa wpisana jest na listę obecnych jako „pani Zendler".

[6] Tak też zostanie oceniony przez krytyków: „Film oddaje historyczną sprawiedliwość tym, którzy spotwarzeni zostali dziełem noszącym tytuł *Shoah*" – pisał „Sztandar Ludu" (cyt. za: J. Preizner, *Kamienie na macewie. Holokaust w polskim kinie*, Budapeszt–Kraków 2012, s. 340).

[7] Według określenia Joanny Preizner, tamże.

bez wahania zwraca się do oficera, by pomógł jej wsiąść do powrotnego pociągu.

Na kolaudacji Sendlerowa przytomnie zauważa, że Dobraczyński napisał *Ewę* dawno temu, szkoda, że film powstał dopiero teraz, co sprawia wrażenie, że jest odpowiedzią na dokument Lanzmanna. Chwali, że film jest piękny i wzruszający. Krytykuje jedynie za proporcje: za dużo złych Polaków i za dużo dobrych Niemców („Zupełnie wystarczy jeden dobry Niemiec. Tak wielu dobrych Niemców nie spotkaliśmy w czasie okupacji")[8].

W pisanym w czasie wojny opowiadaniu Dobraczyńskiego nie ma propagandowej sztancy „zwyczajnej Polki", która w filmie ma przekonać widzów, że „wszyscy Polacy ratowali Żydów". Główna bohaterka Zofia działa w konspiracji. Ma przy sobie paczkę podziemnych pism, gdy spotyka w tramwaju dawną koleżankę z Wolnej Wszechnicy Różę Korngoldówną. Ta błaga ją, by odebrała dziesięcioletnią Ewę od kobiety, która zażądała wielkiej sumy, podczas gdy następne miejsce dla dziewczynki jest jeszcze niegotowe. Zofii z trudem udaje się odzyskać dziecko.

W *Ewie* jest sporo przejmujących realiów okupacyjnych. Dobraczyński wprowadza nas w świat, w którym przechowywanie Żydów to interes jak każdy inny, tyle że lepszy: większe ryzyko, to i zysk musi być większy. Zofia wysłuchuje monologu opiekunki dziecka: „Ja tam, pani, nie frajerka, żeby mnie kto kiwał. Od razu przejrzałam. Chcesz paniusia zarobić. To ja wiem, każdy chce żyć. Dobroczynność, paniusiu, to dla głupich. [...] Pejsatych tylu tera ukrywa się, że i dla paniusi wystarczy. [...] [matce dziecka] paniusia natrajlowała, że będzie taniej. [...] głupia pani jesteś: Żydy mają forsę, niech płacą.

[8] Stenogram posiedzenia..., dz. cyt. „Niemcy wmówili światu, że naród jest dobry, a tylko była garstka zbrodniarzy hitlerowskich. Jest to wielkie kłamstwo. Było zupełnie odwrotnie" – zapisała Sendlerowa, przygotowując się do wystąpienia na konferencji poświęconej Sprawiedliwym w 1993 roku (I. Sendlerowa, *Materiały zebrane w latach 1995–2003*, AŻIH, sygn. S/353/12).

One to by nam kazały płacić, zobaczyłabyś paniusia. Ale szukaj se paniusia innego dzieciaka. [...] To ja się dla Żydziaka narażam, a jak chcę zarobić parę groszy, to bachora zabierają? [...] Żydowska mamka. [...] Ewka, psia twoja mać, chodź tutaj"[9]. Bohaterka wysłuchuje też wyrzutów swojej gosposi: „A pani wie, że spod pięćdziesiątego szóstego wzięli takiego, co ukrywał Żyda? Jego wzięli, żonę, służącą... – pociągnęła nosem – »na rozstrzał«. [...] A tłukli ich przedtem, że oj. Widzi pani, tak jest, jak się kto na żydowskie pieniądze połaszczy [...] Żyd nie umierał za mnie, to ja nie chcę umierać za Żyda. [...] A bo gdzie napisane, że Żyda trzeba ratować?"[10].

Te postacie przetrwały w filmie, chociaż w okrojonej formie, ale z dobrymi monologami: „Ojciec to byli państwo, ja Żyda nie pamiętam, żeby się w domu kręcił. Przecież za darmo pani tego żydowskiego bachora nie trzyma. Boże mój, tak się upodlić! Pan się w grobie przewraca. Ja bym z głodu zdechła, a od Żyda nie wzięłabym nic. Trzeba mieć honor. Przekabacili panią. Już pani jest ich"[11].

Jeden z uczestników kolaudacji (z długim stażem mówienia władzy tego, co miłe dla jej ucha) zgłasza do nich zastrzeżenia: „Jeżeli nawet były resztki tego rodzaju uczuć [antysemickich], to były one manifestowane w sposób znacznie dyskretniejszy, nie było mowy o tym, aby gdziekolwiek i w jakimkolwiek środowisku miały miejsce w czasie okupacji jaskrawe wybuchy antysemityzmu. To było w Polsce nie do pomyślenia"[12].

Sendlerowa nie oponuje. Obecna na sali Jadwiga Piotrowska też nie. Chociaż doskonale zna tę historię.

Bo to ona zawiozła dziewczynkę do klasztornego sierocińca i jak filmowa Zofia pracowała w Wydziale Opieki i miała dziecko. I rzeczywiście przejechała stację.

[9] J. Dobraczyński, *Ewa* [w:] tegoż: *Ewa*, Kraków–Wrocław 1985, s. 42-43.
[10] Tamże, s. 49-50.
[11] Lista dialogowa do filmu *W cieniu nienawiści*, reż. Żółtowski, 1985.
[12] Wypowiedź K. Koźniewskiego (Stenogram posiedzenia..., dz. cyt.).

Ta sama historia, a jednak całkiem inna.

Film jest zaprzeczeniem wszystkiego, czym była działalność pracowniczek Wydziału Opieki – samotnej walki grupy zaprzyjaźnionych kobiet, które świadomie, nie przypadkiem, postanowiły ratować żydowskie dzieci. Jeszcze przed wojną wybrały niewdzięczny zawód pracowniczek socjalnych, uformowały je lewicowe poglądy społeczne Heleny Radlińskiej i jej szkoły. Pierwowzór filmowej bohaterki, Jadwiga Piotrowska, już od dziecka miała kontakt z Radlińską. Jej ojciec Marian Ponikiewski, zesłany na Syberię pod koniec XIX wieku, uciekł stamtąd razem z Radlińskimi, mieszkał potem w Krakowie, tak jak Radlińscy, i pozostawał z nimi w bliskiej przyjaźni. Jak to ujęła Sendlerowa w cytowanym już zeznaniu, znajdującym się w izraelskim archiwum: „Grupa moich koleżanek nie stanowiła charakterystycznego przekroju tego okresu".

Prawdziwa historia tytułowej Ewy nie jest przykładem szlachetności zwyczajnych Polek, lecz dowodem na to, ile trzeba było starań, odwagi, sprzyjających zbiegów okoliczności i niezwyczajnych Polek, by uratować jedno żydowskie dziecko.

„Ewa", której prawdziwego imienia nie udało mi się ustalić, była córką Beli z domu Rochman, wdowy, i Michała Mendelsona, jej drugiego męża[13]. Przed wojną Mendelson miał sklep z dodatkami krawieckimi w Radości, zaopatrywał się w nim Stanisław Trzaskalski, który był krawcem, i tak się zakolegowali.

[13] Nie zachował się akt urodzenia dziewczynki. Po wojnie posługiwała się dalej swoim wojennym imieniem i nazwiskiem (Anna Paprocka) i zmyślonymi imionami rodziców. Według aktu urodzenia była córką Izabeli z domu Rachman [*sic*] i Michała Paprockich (Akt urodzenia Anny Kazimiery Paprockiej sporządzony na podstawie postanowienia Sądu Państwowego dla Warszawy-Pragi nr INS 60/57 z 30 marca 1957, sygn. VI/181/1957). Zachował się tylko jeden ślad prawdziwych nazwisk jej rodziców – oświadczenie, które w 1967 roku, tuż przed wyjazdem z Polski, złożyła w ŻIH-u, legitymując się dokumentem podróży – jednorazowym kwitem, który wydawano emigrującym Żydom, odbierając im polskie obywatelstwo: „Oświadczam, że jako małe dziecko zostałam w r. 1942 powierzona przez moich rodziców: Michała Mendelsona i Belę Rochman, przebywających w warszawskim getcie [...]" (A. Paprocka-Luterek, Oświadczenie z 25 lutego 1967, AŻIH, sygn. 301/6340).

Jego córka Izabella Kuczkowska, jedna z kobiet „od Radlińskiej" w Wydziale Opieki, późniejsza współpracowniczka Zofii Kossak-Szczuckiej i Żegoty, miała przepustkę do getta[14]. Gdy nosiła tam jedzenie i lekarstwa, odwiedzała też państwa Mendelsonów. Próbowała ich przekonać, żeby wyszli na aryjską stronę, zaprowadzi ich do domu, rodzice chcą się nimi zaopiekować. W czasie wielkiej akcji udało się Mendelsonom dostać pracę w szopie Toebbensa. Ukrywali swoją trzyletnią córeczkę, aż zdecydowali się ją oddać[15].

W umówionym dniu i miejscu Kuczkowska czekała po drugiej stronie bramy getta na dziewczynkę, która miała wyjść z placówką. Nie udało im się spotkać. Mała została doprowadzona wprost do mieszkania jej rodziców na ulicę Kruczą. Za osobą, która dziecko przyprowadziła, zjawiło się kilku wyrostków. Grozili donosem i żądali okupu. W domu byli rodzice i siostra Kuczkowskiej. Oddali wszystkie pieniądze, jakie mieli. Szmalcownicy się wycofali. O zmroku Kuczkowska zawiozła dziewczynkę do siebie na Gocławek, krążąc po drodze, by zgubić szantażystów. Zameldowała ją jako Annę Paprocką, dziecko jej pomocy domowej. Wysłała do przedszkola razem ze swoim synkiem[16].

Jej odwaga zapiera dech. Nie tak trudno było dojść, gdzie mieszka, jeśli znany był adres jej rodziców. Jej mieszkanie służyło jako pogotowie opiekuńcze także dla innych dzieci, dopóki Kuczkowska, poszukiwana przez gestapo, w 1943 roku sama nie musiała zacząć się ukrywać[17]. Nie wiem, z czyjego donosu

[14] „Pełniłam funkcję łączniczki komórki samoobrony społecznie zorganizowanej przez Kossak-Szczucką przy Delegaturze Rządu, pod kryptonimem SOS, oraz współpracowałam z Ireną Sendlerową, mającą stały kontakt z RPŻ" (I. Kuczkowska, Oświadczenie z 22 lutego 1967, AŻIH, sygn. 349/24/177).

[15] Tamże. [16] Tamże.

[17] Poza trzyletnią Anną Paprocką Kuczkowska przechowała też jedenastoletnią Helenę Matusiak. Gdy Kuczkowska musiała się ukrywać, Helena, także za pośrednictwem Jadwigi Piotrowskiej, została oddana do zakonnic na Czerniakowie (tamże). „P. Kuczkowska wychowała 2 dziewczynki żydowskie jako własne dzieci, przechodząc z tego powodu wiele prześladowań" – pisała

była poszukiwana. Może to NSZ naprowadził Niemców na jej ślad? Ich listy proskrypcyjne krążyły w odpisach, a Kuczkowska figurowała na tej samej co Sendlerowa.

Oddała dziewczynkę pod opiekę Jadwidze Piotrowskiej. Po krótkim pobycie w jej domu na Lekarskiej Piotrowska zawiozła ją do sióstr do Chotomowa[18].

Kuczkowska zapamiętała, że „Ewa" miała wyraźnie semickie rysy. W wersji opowiedzianej przez Jadwigę Piotrowską była śliczną blondynką[19]. Starsza od niej Halina Złotnik, która przez krótki czas ukrywała się razem z nią u Kuczkowskiej, opisała Anię w swoim pamiętniku: „Była to jasna blondynka o niebieskich oczach, typ zupełnie niesemicki. Za to bardzo słabo mówiła po polsku. Od »aj waj« nie mogła się odzwyczaić. Kiedyś niespodziewanie zaczęła tak krzyczeć u fryzjera, a służąca wytłumaczyła to tak, że mała nauczyła się od ulicznikow przedrzeźniać Żydów i nie może jej oduczyć od tego. Potem już dziewczynka prawie nie wychodziła, by nie zwiększać podejrzeń"[20]. Ale to nie dziewczynka, którą przewoziła do Chotomowa, była głównym problemem – wspominała Piotrowska – tylko tobół niemieckich koców wykradzionych z magazynów Wehrmachtu i kilkanaście tysięcy marek na potrzeby sióstr, które wiozła ze sobą. Jechały krótką linią

I. Sendlerowa (Zaświadczenie z 2 marca 1967, Teczka I. Kuczkowskiej, AŻIH, sygn. 349/24/177).

[18] Anna Paprocka oświadczyła, że przebywała u Izabelli Kuczkowskiej do listopada 1943 roku. Następnie, pisze, „zostałam wywieziona przez koleżankę pani Kuczkowskiej do domu dziecka prowadzonego przez s. Służebniczki N. M. Panny w Chotomowie k/Warszawy, gdzie przebywałam do pełnoletności i byłam otoczona serdeczną opieką" (A. Paprocka-Luterek, Oświadczenie…, dz. cyt.). Pisała dalej, że po wojnie była przez cały czas w kontakcie z Kazimierą Trzaskalską, którą nazywała babcią, i Izabellą Kuczkowską, którą nazywała ciocią. „Zastępowały mi własną rodzinę" (tamże). Kuczkowska pisała w oświadczeniu dla ŻIH-u, że jej matka została po wojnie prawną opiekunką Ani (I. Kuczkowska, Oświadczenie…, dz. cyt.).

[19] R. Teyszerski, *50 razy kara śmierci. Rozmowa z Jadwigą Piotrowską*, „Kierunki", 11 maja 1986.

[20] H. Złotnik, Pamiętnik, AŻIH, 302/93/VII, kopia III.

Izabella Kuczkowska z matką Kazimierą Trzaskalską i synkiem Stanisławem, Warszawa 1940

prowadzącą do Prus Wschodnich[21], ich stacja była ostatnia przed granicą.

Gdy miały wysiąść, przejście zablokowały kobiety z bańkami mleka. Następną stacją było Nowe Miasto, już w Rzeszy. Nie miały wyboru, musiały wysiąść tam. Nim Niemcy zapytali o dokumenty, Piotrowska podniosła krzyk, że przejechała stację. Pobiegła na posterunek policji kolejowej i tam zdeponowała koce. Musiały czekać prawie całą dobę, a gdy wsiadały do pociągu, strażnik zażądał pieniędzy. „Miałam pieniądze i nie miałam" – opisuje Piotrowska. Bo miała tylko całą paczkę marek, schowaną pod bluzką. Uznała, że wyciągnięcie pliku banknotów jest zbyt niebezpieczne. Ominęła strażnika i weszła do przedziału „Tylko dla Niemców". Opisywała dalej: „Mała obkarmiona czekoladą przysnęła, [Niemcy] podali mi ją więc w Chotomowie z przedziału niczym jakąś paczuszkę, pomogli wynieść bagaże, pomachali jeszcze na pożegnanie"[22].

W krótkim życiorysie zajmującym pół strony z zeszytu w kratkę Anna Paprocka pisała: „Mamusi ani tatusia nie pamiętam, bo zginęli w powstaniu. Obecnie chodzę do klasy piątej, mam 10 lat i nadal jestem w zakładzie. Nauka idzie mi średnio". Karta jest niedatowana, pochodzi najpewniej z 1949 roku[23]. Dlaczego żadna z organizacji żydowskich, które tak rozpaczliwie poszukiwały pozostałych przy życiu żydowskich sierot, nie odebrała Ani z sierocińca? Czy to możliwe, że nikt nie zgłosił, że się tam znajduje?

Pewne wyjaśnienie może stanowić list napisany tuż po wojnie przez drugą dziewczynkę, którą ukrywała Kuczkowska,

[21] W skład Prowincji Prusy Wschodnie należącej do Rzeszy wchodziła m.in. znaczna część dzisiejszego województwa mazowieckiego na północ od Warszawy.

[22] R. Teyszerski, *50 razy kara…*, dz. cyt. Anna Paprocka, ur. 17 lipca 1939, figuruje na liście sporządzonej w 1944 roku, na której zapisane są dzieci z sierocińca w Chotomowie (Lista dzieci z sierocińca w Krasicach sporządzona 1 lutego 1945, odpis z 31 lipca 1979, archiwum prywatne J. Majerczyk).

[23] Archiwum prywatne Janusza Luterka; dziękuję za jego udostępnienie.

Helenkę: „O moim pochodzeniu nigdy nie nadmieniałam, bo po cóż, ja nie chcę już do tego wracać i nikt o tym nie wie. Chcę być taka, jaką Ciocia sobie życzyła, i mnie jest tak bardzo dobrze, to znaczy pod względem wyznania, i taką zostanę do śmierci, i już się nigdy nie cofnę! A to wszystko zawdzięczam Drogiej Cioci!"[24].

Czy więc to opiekunki Ani – Izabella Kuczkowska i jej matka – uznały, że lepiej, jeśli dziewczynka pozostanie katoliczką?

Anna Paprocka mieszkała u sióstr w Chotomowie do osiemnastego roku życia. Niespełna dziesięć lat po wyjściu z zakładu, w 1967 roku, złożyła podanie o zgodę na wyjazd do Izraela razem z mężem i synem. Co stało za tą decyzją? Synowie twierdzą, że motorem działania był ojciec, który jako antykomunista marzył o wyjeździe z Polski. Po krótkim pobycie w Wiedniu, dokąd najpierw trafiali emigrujący Żydzi, rodzina wyjechała dalej, ale nie do Izraela, tylko do Republiki Południowej Afryki.

Anna Paprocka-Luterek w RPA dalej żyła wśród Polaków i dalej ukrywała swoje pochodzenie. Była zaangażowana w działalność polskiej parafii w Johannesburgu, potem w Pretorii, wychowała dzieci na katolików. Tego, że rodzice wyemigrowali jako Żydzi, synowie dowiedzieli się ode mnie.

– Ojciec miał babcię Żydówkę. To wiedzieliśmy, ale u niego to była wprost obsesja, jakakolwiek wzmianka na ten temat kończyła się awanturą – mówił mi Jarek, starszy syn Anny, urodzony jeszcze w Polsce. – Dopiero po rozwodzie z ojcem mama mogła nam cokolwiek ujawnić. Jednego dnia napomknęła, tak ledwie, przelotem, że gdy miała osiemnaście lat,

[24] List Heleny Matusiak z 8 stycznia 1948 roku (Archiwum prywatne Stanisława Kuczkowskiego; dziękuję za jego udostępnienie). Helenka po pobycie u Kuczkowskiej została przez Jadwigę Piotrowską umieszczona w zakładzie klasztornym na Czerniakowie i stamtąd wraz innymi dziewczynkami wywieziona na roboty do Niemiec. Po wojnie wróciła do Polski i zamieszkała u Izabelli Kuczkowskiej. Helenka była córką Beli Borenheim i Abrama Szumachera. Po dwóch latach odnalazł ją wuj Izrael Borenheim i zabrał do siebie do Kanady (I. Kuczkowska, Oświadczenie..., dz. cyt.).

Izabella Kuczkowska z dziećmi na koloniach pod Otwockiem, 1942 lub 1943. Chłopiec z lewej to jej syn Staś, dziewczynka w jasnym ubraniu siedząca na jej kolanach to może Ania Paprocka

zakonnice przekazały jej sekret i ona mi go wyjawi, jak będę miał dwadzieścia lat. Raz wspomniała też, że jest w książce Bartoszewskiego *Ten jest z ojczyzny mojej* opowiadającej o Polakach ratujących dzieci, nie pamiętam, czy padło słowo „żydowskie"[25]. Jak miałem dwadzieścia lat, to mama miała już stwardnienie rozsiane i niedługo potem zmarła.

– Po śmierci matki napisałem do Elżbiety Ficowskiej, znalazłem w domu kopertę z jej adresem – opowiada mi młodszy syn Janusz. – Ficowska zaprosiła mnie z żoną do siebie. Powiedziała, że mama była żydowską sierotą i jej kuzynką. Ale nam mama wspominała o Ficowskej jako o swojej koleżance i twierdziła, że nie ma żadnej rodziny. Słuchałem tego z półwiarą, myślałem,

[25] Mowa jest tam o Ani P., która była ukrywana w zakładzie w Chotomowie od 1943 roku (H. Kozłowska, *Zakład Sióstr Służebniczej w Chotomowie* [w:] *Ten jest z ojczyzny mojej. Polacy z pomocą Żydom 1939-1945*, oprac. W. Bartoszewski, Z. Lewinówna, Kraków 1967).

Druga z lewej Anna Paprocka, Chotomów, połowa lat pięćdziesiątych

że to spekulacje, że nie wiadomo, jak było naprawdę, przecież była wojna, mama mówiła, że ją znaleźli na peronie. Pojechaliśmy do Chotomowa, siostra Barbara opowiedziała nam o mamie, dała zdjęcie, ale nie mówiła, że to było żydowskie dziecko.

„Ewa" była jednym z wielu dzieci, które przeszły przez dom Jadwigi Piotrowskiej, by trafić do sierocińca prowadzonego przez siostry. A to właśnie za sprawą Dobraczyńskiego.

Jan Dobraczyński był przed wojną związany ze Stronnictwem Narodowym. Publikował w narodowej, antysemickiej prasie, jak „Prosto z mostu", „Myśl Narodowa", poznańska „Kultura"[26].

[26] Pisał Głowiński: „Przed wojną Dobraczyński wielokrotnie powracał do problematyki żydowskiej, była ona jednym z głównych tematów jego publicystyki, ogłaszanej w czasopismach skrajnej prawicy narodowej, przyznającej się do katolicyzmu. Należał do całkiem pokaźnej w latach 30. grupy siewców nienawiści. W jednym z artykułów ogłoszonych w roku 1938 (bodaj w »Prosto z mostu«) utrzymywał, że Żydzi nie mają prawa narzekać na szerzący się w świecie antysemityzm, bo sami są sobie winni, gdyby bowiem nie byli tak wstrętni i odrażający, jak są, i nie czynili tyle zła, ile czynią, antysemityzmu by nie było" (M. Głowiński, *Tajemnica Dobraczyńskiego*, „Gazeta Wyborcza", 3 lipca 1999).

Po wojnie był współpracownikiem i przyjacielem Bolesława Piaseckiego, założyciela Stowarzyszenia Pax, które miało na celu rozbicie środowisk katolickich. Gdy w marcu 1953 roku „Tygodnik Powszechny" nie zgodził się rozpaczać po śmierci Stalina i za karę pismo zostało zamknięte, Dobraczyński stanął na czele perfidnie skradzionego tytułu. „Tygodnik", któremu przewodził przez trzy lata (do 1956 roku), potępiał księży i kogo tylko kazała potępiać władza[27]. W czasie kampanii antysemickiej 1968 roku Dobraczyński należał do frakcji moczarowców, która ją rozpętała. Po 13 grudnia 1981 roku stanął na czele Patriotycznego Ruchu Odrodzenia Narodowego, kolaboranckiej instytucji popierającej generała Wojciecha Jaruzelskiego i wprowadzony przez niego stan wojenny. Znów potępiał, kogo trzeba, internowanych i aresztowanych ludzi Solidarności[28].

Był płodnym autorem: osiemdziesiąt książek, cztery miliony egzemplarzy. Nie sposób zrozumieć, dlaczego tak go czytali.

– Zbiór esejów zatytułował *Moje boje i niepokoje*. To już pokazuje, jak nie czuł języka – mówi Michał Głowiński.

W wolnej Polsce zaistniał niespodziewanie, gdy w czasie rządów koalicji PiS-u w 2007 roku minister edukacji narodowej Roman Giertych próbował zastąpić w lekturach szkolnych dzieła Witolda Gombrowicza jego twórczością[29].

[27] W narracji Dobraczyńskiego wygląda to zupełnie inaczej: „Gdzieś na początku 1953 r. »Tygodnik« popadł w konflikt z ówczesnymi władzami", ale on „nie znał szczegółów". Zaproponowano mu stanowisko naczelnego „odnowionego pisma", przez co stał się ofiarą „publicznej opinii judzonej przez szeptaną propagandę i różne Wolne Europy" (J. Dobraczyński, *Tylko w jednym życiu*, Warszawa 1970, s. 405–407).

[28] W ankiecie „Żołnierza Wolności" z 22 listopada 1981, mówiąc o górnikach zabitych w kopalni Wujek, pytał: „Kto napełnił taką zawziętością serca młodych górników, komu ta krew była potrzebna?" (cyt. za: M. Klecel, *Jan Dobraczyński, wielki pisarz, wielkie uwikłanie*, „Biuletyn IPN" 2007, nr 89).

[29] Tak sprawę przedstawiały media, choć wymiana nie była dosłowna. Minister podał listę autorów do skreślenia i listę autorów do wprowadzenia, oczywiście bez podawania, kto ma zastąpić kogo, ale zamiana Gombrowicza na Dobraczyńskiego stała się symbolem tych reform. Ostatnim opublikowanym tekstem Dobraczyńskiego był artykuł w „Słowie – Dzienniku Katolickim", w którym oskarżał masonów o zamordowanie Jana Pawła I. Dobraczyński

„Ten skrajny prawicowiec stał się jednym z najbardziej wobec komunistów usłużnych polskich pisarzy, ten głęboko wierzący katolik uczestniczył w niszczeniu niezależnej myśli katolickiej, ten gorący patriota stanął na czele PRON-u, bojkotowanego w istocie przez wszystkich, którzy stanu wojennego nie popierali, niezależnie od orientacji politycznej – pisał Michał Głowiński. – Zaiste, sprzeczności te są porażające, niepojęte, trudne do wytłumaczenia. Tworzą one piekielny splot, zadziwiający u człowieka tak religijnego"[30].

Historia nie kroczy prostymi ścieżkami.

Dzięki jego pomocy uratowały się w klasztorach dziesiątki, a może setki żydowskich dzieci[31].

Miał bezcenne znajomości. Odziedziczył je po ojcu Antonim Dobraczyńskim, który przed I wojną był naczelnikiem Wydziału Dobroczynności warszawskiego magistratu, a po odzyskaniu niepodległości – dyrektorem stołecznej opieki społecznej i miał świetne kontakty z zakonami oraz z Domem Boduena. Jan Dobraczyński znał więc dobrze Marię Prokopowicz-Wierzbowską, dyrektorkę Domu, przez który musiały przejść dzieci, zanim miasto oficjalnie rozesłało je po klasztorach[32].

„umierał w zapomnieniu. W migawce telewizyjnej z jego pogrzebu, nadanej zresztą w programie lokalnym, a nie – w głównej edycji wiadomości, można było dojrzeć Jaruzelskiego z Kiszczakiem i Czyrkiem, trzeba jednak przyznać, że także bodaj dwu biskupów" – pisał Michał Głowiński (M. Głowiński, *Tajemnica Dobraczyńskiego*, dz. cyt.). [30] Tamże.

[31] Teczka J. Dobraczyńskiego, AŻIH, sygn. 349/1813.

[32] Maria Prokopowicz-Wierzbowska w czasie wojny nie tylko ratowała dzieci żydowskie w Domu Boduena, ale też przechowywała w swoim mieszkaniu ukrywających się przyjaciół ze Lwowa, w tym profesora Ludwika Hirszfelda, jego żonę i córkę (F. Iwańczak, M. Szołtysik, B. Iwańczak, *Profesor dr med. Maria Prokopowicz-Wierzbowska – twórca wrocławskiej szkoły nefrologii i hematologii dziecięcej*, „Pediatria Współczesna Gastroenterologia, Hepatologia i Żywienie Dziecka" 2010, t. 12, nr 1). Hirszfeld pisał o niej jako uosobieniu męstwa, inteligencji i uspołecznienia (L. Hirszfeld, *Historia jednego życia*, Warszawa 1957). Na podstawie jej zapisków można wnioskować, że do Domu Boduena trafiło w czasie wojny 122 żydowskich dzieci: 56 dziewcząt i 66 chłopców. Zapisywała je w księgach Domu ołówkiem albo w cudzysłowie (A. Słomczyński, *Dom ks. Boduena 1939–1945*, Warszawa 1975; por. *Schronienie. Historia Domu Małych Dzieci ks. Baudouina*, oprac. M. Kolankiewicz, Warszawa 1997).

Był też zaprzyjaźniony z siostrą Stanisławą Polechajłło, przełożoną Turkowic. W 1932 roku Dobraczyński zatrudnił się na krótko w stołecznym Wydziale Opieki, ale dwa lata później przeniósł się do Lublina. Gdy kierował tamtejszą opieką społeczną, przejął zakład w Turkowicach jako dom podległy miastu, co dawało zakonnicom trochę dodatkowych pieniędzy. Tam też się schronił, gdy po kampanii wrześniowej, kiedy znalazł się na wschodzie Polski, uciekł 17 września przed Sowietami. Do pracy w warszawskim Wydziale Opieki wrócił w 1941 roku.

„Wytypowałem zakłady – pisał – wyłącznie zakonne – których kierownictwu mogłem całkowicie ufać, i postawiłem wobec nich sprawę otwarcie"[33].

Dostawał od Jadwigi Piotrowskiej fałszywą dokumentację i dzwonił do zaprzyjaźnionych klasztorów z prośbą, by przyjęły dziecko. Gdy w marcu 1943 roku został kierownikiem Sekcji Opieki Zamkniętej w urzędzie miasta, przyjmowanie dzieci „na lewo" stało się jeszcze prostsze. Z zaprzyjaźnionymi zakładami ustalił, że jego podpis na skierowaniu oznacza przysłanie żydowskiego dziecka.

Jak bezcenne były znajomości, które Dobraczyński gotów był wykorzystać dla ratowania dzieci, świadczy fragment książki Władki Meed (Fejgele Peltel), łączniczki Bundu i Żydowskiej Organizacji Bojowej. Żydowskim organizacjom, które takich znajomości nie miały, z trudem udało się umieścić w klasztorach dwie córeczki bojowników ŻOB-u Elżunię Frydrych i Irenkę Klepfisz. „Siostry zakonne przyjęły je, nie wiedząc o ich pochodzeniu. Sierocińce kościelne i klasztorne były najbezpieczniejszymi azylami. W zasadzie zakonnicom można było zaufać, wiedzieliśmy, że nie doniosą na gestapo, nawet jeśli zorientują się, że są to dzieci żydowskie. Nie było też obawy, że zostaną wyrzucone, jeżeli zabraknie pieniędzy na ich utrzymanie. Jednakże umieszczenie naszych dzieci w placówkach

[33] J. Dobraczyński, *Tylko w jednym życiu*, dz. cyt., s. 238.

religijnych było sprawą niezwykle trudną. Należało załatwić to za pośrednictwem »czystych Aryjczyków«, pozostających w dobrych stosunkach z zakonnicami, a takich znajomych mieliśmy niewielu" – pisała Meed[34].

We wspomnieniach Dobraczyński pisze o sobie jednak więcej niż skromnie: „Nie mam zamiaru uchodzić za bohatera. Mój wkład w tę akcję był minimalny. Nie ja odszukiwałem dzieci, nie ja robiłem fałszywy wywiad. Jaga Piotrowska lub inna z moich pomocnic wchodziła do mego gabinetu i kładła przede mną wypełniony blankiet ze skierowaniem do zakładu, a ja – najczęściej go nawet nie czytając, podpisywałem"[35].

„Janek jest prawdziwym bohaterem tamtego czasu – pisała o nim Piotrowska. – Umawiał się, że jeżeli on sam podpisuje zlecenie, to znaczy, że jest to dziecko »specjalnej troski«. Najpierw były one kierowane do Domu Boduena, a potem przejmowane przez wydział, tam przechodziły przez referat opieki całkowitej, w którym byłam ja. W Domu Boduena dzieci przyjmowała zakonnica, która jeszcze żyje, siostra Stanisława, szarytka"[36].

„Nie prowadziłem statystyki podpisywanych skierowań, więc nie wiem, ile dokładnie ukryliśmy w ten sposób dzieci" – pisał Dobraczyński[37]. Mówił: „Nie potrafię określić liczby podpisanych przeze mnie skierowań. Od pań opiekunek wiem tylko – zwłaszcza od pani Jadwigi Piotrowskiej, z którą współpraca przerodziła się w szczerą przyjaźń – że było ich co najmniej

[34] W. Meed (właśc. F. Peltel Miedzyrzecki), *Po obu stronach muru. Wspomnienia z warszawskiego getta*, przeł. K. Krenz, Warszawa 2003, s. 139.

[35] Pisał: „Z tą sprawą przyszły do mnie pewnego dnia moje panie – tzn. opiekunki społeczne pracujące w Wydziale. Cała ich grupa – że wymienię tylko Irenę Sendlerową, Jagę Piotrowską, Nonnę Jastrzębską, Halinę Kozłowską, Janinę Barczakową, Halinę Szablakównę – już od pewnego czasu na własną rękę prowadziły akcję wydobywania dzieci żydowskich z getta i umieszczania ich w tym lub tamtym zakładzie opiekuńczym na podstawie fałszywego wywiadu społecznego i po ułożeniu całej sprawy z kierownikiem zakładu. Ale ich możliwości były już na wyczerpaniu" (J. Dobraczyński, *Tylko w jednym życiu*, dz. cyt., s. 237).

[36] R. Teyszerski, *50 razy kara…*, dz. cyt.

[37] J. Dobraczyński, *Tylko w jednym życiu*, dz. cyt., s. 239.

trzysta"[38]. „Ta nasza konspiracyjna organizacja oraz porozumienie z zakonami zdały pełny egzamin, nie było żadnej wpadki ani żadnej zdrady i wszystkie »nasze dzieci« przeżyły" – pisała Piotrowska[39].

Ich wspólni znajomi będą zgodnie twierdzić, że Dobraczyński pomagał Żydom dlatego, że chciała tego Jadwiga. Piotrowska, radosna, przebojowa, bardzo katolicka, była z wzajemnością zakochana w swoim szefie, przystojnym i młodszym od niej o siedem lat.

„Dobraczyński do czasów wojny był wielkim antysemitą, ale później żył w wielkiej przyjaźni z taką jedną moją koleżanką Jadwigą Piotrowską – opowiadała Irena Sendlerowa – i pod jej wpływem zmienił o 180 stopni swoje przekonania"[40].

[38] Relacja J. Dobraczyńskiego z 15 września 1986 [w:] E. Kurek, *Dzieci żydowskie w klasztorach. Udział żeńskich zgromadzeń zakonnych w akcji ratowania dzieci żydowskich w Polsce w latach 1939–1945*, Zakrzewo 2012. Sendlerowa pisała w oświadczeniu dla Yad Vashem: „Do zakładów zakonnych p. Jan Dobraczyński skierował około 500 dzieci, a do Domu ks. Boduena około 200 – a więc według obowiązujących przepisów niemieckich znaczyło to 700 wyroków śmierci dla niego i najbliższej Rodziny" (Oświadczenie I. Sendlerowej [w:] Teczka J. Dobraczyńskiego, dz. cyt.). Ta liczba jest zawyżona chociażby dlatego, że, jak pisałam, dzieci przechodziły przez Dom Boduena, zanim trafiały do zakładów, więc w jednym i drugim zbiorze uwzględnione są częściowo te same dzieci. Co nie znaczy, że nie można jeszcze zwielokrotnić tej liczby, jak w tekście zatytułowanym *Jan Dobraczyński uratował 2000 dzieci* (M. Pałaszewska, *Jan Dobraczyński uratował 2000 dzieci*, cz. 1, „Myśl Polska", 9–16 maja 2010). Zresztą wszystkie te liczby – trzysta, pięćset, siedemset, dwa tysiące – pojawiają się późno i nie wydają się realistyczne. Podpisanie skierowania – wielkie ryzyko, ale prosty gest piórem – było tylko etapem na skomplikowanej i niebezpiecznej drodze od wydobycia dziecka z getta, przez znalezienie mu schronienia, wyrobienie fałszywych papierów, nauczenie go nowej tożsamości, aż do przygotowania zgłoszenia na posterunek policji (było to konieczne, gdy dziecko miało przejść przez Dom Boduena).

[39] Oświadczenie J. Piotrowskiej [w:] Teczka J. Dobraczyńskiego, dz. cyt. Piotrowska wymienia zgromadzenia, z którymi razem z Dobraczyńskim współpracowała: zgromadzenie sióstr Panny Maryi, sióstr służebniczek, sióstr Matki Boskiej Miłosiernej, księży michalitów (R. Teyszerski, *50 razy kara…*, dz. cyt.).

[40] A. Wolf, Nagranie z 7 lipca 2008, Materiały filmowe z lat 2005–2008 do filmu o Irenie Sendlerowej.

Piotrowska i Dobraczyński będą się po wojnie nadal spotykać i pracować razem w Paxie, ale się nie pobiorą – Dobraczyński ma żonę i dzieci, musiałby się rozwieść, nie dostaliby kościelnego ślubu, co może z ich perspektywy uniemożliwiało związek.

– Czy to prawda, że Dobraczyński zajmował się żydowskimi dziećmi, bo się kochał w pani mamie? – zapytałam Hannę Rechowicz.

– Na pewno nie przyszłoby mu to do głowy bez presji mojej mamy, to był przecież endek.

Podobno Dobraczyński zwrócił uwagę na swoją pracownicę dopiero w czasie wojny. Jakiś żydowski chłopak został zgarnięty z ulicy jako żebrak, chciał się jak najszybciej wydostać spod kurateli Wydziału, w getcie czekała na niego rodzina. Piotrowska rzuciła się na niego, bojąc się go wypuścić, i zaczęli się bić. Dobraczyński wszedł, kiedy tarzali się po ziemi, i zainteresował się nietypową pracownicą. Taką wersję usłyszała od matki Hanna Rechowicz[41].

– Zachwycił się tym, że dojrzała, trzydziestoparoletnia kobieta bije się z chłopakiem. Nie wiem, kto kogo pobił, ale to cała moja mama – mówiła mi Rechowicz.

Rozmawiałam o związku Piotrowskiej i Dobraczyńskiego z kilkoma osobami, które ją dobrze znały. Wszystkie miały w sprawie, o której trudno coś wiedzieć na pewno, bardzo stanowcze zdanie: to był platoniczny romans. Joanna Majerczyk pamięta zasłyszaną rozmowę Piotrowskiej z jej mamą. Mówiła, że to bardzo upraszcza życie, kiedy się ma jasne reguły, nie do przekroczenia. Nie wiem, jak się to ma do historii, którą Maxowi Cegielskiemu opowiedziała Hanna Rechowicz: „Po wojnie było przyjęcie, tu, w domu, w salonie na parterze. Wszyscy siedzą, zastawa na stole. I patrzymy, a w lustrze widać, jak w przedpokoju Janek z mamą całują się jak szaleni"[42].

[41] M. Cegielski, *Mozaika. Śladami Rechowiczów*, Warszawa 2011.
[42] Tamże, s. 341.

Hanna Rechowicz:

– Zapytałam kiedyś mamę: „Dlaczego on się nie rozwiedzie?". Była straszna awantura. Dobraczyńskiemu nie przeszkadzało, że miał żonę i miał kogoś, kogo kocha, i mama to przyjęła. Ja nie cierpiałam jego żony.

Dobraczyński walczył w powstaniu, a po kapitulacji trafił do niemieckich obozów jenieckich, w tym do Bergen-Belsen. Wrócił do Warszawy 25 maja 1945 roku. Zapisał pod tą datą: „Późnym popołudniem dojeżdżam w okolice Dworca Zachodniego. Dalej pociąg nie idzie. Wszyscy wysiadają, idę razem z tłumem. Dochodzimy do placu Narutowicza. Idę dość błędnie Filtrową. Wiem z listów, że dom Jagi spalony, ale może ona gdzieś mieszka w pobliżu. Na końcu Filtrowej przed samymi Alejami Niepodległości zrywa się nagle na mój widok siedząca na podmurówce parkanu dziewczynka. Woła: »To pan? Och, jak się pani Jaga ucieszy!«. Poznaję: to Halinka Złotnicka, żydowskie dziecko, które Jaga wzięła do swego domu. Wypytuję ją. Mówi, że Jaga nie mieszka w tym samym bloku, co w czasie wojny, ale w domu przy Niepodległości, zaś moja żona Danka, córki i rodzice są na Grochowie. Nie ma już czasu, aby iść na Grochów – idę więc do Jagi"[43].

Sześć tygodni później zapisuje, że pojechał z Jagą Piotrowską do Częstochowy, odwiedzili Monatów. Z zapisków dowiaduję się, że między przeprowadzką z domu na Lekarskiej do zakładu w Chotomowie córki Monatów były przez kilka dni ukrywane przez żonę Dobraczyńskiego[44].

– Jadwiga Piotrowska stała się tak religijną osobą za sprawą Dobraczyńskiego, tak mi powiedziała jej córka – opowiada mi

[43] J. Dobraczyński, Zapisek z 25 maja 1945, cyt. za: M. Pałaszewska, *Jan Dobraczyński i pomoc Żydom*, referat, zbiór materiałów o Janie Dobraczyńskim w Muzeum Historii Żydów Polskich. Dziękuję Klarze Jackl z MHPŻ za udostępnienie mi tych zbiorów. Dobraczyński opisał scenę spotkania z Haliną w swoich wspomnieniach, pomijając jednak, że został na noc u Jadwigi Piotrowskiej (J. Dobraczyński, *Tylko w jednym życiu*, dz. cyt.).

[44] J. Dobraczyński, Zapisek z 6 lipca 1945 roku, cyt. za: M. Pałaszewska, *Jan Dobraczyński...*, dz. cyt.

Joanna Majerczyk. – Po wojnie poszła do Paxu, żeby pracować razem z nim. Jak było przyjęcie u Dobraczyńskich w domu, to Piotrowska krzątała się w kuchni, a żona, pani Danuta, pojawiała się przed przyjściem gości, żeby ich przywitać jako pani domu. Dopóki żyła pani Dobraczyńska, Jadwiga nie miała żalu, chyba gorzej znosiła, że po śmierci żony nadal się z nią nie żenił.

– Dobraczyński miał nieciekawe fragmenty życiorysu – mówi Hanna Rechowicz – ale przyjaźń z moją mamą przetrwała. Był dobrym człowiekiem, szalenie miłym, nie zasadniczym. Przychodził do nas często, nigdy się nie mówiło o polityce. Myśmy go wszyscy lubili, Sendlerowa też. Lubiła usiąść z nim na boku, porozmawiać.

Musiała uważać, że jego pomoc w ratowaniu żydowskich dzieci była znacznie ważniejsza niż wszystko, co robił przed i po.

Oświadczenie w jego sprawie dla Yad Vashem złożył także Michał Głowiński. „Nie wahałem się ani chwili – pisał w »Gazecie Wyborczej«. – Mam wobec niego niekwestionowany dług wdzięczności z czasów Zagłady”[45].

Głowińskiego najbardziej zdumiewa to, czego i ja nie jestem w stanie pojąć.

„Przypadek Dobraczyńskiego jest i z tego względu niezwykłym, że działania, które wymagały ofiarności i odwagi, nie wpłynęły trwalej na rewizję poglądów, żywionych od najwcześniejszych lat. Zaangażował się nie po to, by poprzez czyny odwołać to, co dawniej głosił, czy – tym bardziej – zadać sobie pokutę. Jak świadczy wydany w roku 1970 tom wspomnień *Tylko w jednym życiu*, nie ujmował sprawy w ten sposób, więcej, takie jej postawienie nie wchodziło w ogóle w grę, Dobraczyński pisał tę książkę tak, jakby był zadowolony z wszystkiego, co w życiu robił. Pełne poświęcenia czyny heroiczne nie

[45] M. Głowiński, *Tajemnica Dobraczyńskiego*, dz. cyt. To dzięki podpisowi złożonemu przez Dobraczyńskiego mały Michał mógł został przyjęty do Domu Boduena, a stamtąd wysłany do Turkowic (Oświadczenie M. Głowińskiego w sprawie J. Dobraczyńskiego dla Yad Vashem z 29 października 1991, Teczka J. Dobraczyńskiego, dz. cyt.).

Jadwiga Piotrowska i Jan Dobraczyński po wojnie

świadczyły o porzuceniu antysemickiej ideologii, powracała ona w różnych postaciach w okresie PRL-u, nie da się przecież przemilczeć smutnego faktu, że włączył się on w akcje marcowe, tak zresztą jak włączył się w nie z ogromnym wigorem Pax z Piaseckim, przypominającym sobie niewątpliwie miłe lata bojówkarsko-ONR-owskiej młodości. Charakterystyczne dla marca 1968 motywy pojawiają się nawet w przywoływanym tomie wspomnień, choć w postaci niewątpliwie przyciszonej. Nie będzie przesady, gdy się powie, że wątek niechęci do Żydów przewija się przez całe życie Dobraczyńskiego"[46].

Czytałam napisaną przez Dobraczyńskiego recenzję książki ocalałego z Zagłady Michała Berga[47], opublikowaną w samym środku kampanii 1968 roku[48]. Ocieka zawiścią, pogardą, lepkim antysemityzmem. Berga, który przeszedł przez piekło getta i obozów koncentracyjnych, Dobraczyński opatrzył rozległą gamą stosownych stereotypów. Jest bogaty, a że w getcie „udało mu się zachować wielkie bogactwo", więc „potrafił się nieźle urządzić". Jest wredny i tchórzliwy, w czasie powstania w getcie, gdy „Polacy walczyli i ginęli w walce", on „przemyśliwał, jak ocalić siebie". Zawsze spada na cztery łapy. Po Majdanku dostał się do obozu w Radomiu, gdzie „stosunki były dość idylliczne", a on znów „był dobrze uplasowany".

Max Cegielski:

– Dobraczyński w 1968 roku jest we frakcji moczarowskiej, Piotrowska odprowadza przyjaciół na Dworzec Gdański. On w 1980 roku zwalcza Solidarność, ona się do niej zapisuje. A jednocześnie w latach osiemdziesiątych ukazało się w jakiejś partyjnej gazecie zdjęcie, na którym Dobraczyński przyjęty na audiencji u papieża wręcza mu obraz. To był obraz Gabriela

[46] M. Głowiński, *Tajemnica Dobraczyńskiego*, dz. cyt.

[47] Pod przybranym w czasie wojny nazwiskiem Aleksander Donat opublikował w 1965 roku książkę *The Holocaust Kingdom. A Memoir*.

[48] J. Dobraczyński, *Zbrodnie ofiarnej pomocy*, „Kierunki", 10 marca 1968. Recenzja została włączona do tomu wspomnień, o którym pisze Głowiński.

Rechowicza, zięcia Jagi, który Dobraczyński kupił od niego za dobre pieniądze. Pomagał finansowo Hani i Gaberowi, kiedy popadali w tarapaty finansowe. Był jak członek rodziny.

Może ich poglądy nie były jednak aż tak rozbieżne: Piotrowska w wywiadzie udzielonym w 1968 roku „Słowu Powszechnemu”[49] wpisała się w propagandę moczaryzmu, opowiadając, jak to wszyscy Polacy współczuli i pomagali. W latach osiemdziesiątych działała w śródmiejskim oddziale Patriotycznego Ruchu Odrodzenia Narodowego[50].

– Polityka jej nie interesowała – mówi mi Hanna Rechowicz. – Myślę, że Janek ją przekonywał, a ona go słuchała.

Dzięki staraniom Sendlerowej Yad Vashem przyznało Dobraczyńskiemu medal Sprawiedliwych. Zdążył go odebrać na kilka tygodni przed śmiercią[51]. Zmarł w marcu 1994 roku. Dwa miesiące po nim zmarła Jadwiga Piotrowska.

Najbardziej niezwykłe jest to, że dzięki miłości łączącej tę parę uratowało się tak wiele żydowskich dzieci. Mało kto dorównał im dwojgu.

Zapytałam Hannę Rechowicz, co myśli o tym, że jej matka jest zapomniana, a Irena Sendlerowa została wielką postacią.

– Tak już jest, że wybiera się jedną postać, i wybrano Sendlerową. Irena była bardzo zadowolona, że zrobili z niej taką legendę, więc cieszę się dla niej.

[49] K. Głogowski, *W służbie humanizmu i patriotyzmu. Rozmowa z Jadwigą Piotrowską*, „Słowo Powszechne” 1968, nr 94.

[50] J. Głodowska, *Gdzie są młodzi. Rozmowa z Jadwigą Piotrowską*, „Życie Warszawy”, 1 stycznia 1988.

[51] Teczka J. Dobraczyńskiego, dz. cyt.

Rozdział 17

Po Jedwabnem potrzebny był bohater

– Zadzwoniła pani Irena: „Panie Michale, napisali o mnie sztukę w Stanach Zjednoczonych!". Myślałem, że to jakieś fantazmaty, aż przyjechały te młode panny – opowiada Michał Głowiński.

W lutym 2000 roku Sabrina, Megan, Elisabeth i Gabrielle, licealistki z Uniontown, miasteczka białych protestantów w stanie Kansas, powiadomiły Sendlerową: „Napisałyśmy o Pani sztukę i będziemy ją wystawiać w konkursie szkolnym"[1]. Adresatka zaraz odpowiedziała, dodając, że nie potrzebuje pieniędzy na znaczek zwrotny, starcza jej na znaczki z emerytury[2]. To był początek korespondencji, w której Sendlerowa cierpliwie odpowiadała na pytania dotyczące ratowania żydowskich

[1] I. Sendlerowa, *Materiały zebrane w latach 1995-2003*, AŻIH, sygn. S/353/19. Obszerna korespondencja między licealistkami a Sendlerową znajduje się w dwóch teczkach ze zbiorów Sendlerowej w ŻIH-u: S/353/19 i 20. Dziewczynki poznały jej historię, gdy wśród materiałów przygotowanych przez nauczyciela na potrzeby pracy z okazji Dnia Historii Narodowej znalazły artykuł *Inni Schindlerowie* (R. Z. Chesnoff, *The Others Schindlers*, US News & World Report, 21 marca 1994, cyt. za: J. Mayer. *Życie w słoiku. Ocaleni Ireny Sendlerowej*, przeł. R. Stiller, Warszawa 2011). Sabrina Coons, Megan Stewart, Elisabeth Cambers i Gabrielle Bradbury, którą zastąpiła później w sztuce Janice Underwood, kilkakrotnie przyjeżdżały do Polski z Normanem Conardem, nauczycielem, który pomógł im przygotować sztukę. Miasteczko Uniontown i uczennice, które wystawiają sztukę, można zobaczyć w filmie dokumentalnym M. Dudziewicza, *Lista Sendlerowej*, 2002.

[2] I. Sendlerowa, List do uczennic z Uniontown z 24 lutego 2000 [w:] tejże, *Materiały…*, dz. cyt., S/353/19.

dzieci i poprawiała naiwnie wzruszającą sztukę[3]. „Piszecie, że Irena powie strażnikom, że dzieci mają tyfus i ma je umieścić w szpitalu. Takie tłumaczenie było niemożliwe, bo hitlerowcy wszystkie osoby chore na tyfus zabijali" – tłumaczyła im[4]. Wysłała im też pokwitowanie, że trzy dolary na znaczek przekazała na cele społeczne[5].

Cztery uczennice ułożyły i wystawiły dziesięciominutową sztukę *Holocaust. Życie w słoiku*[6] – w tytule odwołując się do zakopanych w słoiku karteczek z nazwiskami ratowanych żydowskich dzieci. Szkolne przedstawienie rozsławiło Irenę Sendlerową i uczyniło z niej symbol polskiej pomocy dla Żydów, ucieleśnienie polskiej szlachetności.

Katapultą do sławy Sendlerowej były dwie osoby, całkiem nieświadome, że uszczęśliwią wiekową, schorowaną panią. Pierwsza to reżyser Steven Spielberg. Na tle *Listy Schindlera* bohaterka sztuki uczennic z Uniontown robiła wrażenie: nieznana Polka uratowała dwa i pół tysiąca Żydów, dwa razy więcej niż bohater oscarowego filmu! Gdy poszukać hasła „Irena Sendler" w internecie, wyskakują setki stron, na których jest porównywana z Oskarem Schindlerem[7]. Druga to historyk Jan Tomasz Gross. Bohaterstwo Ireny Sendlerowej nie zostałoby w Polsce tak nagłośnione, gdyby w tym samym roku Gross nie

[3] Uczennice Uniontown wystawiały swoją sztukę w Ameryce na licznych konkursach, w szkołach i w żydowskich centrach kulturalnych. Jack Mayer, onkolog dziecięcy i pisarz, napisał o nich i o Irenie Sendlerowej sfabularyzowaną opowieść – wzruszającą, a jednocześnie niesentymentalną. Opowiada historię Elisabeth Cambers, jednej z dziewczynek z Uniontown, którą matka narkomanka zostawiła w sierocińcu. Gra w przedstawieniu opowiadającym o żydowskich matkach, które oddawały swoje dzieci dla ich dobra, pomogła jej pogodzić się z własnym losem (J. Mayer, *Życie w słoiku*, dz. cyt.).

[4] I. Sendlerowa, List do uczennic z Uniontown z sierpnia/września 2000 [w:] tejże, *Materiały*..., dz. cyt., S/353/19.

[5] I. Sendlerowa, List do uczennic z Uniontown z 24 marca 2000, tamże.

[6] W kolejnych przedstawieniach tytuł zmienił się na *Życie w słoiku – historia Ireny Sendlerowej*.

[7] Do Schindlera porównuje się ją w wielu miejscach. Tak pisał o niej m.in. „The New York Times": G. Bellafante, *A Female Oskar Schindler of the Warsaw Ghetto*, „The New York Times", 18 kwietnia 2009.

wydał książki *Sąsiedzi* o zabijaniu Żydów przez Polaków w Jedwabnem latem 1941 roku.

„Po Jedwabnem potrzebny był bohater" – komentowała Sendlerowa w gronie przyjaciół swoje pojawienie się w blasku reflektorów. „Jestem narodowym alibi" – gdy spotykały ją coraz większe splendory[8].

Po śmierci syna miesiącami nie chciała wstawać z łóżka, broniła się przed przyjmowaniem lekarstw. „Mam nieciekawe, smutne życie" – mówiła[9]. Wróciła do siebie dzięki czterem uczennicom zza oceanu.

Młode Amerykanki były przekonane, że Sendlerowa nie żyje. Próbowały się dowiedzieć, gdzie jest pochowana[10], żeby zamówić kwiaty na jej grób, i tak na nią natrafiły. Ale kiedy szykowały się do przyjazdu, Sendlerowa w pewnym momencie uznała, że nie podoła. Napisała do nich, że rok wcześniej odszedł jej syn. Chciała to przed nimi ukryć, żeby ich nie martwić, ale „mimo największych chęci poznania was, nie jestem w stanie, nie mam możliwości przyjąć was chociaż na jeden dzień, są bowiem takie godziny, dni, czy nawet długie okresy, że muszę być sama"[11].

„W związku z tym, że zespół moich bliskich osób przygotowujących Wasz pobyt w Warszawie zaczął działać, przekazuję ważne informacje i pytania" – pisze już dziarsko do dziewczynek niecałe trzy miesiące później[12].

– Była geniuszem organizacyjnym – opowiada mi Głowiński. – Nie wychodziła wtedy z domu, ale mając telefon i pomoc sąsiadki, młodszej od niej, ale też koło osiemdziesiątki, zorganizowała wszystko niczym szef protokołu dyplomatycznego.

[8] Rozmowy z M. Głowińskim (2015), A. Mieszkowską (2015), J. Sobolewską-Pyz (2015).

[9] A. Mieszkowska, *Dzieci Ireny Sendlerowej*, Warszawa 2011.

[10] M. Fabjański, *„Życie w słoiku" trwa 10 minut*, „Gazeta Wyborcza", 19 maja 2001.

[11] List jest niedatowany, zachowała się notatka o liście napisanym 29 października 2000 [w:] I. Sendlerowa, *Materiały…*, dz. cyt., S/353/19.

[12] I. Sendlerowa, List do uczennic z Uniontown z 15 lutego 2001, tamże.

Młodszą sąsiadką była Zofia Wierzbicka, przed wojną Szemińska, jej przyjaciółka uratowana z Holocaustu. Chyba wszyscy w gronie jej bliskich to byli albo uratowani, albo ratujący.

Uczennice z Uniontown przyjechały w maju 2001 roku[13]. Sendlerowa miała wtedy dziewięćdziesiąt jeden lat. Oglądam plan ich pobytu rozpisany przez nią w tabelkach, godzina po godzinie. Terminy spotkań, nazwiska opiekunów, telefony, zwiedzanie: terenu getta, pałacu w Wilanowie, willi na Lekarskiej, gdzie miały być schowane butelki z nazwiskami uratowanych dzieci, domu na Żurawiej, gdzie w jednym z mieszkań odbywały się zebrania Żegoty. Jest nawet przelicznik dolarowy[14]. To daje cień wyobrażenia o tym, czego Sendlerowa potrafiła dokonać, gdy była ponad pół wieku młodsza.

Przyjazd dziewcząt z Uniontown – pisała Halina Grubowska – spowodował, że Irena Sendler „z osoby prawie nieznanej w kraju stała się bohaterką wszystkich mediów, które prześcigały się, żeby o niej opowiedzieć i napisać"[15].

Sendlerowa mieszkała w niewielkim trzypokojowym mieszkaniu przy placu Na Rozdrożu. Dwa pokoje zajmowały synowa i wnuczka. One w dni powszednie stołowały się na mieście, ona nie była sobie w stanie gotować, więc ciepłe dania – poza zalewaną wrzątkiem zupą w proszku – jadała w weekendy[16]. Miała coraz poważniejsze kłopoty ze zdrowiem. Parę schodków na klatce było przeszkodą nie do pokonania. Przez kilka lat praktycznie nie wychodziła. W 1993 roku Frank Morgens

[13] W styczniu 2001 roku o dziewczętach z Uniontown dowiedział się biznesmen John Shuchart z Kansas City i zaoferował, że kupi im bilety lotnicze do Warszawy. W Kansas City został ustanowiony Dzień Ireny Sendlerowej, a sławny piosenkarz Art Garfunkel wraz z dziewczynami wręczał w miejscowym Centrum Edukacji o Holocauście Nagrody im. Sendlerowej (AYV, Zespół Files of the Department for the Righteous Among the Nations, I. Sendler, sygn. 153).

[14] *Proposal of a Timetable for the Visit of My American Guests in Warsaw (by Irena Sendler)* [w:] I. Sendlerowa, *Materiały*..., dz. cyt., S/353/20.

[15] H. Grubowska, *Ta, która ratowała Żydów. Rzecz o Irenie Sendlerowej*, Warszawa 2014, s. 95.

[16] Rozmowa z H. Grubowską, 2015.

ze Stanów, sam ocalały z Zagłady, który postawił sobie za cel pomaganie Sprawiedliwym, kupił jej wózek inwalidzki[17]. Dzięki temu mogła czasem wyjechać na spacer. Grubowska zapamiętała, jak podczas pierwszej takiej przejażdżki Sendlerową zachwyciły zmiany w Warszawie.

W domu miała swoje małe patenty. Już samo otwarcie komuś drzwi – chodziła z balkonikiem, a przejście z pokoju do drzwi wejściowych było ciasne – stanowiło wyzwanie. Od kiedy zrobiło się o niej głośno, dużo ludzi chciało ją odwiedzać. Wydzwaniała do przyjaciół, by przyszli wpuścić zagranicznych gości.

W 2002 roku zdecydowała się przeprowadzić do domu opieki ojców bonifratrów[18]. Sapieżyńska 3. Pierwsze piętro. Pokój 15.

– To jakby porównać dzień z nocą – opowiada mi Krystyna Asarnoj, córka jej przyjaciół państwa Matysiaków, która ją odwiedzała, gdy przyjeżdżała ze Szwecji. – Na placu Na Rozdrożu połowę jej pokoju zajmowało łóżko, a od kiedy był wózek, już nie było miejsca, żeby usiąść. U bonifratrów dostała duży, jasny pokój i opiekę. Goście wchodzili i wychodzili, drzwi się nie zamykały. Irena ze swojego wózka inwalidzkiego kierowała ruchem i rozdzielała zadania.

Odwiedzali ją uczniowie, żołnierze, prezydentowe, ambasadorzy, delegacje z Izraela. Znowu przyjechały dziewczyny z Uniontown. Spotkania odbywały się w asyście dziennikarzy i kamer. Miała dużo wizyt oficjalnych, więc w soboty i niedziele odwiedzało ją mniej osób. Albo nikt. Wtedy wpadała w depresję[19].

[17] Znali się wcześniej. Z akt IPN-u dowiadujemy się o inwigilowaniu Morgensa w latach siedemdziesiątych: „Drogą operacyjną ustalono, że cudzoziemiec utrzymuje kontakty korespondencyjne z...” i tu wymieniona jest m.in. Irena Sendlerowa (Informacja tajna wysłana przez mjr. T. Ozimka do Naczelnika Wydziału Paszportów Komendy Stołecznej MO w Warszawie, Łódź, 30 maja 1977, IPN, BU 1010/47489).

[18] Mieszkała tam od 26 kwietnia 2002.

[19] A. Mieszkowska na spotkaniu z T. Torańską w Centrum Badań nad Zagładą Żydów, 21 października 2010.

Uroczystość wręczenia Orderu Uśmiechu, 11 kwietnia 2007

– Gdy zaczęło przychodzić dużo Żydów, to się u bonifratrów nie podobało – opowiadała mi Renata Skotnicka-Zajdman. – Prezydent Kwaśniewski miał ją odwiedzić, by jej wręczyć Order Orła Białego. Bietka Ficowska poszła do przeora, wydawało jej się, że jako gospodarz powinien przywitać prezydenta RP, a on, że nigdy. Irena trochę się skarżyła, że ją źle traktują, bo nie chce chodzić do kaplicy i za dużo jest zamieszania przez te ciągłe wizyty. Zastanawiałyśmy się z koleżankami ze Stowarzyszenia Dzieci Holocaustu, jak by można jej pomóc. Irena Bellertowa, prezeska Kanadyjskiej Fundacji Dziedzictwa Polsko-Żydowskiego, przez jakieś znajomości dotarła do Jana Pawła II. Papież wysłał do Sendlerowej list. Wszystko się odwróciło. Irena chichotała, że na śniadanie dostaje chrupiące białe bułeczki. To był dobry żydowski pomysł ten list od papieża.

Sendlerowa zgodziła się na nakręcenie o sobie filmu biograficznego. W 2009 roku *The Courageous Heart of Irena Sendler* pokazała amerykańska telewizja CBS. Jako *Dzieci Ireny Sendlerowej* film był wyświetlany w Polsce w kinach i w telewizji. Reżyser John Kent Harrison, autor filmów przygodowych i filmu o Janie Pawle II, uznał, że skoro Polska leży na wschodzie, to musi być mróz i śnieg, dlatego wielka akcja została z lata 1942 roku przeniesiona na zimę. Irena zakochuje się w Stefanie Zgrzembskim, wysokim, pięknym i szlachetnym wychowawcy z domu dziecka Korczaka. Gdy Stefan wychodzi z nią na chwilę na aryjską stronę, żeby pokazać jej przejście przez sądy na Lesznie, żaden szmalcownik nie przerywa czułej sceny pocałunku. Stefan ma wsiąść do pociągu odjeżdżającego do Treblinki z Korczakiem i jego dziećmi, ale na osobistą prośbę Korczaka zostaje, by opowiedzieć, co się zdarzyło. Tymczasem Irena, uratowana z rąk gestapo, zostaje ukryta w leśniczówce. W ostatniej scenie trafia tam Stefan, przywieziony do niej przez polskie podziemie. Nieźle się ogląda, z Anną Paquin w roli głównej, grają też Danuta Stenka i Maja Ostaszewska[20].

Sendlerowa obawiała się, że wyjdzie z tego hollywoodzki kicz, i poprosiła Renatę Skotnicką-Zajdman, by w jej imieniu przekazała uwagi do scenariusza.

– To jest hollywoodzki kicz – opowiadała mi Renata Skotnicka-Zajdman. – A we wstępnej wersji było jeszcze gorzej. Irena idzie po ulicach getta z Korczakiem, ludzie biją brawo. Po powstaniu w getcie w Ogrodzie Saskim bawi się trójka dzieci, niemieckie, żydowskie i polskie. Scenarzysta się upierał: musi pokazać, że w dzieciach jest nadzieja. Walczyłam wytrwale. Zaproponowano mi, że będę umieszczona w napisach filmowych jako konsultantka filmu, nie wyraziłam zgody.

Na Sendlerową sypały się odznaczenia, wyróżnienia, medale, nagrody. Te poważne, jak amerykańska Nagroda im. Jana

[20] W Europie i w Stanach powstały też książki, których Sendlerowa jest bohaterką lub jedną z bohaterek, a historie o niej opowiadane szybują z dala od rzeczywistości (patrz np. G. Sinoué, *Irena Sendlerowa. Juste parmi des nations*, Paris 2016; K. J. Atwood, *Women Heroes of World War II. 26 Stories of Espionage, Sabotage, Resistance and Rescue*, Chicago 2011).

Karskiego, i mniej poważne, jak Nagroda za Wybitne Światowe Przewodnictwo od Międzynarodowego Stowarzyszenia Najwyższej Mistrzyni Ching Hai[21]. 14 marca 2007 roku senat uczcił Sendlerową specjalną uchwałą. Została też honorową obywatelką Warszawy, Otwocka, Tarczyna[22] i Kansas City. Odznaczono ją Orderem Orła Białego[23] i najsłodszą nagrodą – Orderem Uśmiechu (kiedy ją wręczano, musiała przejść tradycyjną próbę: wypić duszkiem szklankę soku z cytryny i się uśmiechnąć). „Była Pani małą wysepką dobroci na wielkim morzu nienawiści" – mówił Szymon Płóciennik, uczeń z Zielonej Góry, który ją zgłosił do tej nagrody[24]. Sama Sendlerowa ustanowiła nagrodę dla nauczycieli „Za naprawianie świata", która jest odtąd przyznawana co roku[25]. Druga nagroda imienia Sendlerowej została ustanowiona po jej śmierci przez Fundację Taubego, a Sejm ogłosił rok 2018 Rokiem Ireny Sendlerowej[26].

Polskie Stowarzyszenie Dzieci Holocaustu wystąpiło w 2007 roku o wszczęcie starań, by przyznano jej Pokojową Nagrodę Nobla, inicjatywę poparli polscy nobliści, Czesław Miłosz i Wisława Szymborska, zgłosili ją do Nagrody prezydent

[21] www.quanyin.pl [dostęp: 30 kwietnia 2017].

[22] Jej dziadek Ksawery Grzybowski pod koniec XIX wieku administrował majątkiem Drodzy koło Tarczyna, a później wraz z żoną Marią z Krajewskich zamieszkał w Tarczynie. Ojciec Ksawerego Ignacy był tam naczelnikiem poczty.

[23] Z apelem o jego przyznanie wystąpił w 2002 roku Tomasz Szarota (T. Szarota, *Cisi bohaterowie*, „Tygodnik Powszechny", 22–29 grudnia 2002). Order wręczył prezydent Aleksander Kwaśniewski 10 listopada 2003. On też kilka lat wcześniej, w 1996 roku, wręczał jej Krzyż Komandorski Orderu Odrodzenia Polski (W. Susid, *Odznaczona po latach*, „Słowo Żydowskie", 4 października 1996).

[24] Nagrodę wręczono 11 kwietnia 2007, http://orderusmiechu.pl/?q=node/64 [dostęp: luty 2017].

[25] Inicjatywa Stowarzyszenia Dzieci Holocaustu realizowana przez Fundację Centrum Edukacji Obywatelskiej. Nagrodę otrzymują nauczyciele uczący w duchu tolerancji i poszanowania dla innych (http://www.polin.pl/pl/aktualnosci/2015/08/21/nagroda-im-ireny-sendlerowej-za-naprawianie-swiata [dostęp: 30 kwietnia 2017]).

[26] Uchwała Sejmu Rzeczypospolitej Polskiej z 8 czerwca 2017, Monitor Polski 2017, poz. 640, t. 1.

Polski i prezydent Izraela. Zgłoszeniu towarzyszyły intensywne wysiłki dyplomatyczne Polski, by nagłośnić na świecie jej bohaterstwo. Ministerstwo Spraw Zagranicznych uchwyciło się Ireny Sendlerowej, gdy tylko dotarła do Polski informacja o przedstawieniu dziewczynek z Uniontown. Była w tym polityczna logika. Kiedy w 2001 roku ukazała się w USA książka Grossa, MSZ wpadł w panikę. Frontalny atak na książkę i autora odniósłby z pewnością skutek przeciwny do zamierzonego, toteż sensownie posłużono się Ireną Sendlerową jako przykładem innej – w założeniu prawdziwszej – Polski czasów wojny. MSZ urządzał na całym świecie poświęcone Sendlerowej wystawy, finansowało tłumaczenia biografii i ich rozsyłanie, organizowało spotkania[27].

Zgłoszenie do Nagrody Nobla dało świetny efekt wizerunkowy, ale czy uchodzi stwarzać starszej pani takie złudzenia? Wystarczyło przecież spojrzeć na listę noblistów, aby się przekonać, że wybór laureata jest zwykle głosem w sprawie bieżących konfliktów i dramatów społecznych. Tymczasem Irena Sendlerowa uwierzyła, że zostanie nagrodzona.

12 października 2007 roku, w dniu ogłoszenia werdyktu, pod jej oknami stały ekipy telewizyjne, a w pokoju wyłożono ciastka i napoje dla spodziewanych gości. Gdy podano nazwisko laureata, wszyscy się rozeszli. Joanna Sobolewska-Pyz, przewodnicząca Stowarzyszenia Dzieci Holocaustu, która odwiedziła Sendlerową po południu, znalazła ją leżącą w łóżku, a dookoła wszystko przygotowane do przyjęcia, na które nikt nie przyszedł[28].

– Powtarzała, że Polska zgłosiła ją do Nobla dla zatarcia hańby Jedwabnego – mówił mi Michał Głowiński. – Jedwabne zrobiło na niej niesamowite wrażenie.

[27] MSZ m.in. wydało skrót książki A. Mieszkowskiej w formie broszury w różnych językach i zaprojektowało wystawę, która była udostępniana instytutom kultury, ambasadom czy konsulatom (Rozmowa z M. Kozłowskim z MSZ-etu, 2017).

[28] Rozmowa z J. Sobolewską-Pyz, 2015.

„Przez sześćdziesiąt lat moje dzieci i mnie ojczyzna moja prześladowała w sposób okrutny za moją działalność w ratowaniu Żydów w czasie wojny – pisała do Teresy Körner. – Teraz, od siedmiu lat, kiedy odkryły moją działalność cztery dziewczyny amerykańskie w stanie Kansas i napisały o mnie sztukę, którą grają w Ameryce, Kanadzie i w Polsce (były tu już cztery razy), ojczyźnie mojej zrobiło się wstyd i na siłę zaczęto koło mnie skakać i zarzucać dziennikarzami. Ja ich »przepędzam«, bo mnie to wszystko bardzo denerwuje”[29].

Zgodnie z wymogami oficjalnej hagiografii Sendlerowa musiała czynić cuda. Fakt, że pomogła w ratowaniu wielu dzieci i wielu dorosłych, to było za mało na mit. Tym bardziej że zajmowała się logistyką, a nie pobudzającym wyobraźnię wyprowadzaniem dzieci z getta. Ale w polskiej prasie to jest najważniejszy obraz – pełne grozy przejście z ciemności do światła: „Niektóre usypiała lekami, by wyglądały na martwe, dzięki temu były wywożone w workach jako ofiary tyfusu. Innym kazała się zwijać w kłębek i pakować się do walizek. Albo układała je w skrzyniach i przykrywała cegłami”[30].

Dzieci przewożone przez Sendlerową w charakterze małych pakunków w karetce Antoniego Dąbrowskiego i w towarzystwie szczekającego psa pojawiły się w dziesiątkach artykułów i w filmach[31]. Sendlerowa pisała w liście do uczennic z Kansas: „Wyprowadzałyśmy dzieci, ja i moje łączniczki, czterema drogami. Sposób pierwszy. Samochód ciężarowy jeździł do getta z rozmaitymi środkami czystości. Szoferem był pan Antoni

[29] I. Sendlerowa, List do T. Körner, niedatowany [2007?] (archiwum prywatne M. i R. Kornerów).

[30] „Fakt” z 19 kwietnia 2013, za hasłem „Irena Sendlerowa” w Wikipedii [dostęp: 1 marca 2015].

[31] Rekord głupoty – a konkurencja jest duża – bije komiks, w którym Sendlerowa z „panem Antonim” wjeżdża do getta, a dzieci biegną za ich wyładowaną ciężarówką, wiwatując: „Hurra!”, „Nareszcie będziemy mogli porządnie zjeść!”, „Będziemy mieć piękne ubrania!”, „Potem nas uleczy i będziemy w super formie!” (J.-D. Morvan, S. Tréfouël, D. Evrard, W. Pezzali, *Irena – 1 – Getto*, przeł. M. Fangrat, Warszawa 2017, s. 4–5).

Dąbrowski, też razem ze mną współpracujący w konspiracji. W uprzednio umówionym miejscu zabierał dziecko oraz mnie lub jedną z moich łączniczek. Dziecko trzeba było bardzo dobrze ukryć w samochodzie, w jakimś dużym pudle po środkach czystości lub – niestety – w worku. [...] Kiedyś Pan Dąbrowski odezwał się do mnie. »Jolanta, nie będę dalej prowadził z wami tej niebezpiecznej akcji, bo kiedyś straż usłyszy krzyki i Niemcy nas wszystkich rozstrzelają«. Prosiłam go usilnie, żeby coś wymyślił i nie odmawiał dalszej współpracy. Po kilku dniach z miną ogromnie zadowoloną oświadczył: »Wymyśliłem coś dobrego. Będę zabierał do samochodu bardzo złego psa. Przy wjeździe do bramy mocno nadepnę mu łapę, a wtedy wycie psa zagłuszy krzyk dziecka«"[32].

W wielostronicowej relacji z lat osiemdziesiątych Sendlerowa mówiła o trzech znanych jej sposobach wydostawania dzieci z getta: przez gmach sądu na Lesznie, przez piwnice, przez brygady pracy[33]. Postać Antoniego Dąbrowskiego pojawia się późno. Nie ma go na sporządzonej w 1963 roku liście dwudziestu dziewięciu osób, z którymi Sendlerowa współpracowała w Żegocie[34], ani w wywiadzie z 1967 roku, w którym wymienia około trzydziestu współpracowników[35]. Pierwszy raz trafiłam na jego ślad w wywiadzie rzece z lat dziewięćdziesiątych, gdy Sendlerowa opowiadała, jak udało jej się dostać przepustkę do getta: „Zwróciłam się do dyrektorów miejskiej służby sanitarnej – byli nimi dr Juliusz Majkowski i dr Mikołaj Łącki, że jestem gotowa do wyjazdów do getta, by sprawdzić stan sanitarny będący groźbą dla całej ludności Warszawy. Obaj lekarze,

[32] I. Sendlerowa, List do uczennic z Uniontown z 14 września 2000 [w:] tejże, *Materiały...*, dz. cyt., S/353/19. Ta opowieść została powtórzona w tekście I. Sendlerowej *Żegota* (rękopis z 2003 roku [w:] tejże, *Materiały...*, dz. cyt., S/353/11).

[33] I. Sendlerowa, Wywiad 1 (z kwietnia 1985 roku) [w:] tejże, *Materiały...*, dz. cyt., sygn. S/353/10.

[34] Zeznanie I. Sendlerowej z 26 kwietnia 1963, AŻIH, sygn. 301/6313.

[35] J. Goldkorn, *...kto ratuje jedno życie ludzkie...*, „Prawo i Życie", 23 kwietnia 1967.

a także kierowca sanitarki Antoni Dąbrowski, domyślali się, że mam również inne cele"[36]. Opowiadała o nim dalej, ale bez związku z sobą samą, że przewoził psa i nadeptywał mu na ogon przy przekraczaniu wachy, żeby nie słychać było płaczu przewożonego dziecka. Dopiero w liście do uczennic z Kansas z 2000 roku pojawia się opowieść o wspólnym przewożeniu dzieci w towarzystwie psa, i to na pierwszym miejscu wśród opisanych sposobów ratowania dzieci.

Niewiele z dzieci, którym pomagała, miało szansę osobiście ją poznać, prawie nigdy nie miały z nią bezpośredniego kontaktu ani też nie wiedziały o jej istnieniu.

Nikt też nie wyjaśnia, że Niemców na ulicach Warszawy było stosunkowo niewielu i że nie mieli wprawy w rozpoznawaniu Żydów. Prawdziwe zagrożenie stanowili szmalcownicy. To się powtarza w setkach relacji: walka o ratowanie Żydów była w dużej mierze wojną polsko-polską. Dlatego tak trudno o niej opowiedzieć i dlatego ratujący nie śpieszyli się z tą opowieścią. O tym skrojony na potrzeby propagandy oficjalny wizerunek Sendlerowej, rzecz jasna, milczy.

Za to wyposaża ją w katolicyzm.

– Mówi się jednym tchem „katoliczka Irena Sendler", ale ona nie była katoliczką – tłumaczyła mi Renata Skotnicka-Zajdman. – Jak była w domu opieki, opowiadała: „Zawieźli mnie na siłę do kaplicy na wózku, a potem zapomnieli tam o mnie".

– Wychowywana byłam w domu ateistycznym, ale była kolacja wigilijna, choinka i święty Mikołaj – mówiła mi jej córka Janina Zgrzembska.

– Przywiozłam jej raz obraz Matki Boskiej z Jerozolimy – opowiada mi Lea Balint, zaprzyjaźniona z Sendlerową ocalała z Holocaustu mieszkająca w Izraelu. – A Irena: „Ale wiesz, że ja jestem socjalistką?".

[36] I. Kowalska, Nieopublikowany wywiad rzeka z Ireną Sendlerową przeprowadzony w latach dziewięćdziesiątych, maszynopis (archiwum prywatne autorki).

Nie wiem, jaki był jej stosunek do Boga pod koniec życia, ale nigdy nie odwoływała się do wiary jako swojego drogowskazu moralnego.

Poważnego retuszu wymagał też powojenny życiorys Sendlerowej.

„W 1949 r. była brutalnie przesłuchiwana przez UB, gdyż donoszono na nią, że ukrywa ludzi AK" – pisze portal Polscy Sprawiedliwi, prowadzony przez Muzeum Historii Żydów Polskich Polin[37]. „Dane jej było doświadczyć równie ciężkich jak ze strony gestapo, prześladowań komunistycznego Urzędu Bezpieczeństwa" – to Wikipedia[38]. Nie, na szczęście, tego nie doświadczyła. „Jej syn Andrzej zmarł w ubeckim więzieniu. Miał 11 dni" – to z filmu *Irena Sendlerowa: niewygodny świadek historii* wyprodukowanego przez Polin. Też nie.

A co zrobić z tym, że była członkiem partii komunistycznej? Napisać, że została do niej wciągnięta siłą, a z własnej woli z niej wyszła.

Najczęściej podaje się, że „w 1948 została automatycznie wcielona do PZPR"[39]. Portal Polscy Sprawiedliwi twierdzi wręcz, że była w PPS-ie i wystąpiła z niego z chwilą utworzenia PZPR-u w 1948 roku. Ciekawy przykład przenicowania przynależności do PZPR-u na represjonowanie ze strony UB widać na stronie gimnazjum w Toszku, którego Irena Sendlerowa jest patronką: „Jeszcze przed wojną należała do Polskiej Partii Socjalistycznej. Gdy w 1948 r. Polska Partia Socjalistyczna została połączona z Polską Partią Robotniczą, wbrew sobie stała

[37] A. Dybala, *Biografia Ireny Sendler*, listopad 2016, https://sprawiedliwi.org.pl/pl/historie-pomocy/biografia-ireny-sendler [dostęp: luty 2017].

[38] Hasło „Irena Sendlerowa" w Wikipedii [dostęp: 24 czerwca 2014].

[39] Tak jak w artykule D. Baliszewskiego, *Dzieje jednego anioła*, „Wprost" 2008, nr 21: „W ogóle niewiele opowiadała o sobie. O swoim rozczarowaniu powojennymi stosunkami politycznymi, z którymi jako przedwojenna socjalistka, w czasie wojny działaczka Robotniczej Partii Polskich Socjalistów, automatycznie w 1948 r. wcielona do PZPR, wiązała wielkie nadzieje. O przesłuchaniach w Urzędzie Bezpieczeństwa pod koniec lat 40., tak brutalnych, że w ich wyniku miała utracić dziecko".

się członkiem PZPR. Krótko potem wystąpiła z partii. Spotkały ją za to szykany Urzędu Bezpieczeństwa"[40]. Innym wariantem tej narracji jest prześliźnięcie się przez partyjne członkostwo Sendlerowej jedynie w kontekście rezygnacji z niego: „Oddała legitymację partyjną w 1968 roku"[41].

Jednak z kwestionariusza paszportowego wypełnionego przez nią w 1983 roku dowiadujemy się, że jest członkinią Koła Terenowego PZPR numer 3 w Śródmieściu[42]. Jeżeli nie oddała legitymacji w stanie wojennym, to najpewniej jej członkostwo wygasło z chwilą rozwiązania PZPR. Sendlerowa należy zatem do osób o najdłuższym możliwym stażu, ponad czterdzieści lat, od początku do końca istnienia partii.

Gdy po *Sąsiadach* Grossa powstawały kolejne książki i filmy odsłaniające polsko-żydowską wojenną przeszłość, „zapotrzebowanie" na Irenę Sendlerową wzrastało. Miała stać się twarzą Polski czasu wojny. W prasie rozpisywano się o tym, jak komunistyczny reżym skazał ją na zapomnienie.

„Dziś historia jej życia jest przypominana. W PRL-u zupełnie o niej zapomniano. Przesądził o tym jej akowski rodowód" – podawał tygodnik katolicki „Niedziela", chociaż Sendlerowa nie należała do AK i nigdy tego nie sugerowała[43]. „Komunistyczna władza chciała za wszelką cenę wymazać wspomnienie o Sendlerowej i jej bohaterstwie z pamięci ludzkiej" – głosi plansza informacyjna z filmu wyprodukowanego przez Polin[44].

[40] K. Ociepka, *Patron szkoły. Nota biograficzna*, https://gimnazjum-toszek.edupage.org/text/?text=text/text2&subpage=5 [dostęp: luty 2017].

[41] M. Grochowska, *Lista Sendlerowej*, „Gazeta Wyborcza", 9–10 czerwca 2001.

[42] I. Sendler, Kwestionariusz paszportowy z 20 stycznia 1983, IPN, BU 1010/47489. Z tego samego kwestionariusza dowiadujemy się też, że Sendlerowa utrzymuje się z emerytury i renty inwalidy wojennego, razem 9470 zł.

[43] S. Błaut, *Egzamin z człowieczeństwa*, „Niedziela" 2008, nr 21.

[44] *Irena Sendlerowa: niewygodny świadek historii*, rozmowa z J. Zgrzembską, 2014, nagranie dla Muzeum Historii Żydów Polskich Polin. To najczęściej spotykany ton: jak bardzo była zapomniana i prześladowana w PRL-u. Dobrym przykładem takiego spojrzenia był zjazd dwóch tysięcy uczestników Międzynarodowej Federacji Pracowników Socjalnych (IFSW) w Monachium w 2006 roku, podczas którego Sendlerowa została uhonorowana tytułem

Denerwowało to szczególnie Władysława Bartoszewskiego. W mojej ostatniej rozmowie z nim (na kilka godzin przed śmiercią, był w świetnej formie) mówił:

– Była oddana, była zasłużona, to wszystko jest prawdą. Natomiast nie jest prawdą, że z tego powodu była prześladowana. Prześladowany to byłem ja[45].

Sendlerowa zaraz po wojnie została odznaczona Złotym Krzyżem Zasługi za ratowanie Żydów. To w czasach PRL-u ukazała się też książka Lewinówny i Bartoszewskiego *Ten jest z ojczyzny mojej*, która składa się z kilkuset relacji osób ratujących Żydów i w której opowieść Sendlerowej zajmuje prestiżowe drugie miejsce, zaraz po relacji Adolfa Bermana. To w czasach PRL-u ukazała się książka Teresy Prekerowej o Żegocie, gdzie czytamy, że „praca w ramach RPŻ była na pewno pierwszoplanowa dla Ireny Sendlerowej, której inicjatywie, ofiarności i całkowitemu oddaniu referat zawdzięczał swój rozmach i zasięg"[46]. Przed „odkryciem" jej przez dziewczynki z Uniontown znało ją nie tylko wąskie grono historyków[47]. Nie było

The Most Distinguished Social Worker of IFSW. W laudacji przedstawiano ją jako „katolickiego pracownika socjalnego", a „koniec wojny nie zakończył jej gehenny". Sendlerowa „znów znalazła się w zagrożeniu, a jej odważne uczynki musiały być ukrywane lub przynajmniej pomniejszane do czasu, aż groźba poważnych reperkusji ostatecznie osłabła" (Oświadczenie wygłoszone przez przewodniczącą Międzynarodowej Federacji Pracowników Socjalnych Imeldę Dodds; dziękuję Jerzemu Szmagalskiemu za udostępnienie mi materiałów z konferencji). Nawet znany z dobrego weryfikowania źródeł londyński „The Economist" pisał w pożegnaniu Ireny Sendlerowej: „O włos uniknęła kary śmierci z rąk komunistycznych władz. Przestępstwo, które popełniła, polegało na tym, że w czasie wojny wykonywała pracę finansowaną przez rząd na uchodźstwie" („The Economist", 22 maja 2008, http://www.economist.com/node/11402658 [dostęp: luty 2017]).

[45] Bartoszewski spędził w więzieniach wiele lat (listopad 1946 – kwiecień 1948, potem grudzień 1949 – sierpień 1955, w stanie wojennym był w obozie internowania od 13 grudnia 1981 do maja 1982).

[46] T. Prekerowa, *Konspiracyjna Rada Pomocy Żydom w Warszawie 1942–1945*, Warszawa 1982, s. 214.

[47] Ukazały się o niej m.in. dwa wielkie teksty w tygodnikach, jeden w PRL-u, w latach sześćdziesiątych w „Prawie i Życiu", a drugi w latach dziewięćdziesiątych w „Polityce". Dostawała odznaczenia także po 1989 roku, a przed

o niej głośno, bo Sprawiedliwi nie byli wcześniej przedmiotem tak intensywnych państwowych kampanii reklamowych.

Pisząc o Sendlerowej, celowo pomijano lub zamazywano czasy PRL-u, a także wyolbrzymiano jej prześladowania, bo pasowało to do obowiązującego od lat dziewięćdziesiątych stereotypu bohatera RP. Sama Sendlerowa, która działając w Żegocie, podlegała rządowi londyńskiemu, po wojnie wolała o tym zapomnieć. „Zapominało" wielu. Nie chwalili się przed kolegami z pracy, że należeli do AK, milczeli o tym przy dzieciach, tak jak nie mówili im, kto zamordował polskich oficerów w Katyniu. Zważywszy na skalę represji, trudno się dziwić, że nie wspominano o tym w okresie stalinowskim. Później jednak mówiło się więcej – tak publicznie, jak w zaciszu domów – tyle że nadal ostrożnie.

Ale i po upadku PRL-u Sendlerowa, jak tysiące innych, wolała zapomnieć i stworzyć zmitologizowaną wersję siebie.

Historia Sendlerowej musiała zostać przekłamana, by można ją było wtłoczyć w pożądaną narrację prawicowo-narodową, obowiązującą w polityce historycznej od wielu lat. Bohater ma być ulepiony z katolicko-narodowego kruszcu i reprezentować Polskę walczącą, ciemiężoną przez hitlerowskiego i sowieckiego najeźdźcę. Tymczasem gdy odejść od narzuconego paradygmatu i spojrzeć na nią jak na człowieka lewicy, którym zawsze była, puzzle zaczynają się same układać.

Sendlerową ukształtowały postawa jej ojca i środowisko Radlińskiej, następnie praca i przyjaźnie z ludźmi zajmującymi się opieką społeczną. Podobnie jak wielu przedstawicieli przedwojennej lewicy uwierzyła, że Polska po 1945 roku stanie się krajem sprawiedliwym, i zgłosiła akces do budowy nowego kraju. Podobnie jak wielu po okresie entuzjazmu gorzko się

2001 rokiem, kiedy stała się sławna za sprawą uczennic z Uniontown. Była też znana w Izraelu, gdzie jako jednej z pierwszych Polaków przyznano jej medal Sprawiedliwej, pisano o niej w tamtejszej prasie, a w 1990 roku przyznano jej honorowe obywatelstwo Izraela.

rozczarowała, ale nie zdecydowała się wystąpić z partii. Po 1989 roku pisała w liście do Wandy Rotenberg o klęsce, jaką było zaangażowanie się po stronie nowej władzy w 1945 roku[48]. Ale przecież wszystko, co robiła po wojnie, było kontynuacją jej dawnych zapatrywań. Budowała miejską opiekę społeczną w koszmarnie trudnych warunkach powojennej biedy. Nawet w okresie stalinowskim, kiedy propagowała obowiązujące brednie, wykonywała jednocześnie mnóstwo pożytecznej pracy.

By dopasować Sendlerową do obowiązującego w dzisiejszej Polsce wzorca bohatera, trzeba było wiele faktów z jej życia przykroić, dosztukować i doszyć. Chodziło przy tym nie tylko o umieszczenie Sendlerowej w panteonie aktualnych narodowych świętych. Celem było także przenicowanie doświadczenia Sprawiedliwych – ich dojmującej samotności, poczucia, że walczą nie tylko z niemieckim okupantem, ale także z polskim otoczeniem – na doświadczenie całego narodu, wystawiające dobrą notę Polakom *en bloc*. Jak to trafnie ujął tygodnik „Niedziela": „dziś historia jej życia podawana jest w mediach i na lekcjach historii jako piękny przykład postawy Polaków wobec Holocaustu"[49].

[48] I. Sendlerowa, List do W. Rotenberg z 14 listopada 1991, AKLH, Kolekcja B. Elster, sygn. 29620.

[49] S. Błaut, *Egzamin…*, dz. cyt.

Rozdział 18

Powiedział „Elżunia już nie nasza" i zapłakał

Po wojnie organizacje żydowskie poszukiwały ocalałych dzieci. Na liście poszukiwanych była też Elżbieta Koppel.

„No i co by było, gdyby cię Żydzi zabrali? – zapytała ją pisarka Hanna Krall. – Pewnie wyszłabyś za dyrektora kopalni diamentów". „Stałaby za ladą w sklepie rybnym na East Endzie" – odpowiedział mąż Elżbiety, poeta Jerzy Ficowski[1].

Elżbieta Ficowska, przez przyjaciół zwana Bietką, dziecko uratowane z Holocaustu, duża, promienna, emanująca energią i radością, była przez ostatnie lata życia Ireny Sendlerowej jej aniołem opiekuńczym. Z kategorii aniołów sprawnych i stanowczych: dbała o codzienne sprawy i regulowała strumień ludzi, którzy chcieli koniecznie uścisnąć Sendlerowej rękę. W rozlicznych wywiadach dla gazet, filmów, telewizji powtarzała: „Irenie Sendlerowej zawdzięczam swoje życie".

Jej polska matka Stanisława Bussoldowa przeprowadzała Żydów z getta na aryjską stronę. Szła wtedy zawsze obok nich. Nie przed albo za. Tak opowiadali Ficowskiej ocalali Żydzi, którzy wyemigrowali do Kostaryki. Bussoldowa pracowała jako

[1] P. Pacewicz, *Moje matki obie. Rozmowa z Elżbietą Ficowską*, „Gazeta Wyborcza", 16 lutego 2010. Dalej korzystam z wypowiedzi Elżbiety Ficowskej dla Fundacji Shoah (Nagranie z 23 sierpnia 1996, VHA, Interview Code: 19515), powyższego wywiadu i innych licznych jej wypowiedzi dla prasy oraz wypowiedzi w czasie spotkań Stowarzyszenia Dzieci Holocaustu, w których uczestniczyłam.

położna. Była właścicielką i administratorką kamienicy przy Kałuszyńskiej 5 na Pradze. W oświadczeniu złożonym w latach sześćdziesiątych w Żydowskim Instytucie Historycznym podała, że przed Elżbietą był siedmioletni chłopiec. Bardzo żywy, więc gdy w czasie zabawy na podwórku wyrwał córce sąsiadki kolczyk z ucha, kobieta zagroziła donosem. Bussoldowej udało się znaleźć dla niego inne miejsce, umieściła też w sierocińcu zakonnym czteroletnią żydowską dziewczynkę[2].

Elżbiecie mama prawie nic nie opowiadała. Z dzieciństwa zapamiętała tylko jedną historię – o dziewczynce, która dostała papiery na Zosię Kowalską. Mama uważała, że może ją puścić dalej, jeśli obudzona w nocy odpowie, że tak się nazywa.

Elżbieta trafiła do Bussoldowej przez Izabellę Kuczkowską. Była kuzynką tytułowej Ewy z opowiadania Dobraczyńskiego. Gdy matka Ewy poprosiła o uratowanie swojej córki, powiedziała też o niemowlaku, który urodził się już w getcie jej siostrze Heni Koppel. Kuczkowska zwróciła się do Bussoldowej o pomoc w znalezieniu opiekunki.

Stanisława Bussoldowa zorganizowała wywiezienie sześciomiesięcznej Elżuni z getta[3]. Jej pasierb Paweł Bussold, przedsiębiorca budowlany, który miał przepustkę do getta, wśród cegieł z rozbiórki spalonych domów przewiózł skrzynkę z uśpionym niemowlakiem. Miała tam też być srebrna łyżeczka z wygrawerowanym imieniem i datą urodzenia dziewczynki: 5 stycznia 1942 roku.

Wszystko było już załatwione, opłacone miejsce na Pradze. Bussoldowa pojechała na wszelki wypadek sprawdzić, jakie tam są warunki. Zastała kobietę z otwartą gruźlicą.

Zatrzymała dziewczynkę.

Bussoldowa miała wtedy pięćdziesiąt sześć lat, była wdową po swoim drugim mężu. Zadbana, zawsze w kapeluszu,

[2] Relacja S. Bussold, AŻIH, sygn. 301/5859.

[3] Tamże. Bussoldowa pisze, że została poproszona o zabranie dwumiesięcznej dziewczynki, ale Elżbieta miała sześć miesięcy, kiedy do niej trafiła.

wyglądała dwadzieścia lat młodziej. Należała do drobnego ziemiaństwa, do kościoła na prymarię zajeżdżała powozem. Wyszła pierwszy raz za mąż, kiedy miała szesnaście lat. Jeździła do Petersburga na ruletkę i pokera. Dziećmi się nie zajmowała, posyłała im pieniądze. Gdy postanowiła porzucić męża i mu to oznajmiła, była zima, więc on złapał ją za poły futra, ale został z tym futrem w ręku. Ona jeszcze mu dorzuciła pierścionek. Któregoś razu, była już wtedy drugi raz zamężna, pojechała grać w karty pod Warszawę do Urli. A tu dzwoni gosposia, że pan wynosi meble. Mąż miał już dosyć, był zazdrosny, zajechał pod dom wozem meblowym. A ona: „Czy to jest powód, żeby mi przerywać grę w karty? Wrócę jutro, to kupię nowe". Ficowska lubi opowiadać barwne historie o swojej polskiej matce. Dodaje, że tak jak Bussoldowa nie bała się, że zostanie bez mebli, tak samo nie bała się dzieci żydowskich przeprowadzać przez bramę getta. Poszła do szkoły położnych ku zgorszeniu całej rodziny, chciała mieć zawód. W czasie wojny odbierała porody ukrywających się Żydówek, może pomagała nie tylko przy porodach[4]. Miała pieniądze.

Zachowało się zdjęcie półrocznej Elżbiety w charakterystycznym stylu przedwojennych fotografii: zadowolony bobas leży goły na futrze. Mała Elżbietka wygląda jak reklama odżywek dla dzieci.

Bussoldowa miała syna, córkę i dwóch pasierbów, ale to dziewczynka zgarnęła całą pulę matczynych uczuć. Przyrodnie rodzeństwo Elżuni, z górą trzydzieści lat od niej starsze, mogło wreszcie zdobyć miejsce w sercu matki – przynosząc małej prezenty. Przyrodnia siostra powiedziała jej kiedyś: „Jakbyśmy obie stały nad przepaścią, a nasza mama miałaby jedną strącić, ciebie by zachowała".

Ojciec Elżuni miał na imię Josel Israel Koppel i został zastrzelony na Umschlagplatzu w lipcu 1942 roku w czasie wielkiej

[4] „Odbierałam trzy porody Żydówek, którym nikt nie chciał przyjść w tym czasie z pomocą" (tamże).

akcji. Ponoć odmówił wejścia do wagonu, krzyczał, że ma małą córkę. Jej mama przez jakiś czas dzwoniła do niej z getta, niania po aryjskiej stronie przystawiała słuchawkę, żeby było słychać gaworzenie Elżuni, ostatni raz w październiku 1942 roku. Henia Koppel trafiła do obozu w Poniatowej, dokąd wywieziono po powstaniu w getcie warszawskim większość pozostałych przy życiu Żydów. Zginęła 3 listopada 1943 roku wraz z wszystkimi więźniami tego obozu. Miała dwadzieścia cztery lata.

Niania Elżuni Janina Peciak trzy razy spotkała się z dziadkiem Elżbiety, Aronem Pejsachem Rochmanem. Umawiała się z nim, gdy wychodził z placówką na aryjską stronę. Kiedy trwały przygotowania do chrztu Elżuni, przekazała mu, że potrzebuje białą sukienkę, białe buciki i srebrny krzyżyk. Dziadek to wszystko przyniósł. Chciał przytulić swoją wnuczkę, ale ona się przestraszyła, może dlatego, że był brzydki i rudy. Powiedział: „Elżunia już nie nasza", i zapłakał.

Bussoldowa mówiła w kamienicy, że jej służąca urodziła nieślubne dziecko i nie może z nim wrócić na wieś. Ale raz córka dozorczyni pogroziła jej: „Pani gospodyni trzyma żydowskiego bachora". Legenda o krewkiej i impulsywnej Bussoldowej głosi, że Bussoldowa przyłożyła córce dozorczyni, ta podała ją do sądu, który kazał zapłacić na powodzian, ale Bussoldowa podsumowała: „W mordę dalej będę biła i płaciła".

„Na skutek represji sąsiadów, którzy grozili wydaniem mnie Niemcom, musiałam wyprowadzić się z Warszawy pod pretekstem konieczności zmiany klimatu dla dziecka, które rzekomo przechodziło koklusz" – pisze Bussoldowa[5]. Wynajęła dom w Michalinie, Elżbieta zamieszkała tam z nianią, która uwielbiała ją tak jak jej przybrana matka. Bussoldowa do nich dojeżdżała.

Po wojnie zostały w Michalinie.

Elżbieta miała cztery lata, może trochę więcej. Poszła z nianią po zakupy. Sklepikarz zwrócił się do niej: „Byli tutaj, pytali

[5] Tamże.

o ciebie, aż z Ameryki przyjechali". Opowiedziały to Bussoldowej, która skwitowała tylko: „Głupoty mówią", ale zakazała Elżbiecie wychodzić na dwór. Wytłumaczyła, że nie może się bawić z hołotą. Gdy już bardzo chciała mieć dzieci do zabawy, niania przyprowadzała je na górę, ale najpierw myła im ręce i sprawdzała włosy.

Niania wiadrami przynosiła też piasek na pierwsze piętro, gdzie mieszkały. Bussoldowa uwielbiała przybraną córkę. Elżbietka miała własną krawcową, wszystko miała w falbaneczki i tak siedziała, elegancka, wystrojona panienka we własnej piaskownicy na balkonie. W domowej bieliźniarce było zawsze mnóstwo tabliczek czekolady, Bussoldowa była położną, więc rodziny przynosiły w podziękowaniu. Elżbieta pamięta, jak jadła tę znienawidzoną czekoladę w którejś ze swoich pięknych sukienek i mówiła z płaczem, że chce iść się bawić z dziećmi.

Matka zabierała Elżbietę ze sobą, gdy jeździła do adwokata do Warszawy, na ulicę Kozią. Gdy Elżbietka miała pięć lat, zrozumiała z ich rozmowy, że jej tata miał jakąś własność i że był Żydem. Zaniosła się płaczem, jak tylko wyszły na ulicę.

„Jestem żydowskim dzieckiem! Ty nie jesteś moją mamusią!"

„Elżuniu, rozmawialiśmy o żydowskiej dziewczynce, która ma na imię tak samo jak ty. Ale to nie jesteś ty. Zapomnij, to nie o ciebie chodziło". Zapomniała.

Miała trzynaście lat, gdy poszły z mamą zanieść kwiaty na grób ojca na cmentarzu Bródnowskim. Jej uwagę zwróciła data śmierci wyryta na nagrobku – 1940 rok.

„Mamo, czemu tata umarł dwa lata, zanim ja się urodziłam?"

„Kamieniarz się pomylił". Uwierzyła.

Uczyła się w drogiej szkole z internatem prowadzonej przez siostry felicjanki. Obowiązywało wiele reguł, ona je łamała – uciekała na strych czytać kryminały albo nosiła spodnie – ale jakoś jej to uchodziło. Gdy spuściła się po prześcieradle z drugiego piętra do przyjaciółki w izolatce, miarka się przebrała i mama musiała ją przenieść. Przyjaciółka z izolatki odwiedziła ją po kilku latach. „Dlaczego mi nie powiedziałaś, że jesteś Żydówką? Czy ty się tego wstydzisz?" Dowiedziała się od siostry wychowawczyni, pewnie Bussoldowa opowiedziała zakonnicom wojenne losy Elżuni, żeby zyskać ich wyrozumiałość dla niesfornej dziewczynki.

Nie chciała się uczyć. Wymyśliła, że pójdzie do szkoły pracowników medycznych; dyrektorką była tam Irena Sendlerowa, więc na pewno ją przyjmie. Ale Sendlerowa powiedziała zdecydowanie: „Masz dwie lewe ręce, lepiej zrób maturę".

Była zbuntowaną nastolatką, a jej matka miała temperament, więc dochodziło między nimi do wybuchów. Na świadectwie z dziesiątej klasy Elżbieta miała siedem dwój, ale przyszła do domu z gazetą, w której wydrukowano jej wiersz. Powiedziała, że już ma zawód, jest poetką, i uczyć się nie będzie. Matka zdjęła ze ściany czarną gumę ułatwiającą pobieranie krwi. Nałożyła też szlaban na pisanie wierszy. Innym razem, gdy Elżbieta coś napyskowała, matka krzyknęła: „Masz żydowski charakter! Wszystko na opak!".

Zresztą nie po raz pierwszy to powiedziała, ale tym razem do Elżbiety dotarło: matka się jej wyrzeka. Uciekła z domu. Mieszkała u koleżanki w piwnicy, a tymczasem matka szukała jej z pomocą policji i rozklejała zdjęcia. Elżbieta znalazła adres Żydowskiego Instytutu Historycznego. Weszła do gabinetu dyrektora Bernarda Marka. On powiedział coś po żydowsku do sekretarki. Zapytała ją, co mówi. „Dyrektor pyta, co ta siksa chce" – odpowiedziała sekretarka. „Nie jestem siksą. Mój tata był Żydem i moja mama była Żydem!" – wykrzyczała. „Zapomnij o tym. Wyobraź sobie, że to w książce przeczytałaś, w filmie zobaczyłaś, że to nie jest twoja historia" – uspokajał ją dyrektor ŻIH-u. Zapomniała.

Któregoś dnia odnalazła siedzibę Towarzystwa Społeczno-Kulturalnego Żydów w Polsce. Siedzieli przy stolikach, mówili językiem, którego nie rozumiała. Jeden pan podszedł zapytać, co ona tu robi. Powiedziała: „Przyszłam zobaczyć, jak

Żydzi wyglądają". „A rybę po żydowsku jadłaś? Nie? To cię zapraszam". Wróciła do domu, powiedziała, że spotkała pana Żyda. Jej matka się przeraziła, ale Elżbieta nalegała. Mówiła, że jest mizerny, że może mógłby przychodzić do nich na obiady. W ich domu przy stole siedziało często ze dwadzieścia osób. Bussoldowa z dwojga złego wolała mieć wszystko pod kontrolą, więc się zgodziła. Znajomy Elżbiety z TSKŻ-etu nazywał się Wilhelm Wassner, kiedyś kierował zamkniętą już wówczas bursą żydowską na Pradze. Musiał się u nich czuć bezpiecznie, bo zasypiał po obiedzie. W lokalu TSKŻ-etu był bar, za którym urzędowała pani Gienia – sprzedawała gęsi pipek i *gefilte fisz*, oraz stoliki, przy których siedzieli starzy Żydzi, każdy ze swoją smutną historią. W grudniu Elżbieta wystąpiła w domu z interpelacją, że trzeba ich wszystkich zaprosić na wigilijną kolację. Bussoldowa oponowała: dla tych panów to nie jest święto, więc nie jest im przykro, że ich się nie zaprasza, ale nie odmówiła. Elżbieta jeszcze przez jakiś czas chodziła do TSKŻ-etu, ale przestała, widząc, że mamę to rani. Próbowała ją kilka razy o coś wypytać, ale to był temat tabu. Z pewnością gdyby sama nie drążyła, Bussoldowa nigdy by jej nie powiedziała, że nie jest jej rodzoną matką.

Elżbieta wiedziała już, kim jest, gdy wyszła za mąż za Jerzego Ficowskiego, poetę, znawcę kultury Cyganów i prozy Brunona Schulza, tłumacza z wielu języków. On w przeciwieństwie do niej widział Holocaust.

W 1942 roku miał osiemnaście lat. Zapamiętał, jak kobieta na ulicy pochyla się z kubkiem mleka do siedzącego na bruku dziecka, właściwie już mumii, a przechodzący ulicą „warszawski inteligent, ubrany staroświecko, w kapeluszu, garniturze z kamizelką, z zegarkiem z dewizką" zwraca jej uwagę, że to wstyd karmić żydowskie dziecko, jak tylu Polaków w potrzebie[6]. Raz przechodził ulicą Sienną i zobaczył dziewczynkę,

[6] Cyt. za: L. Ostałowska, *Myślę więc nie ma mnie. Rozmowa z Jerzym Ficowskim*, „Gazeta Wyborcza", 14 października 1994.

siedziała w kucki między okienkiem piwnicznym a kioskiem z gazetami. Dał jej bułkę, której nie miała siły ugryźć. Po latach napisał o niej wiersz *Sześcioletnia z getta, żebrząca na Smolnej w 1942 roku*.

Jej milczenie nie było złotem
warte co najwyżej
5 groszy może marchew jaką
bardzo grzeczne milczenie
z żydowskim akcentem
głodu

więc umarła[7]

„Pisałem te wiersze, bo nie należałem do gatunku skazanego na zagładę, a oglądałem mord"– mówił o utworach, które weszły do tomiku *Odczytanie popiołów*[8]. Jest tam też wiersz o Elżbiecie zatytułowany *Moje matki obie*.

To Twoje matki obie
nauczyły Cię
tak nie dziwić się wcale
kiedy mówisz
JESTEM.

Był zafascynowany jej historią. Zabierał ją w Sądny Dzień do synagogi, żeby poznała świat swoich rodziców. Ficowski był niewielkiego wzrostu, o ciemnych oczach i ostrych rysach, chodził w berecie.

[7] J. Ficowski, *Odczytanie popiołów*, Warszawa 1980. Najbardziej znany wiersz z tego zbioru, *List do Marca Chagalla*, powstawał w latach 1950–1956 i ukazał się w tygodniku „Po prostu" w 1957 roku (nr 17). W 1969 roku poemat wyszedł w tłumaczeniu na francuski z ilustracjami Marca Chagalla. W 1980 roku tom został wydany przez podziemne wydawnictwo NOW-a.

[8] Cyt. za: L. Ostałowska, *Myślę więc…*, dz. cyt.

Ktoś raz powiedział, że Żyd Ficowski swoją młodą żonę gojkę przyprowadził do synagogi. Ficowski mówił mi, że czuje się jak zdun, który buduje nikomu niepotrzebny piec.

„Zobaczysz, urodzi się nam rudy, piegowaty Abramek" – przestrzegał ją, gdy była w ciąży.

W marcu 1969 roku urodziła im się córka Ania. Elżbieta, zajęta ciążą, a potem opieką nad niemowlakiem, o wiele mniej przeżywała antysemicką atmosferę tamtego czasu niż jej mąż.

Nie bardzo mieli gdzie mieszkać, ale gdy zadzwonił ktoś ze Związku Literatów Polskich, że mogą dostać mieszkanie po Arnoldzie Słuckim, pisarzu, jednym z tysięcy Żydów, których kampania antysemicka wyrzuciła z Polski, Ficowski krzyczał przez telefon: „Ja mienia pożydowskiego nie przejmuję!".

Pierwszy raz Elżbieta naprawdę pomyślała o swojej żydowskiej matce, kiedy jej córka Ania miała pół roku. Wyobraziła sobie, że miałaby ją komuś oddać i nigdy więcej nie zobaczyć. Ale to Ficowski szukał śladów jej rodziców. Ona czuła, że byłoby to nielojalne wobec jej polskiej matki.

To także Ficowski zajął się tym, by przyznać Stanisławie Bussoldowej medal Sprawiedliwej[9]. Elżbiecie nie przyszłoby to do głowy. Nie daje się przecież medali mamie za to, że się tobą zajmuje.

W latach osiemdziesiątych ubiegłego wieku Ficowska odpowiadała na pytania do ankiety przeprowadzanej przez Hannę Krall. Jedno brzmiało: o której matce myśli, kiedy mówi „mama", o tej, która ją urodziła, czy tej, która ją wychowała. Nie miała wątpliwości, że mamę ma jedną, tę, która ją wychowała.

Ankieta była robiona dla amerykańskiego małżeństwa Kestenbergów, którzy podarowali Hannie Krall dyktafon – dyktafon to była wtedy duża rzecz – w zamian za przeprowadzenie wywiadów z dziećmi ocalałymi z Holocaustu. Znalazły się tam

[9] Znalazłam w papierach po Teresie Prekerowej karteczkę, zapewne z końca lat siedemdziesiątych: „Informacja Jerzego Ficowskiego: Bussoldowa opiekowała się jego żoną, Praga, ul. Kałużyńska. Nie została odznaczona" (Papiery T. Prekerowej, archiwum prywatne P. Szapiro).

pytania typu: „Czy się moczyłeś w nocy?”. Do Ficowskiej nic nie pasowało, nie miała żadnych problemów, które ocalałe dziecko powinno mieć. Wszystko, co było nieszczęściem, wydarzyło się poza nią. Jej doświadczeniem było mieć cudowną mamę i cudowną nianię. Rosła w przekonaniu o własnej wyjątkowości. Do kultowych opowieści o Bussoldowej należy ta z czasów szkolnych Elżbiety: przybrana córka nie dostawała płatków owsianych na drugie śniadanie, bo jako jedyna na osiemset dzieci nie kwalifikowała się na dożywianie ze względu na zbyt wysokie zarobki matki. A ponieważ było jej przykro, Bussoldowa przyszła do szkoły, rzuciła pieniądze na stół i powiedziała: „To za te płatki na cały rok”.

Ficowski dostał zakaz druku za podpisanie w 1975 roku tak zwanego Listu 59 przeciw planowanym zmianom w konstytucji. Niedługo później został członkiem Komitetu Obrony Robotników, co przekreślało jego szanse na jakiekolwiek publikacje. Nie wiedział, jak inaczej miałby zarabiać na życie, więc utrzymaniem domu zajęła się Elżbieta. Jeździła do Stanów. Ficowski odnalazł tam brata jej żydowskiego dziadka, Maxa Rochmana, który szukał jej po wojnie. Miała więc oparcie. Zarabiała sprzątaniem.

W Nowym Jorku historyk Holocaustu Lucjan Dobroszycki pokazał jej listę poszukiwanych dzieci z 1946 roku z dołączonym listem naczelnego rabina Nowego Jorku, który wzywał do ratowania ich dla żydostwa i przewiezienia do Nowego Jorku[10]. Widniały tam jej imię i nazwisko, informacja, że ma pięć lat, i adres w Michalinie. Wtedy stanęła jej przed oczami zapomniana scena, jak siedzi sama w piaskownicy na balkonie.

Sprawdziłam jej nazwisko na liście. Jej dane są precyzyjne: „Elżunia Rochman, zamieszkała w Michalinie, Słoneczna 13 m. 3, opiekuje się nią p. Bosoldowa”. Jest czterdziesta trzecia

[10] Lista dzieci, które przeżyły w ukryciu z pomocą chrześcijan, podzielona według województw, gdzie były ukrywane, 1946, AYV, dokumenty World Jewish Congress (AWJC) 0.37/32 i 0.6/1226.

na liście, za nią, pod numerem czterdziestym czwartym, zapisana w jidysz dwójka dzieci ze znacznie mniejszą szansą odnalezienia: „*Zwai kinder, unbawust*, Sochaczew"[11]. Ale jej nie wzięli, bo Bussoldowa pilnowała, żeby nikt jej nie znalazł.

Dopiero wtedy Ficowska zaczęła szukać śladów rodziny. Zamieściła ogłoszenia w prasie izraelskiej.

W Ameryce poznała kogoś, kto przyjaźnił się z jej ojcem. W Izraelu kogoś, kto widział jej matkę w getcie z nią na rękach przed szwalnią w zakładach Toebbensa. Dowiedziała się, jak rodzice wyglądali. Ojciec był starszy, rosły, o ciemnych oczach, semicki typ. Mama była ładna, jasna, z zielonymi oczyma. Raz prawie udało się Elżbiecie trafić na jej zdjęcie.

Ojciec Elżuni Josel Koppel był właścicielem garbarni w Wołominie. Elżbieta odnalazła polskiego zarządcę, na którego w 1940 roku rodzina przepisała zakład. Edgar Bischoff mówił, że dopóki się dało, przekazywał pieniądze z dzierżawy, umawiał się z jej babcią w sądach na Lesznie. Po wojnie Bussoldowa odzyskała garbarnię dla Elżbiety. To po to chodziła do adwokata, u którego dziewczynka usłyszała, że jej ojciec był Żydem. Gdy jej niania wyszła po wojnie za mąż, Bussoldowa dała jej mieszkanie w budynku garbarni.

Dziadek prosił Bussoldową, żeby po wojnie wysłać Elżunię do jego brata do Ameryki. Matka jej powiedziała, że złodziej ukradł jej torebkę, w której były dokumenty i adres rodziny w Ameryce. Czy naprawdę ją okradziono, czy sama je zniszczyła, nie wiadomo. Elżbieta nie ma jednak wątpliwości: lepiej, że została w Polsce, bo dostała mnóstwo miłości.

Elżbieta Ficowska pisze bajki, teksty do spektakli muzycznych, sztuki teatralne dla dzieci. Tylko raz w życiu miała etat:

[11] Tamże. Elżbieta figuruje też na innej liście, z pewnością wcześniejszej (chociaż też datowanej na 1946 rok), gdyż informacje o niej są tam mniej precyzyjne. Występuje jako Kopel Elżbieta, 3 lata, nazwisko opiekuna: Burald (Wykaz imienny dzieci znajdujących się w polskich rodzinach, 1946, Wydział Oświaty CKŻP, AŻIH, sygn. 303/IX/652).

kiedy Jacek Kuroń został ministrem pracy i wymusił na niej, by została jego rzeczniczką prasową. Zawsze miała wielu podopiecznych. (Gdy miała piętnaście lat, zobaczyła zimą w urzędzie miejskim w Otwocku zapłakane Cyganki, które prosiły o dach nad głową, bo mieszkały w namiotach. Napisała o tym do tygodnika „Filipinka" i Cyganie dostali mieszkania). Przybyło ich, gdy zaczęła pełnić funkcję przewodniczącej Stowarzyszenia Dzieci Holocaustu.

Jeden z jej podopiecznych, Konrad Skaczyński, dzwonił do niej kilka razy dziennie: „Boli mnie brzuch, czy mogę zjeść jogurt? Mam włożyć płaszcz czy kurtkę?". Wreszcie miał komu zadawać takie pytania. W czasie wojny został podrzucony do Domu Boduena, potem trafił do zakonnic, wiedział, że jest Żydem. Gdy skończył osiemnaście lat, wyprowadził się na dworzec i odtąd był bezdomny. Kiedy się wiele lat później dowiedział o Stowarzyszeniu, przychodził codziennie, witał gości w drzwiach. Stowarzyszenie załatwiło mu bezpłatne obiady w stołówce gminy żydowskiej. Ale on nie był w stanie wziąć łyżki, zanim się nie przeżegnał, zakonnice biły linijką po rękach, kiedy się o tym zapomniało. W gminie mówili: „Skoro tak, niech go Kościół katolicki karmi". Ficowska jakoś to ułagodziła, chociaż jej pierwszym odruchem było pójść w ślady matki: rzucić pieniądze na stół i krzyknąć, że za niego zapłaci.

Doprowadzała do pasji niektórych członków Stowarzyszenia, podkreślając, że nie jest to organizacja zrzeszająca Żydów, ale ludzi, którzy zostali naznaczeni przez faszyzm jako Żydzi, a ona czuje się Polką.

„Ja nie potrafię być Żydówką" – oznajmia w nagraniu dla Fundacji Shoah.

Na jednym ze spotkań Stowarzyszenia Dzieci Holocaustu wybuchła pełna emocji dyskusja, czy powiedzieć komuś, kto o tym nie wie, że jest Żydem. Ficowska była wśród tych, którzy uważali, że trzeba go zostawić w spokoju.

W autoryzowanej biografii Sendlerowej czytam: „Niemowlęta były usypiane i chowane w specjalne skrzyneczki z otworami. Przewożono je w ambulansach (z ogromnym poświęceniem współpracował kierowca Antoni Dąbrowski), którymi dostarczano do getta środki dezynfekcyjne. Tak właśnie uratowano sześciomiesięczną Elżbietę Ficowską, która ze wzruszeniem opowiada, że miała w swoim życiu trzy matki: żydowską, której nigdy nie znała (nie ma nawet jej fotografii!), polską – Stanisławę Bussoldową, która ją wychowała, i trzecią – Irenę Sendlerową, której zawdzięcza ocalenie"[12].

Polska mama Elżbiety była osobą zamożną i przedsiębiorczą. Nie wyobrażam sobie, że kiedy uznała Elżunię za swoją ukochaną córkę, korzystała z pomocy Żegoty. Nie mówiąc już o tym, że także rodzice Elżbiety nie byli biedni. Ukrywane żydowskie dziecko przechodziło zwykle przez wiele rąk. Elżunię od początku do końca ratowała jedna osoba – Stanisława Bussoldowa.

Próbowałam tak zadać pytanie, by nie urazić Elżbiety, więc nieco się plątałam.

– Życie uratowała ci Bussoldowa, ale ty wiele razy powtarzałaś, że tak naprawdę zawdzięczasz je Irenie Sendlerowej. Rozumiem, że traktujesz ją jako symbol, jako reprezentantkę grupy kobiet ratujących żydowskie dzieci, obok twojej polskiej matki i Izabelli Kuczkowskiej, która cię do niej skierowała? To znaczy chcesz powiedzieć, że Sendlerowa cię uratowała, ale nie naprawdę, tylko w takim bardziej symbolicznym sensie?

Elżbieta Ficowska nie lubiła tego pytania. Rozumiałam, że dla niej liczy się głębsza prawda, ta emocjonalna, a nie ta zimna, faktograficzna. Autoryzowała swoje wypowiedzi bardzo skrupulatnie, zgłaszając różne wątpliwości. Potem poprosiła mnie o przesłanie zautoryzowanego tekstu raz jeszcze. Przesłałam. Znowu długo się wahała, w końcu jeszcze raz go zautoryzowała

[12] *Matka dzieci Holocaustu. Historia Ireny Sendlerowej*, oprac. A. Mieszkowska, Warszawa 2004, s. 164–165.

i przekazała wydawnictwu wiele pięknych zdjęć – w tym jedno, na którym stoi objęta z małym chłopcem. „Może byście to dały? – pytała. – To może być żydowski chłopiec ukrywany przez moją mamę". Aż w końcu zdecydowała, że wycofuje zarówno autoryzację swoich wypowiedzi, jak i zdjęcia. Tłumaczyła mi, że rozbijanie mitów dzisiaj, gdy tak potrzebne są autorytety, jest ogromnie szkodliwe i że nie wolno mi zasmucać tysięcy dzieci ze szkół imienia Sendlerowej. Dlatego nie mogę podważać liczby dwóch i pół tysiąca dzieci uratowanych przez Sendlerową i nie mogę pisać, że należała do PZPR, a ona sama nie może wypowiadać się w książce, której jest przeciwna.

Rozdział 19

Dwa i pół tysiąca nazwisk, miałam ten spis na cienkich bibułkach

Irena Sendlerowa wraz z Janem Karskim stała się sztandarowym produktem eksportowym Polski. Dla narracji patriotyczno-obronnej, która żywi się odpieraniem wyimaginowanych ataków godzących w dobre imię kraju, oboje są darem Opatrzności. Karskiego, legendarnego kuriera podziemia, okrzyknięto pierwszym, który zawiadomił świat o zagładzie Żydów. O Zagładzie wiedziano już jednak wcześniej, a bohaterstwo Karskiego było najwyższej próby i nie trzeba mu już niczego dodawać. Z Ireny Sendlerowej jako tej, która uratowała dwa i pół tysiąca żydowskich dzieci, uczyniono ikonę powszechnej jakoby polskiej pomocy dla zagrożonych Zagładą.

Znakiem jej bohaterskiej postawy jest lista dzieci uratowanych dzięki niej z warszawskiego getta.

Szukając listy Sendlerowej, natknęłam się na dziesiątki innych list ratowanych, ocalałych i poszukiwanych Żydów. Sporządzane w czasie wojny, na kartkach i bibułkach, czasem zaszyfrowane. Tużpowojenne, notowane ręcznie na wielkich płachtach papieru. Nieco późniejsze, pisane już na maszynie, jak *Wykaz alfabetyczny Żydów Polskich*[1]. Gdy ma się w pamięci

[1] *Jewish Survivors Residing in Warsaw at the End of June 1945*, dokumenty Jewish Emigrant Aid Society of Canada (Zapisy ewidencyjne po byłej Głównej Komisji Ścigania Zbrodni przeciwko Narodowi Polskiemu dot. Adolfa Bermana, IPN, BU 1268/7134U). Lista została przetłumaczona na angielski, ponieważ CKŻP wysyłał kopie do organizacji żydowskich w Palestynie, USA, Anglii i Szwecji.

trzyipółmilionową żydowską społeczność żyjącą przed wojną w Polsce, już sama możliwość spisania na kilkudziesięciu stronach papieru maszynowego alfabetycznego wykazu ocalałych członków tej społeczności skłania do płaczu. Czytałam nazwiska ocalonych jak towarzyszącą im litanię zmarłych. Za każdym nazwiskiem stoi tak wiele osób z tej samej rodziny, miejscowości, tego samego getta, obozu, którym nie dane było znaleźć się w tym wykazie.

Podaje się najczęściej, że lista Sendlerowej znajduje się w Izraelu, w archiwum kibucu Lohamei Hagetaot. Brzmiało to prawdopodobnie. Tam przechowywane jest archiwum Adolfa Bermana, któremu Sendlerowa miała tę listę wręczyć[2].

Spędziłam w tym archiwum długie godziny. Rozmawiałam z izraelskimi badaczami Nahumem Bognerem, autorem książki *At the Mercy of Strangers* o dzieciach ukrywanych w Polsce, i Noamem Rachmilevitchem, który porządkuje archiwum Bermana. Zapewniali mnie, że listy tam nie ma.

– Sendlerowa mówiła, że oddała listę Bermanowi, ale nie ma jej ani w archiwum kibucu Lohamei Hagetaot, ani u syna Bermana, Emanuela, czyli w dwóch miejscach, gdzie są jego papiery – mówił mi Bogner.

Kilka razy powracałam do archiwum kibucu z nadzieją, że może w jednym z dziesiątek pudeł – jeszcze nie wszystkie zbiory były wtedy zeskanowane – uda mi się coś znaleźć. Szukałam też w Archiwum Syjonistycznym w Jerozolimie, w archiwach Yad Vashem, Muzeum Holocaustu w Waszyngtonie i w Żydowskim Instytucie Historycznym (choć trudno przypuszczać, że lista Sendlerowej nie zostałaby tam wcześniej odnaleziona).

[2] Pisze o tym m.in. A. Mieszkowska w autoryzowanej biografii Ireny Sendlerowej: „Listę zabrał do Izraela Adolf Berman. Do dziś krąży tam w odpisach po wielu prywatnych domach" (*Matka dzieci Holocaustu. Historia Ireny Sendlerowej*, oprac. A. Mieszkowska, Warszawa 2004, s. 237).

Był jeden konkretny trop. Lea Balint z Jerozolimy twierdziła, że miała ją w ręku. Pokazała ją Sendlerowej, która potwierdziła, że to jej lista. Lea zapewniała mnie, że znajdzie ją wśród tysięcy stron swoich nieuporządkowanych papierów. Sama przeżyła wojnę ukrywana u zakonnic i od lat zajmuje się odnajdywaniem rodzin (czy chociaż strzępków wiadomości o rodzinie) dla dzieci z tak zwaną zagubioną tożsamością, które wiedzą o sobie tyle, że urodziły się w złym czasie jako Żydzi. Lea jest gotową bohaterką serialu detektywistycznego. Ma dar poruszania się po ledwo widocznych śladach, wystarczy jej drobna informacja i już, po nitce do kłębka, odnajduje zagubione losy. Wydawała się najwłaściwszą osobą do poszukiwania zagubionej listy.

Pojechałyśmy do Archiwum Syjonistycznego w Jerozolimie. Nie była pewna, czy tam jej kiedyś nie wypatrzyła. Znalazłyśmy listę wydrukowaną w jidysz w jednodniówce wydanej w Łodzi, na której, sądząc po zamieszczonych fotografiach, były same dzieci.

– To może być ta – stwierdziła Lea – tylko że ja ją miałam po polsku albo po hebrajsku.

Żadna z nas nie zna jidysz, więc dopiero przy tłumaczeniu stało się jasne, że jest to lista dzieci z dwóch żydowskich domów dziecka na Śląsku. Nie sprawdziłyśmy się jako detektywki – na dole czwartej strony mogłyśmy były od razu przeczytać, że jednodniówka wyszła w 1947 roku[3]. A wszystkie listy powstałe po 1945 roku – oglądałam ich wiele – nie wnoszą niczego do moich poszukiwań. Od początku 1946 zaczęły przybywać dzieci, które ocalały w Związku Radzieckim, a na listach – ani Centralnej Komisji Żydów Polskich, ani poszczególnych domów dziecka, ani wysłanych do Jointu – nie zaznaczono, kto gdzie i jak przeżył wojnę.

– Mam tę listę przed oczyma – powtarzała mi Lea Balint. – Pamiętam, że była uporządkowana według powiatów.

[3] Jednodniówka Koordynacji Syjonistycznej, Łódź 1947, Archiwum Syjonistyczne w Jerozolimie.

Umówiłyśmy się w jej mieszkaniu w Jerozolimie na wspólne przeszukanie papierów. Otwierałyśmy kolejne klasery z bezcennymi skarbami, oryginałami wojennych i tużpowojennych listów, aż Lea wykrzyknęła tryumfalnie: „Jest!". Wyciągnęła z klasera spis, który kiedyś pokazała Sendlerowej.

Oglądałyśmy go strona po stronie. Uporządkowany według nazw miejscowości, wiele dzieci z Galicji, wiele wpisów w jidysz. Tyle że powstał na pewno po 1945 roku, bo dzieci przebywały w różnych miejscach na Dolnym Śląsku, które miały już polskie nazwy. Musiały tam być też dzieci, które wróciły ze Związku Radzieckiego[4]. Skąd jej przyszło do głowy, że to lista Sendlerowej? Nie mogła sobie przypomnieć.

– Nie ma listy Sendlerowej – oświadczyła równie stanowczo i ostatecznie, jak wcześniej twierdziła, że lista jest, i sięgnęła po coś słodkiego, co jest jej surowo zabronione.

Skąd więc wzięła się liczba dwóch i pół tysiąca dzieci, które miały zostać przez Irenę Sendlerową uratowane, a ich nazwiska utrwalone na bibułkach ukrytych w słoiku?

Sendlerowa po raz pierwszy wspomniała o liście w 1979 roku w oświadczeniu złożonym do książki Teresy Prekerowej o Żegocie[5]. Nic w nim jednak nie sugeruje, że to ona była siłą sprawczą

[4] Listy, którą dostałam od Lei Balint, szukałam później w różnych archiwach. Odnalazłam ją w końcu w wersji angielskiej w archiwum Yad Vashem (Lista dzieci, które przeżyły w ukryciu z pomocą chrześcijan, podzielona według województw, gdzie były ukrywane, 1946, AYV, dokumenty World Jewish Congress 0.37/32 i 0.6/1226) dzięki pomocy Havi Dreifuss i Nomi Halpern, którym serdecznie dziękuję. Ta lista – jak pisze historyk Lucjan Dobroszycki – została sporządzona przez Centralny Komitet Żydów Polskich w 1946 roku i przetłumaczona na angielski przez World Jewish Congress (L. Dobroszycki, *Survivors of the Holocaust in Poland: A Portrait Based on Jewish Community Records 1944–1947*, Armonk–London 1994). Oryginału listy, której kopię posiada Lea Balint, czyli wersji spisanej po polsku i w jidysz, ale łacińskim alfabetem, nie udało się odnaleźć w dokumentach CKŻP, które są przechowywane w archiwum Żydowskiego Instytutu Historycznego (dziękuję za pomoc w tych poszukiwaniach pracownikom archiwum, a szczególnie Monice Taras).

[5] Oryginały oświadczenia są w papierach T. Prekerowej, Papiery T. Prekerowej, archiwum prywatne P. Szapiro, oraz w: I. Sendlerowa, *Materiały zebrane w latach 1995–2003*, AŻIH, sygn. S/353/6.

stojącą za uratowaniem tych wszystkich dzieci. Przeciwnie. Wylicza dwadzieścia cztery osoby odpowiedzialne za konkretne działy pomocy.

Pisze, że w klasztorach uratowało się pięćset dzieci, w zakładach Rady Głównej Opiekuńczej – drugie pięćset, w Domu Boduena – dwieście, w polskich rodzinach umieszczono tysiąc trzysta dzieci, a do partyzantki skierowano stu młodych Żydów[6]. Te liczby Sendlerowa podała z pewnością w najlepszej wierze, brakuje jednak w oświadczeniu jakiejkolwiek wskazówki, jak je oszacowała. Ona sama wraz z dwudziestoma kilkoma wymienionymi osobami zajmowała się dziećmi w ramach referatu dziecięcego Żegoty, który obejmował stałą opieką finansową z początku dziewięćdziesięcioro dziewięcioro dzieci, by dojść do około trzystu, a nieokreśloną liczbę wspierał doraźnie[7].

Teresa Prekerowa opublikowała oświadczenie Sendlerowej w książce *Konspiracyjna Rada Pomocy Żydom w Warszawie 1942–1945*, fantastycznym źródle wiedzy, opartym na dokumentach, dziesiątkach autoryzowanych rozmów i korespondencji z żyjącymi w drugiej połowie lat siedemdziesiątych działaczami

[6] Według notatek Teresy Prekerowej Sendlerowa mówiła jej o dwóch i pół tysiąca dzieci i wyszczególniała tysiąc: pięćset pod opieką jej koleżanek z Wydziału Opieki (te dzieci znajdowały się głównie w zakonach i Domu Boduena), za które Rada nie płaciła, sto ulokowanych w zakonach bezpośrednio przez Radę i czterysta w zakładach RGO, za które Rada także nie płaciła (Papiery T. Prekerowej, dz. cyt.).

[7] Nawet gdyby liczby podane przez Sendlerową były prawdopodobne, i tak – jak pisałam – nie można byłoby ich po prostu zsumować, ponieważ poszczególne kategorie nie tworzyły rozdzielnych zbiorów. Dobry tego przykład stanowią Michał Głowiński czy Katarzyna Meloch: byli przechowywani przez polskie rodziny, przebywali w Domu Boduena, trafili do przyklasztornego sierocińca, czyli w powyższym spisie są reprezentowani trzykrotnie. Z oświadczenia Sendlerowej dla Prekerowej dowiadujemy się też, że wyliczenie obejmuje nie tylko dzieci. „W liczbie około 2500 są dzieci i dorośli, którym Żegota znalazła schronienie, udzielała stałej pieniężnej dotacji, wyrabiała dokumenty, dostarczała odzieży. Byli też tacy, którzy potrzebowali tylko doraźnej pomocy w postaci dokumentu, meldunku, metryki czy tylko pomocy lekarskiej, albo też pomocy w razie zagrożenia przez szmalcowników" (tamże).

Żegoty. Z pewnością uznała świadectwo Sendlerowej, która podawała dziesiątki nazwisk i liczb, za tak cenne, że poprosiła ją o złożenie oświadczenia. Zostało ono podpisane przez cztery osoby, oprócz Ireny Sendlerowej – Jadwigę Piotrowską, Izabelę Kuczkowską i Wandę Drozdowską-Rogowiczową. Piszą one, że brały udział w ratowaniu dzieci żydowskich przed Zagładą i kontaktowały się z Sendlerową. Zastrzegają przy tym, że nie znały wtedy „ani dokładnej nazwy organizacji, ani jej składu osobowego", ale relację Sendlerowej „całkowicie potwierdzają". Można więc uznać, że poświadczają liczby podane przez Sendlerową, choć nie mają dokładnej wiedzy, ale żywią do niej zaufanie.

W niepublikowanej rozmowie przeprowadzonej w latach dziewięćdziesiątych przez Irenę Kowalską Sendlerowa opowiada, jak doszła do tej liczby. Z koleżankami „próbowałyśmy »wyliczyć« liczbę dzieci i dorosłych, których ratowałyśmy od września 1939 po 1945 rok"[8]. W końcu „ustaliłyśmy wspólnie, że liczba dzieci uratowanych z getta warszawskiego oscyluje koło dwóch i pół tysiąca". Sendlerowa mówi tu jednak wyraźnie o wszystkich dzieciach uratowanych z getta, nie tylko tych ocalonych z jej pomocą ani nawet z pomocą Żegoty: „W tej liczbie były dzieci, którym Żegota udzielała zasiłków pieniężnych lub pomocy w otrzymaniu dokumentów – meldunków. Były również dzieci, które rodziny same wyprowadzały z getta i podejmowały trud całkowitej opieki nad nimi". Opisuje też, w jaki sposób doszła do ustalenia jednej z tych liczb – dzieci umieszczonych w zgromadzeniach zakonnych. Po wojnie zwróciła się z tym pytaniem do przełożonej zakładu w Turkowicach siostry Stanisławy Polechajłło, która podała, że w zakładzie zostało przechowane około czterdzieściorga dzieci, i do przełożonej Zgromadzenia Sióstr Maryi Niepokalanej Matyldy Getter.

[8] I. Kowalska, Nieopublikowany wywiad rzeka z Ireną Sendlerową przeprowadzony w latach dziewięćdziesiątych, maszynopis (archiwum prywatne autorki).

„W sumie doszłyśmy do wniosku, że nie będzie omyłki, jeżeli zbierzemy około pięćset dzieci". Były to więc dane szacunkowe, nieoparte na imiennych listach.

Zanim po raz pierwszy – trzydzieści cztery lata po wojnie – pojawiła się liczba dwóch i pół tysiąca dzieci, wielokrotnie pisano o zasługach Ireny Sendlerowej. Jonas Turkow, Józef Zysman-Ziemian i Adolf Berman w 1965 roku zaświadczyli o jej działaniach, pisząc do kapituły medalu Sprawiedliwych, że uratowała „wiele dzieci". Szymon Datner, historyk i dyrektor Żydowskiego Instytutu Historycznego, poświęcił „Jolancie" – Irenie Sendlerowej rozdział w tekście dla „Biuletynu ŻIH-u" z 1970 roku[9]. Nie pada tam dwa i pół tysiąca[10]. W liczącym kilkanaście stron wywiadzie z 1967 roku sama Sendlerowa nie wspomina ani o dwóch i pół tysiąca uratowanych dzieci, ani o tym, że sama wyprowadzała je z getta („specjalizowała się w tym Irena Schultz" – opowiada)[11].

Dwa i pół tysiąca dzieci wyprowadzonych z getta – jeżeli wziąć pod uwagę, że na dużą skalę ratowano je w ten sposób praktycznie przez siedem i pół miesiąca, od wielkiej akcji do powstania w getcie – oznaczałoby dziesięcioro dzieci dziennie! Mimo ogromnej ofiarności działaczy Żegoty skala ich pomocy była znacznie mniejsza. Jak już pisałam, z zachowanych

[9] S. Datner, *Materiały z dziedziny ratownictwa Żydów w Polsce w okresie okupacji hitlerowskiej*, „Biuletyn ŻIH" 1970, nr 75-76.

[10] W książce, której autorami są Marek Arczyński, działacz Żegoty, i dziennikarz Wiesław Balcerak, czytamy, że referat miał pod opieką tysiąc sto dzieci (M. Arczyński, W. Balcerak, *Kryptonim „Żegota". Z dziejów pomocy Żydom w Polsce*, Warszawa 1983), ale książka ta nie spełnia kryteriów rzetelnej pracy historycznej. Władysław Bartoszewski pisał po jej ukazaniu się do Teresy Prekerowej: „Wziąłem ze sobą [do Sopotu] owego Arczyńskiego. Wertuję to dokładnie i zgroza mnie ogarnia […]. Wyraźne rozbieżności między wywodami w tekście a treścią protokołów" (W. Bartoszewski, List do T. Prekerowej z 8 lutego 1980, Papiery T. Prekerowej, dz. cyt.). Prekerowa w poprawionym wydaniu *Konspiracyjnej Rady…*, które ukazało się we Francji, także dystansuje się od tych ustaleń (T. Prekerowa, *Zegota: Comission d'aide aux Juifs*, trad. par M. Apfelbaum, Monaco 1999).

[11] J. Goldkorn, *…kto ratuje jedno życie ludzkie…*, „Prawo i Życie", 23 kwietnia 1967.

dokumentów wynika, że w październiku 1943 fundusze Żegoty zostały rozdzielone między tysiąc podopiecznych z Warszawy, dorosłych i dzieci, a w lutym 1944 Rada obejmowała pomocą około trzech i pół tysiąca osób, ale już nie tylko w Warszawie.

– Nigdy mi nie mówiła, że uratowała jakąś konkretną liczbę dzieci – twierdzi Halina Grubowska, która przez kilkanaście lat od końca lat osiemdziesiątych była stałym gościem w domu Sendlerowej. – Powtarzała, że uratowała za mało dzieci i że można było uratować więcej.

A jednak w jakimś momencie Sendlerowa przełożyła przybliżone szacunki na dokładną liczbę. Myślałam z początku, że ta liczba pojawiła się przypadkiem. Może w niewłaściwie zinterpretowanym cytacie, może wraz ze sztuką dziewczynek z Kansas, a Sendlerowa, okrzyknięta tą, która „uratowała dwa i pół tysiąca dzieci", nie umiała się już z tej liczby wytłumaczyć ani wywikłać.

Ale nie.

W *Czarnych sezonach*, gdzie Michał Głowiński czas dzieciństwa i Zagłady przemienił w literaturę najwyższej próby, zwróciło moją uwagę jedno zdanie, włożone w nawias, przecinające osobistą opowieść, w której nie ma miejsca na uogólnioną faktografię: „To Irena Sendlerowa przyczyniła się do uratowania aż dwu i pół tysiąca żydowskich dzieci!". Zapytałam go o to.

– Zauważyła to pani? Pod koniec lat dziewięćdziesiątych powiedziałem pani Irenie, że wydaję swoje wspomnienia. Usłyszałem: „Niech pan koniecznie napisze, że uratowałam dwa i pół tysiąca dzieci". Byłem świadom, że to trudno będzie wprowadzić w narrację literacką. Ale co miałem zrobić, uznałem, że Irenie Sendlerowej się nie odmawia.

Anna Mieszkowska w autoryzowanej biografii Ireny Sendlerowej pisze: „Jest matką dwóch i pół tysiąca dzieci uratowanych z warszawskiego getta. Nie używam słowa »przybrana« matka, ale właśnie matka, ponieważ dała im życie po raz drugi"[12].

[12] *Matka dzieci Holocaustu*, dz. cyt., s. 19.

– Uwierzyła w te dwa i pół tysiąca dzieci?

– Uwierzyła – mówi Michał Głowiński.

– Uwierzyła – mówią mi kolejne zaprzyjaźnione z nią osoby.

„Z chwilą mojej śmierci przeszło dwa tysiące dzieci by nie wróciło do społeczeństwa żydowskiego" – mówi w filmie dokumentalnym *Lista Sendlerowej*[13].

Razem z tą liczbą pojawia się „lista Sendlerowej", czyli spis nazwisk, które przekazała organizacjom żydowskim, by te odnalazły dzieci.

„Dwa i pół tysiąca nazwisk i danych nikt nie był w stanie zapamiętać, to było spisane. Miałam ten spis na cienkich bibułkach, takich zwitkach" – mówiła w wywiadzie dla izraelskiej gazety „Nowiny Kurier"[14]. „Zawartość drugiej butli – opowiadała – zaniosłam do przewodniczącego CKŻP Adolfa Bermana. Komu on te listy przekazał – tego nie mogłam się dowiedzieć"[15].

Sam Berman pisał w oświadczeniu o przyznanie jej medalu Yad Vashem: „Z wielką odwagą uratowała liczne dzieci żydowskie, wyrywając je z nazistowskich szponów"[16]. Z kolei w obszernym tekście do książki *Ten jest z ojczyzny mojej* pisał: „Przyjdzie jeszcze czas na Złotą Księgę Polaków, którzy w tych strasznych »czasach pogardy« podali bratnią dłoń Żydom", i wymienił osiemdziesiąt sześć nazwisk Polaków, z którymi współpracował. Kreśli czułe portrety tych, z którymi się zaprzyjaźnił, Irenę Sendlerową wymienia jako kierowniczkę

[13] *Lista Sendlerowej*, reż. M. Dudziewicz, 2002. Podobnie mówiła w nagraniu dla A. Wolfa: „Bez tej listy żadne dziecko do żydowskiego społeczeństwa by nie wróciło" (A. Wolf, Nagranie z 12 sierpnia 2007, Materiały filmowe z lat 2005–2008 do filmu o Irenie Sendlerowej).

[14] *Z Ireną Sendlerową z Żegoty rozmawia Anna Ćwiakowska*, „Nowiny Kurier", 17 czerwca 1983.

[15] I. Kowalska, Nieopublikowany wywiad…, dz. cyt. Berman zmarł w 1978 roku. Prekerowa korespondowała z nim na potrzeby swojej książki. Nigdzie nie pisze o tym, by Berman dostał po wojnie od Sendlerowej listę uratowanych dzieci (T. Prekerowa, *Konspiracyjna Rada Pomocy Żydom w Warszawie 1942–1945*, Warszawa 1982).

[16] Oświadczenie A. Bermana z 28 maja 1965, AYV, Files of the Department for the Righteous Among the Nations, Irena Sendler, sygn. 153.

referatu dziecięcego Żegoty[17]. W książce o podziemiu pisze z uznaniem o młodej dzielnej działaczce konspiracji „Jolancie" – Irenie Sendlerowej[18]. Ale nigdzie nie wspomina o przekazanej mu liście.

Opowiadając o spisie dzieci, Sendlerowa mówiła wielokrotnie, że przechowała go w dwóch butelkach, które zakopała w ogródku domu Jadwigi Piotrowskiej na Lekarskiej 9. Jedna z butelek miała ocaleć. (Dziewczynkom z Kansas pomyliło się, że to były słoiki, i stąd tytuł ich sztuki *Życie w słoiku*).

Tyle że o liście dzieci, którą przechowywała i zakopała w swoim ogródku, wielokrotnie wspominała Jadwiga Piotrowska. „Kiedyś, o młodzieńcza nieostrożności, prowadziłam własną zaszyfrowaną statystykę. Swoje notatki włożyłam do pękatej butelki i zakopałam w ogródku. Po wyzwoleniu próbowałam to odnaleźć i nic nie znalazłam, bo ogródek przekopał dokładnie jakiś domorosły »tropiciel pirackich skarbów«"[19]. „Około pięćdziesięcioro albo i więcej dzieci przeszło przez mój dom, miałam listę, zakopałam w moim ogródku na tyłach domu w czasie wojny, ktoś tam musiał coś szukać bo po wojnie nie znalazłam tego, co zakopałam. Lista była w butelce i butelka pękła, a tam był papier, musiał go zniszczyć deszcz"[20]. „Spis z nazwiskami prawdziwymi i nadanymi dzieciom zginął w czasie powstania warszawskiego"[21].

Pierwszy cytat, ten o „własnej zaszyfrowanej statystyce", pochodzi z dużego wywiadu udzielonego przez Piotrowską

[17] A. Berman („Borowski"), *Ci, co ratowali*... [w:] *Ten jest z ojczyzny mojej. Polacy z pomocą Żydom 1939-1945*, oprac. W. Bartoszewski, Z. Lewinówna, Kraków 1967, s. 80.

[18] A. Berman, *Mijemej hamachteret*, Tel Awiw 1971.

[19] R. Teyszerski, *50 razy kara śmierci. Rozmowa z Jadwigą Piotrowską*, „Kierunki", 11 maja 1986.

[20] P. Robinson, *Jadwiga. Just From Our Hearts*, „Teaching for Holocaust", Institute for Education and Research of Tulane University, New Orleans 1989, s. 27 i 28.

[21] J. Piotrowska, Oświadczenie z 23 marca 1987, AŻIH, sygn. 349/24/1903. Także: Stowarzyszenie Dzieci Holocaustu, *Jadwiga Piotrowska. Pożegnanie*, „Gazeta Wyborcza", 5 września 1994.

w 1986 roku. Przyjaźniły się blisko, Sendlerowa na pewno ten wywiad czytała (wycięte strony tygodnika znajdują się w jej papierach w ŻIH-u). Nie wyobrażam sobie, żeby Piotrowska, która tak bardzo podkreśla rolę innych (wszystkich domowników czy też Dobraczyńskiego), postanowiła pominąć Sendlerową, pisząc o liście dzieci.

Hanna Rechowicz:

– Ja słyszałam o jednej rozbitej butelce, w której moja matka trzymała nazwiska dzieci. Te nazwiska może się zachowały w pamięci mojej matki i też w pamięci Ireny, tego nie wiem, bo mama o tym nie wspominała. Kiedy Irena stała się sławna, zaczęła krążyć ta opowieść o liście dwóch i pół tysiąca nazwisk dzieci ukrytej pod jabłonką. To chyba wygląda na legendę miejską?

Sendlerowa nie wspomina o zakopaniu listy dzieci w ogródku przy Lekarskiej ani w tekście opisującym swój udział w ratowaniu Żydów z 1963 roku, ani w ogromnym wywiadzie z 1967 roku. W swojej książce o Żegocie Prekerowa podaje, że Sendlerowa trzymała listę u siebie w mieszkaniu, że około jednej czwartej listy zostało zniszczonej i że po rozszyfrowaniu reszty Sendlerowa przekazała ją Bermanowi[22]. Przeglądałam notatki Prekerowej z rozmów z Sendlerową – małe kartki zapisane drobnym pismem (widać, że książka była przygotowywana w czasach, gdy papier był reglamentowany i trudno dostępny), częściowo nadpalone, częściowo wyblakłe od wody (podczas demonstracji w stanie wojennym raca wpadła do mieszkania Prekerowej i wybuchł pożar). Tam także nie ma niczego o zakopaniu listy na Lekarskiej, tylko o tym, że lista była schowana w skrytce w domu Sendlerowej[23]. Na pierwszy ślad informacji o zakopanych butelkach natrafiłam w życiorysie z 1985 roku przygotowanym na potrzeby badań nowojorskiego uniwersytetu[24],

[22] T. Prekerowa, *Konspiracyjna Rada...*, dz. cyt.

[23] Papiery T. Prekerowej, dz. cyt.

[24] I. Sendlerowa, Wywiad 1 (z kwietnia 1985 roku) [w:] tejże, *Materiały zebrane w latach 1995–2003*, AŻIH, sygn. S/353/10.

a w formie drukowanej w wywiadzie dla „Polityki" z 1995 roku (Jadwiga Piotrowska zmarła w 1994 roku)[25].

Żegota stosowała drobiazgowe (i niebezpieczne) zasady rozliczeń. Łącznicy spisywali, komu wpłacili pieniądze, podając prawdziwe nazwisko odbiorcy, jego adres i wpłaconą sumę. Pokwitowania z danej komórki były sprawdzane przez komisję rewizyjną. Kiedy Irena Sendlerowa została szefową referatu dziecięcego, rozliczała się przed Grobelnym, który przekazywał Komisji podsumowanie wydatków[26]. Jak ustaliła Prekerowa, dokumentacja finansowa referatu najpewniej zginęła wraz z dokumentacją komórki PPS-WRN, kierowanej przez Grobelnego. Była zakopana w piwnicy domu na warszawskim Boernerowie, który został zniszczony podczas powstania[27]. Poza tym większość dzieci dostawała pieniądze nie przez referat dziecięcy, tylko przez organy partii, które składały się na budżet Żegoty; powierzanie list tych dzieci Sendlerowej byłoby niepotrzebnym mnożeniem niebezpieczeństw.

Lista zakopana w ogródku na Lekarskiej musiała być prywatnym wykazem nazwisk dzieci, które przeszły przez dom Piotrowskiej, a może także kilkorga innych będących pod opieką jej koleżanek z Wydziału, którym Sendlerowa przekazywała pieniądze.

[25] E. Wilk, *Matka Jolanta od tonących*, „Polityka", 30 września 1995. Sendlerowa opowiada tam: „Po wojnie trzeba było wrócić do spraw dzieci. Zakopaną w ogrodzie warszawskiej willi kartotekę udało się odnaleźć w połowie, resztę trzeba było rekonstruować".

[26] Helena Grobelna pisała do Teresy Prekerowej: „»Trojan« ściśle współpracował z Ireną Sendlerową, ps. »Jolanta«. Darzył Ją wielkim szacunkiem i uznaniem. Cenił jej oddanie sprawie pomocy ludziom upośledzonym i prześladowanym i Jej wielką odwagę. Przekazywał jej również pewne kwoty. Ona natomiast dostarczała mu pokwitowania z podpisami prawdziwymi ludzi potrzebujących" (H. Grobelna, List do T. Prekerowej z czerwca 1978, Papiery T. Prekerowej, dz. cyt.).

[27] Dokumenty były zakopane w piwnicy domu Władysława Lizuraja, członka PPS-u i podobnie jak Grobelny uczestnika powstań śląskich (T. Prekerowa, *Konspiracyjna Rada*…, dz. cyt.; W. Bednarska, List do T. Prekerowej z 11 maja 1983, Papiery T. Prekerowej, dz. cyt.).

- 2 -

43.	Elżunia	-	Rochman	MICHALIN, Słoneczna 13/3 p. Kosoldowa.
44.	Zwei kinder	-	unbawust	SOCHACZEW
45.	Heiwentreger Henryk (K.75)	-	muter: Zynger.	WARSZAWA, Stalowa 41/ ob. Pilinowski.
45.	Herman Adaś (Marozny)	10 jahr	Eugenja	MIŁOSNA-KOLEJOWA ul. Kellera 14 Kocinba Jozef
46.	Grodsztajn Chomasia	-	foter: Ignacy	WARSZAWA, Ogrodowa 5 10 op. Sitkowski Władys
47.	Grin Irka	-	-	WARSZAWA, Florjanska 10 op. Woźniak.
48.	Gering Zosia	5 jahr	unbawust	DROHICZYN, Dudko Elżbieta
49.	Laudi Krystyna Aniela	-	Adam, Aniela	WARSZAWA, Warszałkowska 81/21. op. [illegible] Aniela.
50.	Ingl	-	unbawust	CHUDOLIPIE, za Mszczonowem k/Lutów ob. Król.
51.	Kelerman (Karalus Wojtek)	9 jahr	"	SKIERNIEWICE, Kolejowa 20 op. Karlus Francisz
52.	Wajsbrot Cipa (Marysia)	-	"	WARSZAWA, Obwodow op. Chroscielowa Maria.
53.	Werteim	7 jahr	"	RAWA-MAZOWIECKA, ul. Szkolna dom Budzinskiego u wdowy.
54.	Baranowska Eleonora	11 jahr	"	BIELANY pod Warszaw Klasztor.
55.	Tarnenbaum Zelda (Oldak Basia)	6 "	"	WAWER-STARY, Dzrat wa obok Klasztorne. Ob. Oldak Aleksand
56.	Litman Mietek Litman Jurek	-	foter: Ignacy	WARSZAWA, Powązki Klasztor Samarytan
57.	Lederman Simona (Czerwinska Monika)	6 jahr	Abram Adela Przetoska.	WARSZAWA, Bracka urbatet op. Inż. Miller Ada

Lista dzieci, które przeżyły w ukryciu z pomocą chrześcijan, podzielona według województw, gdzie były ukrywane, 1946

Ona sama wszystko, co zdołała zachować czy zapamiętać, z pewnością przekazała po wojnie Adolfowi Bermanowi. Jeżeli on nigdzie o tym nie wspomina, to zapewne dlatego, że informacje uzyskane od Sendlerowej były tylko jedną z wielu nitek, które pomagały odnaleźć poszukiwane dzieci.

Mówi się też zawsze o „uratowanych dzieciach". To określenie napawa otuchą, bo zakłada niejako, że dzieci, które wyszły z getta, przeżyły Zagładę. Niestety bardziej realistyczne byłoby określenie: ratowane dzieci, bo wyprowadzone z getta musiały mieć wiele szczęścia, aby nie stracić życia po aryjskiej stronie.

Nie może być przypadkiem, że dzieci, które przeżyły w Warszawie i których okupacyjne losy starałam się poznać, pochodziły z reguły z zamożnych rodzin. Oczywiście ani grupa kobiet z Wydziału Opieki, ani później Żegota nie kierowały się sytuacją materialną ratowanych dzieci, ale w historii niemal każdego ukrywanego w jakimś momencie (a najczęściej w wielu momentach) pojawiali się szmalcownicy czy niegodziwi, pazerni gospodarze. Ratunkiem były wtedy odłożone na czarną godzinę dolary, rodzinny brylant, obrączki. A jeżeli pieniędzy na wykup nie można było zdobyć?

Ile żydowskich dzieci zginęło przez szmalcowników? Ile przez swoich rówieśników, którzy na ich widok krzyknęli „*Jude*" albo „Żydek", przyciągając uwagę Niemców lub granatowego policjanta? Jakie szanse na przeżycie miało żydowskie dziecko objęte opieką Żegoty? Jeśli oddano je do klasztoru – bardzo duże, to było najbezpieczniejsze schronienie. Ale w Warszawie czy na wsi? Zbyt wiele czynników i okoliczności stanowiło o jego losie, nie mówiąc o roli przypadku i tym, co banalnie nazywamy łutem szczęścia. Nie wiemy też, ile dzieci żydowskich zginęło w powstaniu warszawskim wraz z jedną trzecią ludności cywilnej miasta. Sprawiedliwi bardzo rzadko opowiadają o tych dorosłych i dzieciach, którym pomagali, ale których uratować się nie udało.

Pozostając przy tej okrutnej arytmetyce Zagłady: z prawie miliona żydowskich dzieci żyjących w przedwojennej Rzeczypospolitej odnalazło się na terenach objętych niemiecką okupacją, a po wojnie należących do Polski pięć tysięcy.

Nawet ta liczba, ustalona w 1945 roku przez Centralny Komitet Żydów w Polsce[28], jest zdaniem niektórych zawyżona. Nie istniał bowiem spis całościowy, ocalonych rejestrowano w komitetach rejonowych, a potem zsumowano podane liczby. Tymczasem wiele osób, w tym dzieci, przemieszczało się wówczas w poszukiwaniu kogokolwiek z rodziny, zostawiając tu i tam wiadomości, toteż jedno dziecko mogło zostać zarejestrowane w kilku miejscach[29].

Spotyka się wyższe szacunki uratowanych dzieci, ale najczęściej przyjmuje się tę liczbę: pięć tysięcy. Ile z tych dzieci pochodziło z Warszawy i okolic? Nie ma pewnych danych. Historyk Holocaustu Szymon Datner, sam ocalały, uważał, że w Warszawie uratowało się sześćset dzieci[30].

Lea Balint:

– Wśród pięciu tysięcy ocalałych dzieci są dzieci z różnych stron Polski, w tym dzieci ratowane przez służące czy przez znajomych rodziców, bez żadnego kontaktu z Żegotą, a też dzieci, które były w Auschwitz i innych obozach. A poza tym, jaki to byłby wstyd dla narodu polskiego, żeby jedna kobieta uratowała połowę wszystkich żydowskich dzieci, które przeżyły? To by znaczyło, że wystarczyłoby dziesięć dzielnych kobiet, żeby uratować dwadzieścia pięć tysięcy dzieci? Sto Sendlerowych, by uratować ćwierć miliona?

Joanna Sobolewska-Pyz, przewodnicząca Stowarzyszenia Dzieci Holocaustu:

– Te dwa i pół tysiąca to przecież niemożliwe, ot, głupie gadanie. Lepiej nie gadajmy głupot, bo tym samym podważamy jej

[28] Sprawozdanie Wydziału Opieki nad Dzieckiem CKŻP na rok 1946, AŻIH, sygn. 303/IX/9. Lucjan Dobroszycki, który przyjmuje liczbę pięciu tysięcy dzieci za najbardziej wiarygodną, zwraca też uwagę, że po wojnie radykalnie zmieniła się struktura ludności: mało dzieci, mało ludzi starszych, dużo ludzi samotnych (L. Dobroszycki, *Survivors of the Holocaust in Poland*, dz. cyt.).

[29] Tamże. Patrz też: I. Turkov, *En Pologne, après la Libération. L'impossible survie des rescapés juifs*, trad. par M. Pfeffer, Paris 2008.

[30] S. Datner, *Las sprawiedliwych. Karta z dziejów ratownictwa Żydów w okupowanej Polsce*, Warszawa 1968.

niewątpliwe bohaterstwo. A jakie znaczenie mają liczby? Czy ktoś uratował dwa i pół tysiąca dzieci czy jedno dziecko, i tak jest bohaterem.

Marian Turski:

– Mam notatki z jakiejś mojej rozmowy z Ireną, kiedy mówiła o kilkuset dzieciach. Pewnie każdy z nas zaczyna wierzyć w jakieś opowiadanie o samym sobie.

– A rozmawiał pan kiedyś z nią o tej liczbie?

– Śmiała się, mówiła: „Przesadzają".

– Irena Sendlerowa jest godna najwyższego podziwu za to, co zrobiła. Po co wyolbrzymiać liczbę ratowanych dzieci? – spytałam Władysława Bartoszewskiego.

– To jest legenda wymyślona w Ameryce, w amerykański sposób, tam wszystko musi być rekordowe.

– Ale przecież panu profesorowi też zdarzało się wymienić liczbę dwóch i pół tysiąca uratowanych przez Sendlerową dzieci. Czyli pan współtworzył tę legendę.

– Niezupełnie. Proszę zauważyć, że ja nigdy nie wszedłem w akcję uprawiania ślepego kultu Sendlerowej. Ale powiem koleżance: takie symbole są potrzebne. Kościół, stara instytucja przy wszystkich swoich potwornych błędach niegłupia, po coś wymyśliła swoich błogosławionych i świętych. Oni też nie zrobili wszystkiego, co im przypisują.

„Każde uratowane przy moim udziale dziecko żydowskie jest usprawiedliwieniem mojego istnienia na tej ziemi, nie tytułem do chwały" – mówiła Irena Sendlerowa, odbierając Order Orła Białego[31].

„Kto miał szczęście ją poznać, mógł liczyć, że przeżyje" – mówiła Wanda Rotenberg[32].

Czy to nie wystarczy?

[31] Cyt. za: A. Mieszkowska, *Matka dzieci Holocaustu*, dz. cyt., s. 36.

[32] Wystąpienie na konferencji drugiego pokolenia ofiar Holocaustu w Jerozolimie, grudzień 1988, cyt. za: H. Grubowska, *Ta, która ratowała Żydów. Rzecz o Irenie Sendlerowej*, Warszawa 2014, s. 107.

Rozdział 20

Gdy dochodziło do Żydów, mur nie do przebicia

Słyszałam: serdeczna, miła, dobra, bardzo dobra, promieniująca dobrocią. Z pewnością. Ale co ją interesowało? Co myślała o drogach życiowych swoich koleżanek i kolegów z konspiracji? Czy lubiła zwierzęta? Czego nie lubiła? Co sądziła o *in vitro*? Co czytała? Nie spotkałam jeszcze bohaterki, o której tak trudno byłoby się czegoś dowiedzieć od osób znających ją całe lata. Szczęśliwie Andrzej Wolf, operator, który pod koniec jej życia dużo czasu spędzał u niej z kamerą, zapytał o najważniejszą książkę w jej życiu. „Żeromski". „Ale co Żeromskiego?" „*Dzieje grzechu*". „A nie ta książka o szklanych domach?" „*Dzieje grzechu* to bardzo piękna książka o miłości"[1].

Imponujące, dziewięćdziesięciopięcioletnia kobieta upiera się, że niegdyś skandalizująca, gęsta od scen erotycznych powieść Żeromskiego jest jej bliższa niż *Przedwiośnie*. (Niestety ani ten dialog, ani inne ciekawe wypowiedzi, które kamera uchwyciła przypadkiem, rejestrując oficjalne uroczystości i wizyty, nie weszły do dokumentu Wolfa *Historia Ireny Sendlerowej*, ale autor szykuje się do wykorzystania ich w następnym filmie)[2].

Na nagraniu z oficjalnego spotkania Sendlerowa mówi na boku do miłej tłumaczki: „A wiesz, kochana, że jak ja byłam

[1] A. Wolf, Nagranie z 1 sierpnia 2007, Materiały filmowe z lat 2005–2008 do filmu o Irenie Sendlerowej.
[2] *Historia Ireny Sendlerowej*, reż. A. Wolf, 2015; Rozmowa z A. Wolfem, 2016.

młoda, to nigdy nie myślałam, że ja będę miała dzieci, nie lubiłam nawet dzieci"[3]. Nieoczywiste wyznanie, szczególnie jeśli jest się sławną Matką Dzieci Holocaustu.

To można o niej powiedzieć z pewnością: była nieoczywista. Chociażby w życiu osobistym. Mąż w oflagu, ukochany w getcie, żona ukochanego zaprzyjaźniona z nią przed tym i po tym, jak Sendlerowa związała się z jej mężem, powtórne zejście się z pierwszym mężem – te konstelacje bardziej kojarzą się z dzisiejszą patchworkową rodziną niż z życiorysem panny z dobrego domu urodzonej na początku minionego wieku.

Miała stanowcze zdanie na różne tematy i stanowczo je wypowiadała.

„W Jerozolimie spotkałam pana, Żyda, który pytał: »Jak mama mogła mnie oddać?«. A ja mówię: »Proszę pana, pan jest idiota, zadając mi takie pytanie. Pan żyje dlatego, że mama pana oddała«"[4].

„Nauczyciele są straszni. Mam fatalną opinię o nauczycielach. Jak się pracuje z młodymi, to trzeba ich zrozumieć, wszystkie ich potknięcia. Teraz te oczekiwania co do matury, że ocenia ktoś z innego województwa, żeby nie liczyła się protekcja. Przecież to absurd! To podstawowy nonsens! Jak można oceniać tak samo dziewczynę z trudnej rodziny i dziecko z inteligenckiego domu?"[5]

„Zabij Busha" – odpowiedziała Renacie Skotnickiej-Zajdman na pytanie, co ma dla niej zrobić po drugiej stronie oceanu. Prezydent Bush podjął właśnie decyzję o wysłaniu amerykańskich żołnierzy do Iraku. „Jestem pacyfistką stuprocentową" – powtarzała[6]. W przeddzień wręczenia jej Orderu Orła Białego oglądała w telewizji, jak trumna z żołnierzem zabitym w Iraku, spowita narodową flagą, wylądowała na lotnisku.

[3] A. Wolf, Nagranie z 23 marca 2006, dz. cyt.
[4] A. Wolf, Nagranie z 12 sierpnia 2007, dz. cyt.
[5] A. Wolf, Nagranie z 8 stycznia 2005, dz. cyt. [6] Tamże.

„Powiedziałam prezydentowi Kwaśniewskiemu wszystko, co o tym myślę" – opowiadała[7].

„Teraz i lewica, i prawica nie ma żadnych ideałów, ideałem jest kłamstwo i forsa. Człowiek dostaje białej gorączki, jak ogląda telewizję"[8].

Michał Głowiński:

– Była świetnie zorientowana w polityce. Miała ogromny telewizor, słuchała radia. Przerażały ją prawica i nacjonalizm[9].

W zeszycie w kratkę pełnym zadań z mnożenia i dzielenia, pewnie jej wnuczki, przygotowywała w 1996 roku list do prezydenta i marszałka sejmu. Opisuje, że dowiedziała się z dziennika telewizyjnego, iż Sejm odmówił uprawnień kombatanckich dwóm kategoriom ludzi: tym, którzy utrwalali władzę ludową, i tym, którzy ratowali Żydów. „Zwracam się z gorącą prośbą o niezatwierdzanie tej haniebnej ustawy" – pisała[10].

Za czasów prezydentury Lecha Kaczyńskiego konieczne było znalezienie naprędce nowych członków kapituły Orderu Orła Białego – Bronisław Geremek i Tadeusz Mazowiecki zostali z niej wyrzuceni za odmowę złożenia oświadczeń lustracyjnych, Władysław Bartoszewski wystąpił na znak protestu. Prezydent zaprosił Sendlerową, licząc, że do starszej pani kontekst nominacji nie dotrze. Wzięta z zaskoczenia, odpowiedziała przez telefon, że jest zaszczycona i uhonorowana, ale szybko się zreflektowała, po czym wysłała grzeczny i stanowczy list odmowny[11].

Przez ostrość sądów bywała niesprawiedliwa.

[7] Rozmowa z E. Janicką, 2016. Trumnę z ciałem majora Hieronima Kupczyka przewieziono na lotnisko pod Szczecinem 9 listopada 2003 roku. Odznaczenie Aleksander Kwaśniewski wręczył Sendlerowej 10 listopada.

[8] A. Wolf, Nagranie z 8 stycznia 2005, dz. cyt.

[9] Janicka zanotowała tematy jednej z rozmów z Sendlerową: „Komisja śledcza do spraw Orlenu, Irak, Czeczenia, jeden z prawicowych działaczy (»rasowy gestapowiec, pani Elżbieto, ja wiem, co mówię«)" (Zapiski E. Janickiej z rozmowy z I. Sendlerową z 12 marca 2005, archiwum prywatne E. Janickiej).

[10] I. Sendlerowa, *Materiały zebrane w latach 1995–2003*, AŻIH, sygn. S/353/10.

[11] Rozmowa z E. Ficowską, 2014.

W sprawie Wiery Gran, która została posądzona o współpracę z gestapo – wszystko wskazuje na to, że bezpodstawnie, ale jednym z oskarżających był Jonas Turkow – Sendlerowa przyjęła jego wersję. Pisała do ŻIH-u, jak ogromnie ją zabolało, że w książce wydanej przez Instytut wśród wymienionych wielkich ludzi narodu żydowskiego znalazło się nazwisko Wiery Gran, „zbrodniarki, sprzedawczyni swoich rodaków"[12].

Gdy w 2007 roku nie przyznano jej Nagrody Nobla – dostał ją Al Gore, były wiceprezydent Stanów Zjednoczonych, za działania przeciw globalnemu ociepleniu – mówiła: „Jakiś facet dostał za klimat, to było dla nich ważniejsze niż ratowanie Żydów"[13].

W jej wypowiedziach o Izraelu nie ma śladu empatii dla Palestyńczyków. Izrael, cokolwiek by zrobił, zawsze jest usprawiedliwiony. Z natury lewicowa, w tej jednej sprawie przyjęła postawę prawicowego jastrzębia.

Ostrość sądów łączyła jednak z naiwną wiarą, że ludzkość mogłaby podążyć w dobrym kierunku.

W mowie przygotowanej na uroczystość wręczenia jej amerykańskiej Nagrody im. Jana Karskiego pisała: „Chciałabym też, aby zachowała się pamięć o wielu szlachetnych ludziach, którzy narażając własne życie, ratowali żydowskich braci, a których imion nikt nie pamięta. Ale pamięć nasza i następnych pokoleń musi też zachować obraz ludzkiej podłości i nienawiści, która kazała wydawać wrogom swoich sąsiadów, która kazała mordować. Widzieliśmy też obojętność wobec tragedii ginących. Moim marzeniem jest, aby pamięć stała się ostrzeżeniem dla świata. Oby nigdy nie powtórzył się podobny dramat ludzkości"[14].

[12] I. Sendlerowa, Kopia listu do dyrektora ŻIH-u w związku z publikacją książki M. Fuksa, *Żydzi polscy – dzieje i kultura*, kwiecień 1983 (AŻIH, sygn. 310/1619/80).

[13] Rozmowa z R. Skotnicką-Zajdman, 2013.

[14] http://www.dzieciholocaustu.org.pl/szab8.php?s=sendlerowa001_02.php [dostęp: luty 2017]. Na uroczystość wręczenia nagrody w Waszyngtonie 23 października 2003 pojechały Elżbieta Ficowska i Jolanta Kwaśniewska.

„Człowiek jest zmaterializowany. Ideałami są przemoc i kłamstwo i dopóki będę żyła, będę głosiła, że najważniejsze jest dobro" – mówiła[15].

„Ona się obrażała na telewizor, wszędzie są bitwy, krew się leje, świat się niczego nie nauczył" – opowiada jej córka[16].

„Kiedy wreszcie dobro zwycięży? Kiedy weźmie całą ludzkość pod swoje dobre skrzydła? Kiedy?" – pisała w liście do przyjaciółki[17].

Gdy w 1993 roku zorganizowano w Warszawie międzynarodową konferencję ku czci Sprawiedliwych[18], Sendlerowa poczuła się obrażona, że nie zaproszono jej do żadnej z dyskusji panelowych. Zdecydowała w końcu, że mimo to przyjdzie na konferencję i podejdzie do mikrofonu. W jej papierach zachowały się kolejne wersje (mniej i bardziej pokreślone, na papierze w linie, a do nich małe kartki w kratkę jako wstawki) tego, co zamierzała powiedzieć, oraz brudnopis listu do przyjaciół na ten temat[19].

„Wiele razy słyszałam, jak ludzie doprowadzeni do skrajnej nędzy, do kompletnego wyniszczenia z ogromnym bólem, rozpaczą, załamaniem pytali: Dlaczego nas wszyscy znajomi, nawet przyjaciele, towarzysze wieloletniej wspólnej sprawy, sąsiedzi, którzy czasem latami korzystali z naszej pomocy,

[15] *Lista Sendlerowej*, reż. M. Dudziewicz, 2002.

[16] A. Wolf, Nagranie z 11 maja 2007, dz. cyt.

[17] I. Sendlerowa, Kartka do W. Rotenberg z marca 1994, AKLH, Kolekcja B. Elster, sygn. 29481.

[18] Pierwsza Międzynarodowa Konferencja ku czci tych, którzy ratowali Żydów podczas Holocaustu, „Czy obojętność może zabić", Warszawa, 5–7 lipca 1993.

[19] I. Sendlerowa, *Materiały*..., dz. cyt., S/353/12. Do przyjaciół pisała: „Przez dwa dni sala trzęsła się od opowiadań o bohaterskich wyczynach, trudnościach, jakie trzeba było pokonywać dla ocalenia choćby jednej osoby. Podczas każdego przemówienia szumiało cztery tysiące drzew »Sprawiedliwych« posadzonych na wzgórzach Jerozolimy przez Polaków, wobec ogólnej liczby 11 tysięcy przez obywateli z innych, kilku krajów. Liczba cztery tysiące stała się wielką dumą dla Polaków. Ta duma moich rodaków sprowokowała mnie do zabrania głosu pod koniec drugiego dnia konferencji, choć pierwotnie nie miałam zamiaru przemawiać" (tamże).

opuścili i nawet nie mogą się zdobyć na mały liścik, jakiś drobny znak pamięci? Dlaczego, dlaczego? Szloch. I ta masowa obojętność nie może usprawiedliwić nas, Polaków. Dlaczego naród polski, mający za sobą całe okresy tolerancji, przyjmowania wyrzuconych Żydów z Niemiec, z Hiszpanii, stać było w dwudziestym wieku przeważnie na obojętność? Co się stało, że żeśmy się tak stoczyli w dół? [...] Nie można usprawiedliwić w żaden sposób tych Polaków, którzy wydawali Niemcom ludzi z gett. Ilu ich było, nie wiadomo, ale byli! Stanowili przypuszczalnie nieliczny odsetek. Oprócz nich ogromna część społeczeństwa polskiego była jednak niestety obojętna. [...] Tak się bardzo cieszymy, że z jedenastu tysięcy »Sprawiedliwych«, aż cztery tysiące to Polacy. Czy to dużo, czy mało, jeśli przed wojną było 25 milionów Polaków? Nie mamy się czym chwalić, raczej winniśmy czuć zażenowanie. Jest i był antysemityzm. W czasie wojny byli tacy, którzy się cieszyli, że Hitler robi za nas tę brudną robotę".

Dalej było o pogromie w Kielcach: „Dużo myślałam nad tą sprawą, wybaczmy sobie nawzajem, Żydzi – krzywdy antysemickie, Polacy – UB. Po rozpatrzeniu wszystkich za i przeciw doszłam jednak do wniosku, że nie można postawić grubej kreski, dopóki nie będzie wyjaśniony mord kielecki. I tu stawiam konkretny wniosek pod adresem nie tylko polityków, ale i historyków. Należy tę sprawę wyświetlić do końca. Jakakolwiek wersja jest prawdziwa, niestety jest to zbrodnia dokonana rękami Polaków. Trzeba rzetelnego, stuprocentowego wyjaśnienia tego, co się stało na naszej ziemi".

I o antysemityzmie dziś: „Apeluję do swoich rodaków o bezwzględną szczerość, zróbmy rzetelny rachunek sumienia, odbądźmy generalną spowiedź ze swoich narodowych grzechów, z antysemityzmu. [...] Nasz wielki Polak Jan Paweł II publicznie ogłosił, że antysemityzm jest grzechem. Czy uważacie, że sto procent katolików słucha papieża, czy codziennie spowiadacie się z grzechu antysemityzmu? Jestem głęboko przekonana, że nigdy się z tego grzechu nie spowiadacie. A więc czy jesteście dobrymi katolikami, czy nie? Zwracam się z wielką prośbą do naszego katolickiego Kościoła w Polsce: wychowajcie swoich kapłanów wedle zasad Ojca Świętego. Ponadto od roku do szkoły wprowadzono naukę religii, niech ci nauczyciele katoliccy wstawią do programu walkę z tym grzechem narodowym"[20].

Jan Grosfeld opisał konferencję w „Tygodniku Powszechnym": „Na obecnych Żydach wielkie wrażenie wywarły słowa Sendlerowej, Sprawiedliwej poruszającej się na wózku". Cytował przy tym historię, którą Sendlerowa wygłosiła najwyraźniej *ad hoc* (nie ma jej w notatkach), po odczytaniu fragmentu o Janie Pawle II: „W czasie wojny pewna kobieta przyszła do księdza i mówi: »Czy to straszny grzech, że pomagam Żydom. Sąsiedzi mówią, że przez to do piekła pójdę«. Ksiądz na to: »Przeciwnie, prosto do nieba«. Po paru dniach kobieta wraca: »Jak to dobrze, że ksiądz mi tak odpowiedział, powtórzyłam sąsiadom i teraz całą grupą dzieci żydowskich opiekują się w parafii, bo wszyscy chcą mieć dobre miejsce w niebie«"[21].

Zgaduję, skąd wzięła się ta historia. Jest oparta na opowieściach Haliny Grubowskiej, która wówczas, na początku lat dziewięćdziesiątych, regularnie widywała się z Sendlerową. W czasie wojny miała dziewięć lat i nazywała się Chana Grynberg. Opuściła getto białostockie i została oddana przez polskich znajomych jej ojca[22] do państwa Leszczyńskich w Surażu. Stała się od razu ulubienicą gospodyni, która uważała ją za polskie osierocone dziecko. Starszy od Chany syn Leszczyńskich podejrzewał, że dziewczynka jest Żydówką, i próbował ją na

[20] Sendlerowa wygłosiła fragmenty tych notatek. Dawid Warszawski (właśc. Konstanty Gebert), który relacjonował przebieg konferencji dla „Gazety Wyborczej", zacytował, co mówiła o liczbie Sprawiedliwych, o Polakach, którzy się cieszyli, że Hitler zrobił za nich całą robotę, i o potrzebie grubej kreski (D. Warszawski, *Zwykli niezwykli ludzie*, „Gazeta Wyborcza", 12 lipca 1993).

[21] J. Grosfeld, *Czy obojętność może zabijać*, „Tygodnik Powszechny", 18 lipca 1993.

[22] Jadwiga i Michał Skalscy z Białegostoku, którzy pomogli w ratowaniu Chany, uratowali też wielu innych Żydów i zostali odznaczeni Medalem Sprawiedliwych wśród Narodów Świata.

tym przyłapać. Wydało się, gdy kazał jej opowiedzieć o pogrzebie matki (Żydów grzebano w prześcieradle na marach). Kiedy tryumfalnie ogłosił to w domu, gospodyni przestała się do niej odzywać, rodzina nie jadła już z nią przy jednym stole i dali znać osobie, która ją przywiozła, by jak najprędzej dziecko zabrać. Minął tydzień, nikt się nie pojawił, więc gospodyni poszła naradzić się z księdzem. Powiedział: „Dziewczynkę trzeba ochrzcić, a wy, kobieto, żywcem do nieba pójdziecie, że dla chrześcijaństwa duszę dziewczynki odzyskaliście". Halinka przechowała się u państwa Leszczyńskich do końca wojny.

Nie zwierzali się jednak nikomu z sąsiadów, nie było też żadnej grupy żydowskich dzieci, którą opiekowała się parafia. Puenta tej historii jest zupełnie inna. Po wojnie przyjechał po Halinkę ojciec i wtedy ksiądz oświadczył gospodyni, że nie da jej rozgrzeszenia za przechowywanie żydowskiego dziecka, skoro już nie jest chrześcijańskie[23].

Sendlerowa to wiedziała. Jaki mechanizm powodował, że w środku opowieści wymykała się nagle najczęściej w kierunku sentymentalnej bujdy? I to ona, która miała tak stanowcze poglądy na stosunki polsko-żydowskie.

Elżbieta Janicka odwiedziła ją kiedyś po wakacjach, które spędziła w okolicach między Bełżcem a Sobiborem. Nasłuchała się tam, co ludzie mówią. Dziwiła się: przecież żyjemy już w nowej Polsce. „To jest może inna Polska, ale to są ci sami Polacy" – ucięła Sendlerowa. Janicka na to, że jednak Solidarność pokazała inną twarz Polaków. „Solidarność? Antysemitów tam nie brakowało. Wiem, że byli inni. Wiem, że chcieli dobrze. Chcieli dobrze. Nie wiedzieli, co robią"[24].

[23] Rozmowa z H. Grubowską, 2014; H. Grubowska, *Haneczko, musisz przeżyć*, Montreal 2007. Jej gospodarze z Suraża, Zofia i Klemens Leszczyńscy, zostali na prośbę Grubowskiej odznaczeni medalami Sprawiedliwych. Także syn gospodarzy, ten, który zdemaskował ją jako Żydówkę, otrzymał medal. Odwiedziłam go w Surażu z Haliną, uroczy pan, zawstydzony tym, jak się kiedyś zachował, przywiązany do Haliny, jakby była jego siostrą.

[24] Zapiski E. Janickiej z lipca–sierpnia 2003, dz. cyt.

Sendlerowa opowiadała Janickiej o swoich stosunkach z ludźmi: „Po wojnie dobre i bezpośrednie. I na dnie pęknięcie. Nieusuwalne. Żydzi. Sześćdziesiąt lat wśród spraw i ludzi. I zawsze to samo z Żydami. I nie można się do tego przyzwyczaić"[25]. „W pewnym momencie napotykałam na granicę, barierę nie do pokonania. Gdy dochodziło do Żydów. Zawsze tak samo. Mur nie do przebicia"[26].

„Czy myśli pani, że antysemityzm jest nadal problemem w Polsce, tak jak przed wojną?" – pyta uczeń z gimnazjum w Zielonej Górze, który ją zgłosił do Orderu Uśmiechu. „Myślę, że jest coś takiego wśród Polaków, taka dziwna nienawiść" – odpowiada[27].

O mężczyznach miała opinię równie surową, jak o antysemityzmie. Mówiła Janickiej, że pracując przed wojną z prostytutkami, dowiedziała się o mężczyznach rzeczy, które jej się nie mieściły w głowie. W rozmowach z nią wielokrotnie wracała do tematu mężczyzn: „Tchórzostwo. Brak odpowiedzialności. Wprost trudno uwierzyć, że mężczyźni i kobiety to ten sam gatunek"[28]. „Powierzchowne relacje bardzo dobre. I brak kontaktu, gdy chciałam czegoś więcej. Brak kontaktu i brak możliwości kontaktu. To nie było jednostkowe. Zastanawiam się, czy mężczyźni to w ogóle ludzie. Nigdy nie warto poświęcać się dla mężczyzny"[29]. „Niech pani sobie uzmysłowi kondycję kobiety. Na trzech etatach. W domu. W pracy zawodowej. W pracy społecznej. Ewentualnie politycznej. I oczywiście musi pięknie wyglądać. Elegancko się ubierać. Uśmiechać się. Być wypoczęta. Bezgranicznie podziwiałam wiele kobiet. Ale nie trafił się mężczyzna, który by mi zaimponował"[30]. „Może źle pani trafiła, nie można uogólniać" – oponowała Janicka. „Na pewno są wyjątki. I tego pani życzę. Z całego serca. Ale ja na wyjątki jakoś nie trafiłam"[31].

[25] Zapiski E. Janickiej z 2 kwietnia 2004, dz. cyt.
[26] Zapiski E. Janickiej z 21 lutego 2004, dz. cyt.
[27] *Wróżka z getta*, reż. M. Nockowska, 2007.
[28] Zapiski E. Janickiej z 26 lipca 2004, dz. cyt. [29] Tamże.
[30] Zapiski E. Janickiej z 7 listopada 2003, dz. cyt.
[31] Zapiski E. Janickiej z 26 lipca 2004, dz. cyt.

Janicka odnotowuje ostrość jej sądów, ale także uwagę i sumienność. Sendlerowa wysłała do Jerzego Jedlickiego list z prośbą, żeby ją wypisał ze stowarzyszenia Otwarta Rzeczpospolita[32], przepraszając, że nie bierze udziału w zebraniach i nie płaci składek. „Sądzę, że ponieważ jestem bezużytecznym zupełnie członkiem – trzeba mnie skreślić. Piszę te słowa z wielkim ubolewaniem, ale smutna rzeczywistość wymaga tego"[33]. Dwie trzecie członków stowarzyszenia nie płaciło składek, nie widząc w tym niczego złego – komentuje Janicka[34]. 24 grudnia 2003 roku zanotowała: „Telefony. Irena Sendlerowa. Czy czego nie trzeba. Czy nie pomóc. Ona mnie pyta". Sendlerowa miała wtedy prawie dziewięćdziesiąt cztery lata.

– Śledziła twoje sprawy, jakby miała założone dossier w twojej obronie – opowiada mi Janicka. – Odpytywała, jakby robiła przegląd kolejnych spraw. Przytulała energetyzująco, jakby mówiła „Walczymy dalej". Nie traktowała rozmowy jako kontaktu towarzyskiego, tylko każdy człowiek był przypadkiem, któremu trzeba pomóc.

Przeżywała jej obronę doktoratu. „Prosiła o telefon bez względu na porę"[35].

– Mobilizowała mnie do walki o ten doktorat: „Nie może tak być, że pani napisze i nie obroni. Brak dyplomu ciągnie się całe życie. Świat tak funkcjonuje, że ludzie patrzą na dyplom".

O wspierająco-energetyzującym działaniu Sendlerowej usłyszałam jeszcze od kilku osób. Ile trzeba mieć energii w wieku przeszło dziewięćdziesięciu lat, by jeszcze starczyło na rozgrzanie ludzi wokół siebie! To samo określenie, które usłyszałam od Elżbiety, kuzynki Michała Głowińskiego – że przychodziło się do niej „ładować akumulatory" – pojawia się w dokumencie o Sendlerowej. Występuje w nim

[32] Stowarzyszenie przeciw antysemityzmowi i ksenofobii, którego honorowym przewodniczącym jest Jerzy Jedlicki.

[33] I. Sendlerowa, List do J. Jedlickiego z 31 grudnia 2002 (archiwum prywatne E. Janickiej).

[34] Zapiski E. Janickiej ze stycznia 2003, dz. cyt.

[35] Zapiski E. Janickiej z 5 maja 2004, dz. cyt.

Katarzyna Ludwiniak, nauczycielka gimnazjum numer 23 jej imienia na warszawskiej Pradze. Odkąd zorganizowała w szkole warsztaty kultury żydowskiej, znajdowała swoje inicjały w gwiazdach Dawida wyryte na ławkach na osiedlu albo wyrysowane na murach. W internecie czytała wpisy: „Stara Żydówa", słuchała docinków: „Żydzi cię opłacają". Nauczyła się odpowiadać: „Żydówka tak, ale dlaczego stara?". „Gdy mam chwilowo dość zajmowania się tą tematyką – opowiada Ludwiniak – jadę do pani Sendlerowej na Sapieżyńską i ładuję akumulatory"[36].

Jolanta Migdalska-Barańska z Otwocka, z którą Sendlerowa zaprzyjaźniła się pod koniec życia:

– Irena notowała na karteczkach, kto kiedy ma imieniny. Planowała, czy zadzwoni, czy wyśle kartkę, czy przygotuje drobny prezent, który będzie czekał, aż ta osoba ją odwiedzi. Prosiła mnie wtedy, żebym te drobiazgi kupiła. Dla dziewczynek z Kansas przygotowała serduszka na srebrnym łańcuszku. Ulubionym jej serialem było *M jak miłość*.

Sendlerowa miała przyjaźnie, które trwały kilkadziesiąt lat, jak ta z Jadwigą Piotrowską.

– Irena szalenie kochała mamę – opowiada mi jej córka. – Mama była beztroska i wesoła, Irena zawsze wycofana, bardzo serio. Pamiętam, jaka była ładna w czasie wojny, a potem miała smutny wyraz twarzy. Nie pamiętam Ireny w sytuacji towarzyskiej, żeby siedziała z wszystkimi. To była przyjaciółka mamy, która przychodziła, żeby z nią porozmawiać. Jak mama była umierająca, to Irena codziennie się z nią kontaktowała.

Tak samo wspierała swoją znajomą z czasów konspiracji Izabellę Kuczkowską. „Bądź dobrej myśli!!! Nie załamuj się!! – pisała do niej, gdy śmiertelnie chora Kuczkowska leżała w szpitalu. – Grono twoich koleżanek-przyjaciółek ze mną na czele

[36] *Wróżka z getta*, dz. cyt.

nigdy cię nie opuścimy – tylko same bardzo cierpimy (Jaga wcale już nie może chodzić) i nie możemy być przy Tobie. Ale przez inne osoby organizujemy nad Tobą czuwanie i codziennie mamy o Tobie wiadomości"[37].

Jednocześnie potrafiła zerwać przyjaźń nagle i nieodwołalnie. Wystarczyło, że coś ją rozzłościło, nawet drobiazg.

– Z moją mamą bardzo się pokłóciła w latach pięćdziesiątych o wspólną koleżankę, która się rozwodziła – opowiada Aniela Uziembło. – Ta koleżanka na świadka wzięła moją mamę, a jej mąż na świadka wziął Irenę. Moja mama nie mogła wyjść ze zdumienia: „Jak Irena mogła tak powiedzieć, kiedy było zupełnie inaczej?", na co Irena przestała się do mamy odzywać. Mama marzyła, żeby Irena nawiązała z nią znów kontakt, ale do jej śmierci nigdy się nie odezwała.

W korespondencji z uczennicami z Kansas przewija się postać Haliny Grubowskiej. Sendlerowa najpierw przedstawia ją jako organizatorkę ich pobytu, by tuż przed przyjazdem wysłać coś w rodzaju oficjalnego wypowiedzenia pracy („W związku z zaistniałą poza mną zupełnie inną sytuacją pani Halina Grubowska, pracownik Żydowskiego Instytutu Historycznego, nie będzie potrzebowała koordynować waszego oprowadzania po Warszawie")[38]. Grubowska w latach osiemdziesiątych zajmowała się polskimi Sprawiedliwymi i tak poznała Sendlerową. Przez z górą dziesięć lat odwiedzała ją co najmniej raz w tygodniu. Miła, oddana, lojalna, była jej opiekunką, sekretarką, gońcem, kierowcą. Gdy po śmierci syna Sendlerowa miała ciężkie zapaści i często przyjeżdżało pogotowie, poprosiła Grubowską: „Nie chcę, żeby mnie reanimowano". Następnym razem Grubowska powiedziała lekarzowi pogotowia, że to już agonia. Sendlerowa usłyszała i nie chciała jej więcej widzieć.

[37] I. Sendlerowa, Karta do I. Kuczkowskiej z 5 października 1988 (prywatne archiwum Stanisława Kuczkowskiego; dziękuję za jej udostępnienie).

[38] I. Sendlerowa, List do uczennic z Uniontown z kwietnia 2001 [w:] tejże, *Materiały...*, dz. cyt., S/353/19.

Wycofała też udzieloną Grubowskiej zgodę na napisanie swojej biografii[39].

Sendlerowa przez jakiś czas prowadziła korespondencję z Tomaszem Szarotą, przysyłała mu materiały o sobie, pisała pocztówki na święta. Wydawało się, że życzy sobie, by opracował jej biografię. Skończyło się, kiedy Szarota wydrukował w „Polityce" artykuł o listach proskrypcyjnych NSZ-etu z podpisem pod zdjęciem Sendlerowej: „Dostała się na listę raczej za lewicowe poglądy niż za ratowanie żydowskich dzieci"[40].

– Byłem dumny, że ten tekst się ukazał, i go jej przyniosłem – opowiada mi Szarota. – Tymczasem ona miała do mnie szalone pretensje, uznała, że ją ograbiłem z uratowanych przez nią dzieci. Elżbieta Ficowska wysłała list do redakcji ze sprostowaniem, pisząc, że Sendlerowej pokazano na Pawiaku pliki donosów o tym, że pomaga Żydom. A ja tylko przytoczyłem dokumenty, które pokazywały, jak była postrzegana przez skrajną prawicę: dla nich była zagrożeniem, bo miała lewicowe poglądy. Zaufała mi, a ja ją zdradziłem, tak to odebrała. I więcej już nigdy nie mieliśmy kontaktu.

To zrywanie stosunków z przyjaciółmi musiało być przejawem tej samej porywczości, która na spotkaniu z koleżankami z Wydziału Opieki jesienią 1939 roku kazała jej tupnąć i oświadczyć, że wydaje wojnę Niemcom. Tej samej zaciętości, z jaką nie poddawała się zarządzeniom okupanta, wchodząc dwa, trzy razy dziennie do getta. Rewers tej samej monety. Nie była gotowa uznawać nie swoich racji.

[39] Grubowska wydała biografię po śmierci Sendlerowej (H. Grubowska, *Ta, która ratowała Żydów. Rzecz o Irenie Sendlerowej*, Warszawa 2014). Cytuje w niej list, który Sendlerowa wysłała jej po otrzymaniu Krzyża Komandorskiego Odrodzenia Polski, wiedząc, że Grubowska była inicjatorką jego przyznania. List jest pisany w charakterystycznym dla niej pensjonarskim stylu, z wieloma wykrzyknikami i przylepionym czerwonym serduszkiem: „Mam ci za co, Haluś, dziękować!!!! Za serce, którego szukam wśród burzy tego świata ciągle. I każdy znak, że go znalazłam, napełnia mnie wielką radością. A w moim wieku ta radość to wielka rzecz i zdarza się rzadko. A przeżyłam ją dzięki właśnie tobie – Haluś – Najdroższa!!!" (tamże, s. 89).

[40] T. Szarota, *Listy nienawiści*, „Polityka", 1 listopada 2003.

„Była szalenie despotyczna, narzucająca własną wizję, i też romantyczna, kochliwa. A po wojnie była osobą niespełnioną, stąd różne potrzeby ulepszania życiorysu albo poddawania się tym, którzy dodają” – mówiła o niej Teresa Torańska[41].

Była osobą pełną sprzeczności. Od czasu pierwszego oświadczenia dla ŻIH-u z lat sześćdziesiątych, gdy podała długą listę osób, z którymi współpracowała przy ratowaniu Żydów, do końca życia dbała o pamięć swoich koleżanek, podawała ich nazwiska przy rozmaitych okazjach, inicjowała starania o przyznanie im medali Sprawiedliwych. A jednocześnie wielokrotnie przypisywała sobie ich zasługi.

Gdy Lea Balint szukała dla mnie w swoim mieszkaniu w Jerozolimie listy Sendlerowej, natrafiła przypadkowo na jakąś teczkę.

– Mam! Wywiad z Ireną! – wykrzyknęła entuzjastycznie, stojąc na drabinie. – Zrób ksero dla siebie i odeślij. Przeprowadziła go w latach dziewięćdziesiątych Irena Kowalska, wspaniała osoba. Pisała o ukrywających się dzieciach i po pierwszych rozmowach z Sendlerową postanowiła ją namówić na wywiad rzekę. Irena nie chciała, a kiedy już chciała, to Kowalska zachorowała na alzheimera. Odwiedziłam ją podczas kolejnej wizyty w Polsce. Kowalska zapytała swoją opiekunkę: „Kim jest ta pani?”. Zaczynam tłumaczyć, że mi obiecywała dostęp do swoich materiałów o Sendlerowej. Bez większej nadziei, bo widzę, że mnie nie rozpoznaje. A ona wstała z łóżka, weszła na drabinę, sięgnęła do jednej z wielu teczek na półce i podała mi ten wywiad.

Udało mi się wtrącić, że Irena Kowalska była moją ciotką.

– Jak tak, to zatrzymaj oryginał, a mnie odeślij kopię.

Gdy tylko dojechałam do swojego mieszkania w Tel Awiwie, otworzyłam w napięciu teczkę i zaczęłam czytać. Brakowało wielu stron. Wywiad ciekawy, obie Ireny wiedzą, o czym mówią, jest trochę nowych szczegółów. Ale nie różni się on zasadniczo od innych wywiadów i spisywanych przez samą Sendlerową życiorysów, widać tę samą tendencję do opowiadania swoich

[41] T. Torańska na spotkaniu w Centrum Badań nad Zagładą Żydów, 21 października 2010.

przeżyć w wersji zbeletryzowanej i zmitologizowanej. Gdy zadzwoniłam do Lei Balint, przyznała, że też była zdziwiona, kiedy porównywała własne notatki z kilku rozmów z Sendlerową – jak bardzo nie wychodziła poza te same opowieści, czasem nawet z identycznym układem zdania.

Sendlerowa znała nie tylko Irenę Kowalską, ale też dwie inne moje ciocie. Hanię Lanotę poznała w czasie okupacji, po tym jak Hania uciekła z warszawskiego getta. Spotykały się po wojnie. Nie znałam nikogo, kto by tak świetnie opisywał ludzi jak Hania, z empatią nieprzesłaniającą ostrości spojrzenia. Z moją ciocią Zunią Mensz pracowały przez jakiś czas po wojnie przy jednym biurku[42]. Z pewnością poznała też moją czwartą ciocię, Idę Merżan, przed wojną wychowawczynię u Korczaka, po wojnie przewodniczącą Komitetu Korczakowskiego. Mozolnie próbując z drobnych fragmentów zrekonstruować portret Sendlerowej, cały czas zadaję moim ciotkom pytania, na które nie mogą mi odpowiedzieć. Żadna z nich już nie żyje.

Wszystko, co sama o sobie opowiadała, co się o niej ukazało i w Polsce, i poza Polską, to zbiór tych samych opowieści. Mówiła tylko o tym, o czym chciała mówić. Kilkanaście historii z czasów wojny w różnych wariantach. Najczęściej coś się w nich nie zgadza. Miała skłonność do opowiadania przeżytych zdarzeń w różnych wersjach o różnym stopniu oddalenia od rzeczywistości.

Zdarzało się jej oddalić od rzeczywistości o lata świetlne. Gdy dostała Nagrodę im. Jana Karskiego, oświadczyła, że była jego przewodniczką w getcie[43]. Powtórzyła to potem kilka razy: „Byłam jedną z kilku osób, które towarzyszyły mu *incognito*. Każdy z nas miał jako znak rozpoznawczy białą chusteczkę. I mężczyzna ten szedł jakby tropem wyznaczonym przez »przewodnika«. Po jakimś czasie przejmował go ktoś inny”[44]. „Karski, to chodziło

[42] O tym, że pracowały razem, dowiedziałam się z protokołu odprawy Kierownictwa Biura Zarządu Głównego Związku Inwalidów Wojennych z 5 kwietnia 1950 (AAN, Związek Inwalidów Wojennych RP, sygn. 26).

[43] *Matka dzieci Holocaustu. Historia Ireny Sendlerowej*, oprac. A. Mieszkowska, Warszawa 2004. [44] Tamże, s. 136.

o to, żeby nie trafił w miejsce, gdzie jest strzelanie, to ja miałam chusteczkę, taki biały szalik, i miałam go prowadzić tam, gdzie było spokojnie"[45]. To opowieść w sam raz na film przygodowy, więc jak to możliwe, że Sendlerowa, która chodziła do getta naprawdę, mogła wyobrazić sobie hollywoodzki trick z Polką jako przewodniczką i jeszcze białą chusteczką? Można by uznać, że to sprawa wieku, ale ci, którzy widywali ją w ostatnich latach jej życia, podkreślają, że była przytomną osobą ze świetną pamięcią.

Dlaczego opisywała zdarzenia, które nie miały miejsca, albo tak wiele dodawała do tych, które wydarzyły się naprawdę? Może nauczyła się konfabulować, żeby wymknąć się spod kontroli nadopiekuńczej matki? Może zostało jej to z czasów wojny, kiedy musiała cały czas wymyślać nieprawdziwe historie dla swoich podopiecznych? I jak to wszystko opowiedzieć, nie obrażając pamięci osoby godnej najwyższego uznania?

Chyba wielu z nas ubarwia opowieści, sama łapię się na tym z niepokojem, odkąd pracuję nad książką o Sendlerowej. Nie jesteśmy zazwyczaj tacy sławni, by ktoś powiedział: „Sprawdzam". Najtrudniej daję sobie radę z wyolbrzymianiem przez nią własnych dokonań. Zupełnie odwrotnie niż jej koleżanki, które mówiły o sobie skromnie, pomniejszając swoje zasługi. Nie dziwiłoby mnie, że Irena Sendlerowa przesadzała, gdyby zrobiła niewiele. Ale ona codziennie ryzykowała życie, ratując Żydów. Chcę wierzyć, że to rewers jakiejś cechy, która ma swój jasny awers i dzięki której dokonywała bohaterskich czynów.

Może też te wszystkie opowieści pomagały jej w zagłuszeniu tego, co przeżyła naprawdę. „Wiem, że dziś w nocy też będzie mi się śniło. To są straszne sceny – opowiadała w latach osiemdziesiątych. – Mam okropną chorobę, typowo wojenną, na którą żaden lekarz neurolog do tej pory nie może nic poradzić. Choroba ta polega na tym, że nie mogę być sama w domu. Kiedy dzieci były małe, mój mąż dużo wyjeżdżał, więc często nie było go w domu. Ale jak byłam z małymi dziećmi, nigdy

[45] A. Wolf, Nagranie z 12 sierpnia 2007, dz. cyt.

tego nie miałam. Kiedy jestem sama w domu, w nocy, ja, proszę pana, przeżywam film: wszystkimi drzwiami i oknami wchodzą gestapowcy w mundurach. Po wojnie mi lekarze mówili, że z biegiem lat będą się te obrazy zacierały. Nic podobnego, to się dzieje nadal, absolutnie z takim samym nasileniem"[46].

Do napisania biografii Sendlerowej przymierzała się Teresa Torańska. Zebrała dużo materiałów, zanim zdecydowała się porzucić temat. Na spotkaniu w Centrum Badań nad Zagładą Żydów PAN opowiadała dlaczego: „Jest mit, jak ona wynosiła dzieci z getta. Szukałam takiego dziecka, ale go nie znalazłam. Moim zdaniem ona się nie tym zajmowała, zajmowała się organizacją. Ale nie wiem. Sendlerowa przesunęła czas, od kiedy została działaczką Żegoty: Nie w 1943, a 1942 roku, bo to podwyższało jej emeryturę, która nie była zła, o sto, dwieście złotych. Zadziwiło mnie, że grób jej ojca w Otwocku został zaorany, bo nie było tabliczki. Nie zawiozła tam nigdy swoich dzieci. Załamało mnie, w pewnym momencie jej nie lubiłam, ale nie chciałam uczestniczyć w obalaniu mitu"[47].

Władysław Bartoszewski mówił mi, że rezygnacja Torańskiej z pisania tej biografii to jego osobista zasługa. Przekonał ją, że ujmowałaby wielkości Sendlerowej, a to byłoby szkodliwe dla wizerunku Polski. Wydaje mi się jednak, że to, co przeważyło, to nie racja stanu wyłożona przez Bartoszewskiego, tylko względy emocjonalne. Sądzę, że Torańska, błyskotliwa dziennikarka, wrażliwa, empatyczna i bardzo uczuciowa, odkrywając po kolei, jak wiele się nie zgadza, straciła do Sendlerowej serce. A tym samym zapał, żeby nadal pracować nad jej biografią.

W dyskusji nad niedoszłą książką Torańskiej zabrała głos inna biografka Sendlerowej Anna Mieszkowska. Opowiedziała, jak wyglądała jej praca: „Irena Sendlerowa postawiła mi trzy warunki: proszę nie nagrywać, nie notować i nie zadawać bolesnych pytań. Spisywałam coś na skrawku papieru, podarła

[46] Wywiad przeprowadzony z Sendlerową dla Child Development Research przy New York University [w:] I. Sendlerowa, *Materiały*..., dz. cyt., S/353/10.

[47] T. Torańska na spotkaniu w Centrum Badań nad Zagładą Żydów, dz. cyt.

przy mnie i wrzuciła do kosza. Ten tekst był dwukrotnie autoryzowany, skakało jej ciśnienie i cukier".

Aż trudno uwierzyć, że warunkiem współpracy przy pisaniu biografii jest nienotowanie rozmów, ale Mieszkowska zgodziła się i dostawała gotowe materiały.

„Miałam bardzo mało czasu i bohaterkę, która się nie nadawała na dziennikarskie śledztwo".

Nie zdawała sobie sprawy, jaką burzę wywoła ta jej wypowiedź.

„Obowiązkiem dziennikarza jest sprawdzenie podstawowych faktów. Nie zapaliło się pani czerwone światełko?" – pytała Torańska. „Dostajemy ociekającego wazeliną oszukańczego gniota, którego się nie da czytać. Moja konkluzja: przegrała pani, tworząc oszukańczy mit" – jeszcze ostrzej zareagowała Barbara Engelking, dyrektorka Centrum.

Dyskusja, czy mity są szkodliwe, czy potrzebne, nie została rozstrzygnięta. Ale na biografię Mieszkowskiej warto spojrzeć innym, bardziej przychylnym okiem – jako na książkę, która jej bohaterce sprawiła mnóstwo radości i przyczyniła się do rozsławienia nazwiska Sendlerowej. „Cały świat przychodzi do mnie po książce Mieszkowskiej" – mówiła[48]. A przede wszystkim jako quasi-autobiografię Sendlerowej.

– Przyniosłam jej pierwszy rozdział, który zaczynał się od tego, że wróżka jej wywróżyła trzech mężów. I pierwszy rozdział poszedł cały do kosza. „Albo będzie tak, jak chcę, albo nie będzie książki" – opowiadała mi Mieszkowska. – Chciała, żeby świat poznał jej prawdę na jej warunkach. Ale mi tego nie powiedziała. Wierzyłam we wszystko, co mówiła. Myślałam, że członkowie Stowarzyszenia Dzieci Holocaustu to są wszystko dzieci Sendlerowej, dopiero potem zrozumiałam, że każdy z nich ma swoją oddzielną historię.

Jak bardzo Sendlerowa uważała tę książkę za własną, wynika jasno z kilkustronicowej dedykacji, którą napisała Anieli

[48] A. Wolf, Nagranie z 8 stycznia 2005, dz. cyt.

Uziembło: „A teraz kilka słów o mojej książce. Wspólnie z moją przyjaciółką Jolą Barańską[49] opracowałyśmy bardzo szczegółowo na 150 stronach mój życiorys. Ponadto dołożyłam brulion zapisów »Kartki z życiorysu«, w którym opisywałam ciekawe fragmenty mojej pracy"[50].

– Można tę książkę traktować jako rodzaj autobiografii Sendlerowej. Trzymała panią Mieszkowską żelazną ręką – mówi Michał Głowiński.

Na spotkaniu Mieszkowska przyznała, że „Irena bezpośredniego udziału w przeprowadzeniu dzieci z getta nie miała", ale przekonywała, że Sendlerowa była więziona na Pawiaku sto dni, a nie trzy tygodnie: „Nie wszystkie dokumenty mówią prawdę. To nie zostało wzięte z księżyca" – mówiła bardzo emocjonalnie. Powoływała się na słowa Sendlerowej, że jej matka każdy z tych stu dni odnotowała. Opowiadała mi kilka lat po tym spotkaniu:

– Mary Skinner, która przygotowywała dokument o Sendlerowej, w Muzeum Pawiaka dostała papiery, że Sendlerowa była więziona trzy tygodnie. Pokazała mi je, ja je pokazałam pani Irenie, która oświadczyła: „To nieprawda". Uwierzyłam, przecież to była bohaterka, nie dopuszczałam myśli, że może być inaczej, niż ona twierdzi. Gdy zostałam zaatakowana za nieścisłości w książce, udałam się do archiwum Muzeum Pawiaka. A stamtąd prosto na grób Ireny Sendlerowej. Pytałam ją: „Pani Ireno, dlaczego pani mi to zrobiła?".

Anna Mieszkowska występuje zresztą w pierwszym wydaniu jako autorka opracowania (po śmierci Sendlerowej wydała tę książkę jeszcze dwukrotnie, już jako autorka. Za każdym razem zmieniała tytuł i układ, sprostowała kilka rzeczy, w tym informację o Pawiaku, dodała różne ciekawe materiały, między innymi wywiad z córką)[51].

[49] Jolanta Migdalska-Barańska z Otwocka. Jej dziadkowie współpracowali przed laty z ojcem Sendlerowej.

[50] Dedykacja na książce Anny Mieszkowskiej dla Anieli Uziembło (archiwum prywatne A. Uziembło).

[51] A. Mieszkowska, *Dzieci Ireny Sendlerowej*, Warszawa 2011 oraz *Prawdziwa historia Ireny Sendlerowej*, Warszawa 2014.

Sendlerowa ustalała nie tylko treść, ale też kolejność rozdziałów[52]. W tym sensie, chociaż jest w tej książce sporo informacji, które wymagają korekty, wiele nam ona mówi o jej bohaterce: o tym, jak chciała, byśmy ją zapamiętali.

Zaczyna się od przyjazdu dziewczynek z Kansas, jakby dopiero uznanie przywróciło sens jej życiu i dodało mu blasku. Potem następuje kronika wyrazów oficjalnego uznania. Dalej możemy przyglądać się temu, co chciała sobie dodać (na przykład że więzili ją na Pawiaku trzy miesiące, podczas gdy spędziła tam trzy tygodnie), i temu, o czym nie chciała opowiedzieć (o samotności ratujących wśród obojętnego albo wrogiego otoczenia, o żydowskim mężu, o długiej przynależności do PZPR-u).

Skromna, szlachetna, święta osoba – powtarzał każdy, kto się z nią zetknął. Dlaczego zatem zależało jej na hagiografii: listy gratulacyjne, nagrody, pochwały? I tak mało opowieści o jej życiu, tak powierzchownych, jakby chciała jak najmniej powiedzieć?

Mieszkowska dowiedziała się skądś, że opisany przez Sendlerową w „Biuletynie ŻIH-u" Jan Izaak Kiernicel był jej późniejszym mężem. Zadzwoniła umówić się do archiwum ŻIH-u. Wyobrażała sobie, że poszuka materiałów o Janie Izaaku i cokolwiek znajdzie, przyniesie w darze Sendlerowej. Nic by nie znalazła, tekst, jak wiemy, mylił tropy, przekręcając jego nazwisko i łącząc losy kilku osób, ale i tak wcześniej o planowanej wizycie w archiwum dowiedziała się Sendlerowa – imponująco sprawny nadzór w wykonaniu starszej pani – i zadzwoniła do Mieszkowskiej: „Pani Anno, albo ŻIH, albo ja"[53].

[52] Rozmowa z A. Mieszkowską, 2004. Sendlerowa redagowała też teksty przysłane do książki na jej prośbę przez uratowane dzieci. „Piotr Zettinger przysłał, a potem przeczytał książkę i napisał z pretensjami do wydawnictwa, że zmieniono mu tekst. Wydawnictwo zadzwoniło do mnie, ja zadzwoniłam do profesora Głowińskiego, i w ten sposób okazało się, że w drodze do wydawnictwa tekst przeszedł przez ręce pani Ireny i został przez nią zmieniony" – opowiadała mi Mieszkowska.

[53] Rozmowy z A. Mieszkowską, 2004 i 2007.

– Irena bała się, że posądzą ją o ratowanie Żydów z miłości do Żyda – tłumaczyła mi Renata Skotnicka-Zajdman – Uważała, że ją wielbią, hołdy jej składają, a jak się coś okaże, zaraz ją zepchną z piedestału. I co gorsza, jak wyjdzie na jaw, że jej mąż był żydowskiego pochodzenia, wnuczka nie zostanie dopuszczona do matury.

„Dziewczynki z dalekich Stanów odkryły ciebie dla świata i dla Polski" – mówiła jej Jolanta Migdalska-Barańska. „Tak, masz rację. Stało się to po latach szykan, poniżenia, prześladowań" – odpowiedziała jej Sendlerowa[54]. Powtarzała to wiele razy. Teresie Körner pisała, że przez sześćdziesiąt lat jej ojczyzna prześladowała ją w sposób okrutny[55]. Także Janickiej mówiła o „dziesiątkach lat prześladowań, których nie szczędziła jej własna ojczyzna"[56].

A przecież korzystała z warunków stworzonych przez system, który panował do 1989 roku. Nie chodzi mi o to, że zajmowała wysokie stanowiska państwowe, tylko o znacznie więcej: miała możliwość realizowania swoich pasji, budowała system opieki społecznej, miała wpływ na program nauczania, pomagała młodzieży. Dlaczego chciała myśleć o sobie jako ofierze?

Nie ułożyło jej się życie z Adamem Celnikierem – często się nie układało między uratowanym a ratującym. Nie ułożyły jej się relacje z dziećmi – często się to zdarza społecznikom, którzy swój czas poświęcają innym. Doświadczyła niewyobrażalnego bólu: zmarło dwóch jej synów, jeden tuż po urodzeniu, drugi w wieku czterdziestu dziewięciu lat. Uwierzyła, że ten pierwszy zmarł wskutek przesłuchań, którym poddało ją UB. Uwierzyła, że jej dzieci nie dostały się na studia za karę, bo ratowała Żydów. Pewnie pomagało jej to w zmaganiach z nieżyczliwym losem.

Można by powiedzieć, że nie miała skłonności do ścisłego trzymania się faktów. Ale to było coś więcej. Jakby żyła

[54] *Matka dzieci Holocaustu*, dz. cyt., s. 20.

[55] I. Sendlerowa, List do T. Körner, niedatowany [2007?], archiwum prywatne M. i R. Körnerów.

[56] E. Janicka, Zapiski z 28 listopada 2003, dz. cyt.

równolegle w dwóch rzeczywistościach. Pisała do przyjaciółki, że jej wielką życiową winą było „niedostrzeżenie ponurej, jakże mrocznej prawdy" o systemie panującym w Polsce od 1945 roku[57], a jednocześnie opowiadała, jak była prześladowana w czasie stalinowskim i że „był na nią nakaz aresztowania, co wówczas równało się wyrokowi śmierci"[58].

Co świadomie zmieniała, opowiadając o swoim życiu, a co przyjęła z czasem za własne? Oliver Sacks, amerykański neurolog i olśniewający pisarz, w jednej z książek wspominał swoje dzieciństwo w wojennym Londynie. Trzy bombardowania, które przeżył, zostawiły mu traumę na całe życie. Już po wydaniu książki zadzwonił do niego brat. Zakwestionował prawdę jego przeżyć: przecież nie było go już w Londynie, gdy nastąpiło trzecie bombardowanie, które opisuje z taką wyrazistością, mieszkał wtedy w internacie na wsi. Opis bombardowania zna z listu. Brat miał rację, tyle tylko, że Oliver Sacks wszystkie bombardowania pamiętał z taką samą wyrazistością. Zaczął przepytywać światowych specjalistów od pamięci, jak odróżnić to, co przeżyte, od zasłyszanego. Nie sposób. Nawet na poziomie neurologicznym nie ma możliwej do uchwycenia różnicy zapisu[59].

Była osobą zadaniową, do ostatniej chwili. „W jednym zdaniu albo w dwóch zdaniach proszę powiedzieć, co to było getto"; „Pani Irenko, pełnym zdaniem, pełnym zdaniem, proszę, bo tak, to ja nie mogę użyć"[60] – Sendlerowa z zacięciem pilnej uczennicy wykonuje polecenia filmującego ją Andrzeja Wolfa. To ona prosiła o to nagranie, chciała je wysłać na uroczystość nadania szkole w Niemczech jej imienia, uroczystość, na którą nie była w stanie już pojechać[61].

[57] I. Sendlerowa, List do W. Rotenberg z 14 listopada 1991, AKLH, Kolekcja B. Elster, sygn. 29620.

[58] E. Janicka, Zapiski z 28 listopada 2003, dz. cyt.

[59] O. Sacks, *Uncle Tungsten: Memories of a Chemical Boyhood*, New York 2011; O. Sacks, *Speak, Memory*, „New York Review of Books", 21 lutego 2013.

[60] A. Wolf, Nagranie z 23 marca 2006, dz. cyt.

[61] Tamże. Była to szkoła dla dzieci specjalnej troski w Hohenroth w Bawarii, po śmierci Sendlerowa została patronką także innych szkół w Niemczech.

Wolf: „Proszę patrzeć w lewo. A teraz proszę patrzeć w prawo. A teraz bez okularów". Córka: „Masz powiedzieć »Witam zebranych na dzisiejszej uroczystości«. Nic więcej! Nic więcej!". Sendlerowa (już zmęczonym głosem, to kolejna powtórka): „Witam zebranych". Wolf: „Niech pani radośniej pozdrowi tych Niemiaszków!". Sendlerowa: „Ja nie jestem takim mówcą. Trzeba się przygotować"[62].

Między rokiem 2005 a 2008 Wolf nakręcił dziesiątki godzin, głównie z wydarzeń oficjalnych. To jest zupełny obłęd, co się odbywa w niewielkim pokoju. Ktoś wchodzi, ktoś wychodzi, ktoś klęka, przynoszą kwiaty, rodzina ustawia się do fotografii, mężczyzna ma łzy w oczach i prosi o chusteczkę, w korytarzu czekają następne osoby, telefon dzwoni. Wizyta Zbigniewa Wodeckiego, piosenkarza: „Zagram pani, pani Irenko, na skrzypeczkach". I gra. Mówi: „Irenka Santor pyta, czy może przyjść, ja powiedziałem, że nie, bo tu nie może się zjechać pół Warszawy"[63]. Jakiś porządek zaprowadza Elżbieta Ficowska, ona decyduje, kto wchodzi i kiedy wychodzi: „Ja jestem zły policjant, pięć minut minęło"[64].

Jeszcze trochę i skończyłaby sto lat. Zachowała żywość spojrzenia, ostrość sądów, ciągłą potrzebę ludzi wokół siebie. Niesamowicie jej zależało na publicznym wizerunku. „To jest błąd, że ja zaczęłam działać, jak Żegota powstała. Proszę, żeby to pan dziesięć tysięcy razy napisał, to było wcześniej, kiedy

Jest też patronką wielu szkół w Polsce, m.in. Gimnazjów nr 23 i nr 61 w Warszawie, Gimnazjum Publicznego w Lamkach, Gimnazjum Gminnego w Sianowie (k. Koszalina) czy Liceum Ogólnokształcącego w Skwierzynie. Anna Mieszkowska w książce wydanej w 2014 roku wymienia trzydzieści szkół i instytucji w Polsce noszących imię Sendlerowej; ta liczba z pewnością jeszcze wzrosła (A. Mieszkowska, *Prawdziwa historia…*, dz. cyt.). Po jej śmierci jej imieniem zostały nazwane liczne place, ulice, skwery i ronda m.in. w Bytomiu, Iławie, Lublinie, Kielcach, Białymstoku, Bielsku-Białej, Zielonej Górze i Warszawie (uliczka między pomnikiem Bohaterów Getta a Muzeum Historii Żydów Polskich).

[62] A. Wolf, Nagranie z 23 marca 2006, dz. cyt.

[63] A. Wolf, Nagranie z 8 stycznia 2005, dz. cyt.

[64] A. Wolf, Nagranie z 23 marca 2006, dz. cyt.

Irena Sendlerowa,
Warszawa 2005

tylko wyszło pierwsze zarządzenie, żeby wyrzucić żydowskich pracowników"[65].

W ramach wyznaczonej sobie po śmierci syna czerni zawsze dbała o elegancję, czarna opaska na włosach, welwetowa narzutka na bluzkę, broszka. Zgodziła się jednak pod sam koniec życia na nagranie, gdy leży w łóżku, w piżamie, z włączoną kroplówką i siniakami od licznych wkłuć. Ale wciąż kontroluje, co po niej zostanie. Wolf próbuje, jak może, namówić ją, by opowiedziała do kamery o swoim życiu romansowym: „Pani Irenko, ja słyszałem, że w czasie wojny pani pokolenie szło na całość…". Starsza pani z przytomnym umysłem nie mówi ani słowa za dużo: „Mąż był w obozie, ale miałam znajomych, przyjaciół, flirty"[66].

[65] Tamże. [66] A. Wolf, Nagranie z 1 sierpnia 2007, dz. cyt.

Umarła 12 maja 2008 roku, miała dziewięćdziesiąt osiem lat. Do końca kolejnym odwiedzającym opowiadała te same historie. Gdy dłużej mówiła, jej głos blaknął, prawie przechodził w szept: „Najpierw były cztery koleżanki, potem dziesięć. Rachela Grinberg zostawała Marysią Kowalską…”[67].

[67] Tamże.

W książce występują

Balint Lea, przeżyła wojnę ukrywana u zakonnic. Psycholożka. Mieszka w Izraelu. Przyjaźniła się z Ireną Sendlerową.

Baseches Mojżesz, lekarz, znajomy Palestrów, ukrywał się z Adamem Celnikierem u Marii Kukulskiej, później przez jakiś czas także w wynajętych przez Sendlerową za pieniądze Żegoty domach w Świdrze i Otwocku. Po wojnie dyrektor sanatorium w Otwocku.

Berman Adolf, ps. „Borowski", przeżył po aryjskiej stronie wraz z żoną Basią Temkin-Bermanową, która z wielkim oddaniem pomagała ukrywającym się Żydom. Był sekretarzem Rady Pomocy Żydom Żegota, w prezydium Rady reprezentował Żydowski Komitet Narodowy. Doktor psychologii. W 1950 roku wyemigrował do Izraela. W 1965 roku razem z Jonasem Turkowem i Józefem Zysmanem-Ziemianem wystąpił o przyznanie Sendlerowej medalu Sprawiedliwej wśród Narodów Świata.

Bilwin Jadwiga, działaczka podziemia komunistycznego. W mieszkaniu swoim i Jadwigi Koszutskiej przechowywała Żydów, opiekowała się m.in. Ireną i Bogdanem Wojdowskimi.

Bussold Stanisława, pracownica Wydziału Opieki, położna. Wzięła pod opiekę i wychowała Elżbietę Koppel, później Ficowską.

Celnikier Adam, od czasu okupacji Stefan Zgrzembski, w artykule wspomnieniowym Sendlerowej występuje jako Jan Izaak Kiernicel. Drugi mąż Ireny Sendlerowej. Prawnik.

Dargielowa Aleksandra, kierowniczka jednego z warszawskich biur Rady Głównej Opiekuńczej. Krótko szefowa referatu dziecięcego Żegoty, po niej tę funkcję objęła Sendlerowa.

Dobraczyński Jan, znany pisarz katolicki. Pracował w Wydziale Opieki, pośredniczył w przekazywaniu żydowskich dzieci do zakonów.

Ficowska Elżbieta z domu Koppel, córka Josela Israela i Heni Koppelów, w czasie wojny ukrywana przez Stanisławę Bussold, która została jej przybraną matką. Wyszła za mąż za poetę Jerzego Ficowskiego.

Głowiński Michał, syn Felicji i Henryka Głowińskich, wnuk Karoliny i Eliasza Rozenowiczów, kuzyn Piotra Zettingera i Elżbiety z d. Szpilfogel. Po wielkiej akcji ukrywany z matką, a potem w klasztorach, z pomocą Ireny Sendlerowej. Oboje jego rodzice przeżyli wojnę. Pisarz i literaturoznawca.

Gołąb-Grynbergowa Ala, przed wojną pracownica Wydziału Opieki, w getcie przełożona pielęgniarek. Współpracowała z koleżankami z Wydziału Opieki przy przerzucaniu dzieci żydowskich na aryjską stronę.

Grabowska Janina, koleżanka Sendlerowej z Wydziału Opieki i jej sąsiadka z ulicy Ludwiki. W swoim mieszkaniu przechowywała Żydów.

Grobelny Julian, ps. „Trojan", przewodniczący Żegoty i przedstawiciel PPS-u w prezydium Rady. To z nim Sendlerowa współpracowała bezpośrednio w ramach akcji Żegoty. Wraz z żoną Heleną opiekował się wieloma Żydami.

Gross Jerzy, w Izraelu przybrał imię Yoram. Pochodził z Krakowa, wraz z matką, siostrą i bratem Natanem ukrywał się w Warszawie, pieniądze Żegoty przekazywała dla niego i dla jego rodziny Irena Sendlerowa. Wyemigrował do Izraela, później do Australii.

Grubowska Halina, ocalała w ukryciu na wsi. Przyjaciółka Sendlerowej, napisała jej biografię.

Korczak Jerzy, właśc. Keiner, przyjaciel Jerzego Grossa, przeżył, ukrywając się po aryjskiej stronie. Dzięki Irenie Sendlerowej on i Jerzy trafili do internatu.

Körner Teresa, właśc. Chaja Estera Sztajn, córka Fejgi i Arona Sztajnów, w czasie okupacji i po wojnie Teresa Tucholska. W ukrywaniu pomagała jej Irena Sendlerowa, po wojnie przez jakiś czas mieszkały razem. Wyemigrowała do Izraela.

Kossak-Szczucka Zofia, popularna pisarka katolicka. Założycielka pierwszego komitetu pomocy Żydom. Wymyśliła nazwę Żegota, ale do Rady nie weszła. Pomagała dalej ukrywającym się Żydom.

Koszutska-Issat Jadwiga, działaczka podziemia komunistycznego. W mieszkaniu swoim i Jadwigi Bilwin przechowywała Żydów, opiekowała się m.in. Ireną i Bogdanem Wojdowskimi.

Kowalska Anna, pracownica Wydziału Opieki, pomagała ratować m.in. córki Ali Gołąb-Grynbergowej.

Krzyżanowska z Grzybowskich Janina, matka Ireny Sendlerowej.

Krzyżanowski Stanisław, ojciec Ireny Sendlerowej. Lekarz i społecznik.

Kuczkowska Izabella, pracownica Wydziału Opieki, córka Kazimiery Trzaskalskiej, też zaangażowanej w pomoc Żydom. Mieszkanie Izabelli pełniło funkcję pogotowia opiekuńczego dla dzieci żydowskich. Była wśród nich Anna Paprocka.

Kukulska Maria, nauczycielka, przyjaciółka Sendlerowej. W swoim mieszkaniu na Pradze przechowała wielu Żydów.

Leon Feiner, adwokat, działacz Bundu. Wiceprzewodniczący, a od sierpnia 1944 roku przewodniczący Żegoty.

Majerczyk Maria, przyjaciółka Jadwigi Piotrowskiej. Jej córka Joanna była przez całą wojnę przechowywana w klasztornym sierocińcu w Chotomowie.

Majkowski Juliusz, lekarz, dyrektor Miejskich Zakładów Sanitarnych. Niezwykle aktywny konspirator, współpracował też przy niesieniu pomocy Żydom.

Manaszczuk Antonina, zakonne imię Irena, siostra w sierocińcu w Turkowicach. Ukrywała dzieci żydowskie, przywoziła je z Warszawy do zakładu.

Markinówna Estera, znajoma Sendlerowej z kręgów Heleny Radlińskiej, psycholożka z zespołu profesora Władysława Witwickiego. W getcie opiekowała się uchodźcami i przesiedleńcami.

Mieszkowska Anna, teatrolożka, autorka biografii Sendlerowej napisanej za jej życia.

Palestrowie Maria i Henryk, Maria dostała pracę w Wydziale Opieki, kiedy na początku wojny wyrzucono stamtąd za żydowskie pochodzenie jej męża Henryka, lekarza epidemiologa. Wraz z mężem i córką Małgorzatą (po wyjściu za mąż Palester-Chlebowczyk) pomagali wielu Żydom.

Paprocka-Luterek Anna, córka Beli z domu Rochman i Michała Mendelsona, ukrywana w klasztorze. Jej historia stała się kanwą opowiadania Jana Dobraczyńskiego *Ewa*.

Papuziński Stanisław i Zofia Wędrychowska, pedagog i bibliotekarka, wychowankowie Heleny Radlińskiej. Ich mieszkanie pełniło funkcję pogotowia opiekuńczego dla dzieci żydowskich.

Piotrowska Jadwiga, pracownica Wydziału Opieki, przyjaciółka Sendlerowej. Wraz z rodzicami Ireną i Marianem Ponikiewskimi oraz innymi członkami rodziny opiekowała się dziećmi żydowskimi. Ich dom na Lekarskiej służył za pogotowie opiekuńcze, a także gościnną przystań dla ukrywających się Żydów. Na Lekarskiej mieszka dziś jej córka Hanna Rechowicz.

Pogonowska-Goldhar Janina, córka Marii Pogonowskiej, właśc. Proner. Przyjaciółka Małgorzaty Palester, której rodzice pomagali jej i jej matce po aryjskiej stronie. Wyemigrowała do Izraela.

Polechajłło Aniela, zakonne imię Stanisława, przełożona sierocińca w Turkowicach, gdzie pod jej opieką ukrywało się trzydzieścioro kilkoro żydowskich dzieci.

Radlińska Helena, pedagog, profesor historii i organizacji oświaty pozaszkolnej, wykładowczyni Wolnej Wszechnicy, mentorka Ireny Sendlerowej i wielu późniejszych pracowników Wydziału Opieki. Okupację przeżyła ukryta w klasztorze, którego przełożoną była jej wychowanka.

Rechtman Ewa, slawistka, asystentka w Wolnej Wszechnicy i pracownica Wydziału Opieki. W getcie opiekowała się chorymi dziećmi i sierotami. Sendlerowa mówiła o niej jako swojej najlepszej przyjaciółce.

Rek Tadeusz, ps. „Różycki", działacz Stronnictwa Ludowego, wiceprzewodniczący Żegoty.

Rotenberg Wanda, przed wojną Bela Elster, łączniczka Żydowskiej Organizacji Bojowej po aryjskiej stronie. Wyemigrowała do Izraela. Przyjaciółka Ireny Sendlerowej.

Rybak-Zakrzewska Helena, przedszkolanka, działała w podziemiu komunistycznym, wspomagała wielu ludzi w getcie i uciekinierów. Przyjaciółka matki Ireny i Bogdana Wojdowskich. W latach siedemdziesiątych wyemigrowała do Szwecji.

Sałek-Deneko Jadwiga, pracownica Wydziału Opieki. Działaczka lewicowego podziemia. Zginęła aresztowana z Żydami, którym pomagała się ukrywać.

Schultz Irena, opiekunka społeczna, pracownica Wydziału Opieki. Wyprowadzała ludzi z getta i pomagała im po aryjskiej stronie.

Sendler Mieczysław, studiował filologię klasyczną. Pierwszy mąż Ireny, po latach znowu go poślubiła i ponownie się rozwiedli.

Skotnicka-Zajdman Renata, w czasie okupacji Krystyna Podbielska, przyrodnia siostra Arona (Alka) i Hanny Młynków. Po wojnie wyemigrowała do Kanady. Przyjaciółka Sendlerowej.

Szpilfogel Elżbieta (nazwisko panieńskie), córka Marii i Henryka, kuzynka Michała Głowińskiego i Piotra Zettingera. Ocalała, ukrywając się z matką po aryjskiej stronie.

Turkow Jonas, aktor i reżyser, mąż gwiazdy teatru jidysz Diany Blumenfeld. Oboje ocaleli w ukryciu po stronie aryjskiej. Ocalała też ich córka Margarita Turkow, podczas okupacji Maria Kondrat. Po wojnie wszyscy wyemigrowali do USA. W 1965 roku razem z Adolfem Bermanem i Józefem Zysmanem-Ziemianem Turkow wystąpił o przyznanie Sendlerowej medalu Sprawiedliwej wśród Narodów Świata.

Uziembło Maria, przed wojną szefowa Ireny w Wydziale Opieki. Przez wiele lat zaprzyjaźniona z Sendlerową, z którą córka Marii Aniela Uziembło utrzymywała kontakt do końca jej życia.

Wiśniacka Romana, znajoma Sendlerowej z kręgów Heleny Radlińskiej, psycholożka z zespołu profesora Władysława Witwickiego. W getcie opiekowała się uchodźcami i przesiedleńcami.

Wojdowska Irena, po mężu Grabska, siostra Bogdana, córka Szymona Jakuba i Edwardy, laborantka. Ocalała, ukrywana w wielu miejscach. Po wojnie mieszkała u Sendlerowej.

Wojdowski Bogdan, właśc. Dawid, brat Ireny, syn Szymona Jakuba i Edwardy. Ocalał, ukrywając się w wielu miejscach. Pisarz, autor m.in. powieści o warszawskim getcie *Chleb rzucony umarłym*.

Wolf Andrzej, operator filmowy, w latach 2005–2008 nagrywał rozmowy i uroczystości z udziałem Sendlerowej, autor filmu *Historia Ireny Sendlerowej*.

Wyrobkowa-Pawłowska Wanda, pracownica Wydziału Opieki, pedagog społeczna. Niemcy zostawili ją w pracy, nie zorientowawszy się, że jest Żydówką. Pomagała ratować innych Żydów. W 1942 roku wyjechała z Warszawy i przeżyła wojnę, kilkakrotnie zmieniając miejsce pobytu.

Zettinger Piotr, przed wojną Zysman, okupacyjne i wczesne powojenne nazwisko Świątkowski, syn Teodory i Józefa, znanego adwokata, kuzyn Michała Głowińskiego i Elżbiety Szpilfogel. Przeżył ukrywany w sierocińcach zakonnych. Wyemigrował do Szwecji.

Zgrzembska Janina, córka Ireny i Stefana, polonistka.

Zgrzembski Adam, syn Ireny i Stefana, bibliotekarz.

Zgrzembski Andrzej, syn Ireny i Stefana, zmarł krótko po urodzeniu.

Zysman-Ziemian Józef, łącznik Żydowskiego Komitetu Narodowego i współpracownik Basi Temkin-Bermanowej. W 1957 roku wyemigrował do Izraela. W 1965 roku razem z Jonasem Turkowem i Adolfem Bermanem wystąpił o przyznanie Sendlerowej medalu Sprawiedliwej wśród Narodów Świata.

Podziękowania

Mogłoby się wydawać, że pisanie książek jest zajęciem samotnym. To nie był mój przypadek. Zbierałam materiały i pisałam otoczona przyjaciółmi i osobami spotkanymi w trakcie pracy, które służyły mi życzliwą pomocą.

Dziękuję moim rozmówcom, dla wielu z nich powrót do tamtych czasów był bolesny. Dziękuję też za pomoc ich rodzinom.

W zbieraniu dokumentów pomagała mi Wanda Lacrampe. Jej znajomość archiwów połączona z darem odnajdywania tego jednego papierka, który się skrył wśród dziesiątek zakurzonych tomów akt, jest nie do przecenienia.

Dziękuję tym, którzy użyczali mi swoich zbiorów. Alina Molisak udostępniła mi archiwum zebrane do książki *Judaizm jako los. Rzecz o Bogdanie Wojdowskim*. Paweł Szapiro odnalazł w rozległym archiwum, które odziedziczył po Teresie Prekerowej, bezcenne notatki i dokumenty autorki fundamentalnej książki o Żegocie. Dziękuję tym, którzy pomagali mi w poszukiwaniach archiwalnych, w pierwszej kolejności Barbarze Engelking. Noam Rachmilevitch z archiwum kibucu Lohamei Hagetaot pomógł mi poruszać się po dokumentach zebranych w kolekcji Adolfa Bermana i przetłumaczył mi fragmenty jego książek. Dziękuję też dyrektorce Lohamei Hagetaot Anat Livne. W archiwach Yad Vashem służyli mi pomocą Gili Diamant, Havi Dreifuss, Nomi Halpern, Ela Linde i Romuald Jakub Weksler-Waszkinel.

Mogłam zawsze liczyć na życzliwość i pomoc Haliny Grubowskiej i Anny Mieszkowskiej, autorek książek o Irenie Sendlerowej.

Przyjaciele ofiarowywali mi nie tylko czas i uwagę, ale także mieszkania. Dużo pracowałam w Izraelu. Dziękuję Witkowi Traczowi z Londynu, którego szczodrość w udostępnianiu mi swego mieszkania w Tel Awiwie pozwoliła mi wielokrotnie wracać do moich rozmówców i archiwów i uzyskać spokojną pewność, że dotarłam do wszystkiego, co było w mojej mocy. Jego brat Dani, mój dobry duch w czasie izraelskich poszukiwań, użyczał mi czasu, ale także samochodu i komórki. Verka Lechtman była gotowa pojechać ze mną w dowolne miejsce, by tłumaczyć z hebrajskiego lub po prostu mi towarzyszyć. Lea Balint przeszukiwała dla mnie swoje archiwa, znajdywała rozmówców i na dodatek jeszcze mnie do nich woziła.

Lubię być gdzie indziej, kiedy piszę, co oznacza, że korzystam z gościny przyjaciół rozsianych po Polsce i świecie. Jestem Wam za to niesamowicie wdzięczna.

W Polsce dużo pracowałam w domu Heleny Łuczywo, Małgorzata i Paweł Scheinerowie użyczali mi swojego domu nad Hańczą, Katarzyna i Piotr Niemczyccy gościli mnie na Mazurach, Zofia Winawer i Seweryn Blumsztajn zapraszali na Suwalszczyznę. Dzięki Małgorzacie i Krzysztofowi Czyżewskim mogłam pracować w bibliotece Dworku Miłosza w Krasnogrudzie.

W Stanach przyjmowali mnie Jan Tomasz Gross, Ann Snitow i Daniel Goode, Halina i Roman Frydmanowie. Dzięki Waszej gościnności mogłam pisać książkę w Nowym Jorku, moim ukochanym mieście. W MacDowell Colony w New Hampshire, gdzie otrzymałam stypendium, miałam najlepsze warunki do pisania, jakie można sobie tylko wyobrazić.

Miałam szczęśliwą sposobność prowadzenia rozmów o książce w trakcie jej pisania z Natalią Aleksiun (która razem ze swoim mężem Szukim Eckerem przetłumaczyła mi też materiały z jidysz), Barbarą Engelking, Ireną Grudzińską-Gross, Elżbietą

Janicką, Nawojką Cieślińską-Lobkowicz, Marcelem Łozińskim i Heleną Łuczywo.

Helena Łuczywo czytała rozdział po rozdziale, wprowadzając dziesiątki czy raczej setki zmian. Książka przeszła dalej przez wnikliwą redakcję Julii Juryś i Nawojki Cieślińskiej-Lobkowicz. Czuję się zaszczycona ogromem pracy, jaką włożyłyście w moją książkę. Dziękuję Barbarze Engelking i Krzysztofowi Persakowi za ich uwagi merytoryczne. Jestem wzruszona tym, że Michał Głowiński, jeden z bohaterów mojej książki, zgodził się ją przeczytać i naniósł cenne poprawki.

Nie mogę wyjść z podziwu nad pracą, którą wykonało Wydawnictwo Czarne. Moja redaktorka Magda Budzińska tropiła każde źle dobrane słowo i opatrywała tekst dziesiątkami merytorycznych komentarzy. Przez kolejne miesiące wysyłałam jej kolejne wersje tekstu, a Magda odpowiadała nowymi komentarzami i propozycjami poprawek. Fotoedytorka Katarzyna Bułtowicz z tym samym zacięciem i profesjonalizmem poszukiwała zdjęć.

Miałam nieustające wsparcie moich córek, Oli i Maniuchy. Ola jeździła ze mną do rozmówców rozsianych po Izraelu, w archiwum Yad Vashem tłumaczyła mi nagrania. Czytała na bieżąco pisane przeze mnie rozdziały. Trudno mi sobie wymarzyć słodszą pomoc.

Pozostaję wszystkich Was dłużnikiem.

Bibliografia

MATERIAŁY ARCHIWALNE

Archiwum Akt Nowych w Warszawie (AAN)

Delegatura Rządu RP na Kraj, sygn. 202/II-43, 202/II-17, 202/XV-1 i 202/XV-2
PZPR. Komitet Centralny w Warszawie, sygn. 237
Liga do Walki z Rasizmem. Zarząd Główny i Zarządy Okręgowe w Bydgoszczy i Ostrowie Wielkopolskim, 1947–1952, RG 15.343, sygn. 360
Ministerstwo Oświaty w Warszawie, sygn. 3621
Społeczny Komitet Antykomunistyczny „Antyk", sygn. 228/5-1
Towarzystwo Wolnej Wszechnicy Polskiej, sygn. 1626, t. 14
Związek Inwalidów Wojennych RP, Zarząd Główny w Warszawie, sygn. 26 i 27
Zbiór akt osobowych działaczy ruchu robotniczego
Teczka osobowa Zakrzewska Helena, sygn. 59511
Teczka osobowa Koszutska Jadwiga, sygn. 23890
Teczka osobowa Bilwin Jadwiga, sygn. 384

Archiwum Emigracji, Biblioteka Uniwersytecka w Toruniu (AE UMK)

Korespondencja Ireny Sendlerowej z Natanem Grossem, rękopisy AE/NG/XII

Archiwum Diecezjalne Warszawsko-Praskie

Akt chrztu Ireny Krzyżanowskiej nr 8 z 1917 roku w parafii św. Wincentego à Paulo

Archiwum Filmoteki Narodowej

Stenogram posiedzenia komisji kolaudacyjnej filmu *W cieniu nienawiści* z 21 grudnia 1985 roku, A-344, poz. 424

Archiwum Instytutu Pamięci Narodowej, Biuro Udostępniania Dokumentów (IPN)

Chylarecka Janina, BU 763/73737
Chylarecki Witold, BU 763/53352
Głowiński Michał, BU 1005/58006; BU 0222/193, t. 1–3
Körner Teresa, BU 1539/258; BU 0993/1227
Majewska-Paszkowska Irena, BU 1535/17138
Matysiak Mieczysław, BU 2174/2025
Paszkowski Zbigniew, BU 0194/1496, t. 1
Sendler Irena Stanisława, BU 1010/47489
Wojdowska-Grabska Irena, Sz 468/36914
Wojdowski Bogdan, BU 01208/1106 (mf 5646/2)
Zapisy ewidencyjne po byłej Głównej Komisji Ścigania Zbrodni przeciwko Narodowi Polskiemu i materiały archiwalne dot. Adolfa Bermana, BU 1268/7134U
Wykaz Polaków Ukrywających Żydów w czasie okupacji hitlerowskiej i korespondencja w tej sprawie 1939–1945, BU 1804/52

Archiwum kibucu Lohamei Hagetaot (AKLH)

Kolekcja Adolfa Bermana:
- Adolf Berman, *Wojna z dziećmi*, sygn. 3179
- Adolf Berman, Dwa listy do Władysława Bartoszewskiego z 1977 o ŻKN i Żegocie, sygn. 42156
- Adolf Berman, Sprawozdanie z działalności Żegoty, sygn. 54021
- Adolf Berman, Raport [bez tytułu, niedatowany], sygn. 101938
- Adolf Berman, Rada Pomocy Żydom, niedatowany maszynopis, sygn. 6039
- Irena Zgrzembska, sygn. 87669, 1469
- Listy rodziny Turkowów, sygn. 4585
- Listy osób otrzymujących pomoc Żegoty lub ŻKN, sygn. 89689, 89702, 89721, 89747, 89749, 89751, 89752, 89753
- Dwa sprawozdania referatu dziecięcego z 4 października 1943, sygn. 102898 oraz za styczeń–maj 1944, sygn. 102898

Kolekcja Beli Elster – Wandy Rotenberg:
- Listy od I. Sendlerowej, sygn. 29481, 29620, 2943
- Listy pisane przez I. Sendlerową i jej córkę, sygn. 124480
- Wanda Rotenberg, Prośba o zbiórkę na cele medyczne dla syna Ireny Sendlerowej, sygn. 29432

Maria Hochberg-Mariańska [M. Peleg], *Wspomnienia. Komu bije dzwon*, maszynopis w języku polskim, niedatowany, sygn. 12338

Archiwum Muzeum Więzienia Pawiak – oddziału Muzeum Niepodległości w Warszawie (AMWP)

Akta Klubu b. Więźniów Politycznych Pawiaka, sygn. 233/65
Listy egzekucyjne, sygn. 5733

Archiwum Centralne Muzeum Jeńców Wojennych w Łambinowicach-Opolu

Wehrmachtauskunftstelle für Kriegerverluste und Kriegsgefangene – WASt (Biuro Informacyjne Wehrmachtu ds. Strat Wojennych i Jeńców Wojennych), sygn. 5637

Archiwum Państwowe w Warszawie (APW)

Zbiór Ireny Sendlerowej-Zgrzembskiej 1945–1957, sygn. 72/2024, t. I–II
Komitet Warszawski PZPR, sygn. 730
Teczka osobowa Sendler-Zgrzembska Irena, sygn. 46158
Zbiór Ksiąg Meldunkowych, sygn.1261
Domowa Książka Meldunkowa, ul. Bałuckiego 18
Akta w sprawie Celnikiera Adama z 12 sierpnia 1946 o uznanie za zmarłych Jerzego Celnikiera, Sąd Grodzki, sygn. I/1452; Józefiny Zofii Celnikier, Sąd Grodzki, sygn. I/1453; Dory Celnikier, Sąd Grodzki, sygn. I/1454; Jakóba Celnikiera, Sąd Grodzki, sygn. I/1455
Odpis skrócony aktu zejścia Heleny Celnikier urodzonej Polakiewicz, z 16 stycznia 1946 [w:] Wniosek Celnikierowej Heleny o uznanie za zmarłą Rozalię *vel* Rojzę Bem, Sąd Grodzki, sygn. 334146

Archiwum Medycznego Studium Zawodowego w Warszawie

Akta osobowe Sendler Irena

Archiwum Syjonistyczne, Jerozolima

Jednodniówka Koordynacji Syjonistycznej, Łódź 1947

Archiwum Uniwersytetu Warszawskiego (AUW)

Celnikier Adam, Ac UW/RP 102; RP 36501
Krzyżanowska-Sendlerowa Irena, Ac UW/RP100; KEM 2754
Milner Janina, Ac UW/RP 101
Sendler Mieczysław, Ac UW/RP 100

Archiwum Yad Vashem (AYV)

Zespół Relacje, 03:
Hessen Bronisława, 2929

Körner Teresa, 2824
Turkov Jonas, 3698077
Zespół Files of the Department for the Righteous Among the Nations:
Irena Sendler, 153; 402/1
Listy Margarity Turkow do rodziców, 0.6/134, sygn. 3698077
Lista dzieci, które przeżyły w ukryciu z pomocą chrześcijan, podzielona według województw, gdzie były ukrywane, 1946, dokumenty World Jewish Congress (AWJC) 0.37/32 i 0.6/1226

Archiwum Żydowskiego Instytutu Historycznego (AŻIH)

Irena Sendlerowa, Materiały zebrane w latach 1995–2003, S/353/1–27
Spuścizna Jonasa Turkowa, S/364
Zespół 301. Zbiór relacji Żydów ocalałych z Zagłady
Arczyński Marek, 5701
Bussold Stanisława, 5859
Ferster Wincenty, Sendlerowa Irena, Witwicki Tadeusz, 6274
Kuczkowska Izabella, 6340
Młynarski Kazimierz, 5200
Palester Maria, 6454
Rek Tadeusz, 5702
Sendlerowa Irena, 6313; 6466
Staśkowa Irena, 3377
Telman Róża, 5891
Wąsowicz Ewa, 5705
Zespół 302. Zbiór pamiętników Żydów Ocalałych z Zagłady
Złotnik Halina, lat około 12, 93/VII, kopia III
Zespół 303. Centralny Komitet Żydów w Polsce
303/V/425. Wydział Ewidencji i Statystyki. Rejestracja, Akta personalne. Karty Rejestracyjne Żydów Ocalałych z Zagłady 1945–1951
Celnikier Helena, sygn. C514, C518
Celnikier Leokadia, sygn. C518
303/V/427. Wydział Ewidencji i Statystyki. Rejestracja, Akta personalne. Karty rejestracyjne sporządzone w Komitecie Żydowskim w Warszawie 1945–1946
Skotnicka Renata, 24, 83
303/V/514. Wydział Ewidencji i Statystyki. Wykaz alfabetyczny Żydów polskich sporządzony w marcu 1946 roku na podstawie kart rejestracyjnych Wydziału Ewidencji i Statystyki Komitetu Warszawskiego Centralnego Komitetu Żydów Polskich
303/VIII/238. Wydział Opieki Społecznej 1944–1950. Pomoc materialna. Akta personalne. Korespondencja. Podania o pomoc materialną dla Polaków ratujących Żydów w czasie okupacji, lit. S-So
Korespondencja wewnętrzna Wydziału Opieki Społecznej CKŻP

303/IX. Wydział Oświaty 1945-1950
Sprawozdanie Wydziału Opieki nad Dzieckiem CKŻP na rok 1946, sygn. 9
Wykaz imienny dzieci znajdujących się w polskich rodzinach, 1946, sygn. 652
Zespół 349/24. Dział Dokumentacji Odznaczeń Yad Vashem w ŻIH-u
Dobraczyński Jan, 1813
Garczyńska Wanda, 1867
Grobelni Halina i Julian, 687
Koszutska-Issat Jadwiga, 949
Kuczkowska Izabella, 177
Manaszczuk Irena Antonina, Polechajłło Aniela, 1390
Palester Maria, 1692
Piotrowska Jadwiga, 944
Sałek-Deneko Jadwiga, 808
Schultz Irena, 2068
Zespół 349. Dział Dokumentacji odznaczeń Yad Vashem w ŻIH, 1979–2004
Irena Sendlerowa, 175
Zespół 350/1265. American Jewish Joint Distribution Committee 1945-1949. Wydział pomocy indywidualnej
Zespół 230/149. Zbiór dokumentów konspiracyjnych, w tym prasa 1939-1945. Fotokopie sprawozdań, meldunków dotyczących komunistów, mniejszości narodowościowych, volksdeutschów i z terenu Kedyw–AK–„Antyk"
Zespół 310/1619. Żydowski Instytut Historyczny. Korespondencja ogólna za rok 1983
Kopia listu Ireny Sendlerowej do dyrektora ŻIH-u z kwietnia 1983 w związku z publikacją książki M. Fuksa, *Żydzi polscy – dzieje i kultura*, 80

Biblioteka Narodowa (BN)

Korespondencja profesora Michała Głowińskiego, Mi-Mu, sygn. AKC 18333

Centralne Archiwum Wojskowe (CAW)

Kartoteka Mieczysława Sendlera, sygn. 4349

Archiwum Muzeum Historii Żydów Polskich – Polin

Lista pamiątek przekazanych po Irenie Sendler od Janiny Zgrzembskiej w 2013 roku
Materiały o Janie Dobraczyńskim, Teresie Körner, Władysławie Marynowskiej i Marii Palester-Szulisławskiej

Urząd Stanu Cywilnego w Warszawie, Wydział Archiwum (USC)

Akt małżeństwa Ireny Krzyżanowskiej i Mieczysława Sendlera z 24 października 1931, sygn. IV-121/253/1931, z adnotacją o rozwiązaniu małżeństwa wyrokiem z dnia 23 czerwca 1947, sygn. I.2.6.265/47
Akt małżeństwa Ireny Zgrzembskiej i Mieczysława Sendlera z 28 lutego 1961, sygn. V/212/1961, z adnotacją o rozwodzie wyrokiem z dnia z 28 stycznia 1971, sygn. XIC 5237/71
Akt małżeństwa Ireny Stanisławy Krzyżanowskiej ze Stefanem Zgrzembskim z 20 września 1947, sygn. III/328/1947
Akt urodzenia Adama Celnikiera odtworzony na podstawie postanowienia Sądu Grodzkiego w Warszawie nr INS 3303/49 z dnia 5 listopada 1949, sygn. I/8628/1949
Akt zmiany nazwiska Adam Celnikier na Stefan Zgrzembski z dnia 7 czerwca 1947 na podstawie postanowienia Prezydenta m.st. Warszawy, sygn. 014/3007/AN-3/92/47
Akt urodzenia Andrzeja Zgrzembskiego z 9 listopada 1949, sygn. I/14539/1949
Akt zgonu Andrzeja Zgrzembskiego z 20 listopada 1949, sygn. VII/3595/1949
Akt zgonu Stefana Zgrzembskiego z 27 stycznia 1961, sygn. V/117/1961
Akt urodzenia Anny Kazimiery Paprockiej sporządzony na podstawie postanowienia Sądu Państwowego dla Warszawy-Pragi nr INS 60/57 z 30 marca 1957, sygn. VI/181/1957

Visual History Archives (VHA), USC Shoah Foundation

Bartczak Juan, Interview Code: 27971, nagranie z 10 kwietnia 1997
Ficowska Elżbieta, Interview Code: 19515, nagranie z 23 sierpnia 1996
Głowiński Michał, Interview Code: 19205, nagranie z 23 sierpnia 1996
Goldhar Janina, Interview Code: 16111, nagranie z 4 czerwca 1996
Körner Teresa, Interview Code: 19794, nagranie z 8 września 1996
Koszutska Wanda, Interview Code: 31706, nagranie z 30 lipca 1997
Krzyżowska Anna, Interview Code: 31891, nagranie z 25 lipca 1997
Merenholc Helena, Interview Code: 17439, nagranie z 15 lipca 1996
Palester-Chlebowczyk Małgorzata, Interview Code: 46508, nagranie z 30 lipca 1998
Pogonowska-Proner Maria, Interview Code: 16103, nagranie z 4 czerwca 1996
Skotnicka-Zajdman Renata, Interview Code: 37068, nagranie z 23 października 1997
Turkov Margarita, Interview Code: 24385, nagranie z 28 grudnia 1996
Wyrobek-Pawłowska Wanda, Interview Code: 33226, nagranie z 21 maja 1997

Archiwa prywatne

Barbary Engelking
Marii Iwaszkiewicz-Wojdowskiej
Elżbiety Janickiej
Mikiego i Ronny'ego Körnerów
Joanny Majerczyk
Aliny Molisak
Janiny Pogonowskiej-Goldhar
Ernesta Skalskiego
Renaty Skotnickiej-Zajdman
Pawła Szapiro
Anieli Uziembło
Piotra Zettingera

PUBLIKACJE

Artykuły Ireny Sendlerowej (w kolejności chronologicznej)

O dziecko nieślubne [w:] *Praca zespołowa dla przyszłości*, Warszawa 1934
Matka nieślubna w poradni prawniczej, „Człowiek w Polsce", 8 kwietnia 1934
Spojrzenie wstecz, „Opiekun Społeczny" 1946, nr 1-2
Bijemy na alarm, „Opiekun Społeczny" 1946, nr 5-6
Dzieje rozwoju nowoczesnej opieki społecznej, „Opiekun Społeczny" 1947, nr 2
O propagandę Opieki Społecznej, „Opiekun Społeczny" 1947, nr 5-6
Ci, którzy pomagali Żydom. (Wspomnienia z czasów okupacji hitlerowskiej), „Biuletyn Żydowskiego Instytutu Historycznego" 1963, nr 45-46
O działalności kół młodzieży przy komitetach domowych, „Biuletyn Żydowskiego Instytutu Historycznego" 1981, nr 2
Organizowałyśmy pomoc rannym i opiekę [w:] *Szaniec Asklepiosa. Wspomnienia żołnierzy, pielęgniarek i opiekunek społecznych Szpitala Ujazdowskiego 1939-1944*, red. Hanna Odrowąż-Szukiewicz, Warszawa 1990
Wspomnienie o Marii Palester, „Fołks-Sztyme", 18 października 1991
The Valor of the Young, transl. by Stanisław Barańczak i Michał Barańczak, „Dimensions. A Journal of Holocaust Studies" 1993, Vol. 7, No. 2
„Jaga". Wspomnienia o Jadwidze Piotrowskiej, „Słowo Żydowskie", 15-29 lipca 1994
Zofia i Stanisław Papuzińscy. Wspomnienie, „Gazeta Wyborcza", 26 listopada 1999

Maria Uziembło. Wspomnienie, „Gazeta Wyborcza", 30 sierpnia 2001
Julian Grobelny i jego żona Helena. Wspomnienie, „Gazeta Wyborcza", 18 kwietnia 2003
Pola Lewińska-Tepichtowa. Pożegnanie, „Gazeta Wyborcza", 2 lutego 2004
Listy Ireny Sendlerowej do Ireny Sarneckiej-Derkacz, „Rocznik Otwocki" 2016, t. 14

Publikacje książkowe

Archiwum Ringelbluma. Konspiracyjne Archiwum Getta Warszawy, t. 2: *Dzieci – tajne nauczanie w getcie warszawskim*, oprac. Ruta Sakowska, Warszawa 2000
Arczyński Marek, Wiesław Balcerak, *Kryptonim „Żegota". Z dziejów pomocy Żydom w Polsce 1939–1945*, Warszawa 1983
Atwood Kathryn J., *Women Heroes of War War II. 26 Stories of Espionage, Sabotage, Resistance, and Rescue*, Chicago 2011
Archiwum Ringelbluma – getto warszawskie. Lipiec 1942 – styczeń 1943, oprac. Ruta Sakowska, Warszawa 1980
Auerbach Rachela, *Pisma z getta warszawskiego*, przeł. Karolina Szymaniak, Anna Ciałowicz, Warszawa 2016
Balicka-Kozłowska Helena, *Mur miał dwie strony*, Warszawa 2002
Bartoszewski Władysław, *1859 dni Warszawy*, Kraków 1982
—, *O Żegocie relacja poufna sprzed pół wieku*, Warszawa 2013
—, *Warszawski pierścień śmierci 1939–1944*, Warszawa 1970
Bauman Janina, *Zima o poranku*, Kraków 1989
Berenstein Tatiana, Adam Rutkowski, *Pomoc Żydom w Polsce 1939–1945*, Warszawa 1963
Berman Adolf Abraham, *Mijemej hamachteret*, Tel Awiw 1971
—, *Wos der gojr hot mir baszert: mit Jidn in Warsze 1939–1942* [Co mi przeznaczył los. Z Żydami w Warszawie], Tel Awiw 1980
Bikont Anna, Joanna Szczęsna, *Lawina i kamienie*, Warszawa 2006
—, *My z Jedwabnego*, Warszawa 2004
Blady-Szwajger Adina, *I więcej nic nie pamiętam*, Warszawa 1994
Błoński Jan, *Biedni Polacy patrzą na getto*, Kraków 1994
Bogner Nahum, *At the Mercy of the Strangers. The Rescue of Jewish Children with Assumed Identities in Poland*, transl. by Ralph Mandel, Jerusalem 2009
Borwicz Michał Maksymilian, *Vies Interdites*, Tournai 1969
Cegielski Max, *Mozaika. Śladami Rechowiczów*, Warszawa 2011
Cukierman Icchak ps. Antek, *Nadmiar pamięci (siedem owych lat). Wspomnienia 1939–1946*, przeł. Zoja Perelmuter, Warszawa 2000
Czarny rok…, czarne lata…, opr. Wiktoria Śliwowska, Warszawa 2010
Czuperska-Śliwicka Anna, *Cztery lata ostrego dyżuru. Wspomnienia z Pawiaka 1940–1944*, Warszawa 1968

Datner Szymon, *Las sprawiedliwych. Karta z dziejów ratownictwa Żydów w okupowanej Polsce*, Warszawa 1968
Dobraczyński Jan, *Ewa*, Kraków–Wrocław 1985
—, *Gra w wybijanego. Wspomnienia*, Warszawa 1962
—, *Tylko w jednym życiu*, Warszawa 1970
Dobroszycki Lucjan, *Survivors of the Holocaust in Poland: A Portrait Based on Jewish Community Records 1944-1947*, Armonk–London 1994
Dunin-Wąsowiczowa Janina, *Wspomnienia*, Warszawa 1995
Dzieci Holocaustu mówią…, t. 1–5, Warszawa 1993-2013
Dzieci oskarżają, oprac. Maria Hochberg-Mariańska, Noe Grüss, Kraków 1947
Edelman Marek, *Getto walczy*, Warszawa 1945
Engelking Barbara, Jacek Leociak, *Getto warszawskie. Przewodnik po nieistniejącym mieście*, Warszawa 2001
Engelking Barbara, *Na łące popiołów. Ocaleni z Holokaustu*, Warszawa 1993
Ficowski Jerzy, *Odczytanie popiołów*, Warszawa 1980
Garlicki Andrzej, *Piękne lata trzydzieste*, Warszawa 2008
Głowiński Michał, *Carska filiżanka*, Warszawa 2016
—, *Czarne sezony*, Warszawa 1999
—, *Historia jednej topoli i inne opowieści*, Kraków 2003
—, *Kładka nad czasem. Obrazki z Miasteczka*, Kraków 2006
—, *Kręgi obcości. Powieść autobiograficzna*, Kraków 2010
Goldkorn Josef, *Im Kampf ums Überleben – Jüdische Schicksale in Polen 1939-1945*, übersetzt von Rafael Fisch, Konstanz 1996
—, *Umglejblech un doch. Reportażn*, Tel Awiw 1981
Grabowski Jan, *„Ja tego Żyda znam!" Szantażowanie Żydów w Warszawie 1939-1943*, Warszawa 2004
Grodzka-Gużkowska Magdalena, *Szczęściara*, Warszawa 2007
Gross Natan, *Kim Pan jest, panie Grymek?*, Kraków 1991
Gross Yoram, *Wybrało mnie życie. Wspomnienia z czasów okupacji i nie tylko*, Kraków 2008
Grubowska Halina, *Ta, która ratowała Żydów. Rzecz o Irenie Sendler*, Warszawa 2014
Grupińska Anna, *Ciągle po kole. Rozmowy z żołnierzami getta warszawskiego*, Warszawa 2000
Grynberg Michał, *Księga sprawiedliwych*, Warszawa 1993
Haska Agnieszka, *„Jestem Żydem. Chcę wejść". Hotel Polski w Warszawie 1943*, Warszawa 2006
Hirszfeld Ludwik, *Historia jednego życia*, Warszawa 1957
Kołakowski Leszek, *Czas ciekawy, czas niespokojny. Z Leszkiem Kołakowskim rozmawia Zbigniew Mentzel*, cz. 1, Kraków 2007
Komar Michał, *Władysław Bartoszewski. Skąd pan jest? Wywiad rzeka*, Warszawa 2006

Komorowski Krzysztof, *Polityka i walka. Konspiracja zbrojna Ruchu Narodowego 1939–1945*, Warszawa 2000
Kurek Ewa, *Dzieci żydowskie w klasztorach. Udział żeńskich zgromadzeń zakonnych w akcji ratowania dzieci żydowskich w Polsce w latach 1939–1945*, Zakrzewo 2012
Laudau Ludwik, *Kronika lat wojny i okupacji*, t. 1–3, Warszawa 1962–1963
Leociak Jacek, *Ratowanie. Opowieści Polaków i Żydów*, Kraków 2010
Lepalczyk Irena, *Helena Radlińska. Życie i twórczość*, Toruń 2002
Lewandowski Józef, *Wokół biografii Krzysztofa Kamila Baczyńskiego* [w:] tegoż, *Szkło bolesne, obraz dni… Eseje nieprzedawnione*, Uppsala 1991
Machcewicz Paweł, *Polski rok 1956*, Warszawa 1993
Margolis-Edelman Alina, *Ala z elementarza*, Londyn 1994
Matka dzieci Holocaustu. Historia Ireny Sendlerowej, oprac. Anna Mieszkowska, Warszawa 2004
Mayer Jack, *Życie w słoiku. Ocalenie Ireny Sendler*, przeł. Robert Stiller, Warszawa 2013
Mazzeo Tilar J., *Irena's Children. The Extraordinary Story of the Woman Who Saved 2,500 Children from the Warsaw Ghetto*, New York–London–Toronto 2016
Meed Władka (właśc. Feigele Peltel Miedzyrzecki), *Po obu stronach muru. Wspomnienia z warszawskiego getta*, przeł. Katarzyna Krenz, Warszawa 2003
Melchior Małgorzata, *Zagłada i tożsamość. Polscy Żydzi ocaleni na „aryjskich papierach". Analiza doświadczenia biograficznego*, Warszawa 2004
Mieszkowska Anna, *Dzieci Ireny Sendlerowej*, Warszawa 2011
—, *Prawdziwa historia Ireny Sendlerowej*, Warszawa 2014
Miłosz Czesław, *Abecadło Miłosza*, Kraków 1997
Modras Ronald E., *Kościół katolicki i antysemityzm w Polsce w latach 1933–1939*, przeł. Witold Turopolski, Kraków 2004
Molisak Alina, *Judaizm jako los. Rzecz o Bogdanie Wojdowskim*, Warszawa 2004
Myślicki Ignacy, *Wolna Wszechnica Polska. Cele i zadania. Ustrój. Uprawnienia*, Warszawa 1930
Nalewajko-Kulikov Joanna, *Strategie przetrwania. Żydzi po aryjskiej stronie Warszawy*, Warszawa 2004
Natkowska Monika, Numerus clausus, *getto ławkowe,* numerus nullus, *„paragraf aryjski". Antysemityzm na Uniwersytecie Warszawskim 1931–1939*, Warszawa 1999
Olczak-Ronikier Joanna, *Korczak. Próba biografii*, Warszawa 2011
Opieka Społeczna w Warszawie 1923–1947. Opracowania i materiały, red. Małgorzata Gładkowska i in., Warszawa 1995

Pachter Mietek, *Umierać też trzeba umieć...*, Warszawa 2015
Paulson Gunnar S., *Utajone miasto. Żydzi po aryjskiej stronie Warszawy (1940-1945)*, przeł. Elżbieta Olender-Dmowska, Kraków–Warszawa 2007
Pinkas S[...], ed. by Abraham Samuel Stein, Gabriel Weisman, Jerusalem 1962
Polacy i Żydzi pod okupacją niemiecką 1939-1945. Studia i materiały, red. Andrzej Żbikowski, Warszawa 2006
Polacy–Żydzi 1939-1945. Wybór źródeł, oprac. Andrzej Krzysztof Kunert, Warszawa 2001
Polski słownik judaistyczny, t. 1-2, red. Zofia Borzymińska, Rafał Żebrowski, Warszawa 2003
Preizner Joanna, *Kamienie na macewie. Holokaust w polskim kinie*, Budapeszt–Kraków 2012
Prekerowa Teresa, *Konspiracyjna Rada Pomocy Żydom w Warszawie 1942-1945*, Warszawa 1982
—, *Zegota: Comission d'aide aux Juifs*, trad. par Marian Apfelbaum, Monaco 1999
Prowincja noc. Życie i zagłada Żydów w dystrykcie warszawskim, red. Barbara Engelking, Jacek Leociak, Dariusz Libionka, Warszawa 2007
Przeciw antysemityzmowi 1936-2009, t. 1-3, wyb. i oprac. Adam Michnik, Kraków 2010
Ringelblum Emanuel, *Kronika getta warszawskiego wrzesień 1939– styczeń 1943*, przeł. Adam Rutkowski, Warszawa 1988
—, *Stosunki polsko–żydowskie w czasie drugiej wojny światowej. Uwagi i spostrzeżenia*, Warszawa 1988
Rubin Arnon, *Facts and fictions about the Rescue of the Polish Jewry during the Holocaust*, vol. 2-3, Tel Aviv 2003
Sacks Oliver, *Uncle Tungsten: Memories of a Chemical Boyhood*, New York 2001
Sakowska Ruta, *Ludzie z dzielnicy zamkniętej. Z dziejów Żydów w Warszawie w latach okupacji hitlerowskiej, październik 1939 – marzec 1943*, Warszawa 1993
Schronienie. Historia Domu Małych Dzieci ks. Baudouina, oprac. Maria Kolankiewicz, Warszawa 1997
Sinoué Gilbert, *Irena Sendlerowa. Juste parmi des nations*, Paris 2016
Słomczyński Adam, *Dom ks. Boduena 1939-1945*, Warszawa 1975
Słownik biograficzny pracowników społecznych, Warszawa 1993
Smólski Władysław, *Zaklęte lata*, Warszawa 1964
Stola Dariusz, *Kampania antysyjonistyczna w Polsce 1967-1968*, Warszawa 2000
—, *Nadzieja i zagłada. Ignacy Schwarzbart – żydowski przedstawiciel w Radzie Narodowej* RP *(1940-1945)*, Warszawa 1995

Szarota Tomasz, *Karuzela na placu Krasińskich. Studia i szkice z lat wojny i okupacji*, Warszawa 2007
—, *Okupowanej Warszawy dzień powszedni. Studium historyczne*, Warszawa 1988
Szereszewska Helena, *Mezuza i krzyż*, Warszawa 1993
Szot Bożena, *Dwa światy Radlińskiej. Współpraca prof. Heleny Radlińskiej ze Zgromadzeniem Sióstr Urszulanek SJK w Warszawie w latach 1939–1945*, Milanówek 2002
Szpilman Władysław, *Śmierć miasta. Pamiętniki Władysława Szpilmana 1939–1945*, Warszawa 1946
Temkin-Bermanowa Basia, *Dziennik z podziemia*, Warszawa 2000
Ten jest z ojczyzny mojej. Polacy z pomocą Żydom 1939–1945, oprac. Władysław Bartoszewski, Zofia Lewinówna, Kraków 1967
Thau (Weczer) Maria, *Powroty*, Kraków 2002
Theiss Wiesław, *Radlińska*, Warszawa 1984
Tomaszewski Jerzy, *Preludium Zagłady. Wygnanie Żydów polskich z Niemiec w 1938 r.*, Warszawa 1998
Torańska Teresa, *Śmierć spóźnia się o minutę. Trzy rozmowy Teresy Torańskiej*, Warszawa 2010
Turkov Ionas, *C'était ainsi: 1939–1943, la vie dans le ghetto de Varsovie*, trad. par Maurice Pfeffer, Paris 1995
—, *En Pologne, après la Libération. L'impossible survie des rescapés juifs*, trad. par Maurice Pfeffer, Paris 2008
—, *La lutte pour la vie*, trad. par Maurice Pfeffer, Paris 2005
Turkow Jonas, *Azoj iz es gewen*, Buenos Aires 1948
Turlejska Maria, *O wojnie i podziemiu. Dyskusje i polemiki*, Warszawa 1959
Tych Feliks, *Długi cień zagłady. Szkice historyczne*, Warszawa 1999
Wojdowski Bogdan, *Chleb rzucony umarłym*, Warszawa 1971
—, *Mały człowieczek, nieme ptaszę, klatka i świat. Opowiadania*, Warszawa 1975
—, *Maniuś Bany*, Warszawa 1980
—, *Wakacje Hioba*, Warszawa 1962
—, *Wybór opowiadań*, Warszawa 1981
Wyka Kazimierz, *Życie na niby. Szkice z lat 1939–1945*, Warszawa 1957
Zettinger Piotr, *Nietutejszy*, Kraków 2004
Ziemian Józef, *Papierosiarze z placu Trzech Krzyży*, Warszawa 1989
„Żegota". Rada Pomocy Żydom 1942–1945. Wybór dokumentów, oprac. Andrzej Krzysztof Kunert, 2002

Artykuły prasowe i publikacje elektroniczne

Baliszewski Dariusz, *Dzieje jednego anioła*, „Wprost" 2008, nr 21
Bartoszewski Władysław, *Powstanie Ligi do Walki z Rasizmem w 1946*, „Więź" 1990, nr 4

Bellafante Ginia, *A Female Oskar Schindler of the Warsaw Ghetto*, „The New York Times", 18 kwietnia 2009
Berman Adolf, *O losie dzieci żydowskich w zakładach opiekuńczych w getcie warszawskim. Wspomnienia*, „Biulety ŻIH" 1958, nr 28
Bikont Anna, *A on krzyczał: „Wszyscy jesteście kapo"*, „Gazeta Wyborcza", 4 października 1997
Błaut Sławomir, *Egzamin z człowieczeństwa*, „Niedziela. Tygodnik katolicki" 2008, nr 21
Brodowska Helena, *Z dziejów kształcenia pracowników społeczno-oświatowych, 1925–1952*, „Zeszyty Naukowe Uniwersytetu Łódzkiego" 1958, ser. I, z. 10
Bychowski Jan Ryszard, *List do ojca*, „Zeszyty Literackie" 1991, nr 34
Cegielski Max, Anna Zakrzewska, *7 lat z Edkiem w suterenie. Rozmowa z Hanną Rechowicz*, „Gazeta Wyborcza", 29 maja 2010
Chmielewska Anna, Anna Iżycka-Kowalska, Jadwiga Jędrzejowska, Władysława Marymoncka, Jadwiga Piotrowska, Jan Starczewski, Wanda Wyrobkowa-Pawłowska, *Miejska służba opieki społecznej Warszawy w latach wojny i okupacji 1939–1945* [w:] *Warszawa lat wojny i okupacji 1939–1944*, red. Krzysztof Dunin-Wąsowicz, Halina Winnicka, z. 4, Warszawa 1975
Datner Szymon, *Materiały z dziedziny ratownictwa Żydów w Polsce w okresie okupacji hitlerowskiej*, „Biuletyn Żydowskiego Instytutu Historycznego" 1970, nr 73–76
Dobraczyński Jan, *Zbrodnie ofiarnej pomocy*, Kierunki", 10 marca 1968
Dobroszycki Lucjan, *Restoring Jewish Life in Post-War Poland*, „Soviet Jewish Affairs" 1973, Vol. 3, No. 2
Fabjański Marcin, *„Życie w słoiku" trwa 10 minut*, „Gazeta Wyborcza", 19 maja 2001
Ficowska Elżbieta, *Irena Sendlerowa. Wspomnienie*, „Gazeta Wyborcza", 13 maja 2008
—, *Nagroda dla Ireny Sendlerowej*, „Polityka", 22 listopada 2003
Gawryś Cezary, *Turkowice – śmierć i ocalenie*, „Więź" 1987, nr 4
Głodowska Jolanta, *Gdzie są młodzi. Rozmowa z Jadwigą Piotrowską*, „Życie Warszawy", 1 stycznia 1988
Głogowski Krzysztof, *W służbie humanizmu i patriotyzmu. Rozmowa z Jadwigą Piotrowską*, „Słowo Powszechne" 1968, nr 94
Głowiński Michał, *Tajemnica Dobraczyńskiego*, „Gazeta Wyborcza", 3 lipca 1999
Goldkorn Józef, *...kto ratuje jedno życie ludzkie...*, „Prawo i Życie", 23 kwietnia 1967
Grabowski Jan, *Przyczynek do biografii Ireny Sendlerowej (z dokumentów warszawskiego Ratusza)*, „Zagłada Żydów. Studia i Materiały" 2014, nr 10, t. 2

Grabowski Waldemar, *Rada Pomocy Żydom „Żegota" w strukturach Polskiego Państwa Podziemnego*, „Biuletyn Instytutu Pamięci Narodowej" 2010, nr 11
Grochowska Magdalena, *Lista Sendlerowej*, „Gazeta Wyborcza", 9-10 czerwca 2001
Grosfeld Jan, *Czy obojętność może zabijać*, „Tygodnik Powszechny", 18 lipca 1993
Hrycek Miłosz, *Dzień po dniu... Przewrót majowy w łódzkich dziennikach publikowanych w języku polskim*, „Studia Medioznawcze" 2010, nr 1
Iwańczak Franciszek, Barbara Iwańczak, Marian Szołtysik, *Profesor dr med. Maria Prokopowicz-Wierzbowska – twórca wrocławskiej szkoły nefrologii i hematologii dziecięcej*, „Pediatria Współczesna Gastroenterologia, Hepatologia i Żywienie Dziecka" 2010, t. 12, nr 1
Irenę Sendlerową i Barbarę Ditrich – niezwykłe sąsiadki z ulicy Ludwiki wspomina Barbara Jankowska-Tobijasiewicz, „Kurier Wolski", 28 stycznia i 11 lutego 2010
Jarosz Dariusz, *Główne kierunki działania państwa w zakresie stalinizacji wychowania dzieci w Polsce w latach 1948-1956*, „Mazowieckie Studia Humanistyczne" 1998, nr 4
Joffe Henryk, *Niespłacony dług wdzięczności*, „Nowiny Kurier", 31 maja 1965
Kaczorowski Andrzej W., *W szarym domu*, „Biuletyn Instytutu Pamięci Narodowej" 2010, nr 11
Klecel Marek, *Jan Dobraczyński, wielki pisarz, wielkie uwikłanie*, „Biuletyn Instytutu Pamięci Narodowej" 2007, nr 89
Klich Aleksandra, *Spór o Zofię Kossak*, „Gazeta Wyborcza", 26 marca 2007
Korczak Jerzy, *Oswajanie strachu*, „Tygodnik Powszechny", 17 sierpnia 2003
Kotarbiński Tadeusz, *Konieczność samoobrony*, „Kurier Poranny", 28 stycznia 1937
Kuczkowski Stanisław, *Izabella Kuczkowska. Wspomnienie (1911-1988)*, „Gazeta Wyborcza", 11 października 2013
Kur Tadeusz, *Ten jest z ojczyzny mojej*, „Prawo i Życie", 23 kwietnia 1967
Libionka Dariusz, *Polskie piśmiennictwo na temat zorganizowanej i indywidualnej pomocy Żydom (1945-2008)*, „Zagłada Żydów. Studia i Materiały" 2008, nr 4
Lubik-Reczek Natasza, *Liga Kobiet – organizacja „reprezentująca" interesy kobiet w Polsce Ludowej. Zarys działania*, „Środkowoeuropejskie Studia Polityczne" 2013, nr 4
Łącki Mikołaj, *Ze wspomnień o Dr. H. Palestrze*, „Opiekun Społeczny", grudzień 1946

Macholak Jan, *Opozycja demokratyczna w latach 1968–1980 w świetle akt komitetu wojewódzkiego PZPR w Szczecinie* [w:] *Między Warszawą a regionem. Opozycja przedsierpniowa na Pomorzu Zachodnim*, red. Krzysztof Kowalczyk, Michał Paziewski, Marcin Stefaniak, Szczecin 2008

Majkowski Juliusz, *W służbie sanitarnej Warszawy pod okupacją*, „Przegląd Lekarski" 1977, nr 1

Matuszewska E., *Prawdziwe życie. Rozmowa z Zofią Korbońską*, „Tygodnik Solidarność", 10 listopada 1989

Meloch Katarzyna, *Antonina Manaszczuk. Pożegnania*, „Gazeta Wyborcza", 22-23 września 2012

Molisak Alina, *„Biała Helka" – portret komunistki*, „Midrasz" 2015, nr 3

—, *Szmalec i „żydowskie złoto"*, „Poznańskie Studia Polonistyczne" 2015, nr 25

Ostałowska Lidia, *Myślę więc nie ma mnie. Rozmowa z Jerzym Ficowskim*, „Gazeta Wyborcza", 14 października 1994

Pacewicz Piotr, *Moje matki obie. Rozmowa z Elżbietą Ficowską*, „Gazeta Wyborcza", 16 lutego 2010

Pałaszewska Mirosława, *Jan Dobraczyński uratował 2000 dzieci*, cz. 1, „Myśl Polska", 9-16 maja 2010

Prekerowa Teresa, *Komórka „Felicji". Nieznane archiwum działacza Rady Pomocy Żydom*, „Rocznik Warszawski" 1979, t. 15

Przemówienie ob. Szulisławskiej-Palester Marii z 31 marca 1946, „Opiekun Społeczny" 1946, nr 3-4

Pups-Sakowska Ruta, *Opieka nad uchodźcami i przesiedleńcami żydowskimi w Warszawie w latach okupacji hitlerowskiej*, „Biuletyn Żydowskiego Instytutu Historycznego" 1968, nr 65-66

Rada Pomocy Żydom („Żegota"). Wspomnienia centralnych i terenowych działaczy RPŻ, oprac. Tatiana Berenstein, „Biuletyn Żydowskiego Instytutu Historycznego" 1968, nr 65-66

Rudnicki Marek, *Ostatnia droga Janusza Korczaka*, „Tygodnik Powszechny", 6 listopada 1988

Sacks Oliver, *Speak, Memory*, „The New York Review of Books", 21 lutego 2013

Stowarzyszenie Dzieci Holocaustu, *Jadwiga Piotrowska. Pożegnanie*, „Gazeta Wyborcza", 5 września 1994

Susid Włodzimierz, *Azyl w Stawisku – rozmowa z Marią Iwaszkiewicz o sprawach i ludziach z czasów Zagłady*, http://midrasz.home.pl/2000/lis/lis00_5.html [dostęp: 9 lutego 2015]

—, *Odznaczona po latach*, „Słowo Żydowskie", 4 października 1996

Szarota Tomasz, *Cisi bohaterowie*, „Tygodnik Powszechny", 22-29 grudnia 2002

—, *Listy nienawiści*, „Polityka", 1 listopada 2003

—, *Ostatnia droga doktora. Rozmowa z Ireną Sendlerową, „Jolantą”*, „Polityka”, 24 maja 1997
Sztycer M., *Łączniczka Wanda*, „Nowiny Kurier”, 19 kwietnia 1989
Szulkin Lucjan, *O powstaniu i upadku „Ghetta Podziemnego”*, „Zeszyty Historyczne” 1975, nr 2
Taborska Agnieszka, *Dom. O Gaberze i Hannie Rechowiczach*, dwutygodnik.com, styczeń 2012
Teleżyńska Ewa, *Po drugiej stronie bramy*, „Zagłada Żydów. Studia i Materiały” 2011, nr 7
Teyszerski Romuald, *50 razy kara śmierci. Rozmowa z Jadwigą Piotrowską*, „Kierunki”, 11 maja 1986
Turkow Margarita, *Dziewczynka, która nie umiała płakać* [w:] *Dzieci Holocaustu mówią...*, t. 5, Warszawa 2013
Uroczystość zakończenia Kursu dla Pracowników Społecznych, „Opiekun Społeczny” 1946, nr 3-4
Urynowicz Marcin, *Zorganizowana i indywidualna pomoc Polaków dla ludności żydowskiej eksterminowanej przez okupanta niemieckiego w okresie drugiej wojny światowej* [w:] *Polacy i Żydzi pod okupacją niemiecką 1939–1945. Studia i materiały*, red. Andrzej Żbikowski, Warszawa 2006
Warsaw Ghetto Survivor Remembers Polish Catholic Woman who Saved Her, „Catholic Review”, 12 kwietnia 2009
Warszawski Dawid (właśc. Konstanty Gebert), *Zwykli niezwykli ludzie*, „Gazeta Wyborcza”, 12 lipca 1993
Wawrzyńska Wanda, *Sekcja pomocy matce i dziecku OKPS*, „Polityka Społeczna” 1986, nr 92
Wilk Ewa, *Matka Jolanta od tonących*, „Polityka”, 30 września 1995
Włodek Ludwika, *Rozmowa z Marią Iwaszkiewicz-Wojdowską*, http://www.sztetl.org.pl/pl/article/podkowa-lesna/16,relacje-wspomnienia/21854,rozmowa-z-maria-iwaszkiewicz-wojdowska/ [dostęp: 9 lutego 2015]
Wojdowski Bogdan, *Judaizm jako los*, „Puls” 1993, nr 62
—, *Najniższa cena*, „Przegląd Kulturalny”, wrzesień 1957, przedruk: „Midrasz” 2014, nr 3
Wojdowski Bogdan, *Temat okupacji nie został jeszcze wyczerpany*, „Fołks Sztyme” 1971, nr 21
Z Ireną Sendlerową z Żegoty rozmawia Anna Ćwiakowska,, „Nowiny Kurier”, 17, 19 i 20 czerwca 1983
Zaworska Helena, *Śmierć Hioba*, „Gazeta Wyborcza”, 25 kwietnia 1994
Zgrzembski Stefan, *Chrystus wśród ludzi*, „Opiekun Społeczny” 1946, nr 9-10
—, *Rada Pomocy Żydom („Żegota”). Wspomnienia centralnych i terenowych działaczy RPŻ*, „Biuletyn Żydowskiego Instytutu Historycznego” 1968, nr 65-66

—, *W drugą rocznicę*, „Opiekun Społeczny” 1947, nr 1
—, *Ważki symbol*, „Opiekun Społeczny” 1946, nr 3-4

Maszynopisy

Wojdowski Bogdan, Rozmowa z Heleną Rybak-Zakrzewską przeprowadzona 25 sierpnia 1990 roku, opracowana przez Bellę Szwarcman-Czarnotę, archiwum prywatne Belli Szwarcman-Czarnoty
Kowalska Irena, Nieopublikowany wywiad rzeka z Ireną Sendlerową przeprowadzony w latach dziewięćdziesiątych, archiwum prywatne Lei Balint
Robinson Plater, *Jadwiga. Just From Our Hearts*, „Teaching for Holocaust”, Institute for Education and Research of Tulane University, New Orleans 1989

NAGRANIA

Irena Sendlerowa: niewygodny świadek historii, rozmowa z Janiną Zgrzembską, 2014, Archiwum Muzeum Historii Żydów Polskich – Polin
Rozmowa z Joanną Papuzińską, 13 stycznia 2012, Archiwum Historii Mówionej, Ośrodek Karta
Wolf Andrzej, Materiały filmowe z lat 2005-2008 do filmu o Irenie Sendlerowej, zdeponowane w Centrum Badań nad Zagładą Żydów

ROZMOWY

Fryda Aronowicz, 2015
Krystyna Asarnoj, 2014
Lea Balint, 2014-2016
Władysław Bartoszewski, 2014, 2015
Nahum Bogner, 2015
Ludwik Brylant, 2015
Max Cegielski, 2016
ks. Michał Czajkowski, 2016
Wojciech Dębowski, 2015
Barbara Engelking, 2014-2017
Michał Głowiński, 2013-2017
Hanna Hartwig, 2016
Vladimir (Włodek) Goldkorn, 2016
Yoram Gross, 2014, 2015
Halina Grubowska, 2014
Gustaw Herling-Grudziński, 2001 (wraz z Joanną Szczęsną)

Maria Iwaszkiewicz-Wojdowska, 2014, 2015, 2017
Elżbieta Janicka, 2013–2016
Jerzy Korczak, 2014
Miki i Ronny Körnerowie, 2014–2016
Maciej Kozłowski, 2017
Stanisław Kuczkowski, 2017
Dariusz Libionka, 2015
Janusz i Jarosław Luterkowie, 2017
Alina P. Łubek, 2015
Z.M., 2015
Tomasz Magierski, 2014
Joanna Majerczyk, 2016
Krystyna Małowieska, 2015
Krystyna i Daniel Marienstrassowie, 2015
Alina Margolis-Edelman, 1999
Jack Mayer, 2016
Katarzyna Meloch, 2015
Anna Mieszkowska, 2014–2017
Jolanta Migdalska-Barańska, 2016
Alina Molisak, 2014–2017
Janina Moszer, 2015
Zdzisław Mroczek, 2015
Joanna Papuzińska-Beksiak, 2016
Anna Pliszka, 2014
Janina Pogonowska-Goldhar, 2015, 2016
Noam Rachmilevitch, 2015, 2016
Andrzej Rapaczyński, 2017
Hanna Rechowicz, 2016
Szymon Rudnicki, 2016
Leszek Sankowski, 2015
Paula Sawicka, 2016
Ernest Skalski, 2016
Renata Skotnicka-Zajdman, 2013
Joanna Sobolewska-Pyz, 2015
Joanna Staręga-Piasek, 2016
Tomasz Szarota, 2015, 2016
Elżbieta z d. Szpilfogel, 2016, 2017
Bella Szwarcman-Czarnota, 2016
Margarita Turkov, 2014
Marian Turski, 2014
Aniela Uziembło, 2013–2015
Irena Wojdowska, 2014, 2015, 2017
Andrzej Wolf, 2016
Louis Christophe Zaleski-Zamenhof, 2014

Sharon Zajdman, 2013
Andrzej Zakrzewski, 2015
Piotr Zettinger, 2014, 2017
Janina Zgrzembska, 2013, 2014

STRONY INTERNETOWE

irenasendler.org
wilnoteka.lt
jewishgen.org
sprawiedliwi.org.pl
dzieciholocaustu.org.pl

FILMY (W KOLEJNOŚCI CHRONOLOGICZNEJ)

W cieniu nienawiści, reż. Wojciech Żółtowski, 1985
Tzedek. Les Justes, reż. Marek Halter, 1994
Shoah, reż. Claude Lanzmann, 1995
Lista Sendlerowej, reż. Michał Dudziewicz, 2002
Chłopak i dziewczyna, reż. Sławomir Koehler, 2005
Wróżka z getta, reż. Maria Nockowska, 2007
The Courageous Heart of Irena Sendler (polski tytuł: *Dzieci Ireny Sendlerowej*), reż. John Kent Harrison, 2009
Irena Sendler: In The Name of Their Mothers, reż. Mary Skinner, 2011
Krakowiaczek ci ja, reż. Tomasz Magierski, 2011

Źródła ilustracji

s. 10, 11, 15, 99, 245, 332 – Ghetto Fighters' House, Israel / Photo Archive
s. 13, 32 – Archiwum Margarity Turkov / USC Shoah Foundation
s. 41, 44 – Archiwum Sharon Zajdman
s. 59, 214, 251, 275, 285, 289, 303, 305 – Archiwum Janiny Zgrzembskiej / East News
s. 61 – www.radlinska.pl
s. 63 – Archiwum Anieli Uziembło
s. 79 – Archiwum Uniwersytetu Warszawskiego
s. 81 – Archiwum Hanny Hartwig
s. 104 – Archiwum Joanny Staręgi-Piasek
s. 110, 125, 127, 133 – Archiwum Piotra Zettingera
s. 141, 225 – Żydowski Instytut Historyczny
s. 153 – Archiwum Joanny Papuzińskiej-Beksiak
s. 159, 163, 362 – Archiwum Hanny Rechowicz
s. 167 – Archiwum Joanny Majerczyk
s. 172 – Archiwum Andrzeja Rybaka
s. 186 – Archiwum Jana Issata
s. 193, 197 – Archiwum Marii Iwaszkiewicz-Wojdowskiej
s. 202 – Archiwum Akt Nowych
s. 207, 231 – Archiwum Janiny Pogonowskiej-Goldhar
s. 235, 349, 352 – Archiwum Stanisława Kuczkowskiego
s. 241 – Reprodukcja z książki Yorama Grossa *Wybrało mnie życie. Wspomnienia z czasów okupacji i nie tylko*, Kraków 2008, dzięki uprzejmości Sandry Gross
s. 249, 252, 254 – Archiwum Małgorzaty Palester-Chlebowczyk
s. 257, 271, 328 – Archiwum Mikiego i Ronny'ego Körnerów
s. 314 – Archiwum Krystyny Asarnoj
s. 317 – Instytut Pamięci Narodowej
s. 353 – Archiwum Janusza Luterka
s. 370 – fot. Maciej Figurski / FORUM
s. 408 – Archiwum Lei Balint
s. 435 – fot. Adam Kozak / Agencja Gazeta

Indeks osób

WYDAWNICTWO CZARNE SP. Z O.O.
czarne.com.pl

Sekretariat: ul. Kołłątaja 14, III p., 38-300 Gorlice
tel. +48 18 353 58 93, fax +48 18 352 04 75
mateusz@czarne.com.pl, tomasz@czarne.com.pl
dominik@czarne.com.pl, ewa@czarne.com.pl, edyta@czarne.com.pl

Redakcja: Wołowiec 11, 38-307 Sękowa
redakcja@czarne.com.pl

Sekretarz redakcji: malgorzata@czarne.com.pl

Dział promocji: ul. Marszałkowska 43/1, 00-648 Warszawa
tel./fax +48 22 621 10 48
agnieszka@czarne.com.pl, dorota@czarne.com.pl
zofia@czarne.com.pl, marcjanna@czarne.com.pl
magda.jobko@czarne.com.pl

Dział marketingu: honorata@czarne.com.pl

Dział sprzedaży: piotr.baginski@czarne.com.pl
agnieszka.wilczak@czarne.com.pl, malgorzata.wietecha@czarne.com.pl

Audiobooki i e-booki: anna@czarne.com.pl

Skład: d2d.pl
ul. Sienkiewicza 9/14, 30-033 Kraków
tel. +48 12 432 08 52, info@d2d.pl

Drukarnia POZKAL
ul. Cegielna 10/12, 88-100 Inowrocław, tel. +48 52 354 27 00

Wołowiec 2017
Wydanie I
Ark. wyd. 21,5; ark. druk. 30